Über die Autorin:
Ava Innings, Jahrgang 1979, studierte Kommunikationsdesign und machte sich nach ihrem erfolgreichen Abschluss, als Hochzeitsfotografin und Designerin selbstständig. Im Jahr 2014 ereilte sie eine Midlife-Crisis und sie beschloss, endlich ihren lang ersehnten Lebenstraum vom eigenen Roman zu verwirklichen. Im Dezember 2014 veröffentlichte sie unter dem Pseudonym Violet Truelove über neobooks ihren Roman »Ein Surfer zum Verlieben«, der es auf die Shortlist für den Indie Autor Preis schaffte. Kurze Zeit später wurde die Autorin durch ihren Debütroman entdeckt.
Sie lebt zusammen mit ihrem Mann und ihren zwei Kindern in einem Mehrgenerationenhaus im Taunus, also viel zu weit vom Meer, welches sie so liebt und das ihre Geschichten prägt, entfernt. Doch nicht nur für das Wellenreiten kann sich die Fünfunddreißigjährige begeistern, sondern auch für Yoga, die Fotografie und das Lesen.

Ava Innings

Waves of Love – Brad: Schatten der Vergangenheit

Roman

feeling
* emotional eBooks

Alle Handlungen und Personen sind frei erfunden. Alle Ähnlichkeiten mit lebenden oder verstorbenen Personen sind rein zufällig und nicht beabsichtigt.

Bitte besuchen Sie uns im Internet:
www.facebook.de/feelings.ebooks

FSC
www.fsc.org
MIX
Papier aus verantwortungsvollen Quellen
FSC® C083411

Redaktion: Ulla Mothes
Covergestaltung: ZERO Werbeagentur, München
Coverabbildung: © FinePic®, München
Druck und Bindung: CPI books GmbH, Leck
ISBN 978-3-426-21539-5

Für meine Eltern

In den Tiefen des Winters erfuhr ich schließlich,
dass in mir ein unbesiegbarer Sommer liegt.

Albert Camus

Kapitel 01

Als ich Joe in der Menschenmenge erblicke, bleibt mir einen Moment lang die Luft weg. Nicht weil sie so unglaublich schön ist. Das ist sie zweifelsohne, doch darauf achte ich in diesem Moment nicht. Alles, was ich bemerke, ist ihre aufrechte Haltung. Jede Faser ihres Körpers ist zum Zerreißen angespannt, dabei ist sie kurz davor, zusammenzubrechen. Ich bin mir sicher, dass dies niemand außer mir sieht, und ich erkenne es nur deshalb, weil es mir ebenso geht.

Seit einer Ewigkeit ist jeder Tag meines Lebens ein einziger Kampf, und weil ich weiß, wie hart das ist, fühle ich mit Joe. Inmitten all der Menschen wirkt sie völlig verloren, dabei ist sie keine Minute lang allein. Ständig wird sie angesprochen, und ich weiß, dass die Leute ihr ihr Beileid aussprechen. Joe wirkt ein wenig, als wäre sie gar nicht wirklich hier, und auch diesen Zustand kenne ich aus eigener Erfahrung. Ich bin auch nicht gern hier, und damit meine ich nicht diese Veranstaltung, damit meine ich mein Dasein auf dieser Welt.

Ich lehne mich an eine der Säulen und beobachte Joe. Trotz ihres Schmerzes strahlt sie eine unglaubliche Würde aus. An Joe haben mich schon immer ihre leuchtendgrünen Augen fasziniert, sie sind mitfühlend und warm. Wenn sie einen anschaut, dann sieht sie richtig hin. Ich habe mich immer geweigert, ihr zu lange in die Augen zu blicken, aus Angst, sie könne zu viel über mich herausfinden.

Und nun stehe ich hier und sehe mehr, als ihr vermutlich lieb wäre. Unwillkürlich kommt mir der Text von In Joy and Sorrow von HIM in den Sinn. Joe anzusehen ist ein wenig wie in den Spiegel zu schauen … klar, sie ist weiblich und eine ganze Ecke jünger, aber sie weiß, was Leid bedeutet. Und dieser unsägliche Schmerz, auch wenn er unterschiedliche Ursachen hat, verbindet uns irgendwie. Joe und ich, wir wissen, wie es ist, mit unseren Kräften am Ende zu sein, doch wir weigern uns standhaft, jemanden hinter unsere Fassade blicken zu lassen.

Joe schaut aus wie Barbie, und ich, wenn wir ehrlich sind, wie Ken – also wie die blonde Surferboy-Version. Meine Töchter haben die Puppe und lieben sie, weil sie finden, ich würde exakt so aussehen. Wenn man Joe und mich betrachtet, dann sieht man zwei ziemlich perfekte Körper, aber niemand macht sich die Mühe, einen Blick auf unsere Seelen zu werfen, und was diesen Punkt anbelangt, kann ich nur für mich sprechen, aber mir ist das ganz recht.

Meine ist vor langer Zeit zu Eis erstarrt. Ich habe noch nie jemandem davon erzählt, aber wie ich bereits sagte, ist jeder Tag ein Kampf. Was Joes Seele betrifft, würde ich mir wünschen, dass jemand ein Auge darauf hätte, am besten Rory, der angeblich ihr Freund ist, sich aber in den letzten Monaten nicht so verhalten hat. Klar, Russel war sein bester Freund, und sein Tod muss unseren frischgebackenen Weltmeister tierisch schmerzen, aber Joe deshalb im Stich zu lassen geht gar nicht. Sie hat folglich nicht nur ihren Zwillingsbruder verloren, sondern zeitgleich auch ihren besten Freund. Ich weiß nicht, wie es ihr geht, aber ich nehme es Rory übel, dass er sie im Stich lässt. Es ist offensichtlich, dass sie jemanden an ihrer Seite braucht. Jemanden, der sie stützt und für sie da ist.

Doch da die Leute nur das sehen, was sie sehen wollen, fällt ihnen nicht weiter auf, dass Joe eine Maske trägt. Sie wirkt erhaben und unnahbar, für mich ist sie jedoch absolut durchschaubar. Es ist, als würde sie nackt vor mir stehen. Ich weiß genau, wie sie sich fühlt – doch niemand außer mir macht sich die Mühe, richtig hinzusehen. Ja, wir sind attraktiv, erfolgreich und vermögend, und für Außenstehende scheint unser Leben perfekt zu sein, doch ich schwöre, dass dem nicht so ist.

Und ich frage mich nicht, ob Joe sich auch so entsetzlich einsam fühlt, wie ich es tue. Ganz so, als wäre sie der einzige Mensch im ganzen Universum und um sie herum befände sich nichts als die Dunkelheit – nicht nur jetzt, sondern für immer. Ich frage mich auch nicht, ob sie ebenfalls niemandem hat, dem sie ihre Ängste und ihren Schmerz anvertrauen kann. Oder ob sie sich fühlt, als wäre ihre Seele erfroren. Ich frage mich das alles nicht, denn ich weiß, dass es so ist.

Und dann blicke ich einmal quer durch den Raum und sehe Rory, der eine Show abzieht, aber nicht minder unglücklich ist. Er lacht, grinst, scherzt, und ich bewundere ihn für die unglaubliche Leichtigkeit, die er ausstrahlt. Er wirkt wirklich so, als hätte er Spaß daran, hier zu sein, obwohl er mir eben im Auto noch gesagt hat, wie sehr es ihm vor diesem Abend graut und dass er am liebsten irgendwo anders wäre, egal wo.

Ich weiß, dass Rory Joe vermisst. Er hat es mir gesagt, als er ziemlich besoffen war. Sie fehlt ihm ebenso wie Rus, aber auf dieser Party, als er sich so abgeschossen hat, hat er noch etwas anderes verlauten lassen, und ich nehme an, dass ist die Ursache für seinen Rückzug von ihr. Er ist nicht ins Detail gegangen, lallte jedoch, er sei schuld an Russels Tod. Das kann ich mir allerdings wirklich nicht vorstellen. Ich habe versucht, mehr aus ihm herauszubekommen, denn Schuld kann einen Menschen zerstören.

Ich weiß, wovon ich rede. Es ist im Prinzip ganz einfach. Negative Gefühle ziehen weitere negative Gefühle nach sich, und ehe man sichs versieht, ist man in einer mahlstromartigen Abwärtsspirale gefangen.

Rory ist ein verdammt gutes Beispiel dafür, wie erdrückend Schuldgefühle sein können, denn er müsste sein Leben im Moment in vollen Zügen genießen. So ist es aber nicht, und das, obwohl sein großer Traum wahr geworden ist. Rory Johnson hat es geschafft, Weltmeister zu werden. Er hat eine unglaubliche Saison gesurft und seinen Titel seinem verstorbenen besten Freund gewidmet. Das war vor fast sechs Wochen, und wenn es mein Titel wäre, würde ich ziemlich steil gehen. Und obwohl Rory im Moment im Minutentakt daran erinnert wird, dass er ein Champion ist, scheint es nicht zu ihm durchzudringen. Auch er ist hier und ist es nicht wirklich.

Ich wünschte, er wäre bei Joe oder sie bei ihm, denn ich bin überzeugt, dass diese beiden Menschen einander helfen könnten. In den vergangenen Monaten habe ich Rory wieder und wieder darauf aufmerksam gemacht, dass er für Joe da sein sollte, doch er hat meine Ratschläge ignoriert und mir gesagt, dass ich mich um meinen Kram kümmern soll. Ich unterdrücke einen leisen Seufzer, denn es ist so bitter, diese beiden Menschen in all ihrem Kummer und ihrer Einsamkeit zu sehen.

Da er auch jetzt keine Anstalten macht, Joe zur Seite zu stehen, gebe ich mir einen Ruck und gehe zu ihr hinüber. Sie hat sich zwischenzeitlich einen Platz etwas abseits des Trubels gesucht, und ihre mühsam errichtete Fassade bröckelt merklich. Josephine Reynolds wird jeden Moment unter ihrem Schmerz zusammenbrechen und zu weinen beginnen. Das möchte ich ihr auf jeden Fall ersparen. Ich sehe, wie sie die Augen schließt, ihre Hände auf ihren Bauch legt und ganz bewusst ein- und ausatmet. Ich warte einen Augenblick, ehe ich zu ihr trete. Sie spürt meine Anwesenheit und schlägt die Augen auf.

»Hi, Joe!«, begrüße ich sie, und nur mit Mühe gelingt es mir, meine Stimme unter Kontrolle zu halten. Ihr Anblick macht mich schwach. Es ist, als würden ihre Hilflosigkeit und ihre Verletzlichkeit mich mit sich reißen. Ich empfinde tiefes Mitgefühl für sie … nein, ich leide mit ihr, und das, obwohl dieses Gefühl mir normalerweise gänzlich abhandengekommen ist. In der Regel bin ich nämlich völlig auf meinen eigenen Mist fixiert. Es ist nicht so, als sei ich kaltherzig und als wären andere Menschen mir gleichgültig, es gibt nur einfach keinen Platz für sie in meinem Leben, weil mein eigenes Elend so viel Raum einnimmt.

Gefühle jeglicher Art hege ich nur in abgespeckter, rudimentärer Form. Die einzige Ausnahme bilden meine Kinder und – offensichtlich und erschreckenderweise – Joe.

Ich schlucke den Kloß in meinem Hals herunter und zwinge mich zu einem Lächeln.

»Hi, Brad!«, erwidert Joe. Sie hebt den Kopf und schaut mich an. Mit den hohen Schuhen, die sie trägt, ist sie beinahe so groß wie ich. Ich bin aber auch nicht sonderlich hochgewachsen, was mich nicht weiter stört, denn für mich als Surfer ist der niedrige Schwerpunkt von Vorteil.

Joe lächelt mich ebenfalls recht steif an – ganz so, als sei meine Gegenwart ihr unangenehm. Vielleicht hätte ich sie doch lieber in Ruhe lassen sollen. »Kann ich dir etwas zu trinken besorgen, du siehst …« Fertig aus, liegt mir auf der Zunge. Diese Beschreibung entspricht zwar der Wahrheit, würde ihren Zustand jedoch nur verschlimmern, daher entscheide ich mich für »… mitgenommen aus.«

»Wasser wäre toll. Danke!«, erwidert Joe mit einer Anmut, die beinahe an königliche Erhabenheit grenzt.

Ich gestehe, dass ich ehrlich von ihr beeindruckt bin, denn von dem sich eben noch anbahnenden Zusammenbruch scheint sie inzwischen meilenweit entfernt zu sein. Ich bewundere, wie schnell sie sich wieder unter Kontrolle hat.

»Kommt sofort«, erwidere ich leise und bahne mir meinen Weg durch die Menschenmenge in Richtung der Bar. Während ich auf eine Flasche Wasser und zwei Gläser warte, werfe ich einen Blick zurück in den Raum und werde Zeuge einer interessanten Begebenheit.

Zwischen Joe und Rory findet ein Blickwechsel statt. Er hebt grüßend seine Hand, woraufhin sie ihm – nicht wirklich ladylike – den Mittelfinger zeigt. Ihre Lippen formen gut lesbar »Fuck you«. Ich kann mir ein Grinsen nicht verkneifen. Es ist zu komisch. Rory, der gerade von allen Seiten seinen Arsch gepudert bekommt, muss sich auf diese Weise anmachen lassen. Spannend! Und noch spannender finde ich, dass Joe das überhaupt gebracht hat, denn verdammt, er ist Rory Johnson, der Weltmeister! Eine lebende Legende, aber vermutlich beeindruckt Joe das nicht wirklich. Schließlich kennt sie ihn schon seit dem Kleinkindalter.

Ich kann mich noch genau daran erinnern, als Rory im Leben von Joe auftauchte – oder, um ehrlich zu sein, anfänglich in dem von Russel. Damals war ich vierzehn Jahre alt und oft bei den Reynolds zu Hause. Dean, Russels und Joes älterer Bruder, war früher ein guter Freund von mir. Rory hatte die Zwillinge im Kindergarten kennengelernt. Und bereits kurz darauf waren sie unzertrennlich, und man hat sie nur noch zusammen gesehen.

Über acht Monate lang, also seit Rus' Trauerfeier, herrschte

Funkstille zwischen Joe und Rory, und ich kann ihr beim besten Willen nicht verübeln, dass sie gehalst ist. Rory hätte für sie da sein müssen. Joe hat ihn gebraucht, und er hat sie im Stich gelassen. Ich finde es gut, dass sie ihm ihren Standpunkt klarmacht. Hätte er so einen Mist mit mir abgezogen, würde ich ihm auch die Meinung geigen und ihn nicht damit durchkommen lassen.

Ich schaue ihm zu, wie er sich nach einem kurzen Moment der Verwirrung fängt und dann in ihre Richtung geht. Joe jedoch scheint richtig angefressen zu sein. Sie hat nicht vor, mit ihm zu reden, und macht die Fliege. Ich beobachte, wie sie in Richtung Toiletten davonstöckelt – was im Übrigen wenig elegant ausschaut, denn scheinbar hat Joe nie gelernt, mit hohen Absätzen zu laufen.

Rory bleibt stehen und verfolgt Joes Flucht mit unglücklicher Miene. Innerlich stoße ich erneut einen Seufzer aus. Was habe ich ihm gesagt? Seit Monaten habe ich ihn bekniet, sich bei Joe zu melden. Er hat zu lange gewartet, dieser Trottel. Wenn er Pech hat, hat er nicht nur Russel, sondern auch Joe für immer verloren.

Ich geselle mich zu ihm und beobachte, wie Joe ihrem Vater in die Arme läuft. Sean Reynolds ist ein großes Tier. Dieses Event heute Abend ist seine Veranstaltung beziehungsweise die des Wavehunters-Magazins, dessen Herausgeber er ist. Wenn man in unserer Branche eine große Nummer werden will, führt kein Weg an dieser Zeitschrift vorbei. Sie ist DAS Magazin auf dem Markt, und zwar seit mehr als zwei Jahrzehnten.

Über Sean Reynolds kann man viel Gutes sagen, aber eben auch viel Schlechtes. Wie er mit seiner Tochter umgeht, gehört für mich zu Letzterem. Er ist durchsetzungsstark und dominant – sein beruflicher Erfolg beweist das, aber er ist es auch Joe gegenüber, und das macht mich wütend. Als ich sehe, wie er sie am Arm packt, bin ich versucht, zu ihm hinüberzugehen, doch das Letzte, was Joe in ihrem Leben braucht, ist noch ein Kerl, der sie bevormundet.

»Was ist da los?«, will ich von Rory wissen und deute in Richtung der Reynolds.

»Ich bin los«, antwortet er niedergeschlagen und seufzt leise.

»Deshalb hat sie Zoff mit Sean?« Das glaube ich nicht. Sean ist das sicherlich reichlich egal, was zwischen ihr und Rory läuft.

»Nein, er will nur nicht, dass sie das Doggy Door benutzt«, erklärt Rory, und ich schnalle sofort, was er damit meint.

Treffend, denke ich belustigt und frage: »Sagt ihr Kids das so?«

»Ja. Auch wenn wir eine Beziehung beenden oder so. Im Prinzip immer, wenn wir abhauen.« Er seufzt erneut und sagt dann: »Sie hat mir den Finger gezeigt!« Er klingt niedergeschlagen und empört zugleich. So übel die ganze Sache auch ist, am liebsten würde ich ihn auslachen. Joes Verhalten hat ihm richtig zugesetzt. Im Prinzip weiß er, dass sie recht hat, aber sein Ego kann überhaupt nicht damit umgehen, dass sie die Frechheit besessen und ihm so eine Abfuhr erteilt hat.

Außer dem Lachen schlucke ich auch noch folgende unangemessene Bemerkung hinunter: Ja, Rory, wenn man sich wie ein Arschloch benimmt, dann braucht man sich nicht zu wundern, wenn die Leute nicht mehr mit einem reden wollen. Wie gesagt, ich glaube, er weiß sehr wohl, dass er richtig großen Mist gebaut hat. »Habe ich gesehen. Aber ich habe dir meine

Meinung zu deinem Verhalten schon vor Monaten gesagt, Bro«, erwidere ich daher lediglich.

Joe beginnt zu weinen, und Sean lässt sie abrupt los. Mein erster Impuls ist, hinter ihr herzurennen, als sie herumwirbelt und in Richtung der Toiletten flüchtet, doch ich unterdrücke auch diesen. Das »Verdammt!« kann ich jedoch nicht zurückhalten. Rory schaut mich von der Seite her an. In seinen Augen liegt ein wissender Ausdruck. »Was ist?«, blaffe ich ihn an, doch ich weiß genau, worum es ihm geht, und er irrt sich. Da ist nichts zwischen mir und Joe Reynolds. Sie ist viel zu jung, also beantworte ich seine stumme Frage, indem ich sage: »Ich ertrage es nicht zu sehen, wie traurig sie ist.«

Das ist nicht gelogen. Ich ertrage es wirklich nicht. Niemand sollte sich derart einsam, allein und verloren fühlen. Schon gar nicht ein so bezauberndes Wesen wie Joe Reynolds. Sie ist der freundlichste, hilfsbereiteste und fröhlichste Mensch, den ich kenne. Sie ist großherzig, feinfühlig und humorvoll, jedoch alles andere als oberflächlich. Ich will wirklich nicht, dass es ihr schlecht geht. Sie war so, verbessere ich mich in Gedanken. Und sie wird nie wieder so sein! Russels Tod hat sie geprägt. Nein, er hat sie von Grund auf verändert.

»Gehst du jetzt hinterher, oder muss ich dir in den Arsch treten?«, knurre ich Rory an und bin kurz davor, wirklich ausfallend zu werden. Denn bei dem Gedanken daran, dass Joe jetzt auf diesem Klo hockt und bitterlich weint, wird mir speiübel.

»Sie will mich nicht sehen …«, behauptet Rory, und ich erwidere boshaft: »Sagt der Feigling!« Und dann frage ich ihn erneut das, was ich schon seit Monaten wissen will: »Was soll der Scheiß, Rory?«

»Wenn du sie so magst, Brad, warum gehst du dann nicht

hinter ihr her?« Als ob es darum gehen würde. Ja, ich mag Joe. Mochte sie schon immer, denn sie hat es jedes Mal geschafft, mein Leben ein bisschen besser zu machen – einfach, indem sie da war. Ich kann gar nicht zählen, wie oft mich ihr Lachen aus einem tiefen Loch herausgerissen hat, aber auch darum geht es nicht. Es geht darum, dass Rory auf ganzer Linie versagt hat. Er hätte für Joe da sein müssen.

»Weil du ihr bester Freund bist!«, erinnere ich ihn.

»Glaub mir, sie würde sich viel mehr darüber freuen, wenn du hinter ihr hergehst«, meint er doch allen Ernstes. Ich kann nicht fassen, dass er sie so hängenlässt. Er hat doch eben mit eigenen Augen gesehen, wie schlecht es ihr geht und wie fertig sie ist.

»Wenn sie dir etwas bedeutet, dann läufst du ihr jetzt nach, Rory!«

»Ich bin kein Hund.«

Sorry, Bro, aber das sehe ich anders, und das sage ich ihm auch. »Nein, aber du hast dich wie einer benommen. Wie ein feiger Hund, und du hast sie verletzt! Ich kann dir gar nicht sagen, wie sehr mich das ankotzt, was du dir geleistet hast.«

»Warum?« Was er eigentlich meint, ist, was mich diese ganze Sache überhaupt angeht. Warum es mich so juckt, was mit Joe ist. Aber das weiß ich selbst nicht so genau. Ich versuche, mich zu sammeln und Worte für meine diffusen, wirren Gefühle zu finden.

»Weil du ihr wehgetan hast, Rory! Und ich will nicht, dass man ihr wehtut. Du hättest für sie da sein müssen. Ist dir nicht aufgefallen, dass sie nur noch aus Haut und Knochen besteht? Die Trauer frisst sie auf. Sie ist am Ende, und du hättest sie auffangen können. Und jetzt sieh zu, dass du wegkommst.« Rory steht noch immer unschlüssig da, also schiebe ich hinterher: »Bitte! Sie ist jetzt bestimmt auf dem Klo und heult sich die Augen aus dem Kopf! Sei ein Mann, und sei endlich für sie da!«

Ich schaue ihn an und bin nicht gewillt, ihn vom Haken zu lassen. Wenn er ihr nicht gleich folgt, dann gehe ich, aber dann hat er sie für immer verloren, da bin ich mir sicher.

»Okay!«, lenkt er ein und folgt seiner besten Freundin auf die Toilette. Ich sehe ihm nach und bin in Gedanken bei Joe. Sie ist wirklich unglaublich dünn geworden und wirkt in all ihrer Trauer derart zerbrechlich, dass alles in mir danach schreit, sie zu beschützen. Doch wie ich bereits sagte, das Letzte, was Joe in ihrem Leben brauchen kann, ist ein weiterer Kerl, der sie bevormundet. Dafür hat sie ihren Vater und ihren großen Bruder Dean.

Ich kann beim besten Willen nicht verstehen, wieso Rory nicht den Drang verspürt, sie zu beschützen. Was stimmt mit ihm nicht? Joes Verletzlichkeit ist geradezu greifbar. Sie ist so offensichtlich verzweifelt, dass man sie unwillkürlich auffangen und halten will. Jedenfalls geht es mir so, doch vielleicht liegt das alles auch nur daran, dass ich Joe bereits etliche Male getröstet habe.

An diesem dummen Spruch »Kleine Kinder, kleine Sorgen. Große Kinder, große Sorgen« ist etwas Wahres dran. Ich erinnere mich gut daran, wie sie einmal, da war sie ungefähr zwei, echt fies aufs Gesicht gefallen ist. Sie hat mich gesehen, kam freudestrahlend auf mich zugerannt, stolperte und stürzte. Im ersten Moment gab sie gar kein Geräusch von sich, und ich stand wie angewurzelt da, dann begann sie furchtbar zu weinen, und ich überwand endlich meine Erstarrung. Ich hatte entsetzliche Angst, sie herumzudrehen, und malte mir aus, sie hätte sich die Nase gebrochen oder die Zähnchen ausgeschlagen, doch das war nicht der Fall. Sie hatte einen blutigen Kratzer auf der Nase, mehr nicht, und bereits nach ein paar Minuten auf meinem Arm war alles wieder vergessen.

Ich wünschte wirklich, dass es mit anderen Dingen, die einem im Leben widerfahren, auch so einfach wäre. Dass man binnen weniger Minuten darüber hinwegkommen könnte, aber ich weiß es besser. Es wird Jahre, vermutlich sogar Jahrzehnte dauern, bis Joes Wunden einigermaßen verheilt sind. Ob sie wohl seit Russels Tod schon einmal gelacht hat? Gab es einen Moment, in dem Joe das Gefühl hatte, dass das Leben weitergeht? Hat sie ein einziges Mal seit diesem Tag Glück verspürt – und wenn es nur eine Sekunde lang war? Oder war da ausschließlich diese hoffnungslose Schwärze, der man hilflos ausgeliefert ist, weil sie einfach alles Gute und Schöne schluckt?

»Hey, Brad, so nachdenklich?«, fragt eine weibliche Stimme von der Seite her. Bitte lass es nicht irgendeine Goldgräberin sein, bete ich im Stillen. Ich habe wirklich keine Lust auf oberflächlichen Small Talk, den ich sicherlich nicht führen müsste, wenn ich nicht reich und berühmt wäre. Ich straffe meine Schultern, zwinge mich zu meinem unwiderstehlichsten Lächeln und wende mich der Frau zu.

Zu meiner Erleichterung ist es nur Sam. Wobei nur Sam irgendwie falsch klingt. Nein, zum Glück ist es Sam! »Hi, Sammy!«, begrüße ich sie und umarme sie kurz. Normalerweise hasse ich das, also nicht Körperkontakt an sich, sondern wenn Leute mich umarmen, die ich gar nicht richtig kenne. Wenn sie tun, als wären wir die besten Freunde, einfach weil ich ich bin. Das ist das Gleiche wie bei den Frauen, die nur hinter mir her sind, weil ich eine gute Partie bin. Doch Sam ist anders, und es macht mir nicht das Geringste aus, von ihr berührt zu werden. Ich genieße sogar die kurze Umarmung, einfach, weil Sam inmitten dieser Show wahrhaftig wirkt. Sie ist unverstellt, während alles um uns herum eine große Inszenierung ist. Jeder versucht der Coolste, der Beste, der Schönste, der Erfolgreichste zu sein. Dieser ganze Abend ist ein einziger Schwanzvergleich, und obwohl ich bei diesem Wettbewerb ganz gut abschneide, kotzt es mich an.

»Hast du Joe gesehen?«, fragt Sam mich und klingt besorgt. Sie ist Joes beste Freundin und war, wie ich von Rory vor Kurzem erfahren habe, mit Russel verlobt. Er hat mir davon erzählt, nachdem ich beinahe Sams Handy gekillt hätte und sie in Tränen ausgebrochen ist. Da wusste ich bereits, dass sie zusammen gewesen waren, aber nicht, dass sie sogar ans Heiraten gedacht hatten.

Dass Rus tot ist, ist … Verdammt, es ist einfach Scheiße. Mir fällt keine andere Bezeichnung dafür ein, und Sam tut mir, wie Joe auch, unglaublich leid. Ich kann verstehen, dass er um ihre Hand angehalten hat, denn eine wie Sam, die findet man nicht noch mal im Leben.

Es ist nicht so, als wäre ich scharf auf sie. Gut, zwischen uns gab es diese Sache, über die wir nie reden, aber das ist etwas völlig anderes und eine Ewigkeit her.

Sam wäre mir vermutlich zu anstrengend. Nein, mal ganz ehrlich: Sie und ich, wir sind uns zu ähnlich. Aber ich schätze Sam wirklich sehr. Sie ist authentisch und wahrhaftig – wie ich bereits sagte: Sam verstellt sich nicht. Und wenn man wie Russel oder Rory oder ich genug Chicks abgeschleppt hat, die nur scharf auf einen sind, weil man einen Namen oder einen Titel oder Kohle hat, dann ist eine Frau wie Sam unglaublich erfrischend.

»Brad?«, fragt sie mich noch einmal. »Hast du Joe gesehen?«

Sie ist nervös. Ich kann ihre innere Unruhe fühlen. Sam lässt ihren Blick suchend über die Menge schweifen und fährt sich mit der Hand durch ihre langen brünetten Haare, die sie offen trägt. Ich nicke. »Ja, ihr ging es nicht gut. Rory kümmert sich um sie.«

Ich kann die Überraschung in Sams Miene erkennen. »Steckst du dahinter?«, fragt sie einen Moment später, und ich muss schmunzeln, denn sie klingt erleichtert und vorwurfsvoll zugleich.

»Irgendwie schon«, gebe ich zu.

Sam legt einen Arm um meine Taille und zieht mich lachend an sich. Obwohl sie ziemlich klein ist, hat sie eine Menge Kraft. Sam ist eben eine echte Powerfrau, und in diesem Augenblick wirkt sie unglaublich befreit, ein wenig so, als wäre eine tonnenschwere Last von ihr abgefallen. »Du bist der Beste, Bradley Hoover, weißt du das eigentlich?«

Zu diesem Statement schweige ich mich aus, aber es tut gut, das zu hören. Sam lässt mich ziemlich überraschend los, als Dean Reynolds mit einem Mal vor uns steht und eisig sagt: »Und ich dachte, ich sei der Beste!« Dann wendet er sich mir zu: »Bradley«, begrüßt er mich kühl. Er mustert mich von oben herab.

»Hi, Mann«, erwidere ich. Kurz vor Russels Tod hat er mich für das Magazin seines Vaters interviewt. Es war ein interessanter Nachmittag. Dean gibt mir immer das Gefühl, der letzte Arsch zu sein. Ich habe keine Ahnung, woher sein Groll mir gegenüber kommt, aber der Typ hat mich definitiv auf dem Kieker. Ob er auch einer dieser ewigen Neider ist, die nicht ertragen können, dass man selbst es zu was gebracht hat – so ganz ohne Daddys Hilfe, meine ich. Es ist jedenfalls unvorstellbar, dass wir einmal die besten Freunde waren, aber auch das ist schon so lange her, dass es schon gar nicht mehr wahr ist.

»Hi, Dean«, wispert Sam. Sie wirkt fahrig. Die Unsicherheit steht ihr gar nicht und sieht ihr überhaupt nicht ähnlich. Sam hat ein wirklich gesundes Selbstbewusstsein. Erst denke ich, es liegt daran, dass der Bruder ihres verstorbenen Verlobten sie in meinem Arm gesehen hat, doch als Dean sich an sie wendet, wird mir klar, dass zwischen den beiden etwas läuft. Es ist die Art, wie Dean sie ansieht und wie er ihren Namen ausspricht. »Hi, Sammy«, sagt er, und da ist keine Spur mehr von Kälte in seiner Stimme.

Seine unnatürlich geweiteten Pupillen verraten mir, dass Dean irgendwas genommen hat. Ich tippe auf Koks. Zum einen weil ich damit Erfahrung habe, zum anderen weil es zu Deans Lifestyle passen würde. Und es passt zu dieser überheblichen Bemerkung »Und ich dachte, ich sei der Beste!«. Dass trotz der Droge so viel Gefühl in seiner Stimme mitschwang, als er Sam angesprochen hat, ist allerdings verwunderlich. Kokain tötet jegliches empathische Empfinden ab, es macht einen eiskalt, aber mal ehrlich, das ist letztendlich der Sinn der Sache. Man will nichts mehr fühlen, wenn man es nimmt – nichts außer dieser wunderbaren euphorischen Stimmung und diesem immensen Tatendrang.

Die Blickwechsel zwischen ihnen sind jedoch eindeutig – zwischen den beiden läuft etwas. Ich will gar nicht so genau wissen, was da im Busch ist, deshalb hebe ich meine Hand und meine: »Hey, Leute, war schön, euch zu treffen, aber ich muss los.« Sam sieht aus, als würde sie mich gern bei sich behalten, aber wenn sie Stress mit ihrem Lover hat, ist das nicht mein Problem, und ich habe keine Lust, in Deans Schussfeld zu geraten.

Dass ich da bereits reingerutscht bin, wird mir bereits fünf Minuten später klar, als ich an der Bar stehe, um Joes unbenutztes Glas zurückzugeben. Eine Hand legt sich auf meine Schulter, und als ich mich umdrehe, blicke ich in Deans verärgertes Gesicht.

Die ganze Körperhaltung von Joes großem Bruder deutet darauf hin, dass ich mit meiner Vermutung richtig lag. Er steht extrem gerade da, man sieht diese Grundanspannung besonders in seinem Gesicht. Seine Kiefer sind fest aufeinandergepresst, wodurch seine Muskeln deutlich hervortreten. »Ja?«, frage ich und bemühe mich, ruhig und gelassen zu klingen. Wie ich bereits sagte, ich habe selbst Erfahrung mit Koks. Es macht reizbar und aggressiv.

»Lass die Finger von Sam«, rät er mir.

Ich atme tief durch, um mich zu beruhigen. Ich kann es nicht leiden, wenn man mir sagt, was ich zu tun oder zu lassen habe. »Dean, du hast da was in den falschen Hals bekommen, Kumpel. Zwischen Sam und mir …«

»Ja, Sam sagte so was, aber ich habe Augen im Kopf, und ich weiß, wie du drauf bist. Ich erinnere mich gut an diese Sache …«

Diese Sache, die keine war. Fuck! Ich möchte nicht daran erinnert werden. Also lenke ich meine Gedanken auf das andere, was er von sich gegeben hat. Wie ich drauf bin? Das muss Dean gerade sagen. Wenn es schlimmere Aufreißer als mich gibt, dann sind beziehungsweise waren es die Reynolds-Brüder. Rus und Dean vögeln/vögelten alles, was nicht bei drei auf dem Baum ist oder war. Aus dem Stadium bin ich schon lange raus – jedenfalls in meinen guten Phasen. In meinen schlechten bin ich nicht wählerisch, da nehme auch ich, was ich kriegen kann.

»Hör zu Dean, ich habe nicht vor, etwas mit Sam anzufangen, und falls es dich interessiert, ich hatte auch noch nie etwas mit ihr.« Nicht wirklich jedenfalls.

Er lacht freudlos auf. »Eine interessante Definition von ›nichts mit ihr haben‹ hast du anscheinend allemal. Ich habe gesehen, wie sie dir deinen Schwanz gelutscht hat, schon vergessen?«

Nein, den Abend werde ich mein Leben lang nicht vergessen. Ich fühle mich immer noch unglaublich schuldig und bin froh, dass Sam mir nie einen Vorwurf aus dieser Sache gemacht hat.

»Aber warum erzählst du mir das?«, fragt Dean misstrauisch.

Ja, warum bloß? Weil du scharf auf sie bist? Ich versuche, es vorsichtiger zu formulieren, doch er würgt mich sofort ab.

»Sie ist die Verlobte meines Bruders«, erinnert er mich mit eisiger Stimme.

Okay, denke ich und überlege, ob er immer so schlecht lügt, denn dass da was zwischen ihnen läuft, ist super offensichtlich. Abgesehen davon ist sie nicht die Verlobte seines Bruders, sondern war es. Doch vielleicht ist dieser Umstand das eigentliche Problem. Ich versuche, mich in seine Lage zu versetzen, doch es will mir nicht gelingen. Wie muss es sich für Dean anfühlen, die Verlobte seines verstorbenen Bruders zu vögeln?

»Ich weiß, dass sie Russels Verlobte war«, erwidere ich leise. »Das muss sehr schwer für euch sein.« Er hat mein aufrichtiges Mitgefühl.

Einen Moment lang blicke ich hinter Deans Maske und kann seine Verzweiflung sehen. Ich verzichte darauf, ihm mein Beileid auszusprechen, denn es würde nur abgeschmackt klingen, stattdessen blicke ich ihn mitfühlend an. »Du hast keine Ahnung, Brad«, murmelt er und verschwindet.

Er hat recht. Ich habe keine Ahnung davon, wie es ist, seinen Bruder zu verlieren. Ich stelle es mir furchtbar vor, und Dean und Joe tun mir entsetzlich leid. Für ihren Vater muss es jedoch um ein Vielfaches schlimmer sein, und in seine Situation will ich mich gar nicht reindenken. Ich habe selbst Kinder. Drei wunderbare Mädchen, die ich über alles liebe. Allein der Gedanke, sie zu verlieren, bringt mich schier um, weshalb ich diese Horrorvorstellung energisch beiseiteschiebe, wenn sie aufpoppt.

Kurz nach meiner Unterredung mit Dean an der Bar beginnt die eigentliche Show. Wir nehmen in einem der Konferenzräume Platz und schauen uns die Einspieler, die den Ehrungen vorangehen, auf der Leinwand an. Mein Herzschlag beschleunigt sich, als mein Video startet. Ich erkenne bereits an den ersten Bildern, dass sie die Szene von meinem Beinahe-Tod zeigen. Das Video zeigt meinen Wipe-Out und die Versuche des Jetskifahrers, mich zu bergen, doch in der tosenden Gischt sieht er mich nicht, und als die nächste Welle bricht, bin ich noch immer in der Impactzone. Ich komme ein zweites Mal zurück an die Oberfläche, schnappe nach Luft, und dann geht der eigentliche Albtraum los, und diesen zeigt die Kamera nicht. Doch die Erinnerung hat sich in mein Hirn eingebrannt und wird nun abgespult. Ich unterdrücke die aufsteigende Panik, die ich jedes Mal empfinde, wenn ich daran denke, wie die nachfolgenden Wellen mich unten gehalten haben. Ich hatte keine Chance, zurück an die Oberfläche zu kommen. In gewisser Weise war mir das egal, und ich glaube, darin liegt ein Großteil der traumatischen Erfahrung. Irgendwie wollte ich in diesem Moment sterben.

Ich glaube, diese Einstellung hat letztendlich sogar überwogen, und dass ich noch am Leben bin, verdanke ich nicht meinem Selbsterhaltungstrieb, sondern meinem Jetskipiloten, der mich – unter Einsatz seines Lebens – gerettet hat.

Ich verschränke die Arme vor meiner Brust und versuche, mich emotional zu distanzieren. Ich schaue zu, wie ich auf der Leinwand wiederbelebt werde. Die Jungs geben sich alle Mühe, mich zurück ins Leben zu holen. Schließlich gelingt es ihnen, und mein Leinwand-Ich beginnt, Wasser zu husten und Blut zu spucken. Dann berichtet der Sprecher davon, dass ich beinahe zwei Jahre lang von der Bildfläche verschwunden war. Er redet davon, dass ich versucht habe, mein Leben zu ordnen. Meine Scheidung wird nicht unerwähnt gelassen, ebenso wenig wie die Tatsache, dass ich in dieser Zeit, außer mit meiner eigenen Frau, auch noch mit einer anderen ein Kind gezeugt habe.

Das sind Fakten, doch sie sagen nichts darüber aus, wer ich bin und was in mir vorging. Ich war erleichtert, am Leben zu sein, denn ja, irgendwie hänge ich doch an meiner Existenz. Vielleicht ist das einfach nur menschlich, aber sehr schnell ließ diese Euphorie nach. Es ist schwierig zu erklären, aber ich dachte, wenn ich schon am Leben sein muss, wenn ich weiterhin den Schmerz ertragen muss, dann will ich dafür auch etwas zurückhaben. Dann will ich mehr als das, was ich bis dato hatte.

Ich atme ein weiteres Mal an diesem Abend tief durch und versuche, meine Emotionen herunterzuschlucken. Ich bin wegen dieser Sache so oft und so bösartig angefeindet worden, dass es mir schwerfällt ruhigzubleiben., Ich weiß natürlich selbst, dass ich Mist gebaut habe und dass diese ganze Geschichte keine Glanzleistung war, aber ich konnte nicht anders. Und ja, ich weiß, wie das klingt, aber niemand, der nicht in meiner Situation ist, sollte sich ein Urteil über mein Handeln oder mich erlauben. Leider ist die Welt nicht so, und ich muss damit leben, dass ich als egoistisches Arschloch gelte.

Vielleicht bin ich das sogar – an den schlechten Tagen denke ich jedenfalls genau das und noch viel Schlimmeres über mich. Wie so vieles in meinem Leben ist auch dieser Abend ein einziger Kampf. Daran ändern weder das Loblied auf mein Comeback noch die Zusammenschnitte von meinen Zehn-Punkte-Ritten etwas. Es widerstrebt mir, auf die Bühne zu gehen und in den Mittelpunkt gerückt zu werden, dennoch folge ich dem Aufruf: »Und nun bitten wir Bradley Hoover auf die Bühne. Komm hoch, Brad, und lass dich anschauen. Wir haben auch einen schönen Pokal für dich.« Matt, der Moderator, grinst mich breit an. Er macht seinen Job ganz gut, besser als der Heini, den sie im letzten Jahr da hingestellt hatten. Ein mehrstimmiges Johlen, begleitet von schrillen Pfiffen, geht durch die Menge. Der Zuspruch der Jungs macht mir Mut. Es ist eine Weile her, seit ich das letzte Mal auf der Bühne gestanden und den Preis entgegengenommen habe. Es ist eine Ehre, und dennoch hat es an Bedeutung für mich verloren. Vielleicht setze ich inzwischen meine Prioritäten richtig, das wäre jedenfalls erstrebenswert. Vielleicht sickt mich der ganze Zirkus aber inzwischen auch einfach nur an. Ansicken ist eines von Sams Lieblingswörtern, und da wir gerade in der vergangenen Woche viel Zeit zusammen verbracht haben, färbt sie wohl etwas auf mich ab.

Ich sehe sie im Publikum zwischen den Mad-Crush-Surfern sitzen. Sie lächelt mich an, und dieser Zuspruch bedeutet mir mehr als der der Jungs. Ich wische unauffällig meine schweißnassen Hände an meiner Hose ab. Ich bin scheißnervös, denn irgendwie habe ich immer Angst davor, dass jemand vielleicht doch einmal genau hinschaut und erkennt, was mit mir nicht stimmt und wie kaputt ich wirklich bin.

Allerdings hatte ich viele Jahre lang Zeit, meine Rolle zu perfektionieren, und als ich meine Auszeichnung überreicht bekomme, entspreche ich der allgemeinen Erwartung. Ich bin gut drauf, charmant und strotze nur so vor Selbstbewusstsein. Ich gebe die eine oder andere Anekdote zum Besten und ernte dafür die einkalkulierten Lacher.

Der Abend nimmt wenig später eine unerwartete Wendung, als Rory nicht auf die Bühne tritt, um seinen Preis als bester Surfer entgegenzunehmen. Ich will ehrlich sein, seine Abwesenheit erfüllt mich im ersten Moment mit Stolz, denn ich gehe davon aus, dass er die Prioritäten richtig gesetzt hat und sich um Joe kümmert. Im zweiten Augenblick erinnere ich mich daran, dass Rory ein notgeiler, hormongesteuerter Zweiundzwanzigjähriger ist und ich Joe nicht in seiner Nähe wissen möchte.

Nachdem die ganze Chose gelaufen ist, ziehe ich mich in eine stille Ecke zurück und rufe ihn an. »Wenn du Joe fickst, bringe ich dich um!«, platzt es aus mir heraus, nachdem er den Anruf mit einem knappen Ja entgegengenommen hat.

Er lacht frech und hat keine Ahnung, wie ernst mir diese Sache ist. Joe ist in keiner guten Verfassung. Ihren Zustand auszunutzen wäre einfach nur arschlochmäßig.

»Hi, Brad! Schön von dir zu hören«, erwidert Rory und klingt extrem belustigt.

»Das ist mein Ernst, Rory! Ich breche dir alle Knochen, solltest du die Situation ausnutzen.« Als er einen langgezogenen Seufzer ausstößt, hake ich rasch nach: »Sag nicht, dass es schon zu spät ist!«

»Reg dich ab, Brad. Alles im grünen Bereich. Sie liegt im Gästezimmer und schläft.«

Das ist gut und erleichtert mich ungemein. Wie ich bereits sagte, ich will nicht, dass Joe wehgetan wird. »Gut. Habt ihr geredet? Konntet ihr euren Scheiß klären?«, frage ich ihn.

»Ja«, entgegnet Rory knapp.

»Sehr gut«, brumme ich. Vielleicht ist er doch nicht so ein idiotischer Kindskopf, wie ich es in seinem Alter war – obwohl, wenn ich ehrlich bin, dann bin ich an den schlechten Tagen auch heute nicht viel besser.

»Und wie verlief der Abend bei dir?«, will Rory wissen.

Was erwartet er denn? Es war natürlich ein Skandal, dass er die Biege gemacht hat, aber wie gesagt, ich bin froh darüber. Joe braucht ihn, und wenn sie sich ausgesöhnt haben, dann ist das wunderbar. »Was glaubst du? War ein ziemliches Drama, weil du abgehauen bist.« Dean steht plötzlich neben mir. »Augenblick!«, sage ich zu Rory und widme meine Aufmerksamkeit Joes Bruder. »Ja?«

»Hast du Joe gesehen? Ich suche sie schon überall.« Unwillkürlich schüttle ich den Kopf, und Dean hetzt davon.

»Dean!«, informiere ich Rory. »Soll ich ihm sagen, dass sie …«

»Um Himmels willen, nein!«, unterbricht er mich. »Sonst steht er in zwanzig Minuten vor meiner Tür und zwingt sie dazu, im Hotel zu übernachten. Er tut immer noch so, als sei sie sechzehn.«

Ich grinse unwillkürlich, denn schließlich habe ich mich gerade ebenfalls als ihr Beschützer aufgespielt, als ich Rory damit gedroht habe, ihm die Knochen zu brechen.

»Er wird sie anrufen, dann kann sie ihm das stecken oder auch nicht«, meint er.

»Dean ist jedenfalls dein kleinstes Problem, solltest du …«, drohe ich ihm noch einmal, einfach nur um sicherzustellen, dass dieses hormongepeitschte Etwas auch versteht, was ich meine.

»Ja, ja«, meint er völlig unbeeindruckt.

»Du weißt schon, was ›Ja, ja!‹ heißt, oder?«, knurre ich gereizt. Das darf doch echt nicht wahr sein, wann hat dieser Typ seinen Respekt vor mir verloren?

»Nee, keine Ahnung«, meint er ironisch.

Ich ignoriere es und sage »Ja, ja heißt: Leck mich am Arsch!«, woraufhin Rory frech kichert. »Ich will nicht, dass du Joe wehtust, hast du verstanden? Geh irgendein Groupie knallen, wenn du einen Fick brauchst, aber lass sie in Ruhe!«, füge ich energisch hinzu.

Rory erwidert nichts, und ich ahne, dass er nicht nur einfach seine vorlaute Klappe hält, sondern mir auch etwas verschweigt. »Gibt es etwas, was du mir sagen willst?«, frage ich niedergeschlagen und rechne beinahe damit, dass er mich belogen und Joe bereits flachgelegt hat.

Die Vorstellung von Rory und ihr blitzt in meinem Hirn auf, und ich spüre, wie es in meiner schwarzen Jeans merklich enger wird, als mein Schwanz hart wird. Das ist nicht dein ernst, Brad, sage ich mir. Eben noch den Moralapostel spielen und jetzt …

»Ich hätte sie fast geküsst«, beichtet mir Rory in diesem Augenblick.

»Sie ist etwas Besonderes, Rory! Ich hoffe, du weißt das! Ich hoffe, du verwechselst da nicht Geilheit mit echten Gefühlen. Du musst wissen, was du tust, aber wehe, du verletzt sie«, ermahne ich ihn und schlucke trocken. Mir ist mit einem Mal sehr deutlich bewusst, dass ich einer der letzten Menschen auf dieser Welt bin, der über Rorys Verhalten urteilen sollte. Was auch immer zwischen Joe und ihm passiert, geht mich nichts an.

»Wenn du selbst Ambitionen hast, Brad, dann sag das einfach«, wirft Rory ein. Er klingt verärgert, und das ist sein gutes Recht, schließlich ist es geradezu lächerlich, dass jemand wie ich ihm Vorschriften macht. »Hör zu, Brad! Hör einfach damit auf, mich wie einen Idioten zu behandeln. Ich habe nicht vor, Joe wehzutun, im Gegenteil!« Als ich nichts erwidere, fragt er: »Sonst noch was?«

»Bleibt es bei morgen, oder …«, frage ich unsicher.

»Ja, wir sehen uns um zehn. Ich freue mich schon, Bro!«

Ich bin erleichtert, dass er mir die Sache nicht mehr übel nimmt. Ich hätte mich nicht einmischen und meinen Mund halten sollen, aber irgendwie denke ich noch immer, ich müsste auf Joe aufpassen. »Gut, also bis dann!«, sage ich und beende unser Telefonat.

Die anschließende Nacht ist eine sehr typische, und nachdem ich um kurz nach drei schweißnass aus meinem Albtraum erwacht bin, ist an Schlaf nicht mehr zu denken. Ich dusche mich, ziehe mir ein frisches Shirt und Boxerbriefs an und gehe hinunter, wo ich den Roman, den ich vor zwei Tagen angefangen habe zu lesen, in die Hand nehme. Er hat mich sofort gefesselt und in seine packende Handlung gezogen. Nach zwei Seiten muss ich mir eingestehen, dass meine Konzentration dafür jedoch im Moment nicht ausreicht. Ich beschließe, ein wenig auf der PS4 zu zocken. Zwei Stunden später bin ich so verdammt müde, dass mir die Augen zufallen – da kann ich mich noch so sehr gegen den Schlaf wehren, mein Körper verlangt nach Erholung.

In Nächten wie dieser sehne ich mich wie verrückt nach

Speed. Drei Tage nicht schlafen zu müssen, klingt so verfickt gut, ist aber leider keine Alternative mehr. Ich weiß um meine Verantwortung, die ich zwar niemals wollte, aber bereit bin zu tragen. Ich habe Kinder, und ich hatte auf Speed einmal einen psychotischen Schub. Damals war ich kurz davor, meinem Leben ein Ende zu setzen. Ich kann mich noch gut an diesen Abend erinnern, an diese krasse irrationale Angst. Ich war so hoffnungslos und so verzweifelt, dass ich nicht mal mehr dazu in der Lage war, mir irgendein Groupie zu suchen, das meinen Schmerz gelindert hätte. Allerdings hat mich in dieser Nacht eine Frau gerettet. Gabriella Espinosa, eine gute Freundin von Joe und Sam, die inzwischen mit einem Aussie verheiratet ist und in Sydney lebt, war für mich da.

Dieser Abend liegt jetzt vier Jahre zurück, und ich kann mich an jede beschissene Sekunde erinnern. Wimmernd und total fertig lag ich in Gabs Armen. Sie blieb bei mir, solange mein Schub andauerte, und als sie sich am nächsten Morgen sicher sein konnte, dass ich wieder halbwegs okay war, verließ sie das Hotelzimmer, ohne mich darüber auszuquetschen, was mit mir losgewesen war – dafür werde ich ihr auf ewig dankbar sein. Denn das ist eine Never Ending Story. Wenn ich erst mal damit anfange, was mit mir los ist, dann finde ich kein Ende mehr.

Meine Kindheit als verkorkst zu bezeichnen wäre schmeichelhaft. Ich bin ein Unfall gewesen. Daraus hat Megan, meine Mutter, nie einen Hehl gemacht. Es ist ein ganz dummes Gefühl, das zu wissen. Anders als andere Kinder, bin ich ohne Vater aufgewachsen, und auch das war nicht einfach. Megan war mit mir überfordert. Schon vor der Sache, aber danach erst recht. Nicht dass sie darüber Bescheid gewusst hätte, aber … Irgendwo musste ich mit meiner Wut, meiner Verzweiflung und all dem anderen Dreck hin, also war ich viel im Wasser. Das Meer reinigt mich, und da draußen gibt es dann nun mal nur mich und die Wellen. Das Surfen sorgt dafür, dass ich nicht vor die Hunde gehe. Es hält mich bei Verstand. Nur weil ich surfe, werde ich nicht verrückt, und weil ich gern und oft im Wasser war, wurde ich so gut, wie ich es heute bin. Aber all der Ruhm, all die Titel und Rekorde sowie die Tatsache, dass ich stilistisch eine ganze Generation von Surfern geprägt habe, weil ich Dinge gemacht habe, an die man zuvor nicht einmal gedacht hat, ändern nichts daran, dass ich in Nächten wie diesen einsam, allein und verzweifelt bin. Ich bräuchte Trost und werde ihn nicht finden. Niemals!

Ich spüre, wie meine Lider schwer werden und ich in den verhassten Schlaf gleite. Noch wehre ich mich dagegen, erst als die Uhr fünf zeigt, lege ich mich auf das Sofa und gebe dem Bedürfnis meines Körpers nach. Tiger, mein Kater, macht es sich an meinen Bauch geschmiegt bequem, und von seinem beruhigenden Schnurren begleitet, treibe ich hinüber ins Land der Träume.

Ich schlafe viel zu lange und bin daher zu meiner Verabredung mit Rory reichlich spät dran. Das Frühstück lasse ich sausen, nachdem ich aus dem Bad komme und die Uhr bereits 9.55 anzeigt. Ich lenke den Pick-up auf den Kamehameha-Highway und fahre gen Norden. Nur eine knappe Meile, nachdem ich die Waimea Bay umrundet habe, ziehe ich an einer Frau vorbei, die am Straßenrand entlangläuft.

Ich hupe sie an, weil sie die falsche Straßenseite benutzt und das nun einmal echt gefährlich ist. Man sieht ja schließlich nicht, was da von hinten angerauscht kommt – meiner großen Tochter habe ich das gerade erst erklärt.

Für meinen freundlichen Hinweis ernte ich ein »Fuck you!«

und sehe noch im Rückspiegel, wie sie mir den Mittelfinger zeigt. Ich schmunzle, als ich erkenne, wer die Frau ist, und trete auf die Bremse. Joe Reynolds, die ihre sündigen High Heels in den Händen hält und das Kleid trägt, das sie am gestrigen Abend anhatte, kommt auf meinen Wagen zu. Ich lege den Rückwärtsgang ein und fahre ihr ein wenig entgegen, denn der Kies malträtiert bestimmt ihre nackten Füße. »Das nenne ich mal den ›Walk of Shame‹ auf die Spitze treiben, Süße!«, begrüße ich sie, um sie ein wenig zu ärgern.

Sie wirft einen Blick durch das heruntergelassene Beifahrerfenster in das Wageninnere, und als sie mich erkennt, zuckt sie merklich zusammen. Scheinbar hat sie nicht mit mir gerechnet, denn sie starrt mich nur stumm an. »Hi, Joe! Wegen dir habe ich gestern ganz schön dämlich in der Lobby rumgestanden«, erinnere ich sie, was sie mit einem leisen »Hi, Brad« quittiert. Sie murmelt irgendwas, und ich frage: »Was?«

»Es tut mir leid, dass ich dich gestern in der Lobby habe stehen lassen. Mir ist etwas dazwischengekommen«, erwidert sie zerknirscht. Ihre feuchten Haare hängen ihr ins Gesicht, und sie sieht mitgenommen aus. Was macht sie überhaupt hier? Und wo ist Rory?

»Eine Art Notfall, oder wie?«, will ich wissen. Wenn Rory sie wie irgendein Groupie vor die Tür gesetzt hat, nachdem er mit ihr fertig war, bringe ich ihn um – ich schwöre es!

»Was ist dein Problem, Brad?« Scheinbar missversteht sie meine Sorge.

»Nichts«, versichere ich ihr rasch. Wenn er sie nicht wie irgendeine Schlampe benutzt hat, dann gibt es kein Problem. Joe schaut mich durchdringend an. Sie hat wieder diesen prüfenden Blick, und ich fühle mich durchschaut, also gestehe ich ihr: »Ich habe mir Sorgen um dich gemacht. Du sahst gestern

Abend ziemlich übel aus.« Brad!, ermahne ich mich. Das hast du jetzt nicht wirklich gesagt, oder? Mist, ich bin echt total übernächtigt. »Nein, ich meine, du sahst toll aus«, schiebe ich rasch hinterher, was Joe ein schwaches Lächeln entlockt, »aber man sah, dass es dir nicht gutging .«

Sie starrt mich immer noch an, und ich sehe, wie sie um Fassung ringt. Sie sieht aus wie gestern Abend, so als sei sie erneut kurz davor, in Tränen auszubrechen. Zaghaft öffnet sie die Beifahrertür und schaut mich fragend an – beinahe so, als würde sie befürchten, dass ich ihr verbiete einzusteigen.

»Es tut mir leid, dass du dir Sorgen um mich gemacht hast. Das wollte ich nicht. Ich habe es nur nicht mehr dort ausgehalten«, sagt sie, nachdem sie auf dem Beifahrersitz Platz genommen hat.

»Bist du mit Rory durchgebrannt?«, will ich wissen, obwohl ich die Antwort auf diese Frage natürlich kenne. Wenn ich jedoch gedacht habe, ich könnte so unser Gespräch in Gang halten, habe ich mich gründlich geirrt, denn Joe nickt lediglich. »Dachte ich mir schon fast, als er seinen Preis nicht entgegengenommen hat und durch Abwesenheit glänzte.«

Nun blitzt doch Belustigung in ihren Augen auf. »Das wird ihm so schnell keiner verzeihen, was?«

»Das hat ein ziemliches Chaos verursacht«, berichte ich und füge hinzu: »Schön, dass ihr euch wieder vertragen habt.«

»Wie bitte?«, fragt sie überrascht.

»Du hast ihm den Finger gezeigt, also …«, beginne ich, doch sie unterbricht mich.

»Oh, das! Ja, aber wir haben uns schon wieder gezofft, also von daher …«, klärt sie mich auf, und wieder spüre ich ihren Blick auf mir ruhen.

Joes Blick ist wie ein Sandstrahler. Es kommt mir vor, als

würde sie Schicht um Schicht meiner Fassade abtragen – und das in einem irrwitzigen Tempo. Ich fühle mich, als würde ich mich in ihrer Nähe auflösen. Wenn ich mich nur lange genug mit ihr hier – auf diesem engen Raum – befände, würde Joe mit Sicherheit alle meine Geheimnisse ans Licht befördern – selbst die unaussprechlichsten.

Während sie mich weiterhin prüfend mustert, erinnere ich mich daran, dass es schon einmal eine Situation gab, in der wir so zusammensaßen. Das muss so sieben oder acht Jahre her sein.

Beinahe acht Jahre zuvor:

Fuck, denke ich, während ich in meinem Wagen sitze und versuche, mich in der Fahrerkabine abzutrocknen. Der Hurrikan war zwar angekündigt, doch sollte er eigentlich Hawaii verschonen. Das war wohl nichts! Der Regen peitscht gegen meinen Wagen, der unter den extremen Böen des Sturms sogar ein bisschen wackelt.

Nachdem ich mir trockene Boardshorts und ein T-Shirt angezogen habe, schaue ich mich um. Man kann kaum etwas sehen, und es dauert eine Weile, bis ich eine zierliche Gestalt keine zwei Meter von meinem Wagen ausmache. Sie steht dort, die Arme um ihr Board geschlungen und klatschnass. Ich hupe, und die Surferin – ich vermute wegen der langen Haare, dass es eine Frau ist – schaut zu mir hinüber. Ich lasse das Fenster hinunter und brülle ihr durch den Sturm zu: »Komm her!« Sie lässt sich nicht zweimal bitten, hievt ihr Board auf die Ladefläche, läuft um das Heck meines Wagens und steigt auf der Beifahrerseite ein.

Erst als sie neben mir sitzt, erkenne ich, wer das Mädchen

ist. Ihr Name ist Josephine Reynolds, doch alle nennen sie nur Joe, und sie ist die Nachbarstochter. Ich kenne sie, seit sie ein Baby war, doch als sie den Kopf hebt, sich eine Haarsträhne aus dem Gesicht streicht und mich anschaut, ist alles, was ich denken kann: WOW!

Wann verdammt noch mal ist Joe so groß geworden. Fuck, sie hat Brüste, und zwar keine kleinen Brüste … Gott, Brad! Reiß dich zusammen! Wie alt ist sie? Fünfzehn? Du kannst keiner Fünfzehnjährigen auf die Brüste starren, das ist absolut unangemessen, sage … nein, brülle ich mich in Gedanken an.

»Alles okay, Joe?«, presse ich mühsam hervor.

Sie nickt. »Danke, Brad!«

»Himmel, bist du groß geworden«, ist das Nächste, was ich hervorbringe. Sie lacht – vermutlich weil ich mich anhöre, als sei ich ein alter Knacker und keine fünfundzwanzig. Fuck! Vermutlich sieht sie in mir genau das.

»Hast du ein Handtuch für mich?«

»Klar«, erwidere ich und fische von der Rückbank jenes, das ich gerade benutzt habe. Als sie beginnt, sich abzutrocknen, muss ich mich dazu zwingen, nicht hinzusehen. »Wo ist dein Bruder? Warum bist du allein unterwegs?«, will ich wissen. Die Reynolds-Zwillinge sieht man normalerweise nur im Doppelpack.

Sie zuckt mit den Schultern.

»Was macht Dean?« Joes großer Bruder müsste jetzt zwanzig Jahre alt sein. »Er ist mit Dad auf Oahu'.« Sie schaut hinaus und meint dann: »Heute kommen sie wohl nicht zurück.«

»Seid ihr versorgt?«, will ich wissen.

Joe nickt. »Wir haben ja Rose.« Der Name sagt mir nichts, und Joe scheint es in meinem Blick zu lesen, denn sie fügt hinzu: »Unsere Haushälterin.«

»Aber Rus ist nicht da draußen, oder?«, frage ich und deute auf den Sturm.

Joe lacht. »Nee, er hat ein Mädchen.«

Er ist fünfzehn und hat schon eine Freundin? Okay, das sollte mich nicht wundern. Ich war jünger, als ich das erste Mal mit einem Mädchen geschlafen habe. »Ist es was Ernstes?«

Joe kichert belustigt. »Ja, er findet sie ernsthaft scharf und würde sie echt gerne mal …«

Ich hebe die Hand, um sie zum Verstummen zu bringen, denn ich will unter gar keinen Umständen mit Joe Reynolds über Sex reden. Sie ist fünfzehn und tabu, da kann sie noch so attraktiv sein. Sie ist noch fast ein Kind. Trotzdem kann ich nicht anders, als noch einmal in Richtung ihrer ansehnlichen Oberweite zu schielen.

Ich sehe, dass ihr Dekolleté und ihre Arme mit Gänsehaut überzogen sind. »Ist dir kalt?«, frage ich. Sie nickt, woraufhin ich mir mein Shirt über den Kopf ziehe und es ihr reiche.

»Zieh es an, Joe!«, fordere ich sie auf, als sie es nur anstarrt. »Es ist ganz frisch. Ich habe es keine zehn Minuten angehabt.«

Sie folgt meiner Aufforderung und befreit sich dann von ihrem Bikini-Oberteil. Ich schlucke merklich, als sie die Schnüre löst, das nasse Teil unter dem T-Shirt hervorholt und auf das Armaturenbrett vor sich legt.

»Besser?«

»Ja, vielen Dank!«

»Dafür nicht«, erwidere ich und schüttle den Kopf.

In der darauffolgenden Stunde unterhalten wir uns über dies und das, doch jede Sekunde lang denke ich nur daran, dass Joe unter meinem Shirt nichts anhat.

Das Shirt, fällt mir ein, habe ich nie wiederbekommen. Joes

Blick ruht zwar immer noch auf mir, ist allerdings etwas geistesabwesend geworden. »Alles okay, Joe?«, frage ich, weil mir auffällt, dass sie nicht nur entrückt, sondern auch unglücklich aussieht.

»Ja«, erwidert sie wenig glaubhaft. Ich bin versucht, nach ihren Händen zu greifen, erinnere mich jedoch im letzten Moment daran, dass Joe tabu ist. Also ist es nun an mir, sie intensiv zu beobachten, doch mein Blick bleibt ohne Wirkung, weshalb ich es bin, der schließlich sagt: »Joe, ich kann verstehen, wenn du mit mir nicht über so etwas reden magst, aber du solltest mit jemandem darüber sprechen. Dringend!« Ich weiß schließlich am besten, wie es ist, Geheimnisse zu haben. Mit der Zeit fressen sie einen auf, und ich will nicht, dass Joe das passiert. Sie soll nicht so schrecklich einsam sein, wie ich es bin.

»Ich weiß nicht, was du meinst«, erwidert sie und klingt ertappt.

»Joe, du kannst mir nichts vormachen. Du bist verzweifelt. Du bist allein, und das solltest du nicht sein. Rory hätte für dich da sein müssen. Ich habe es ihm wieder und wieder gesagt, aber er … keine Ahnung, was er hat«, sprudelt es aus mir hervor. »Aber du bist nicht allein, Joe. Es gibt Leute, denen du wichtig bist und mit denen du reden kannst. Wie gesagt, du musst ja nicht mit mir darüber reden, auch wenn ich jederzeit für dich da wäre, wenn du Hilfe brauchst. Wir kennen uns schließlich schon so lange und …« Ich verstumme mitten im Satz, weil mir bewusst wird, dass Joe mir überhaupt nicht zugehört hat. Ich schaue sie an, bestimmt eine Minute lang, aber sie ist völlig gefangen in ihrer Gedankenwelt. Was sie wohl gerade beschäftigt? Sicherlich denkt sie an Russel. Ob sie gerade Erinnerungen an ihren Bruder durchlebt? Das muss ungeheuer schmerzhaft sein.

Tabu hin, Tabu her. Ich greife nach Joes Hand und drücke sie kurz, was sie aus ihrer Erstarrung löst. »Joe, du hörst mir gar nicht zu«, sage ich leise. Sie hebt ihren Kopf, und ich sehe die Tränen, die ihr über die Wangen laufen. Mein Herz zieht sich vor lauter Mitleid schmerzhaft zusammen, und ich umfasse ihr Gesicht mit beiden Händen.

Die Trauer in ihrem Blick ist überwältigend. Einen Moment lang kämpfe ich gegen das Bedürfnis an, ihr die Tränen abzuwischen und sie in meine Arme zu ziehen, dann schiebe ich die Skrupel energisch beiseite und tue einfach das, was mein Bauch mir sagt.

»Weine ruhig, Joe, das ist okay«, murmle ich, als sie in meinen Armen liegt. Sie gibt sich der Berührung nur einen Augenblick lang hin, dann stemmt sie ihre Hand gegen meine Brust und drückt mich von sich weg.

»Geht schon wieder!«, versichert sie mir und schenkt mir ein Lächeln, das mich noch mehr schmerzt als ihre Tränen.

»Ich fahr dich zum Hotel«, erwidere ich schroff. Warum juckt es mich überhaupt, was mit ihr ist? Ich habe genug eigene Probleme. Da brauche ich mir nicht auch noch die von Joe anzuhören. Ich mustere sie von der Seite her, als ich den Wagen starte.

»Danke, dass du so nett bist und mir den Walk of Shame zum Hotel ersparst«, meint sie und kichert albern.

Sie ist eine miese Schauspielerin, und es kotzt mich an, dass sie vor mir eine Show abzieht, aber gut, wenn sie es unbedingt so will … »Du hättest die Strecke sowieso nicht laufen können«, entgegne ich emotionslos. Doch irgendetwas, was ich gesagt habe, triggert sie, denn ihr »Hätte ich wohl!« klingt reichlich empört.

»Barfuß, oder in den … was sind das? Manolo Blahniks?«, provoziere ich sie. Mal im Ernst, bis zum Hotel sind es fast sieben Meilen. Ja, die kann man laufen, keine Frage, jedoch nicht in ihrem Outfit.

»Jimmy Choos, aber woher weiß ein Kerl wie du, was Manolo Blahniks sind?«

Ein Kerl wie ich … was will sie denn damit sagen? Mir entfährt ein beleidigtes Schnauben, doch ich werde mir vor ihr sicherlich keine Blöße geben, daher schiebe ich rasch ein »Frauen, Freundinnen …« hinterher, woraufhin sie mich mit den Worten »Die Leiden des nicht ganz so jungen Bradley Hoovers« aufzieht.

Ich ignoriere diese Spitze und konzentriere mich auf das Autofahren. »Brad, was ist dein Problem?«, fragt Joe einen Augenblick später unsicher. Ich könnte Joe jetzt alles Mögliche antworten, entscheide mich aber für die Wahrheit. Ich bin angefressen, weil sie sich mir nicht anvertraut.

»Du bist nicht ehrlich zu mir, und wenn du nicht ehrlich bist, Joe, dann kann ich dir nicht helfen.«

»Warum solltest du das überhaupt wollen?«

»Weil ich dich mag, Joe«, lasse ich sie wissen.

Nun ist es an ihr, ein humorloses Schnauben von sich zu geben. »Du kennst mich gar nicht«, entgegnet sie vorwurfsvoll. »Nicht wirklich jedenfalls, wie kannst du mich da mögen?«

Sie hat recht. Ich kenne sie nicht wirklich. Weiß nicht, wer sie jetzt ist. Ich weiß nur, wer sie mal war. Mir wird klar, dass ich sie das letzte Mal vor beinahe drei Jahren getroffen habe, und dennoch ist es die Wahrheit. Ich mochte Joe schon immer, und daran hat sich nichts geändert.

»Manchmal ist das so. Keine Ahnung wieso, aber ich mag dich. Mochte dich schon immer.«

Musst du immer alles sagen, was dir auf der Zunge liegt, frage ich mich. Meine Ehrlichkeit berührt Joe, was ich daran erkenne, dass sie deutlich hörbar schluckt. Doch dann taucht sie wieder in ihre Gedankenwelt ab und ist darin verschwunden. Ich fahre eine Meile oder zwei, dann lenke ich den Wagen an den Straßenrand und schaue sie einfach nur an. Joe starrt auf ihre Hände, die sie in ihrem Schoß ringt. Ihre Haut wirkt im Kontrast mit dem Schwarz des Abendkleides, das sie trägt, noch blasser. Ich kenne sie nur mit gebräunter Haut und sonnengebleichtem Haar, ich kenne sie nur lachend, lebhaft und lustig, doch so ist sie – zu meinem Bedauern – nicht mehr.

Joe ist so gefangen in ihren Erinnerungen, dass ich sie erneut berühren muss, um überhaupt eine Reaktion von ihr zu bekommen. »Sag was, Joe«, fordere ich sie auf.

»Ich mag dich auch«, erwidert sie geistesabwesend. Sie schaut mich direkt an, aber sieht durch mich hindurch. In diesem Moment wird mir klar, wie schlecht es ihr geht. Sie ist überhaupt nicht hier. Ihre Gedanken sind ganz woanders, und ich würde wetten, dass es Russel ist, der sie so intensiv beschäftigt. Sie senkt ihren Blick wieder auf ihre Hände und zieht sich noch weiter aus der Realität zurück … das ist nicht gut. Ja, ja, das muss ich gerade sagen. Ich, der ich vor meiner unerträglichen Vergangenheit mithilfe harter Drogen geflüchtet bin, sollte mal ganz still sein. Doch ich will nicht, dass Joe die gleichen Fehler macht wie ich oder wie ihr Bruder Dean.

Ich lege meine rechte Hand auf ihre und drücke sie kurz und fest, wodurch es mir erneut gelingt, sie in die Wirklichkeit zurückzuholen. »Ja?«, fragt Joe und blinzelt verwirrt, so als müsse sie sich orientieren.

Ich ziehe sie an mich und küsse sie auf den Scheitel. Ihr blondes Haar riecht nach einem Männershampoo. Sie riecht wie Rory, und es ist, als hätte er sie markiert. »Rus muss dir unglaublich fehlen«, flüstere ich, woraufhin sie mit einem kaum hörbaren Ja antwortet. »Joe, es tut mir so leid«, bekunde ich. Das hätte ich nicht sagen sollen, wird mir klar. Ihr zittriger Atem huscht über meinen Hals, und sie zieht sich von mir zurück. Joe löst sich nicht aus meiner Umarmung, aber sie verschließt sich und hält ihre Trauer zurück. Ich weiß, dass sie meine Berührung nicht länger erträgt, und gebe sie schweren Herzens frei.

Sie starrt wieder auf ihre verdammten Hände, und ich möchte sie an den Schultern packen und rütteln, um sie aus diesem alles verschlingenden Loch zu reißen. Ich wette, sie hat seit Monaten nicht mehr gelacht. Gab es ein anderes Gefühl als diesen immensen Schmerz?

»Schon gut!«, wispert sie. Ich weiß nicht, ob sie es zu mir sagt oder um sich selbst zu trösten, aber es raubt mir den Atem, denn wie oft sage ich mir, dass alles gut ist, obwohl es kein Stück stimmt. Ja, Brad, schon okay, das ist mein Standardspruch, den ich mir im Geiste drücke, wenn ich wieder einmal aus einem Albtraum erwacht bin und mein Schrei noch nicht verhallt ist. Nein, gar nichts ist okay, und das, was Joe durchmacht, gehört dazu. Es ist nicht okay und wird es auch nie sein.

»Es ist gar nichts gut, und das weißt du auch! Joe, rede mit mir. Vertrau mir! Ich sagte, es sei mir egal, mit wem du über deine Probleme redest und dass ich nicht diese Person sein muss, doch das stimmt nicht. Ich will, dass du mit mir sprichst. Ich glaube, ich kann dir helfen.«

Als sie nicht reagiert und einfach nur weiter auf unsere Hände starrt, platzt mir der Kragen. »Verdammt, schau mich an, Joe!«, grolle ich verärgert. Sie sieht zu mir auf, und ihr Blick ist herzerweichend. Mit einem Mal ist da ein unglaublich intensives Gefühl in mir. Ich will sie halten und schützen und nie wieder loslassen. »Erzähl mir, was in dir vorgeht, Joe«, bitte ich sie.

Sie beginnt zu weinen und öffnet ihren Mund. Ich bin versucht zu glauben, endlich zu ihr durchgedrungen zu sein, sie endlich geknackt zu haben, als sie sich urplötzlich abwendet und die Beifahrertür öffnet. Sie hastet aus dem Wagen und flüchtet vor mir. Ich stoße ein heiseres »Fuck!« aus und knalle meinen Hinterkopf in all meiner sich entladenden Frustration an die Kopfstütze.

Joe ist wie ich, wird mir mit einem Mal in aller Deutlichkeit bewusst. Nein, ganz so verkorkst ist sie noch nicht, aber sie wird es sein, wenn sie nicht lernt, sich jemandem anzuvertrauen. Ich weiß genau, wie schrecklich einsam sie sein muss, und ich wünsche ihr das nicht. Nein, ich kann beim besten Willen nicht zulassen, dass sie sich in der Dunkelheit verliert. Ich werde verhindern, dass ihr das gleiche Schicksal widerfährt wie mir. Ich werde ihr Vertrauen gewinnen, und ich werde ihren Schutzpanzer aufbrechen. Ich werde dafür sorgen, dass sie dort, wo im Moment nur Dunkelheit herrscht, wieder Licht sieht. Mit diesem Vorsatz öffne ich die Tür und gehe entschlossen hinter ihr her.

Joe sieht mich aus großen Augen an, während ich mich ihr nähere. Sie schlingt ihre Arme um ihren Oberkörper und gibt sich selbst Halt. »Verfickte Scheiße!«, murmle ich leise vor mich hin, weil ihr Anblick mich beinahe zu Tränen rührt.

»Du willst es doch gar nicht hören«, wirft sie mir vor.

»Scheiße Brad, hast du nichts Besseres zu tun?« Ihr Blick ist durchdringend, und ich sehe hinter ihrer Wut die pure Verzweiflung. Ja, auch diesen Kniff kenne ich, doch ich werde mich nicht zurückstoßen lassen, egal, was Joe sagt oder tut.

»Du kennst mich auch nicht, denn sonst wüsstest du, dass ich dich nicht darum gebeten hätte, wenn es mich nicht wirklich interessieren würde. Wie gesagt, ich mag dich, und dir geht es so offensichtlich schlecht, dass ich nun mal nicht wegsehen kann.« Ich bin nun ganz dicht bei ihr, und aus der Nähe sehe ich, wie ihr Widerstand zu bröckeln beginnt. Lass dich fallen, flehe ich sie stumm an und bin bereit, sie aufzufangen. Was auch immer in ihr gärt, es muss raus, und ich werde ihr zuhören. Dieser Entschluss steht – bis zu dem Moment, in dem ich meine Arme ausbreite und Joe sich förmlich hineinwirft. Sie schiebt ihre Arme unter meinen hindurch und klammert sich an mich.

Joe Reynolds auf diese Weise in meinen Armen zu halten stellt mich vor eine Herausforderung, mit der ich nicht gerechnet habe. Ja, ich wollte für sie da sein und dachte, ich wäre allem, was passieren würde, gewachsen, doch ich habe nicht damit gerechnet, dass ich derart heftig auf sie reagiere.

Ihre Hände, die auf meinen Schulterblättern liegen, fühlen sich nicht nur warm, sondern regelrecht heiß an – genau wie ihr Körper. Sie strahlt eine unglaubliche Hitze ab. Doch nicht nur das bringt mich aus der Fassung. Am schlimmsten ist ihr Duft, den ich tief einatme und der mir das Hirn leerfegt . Joe riecht, wenn man sich darauf konzentriert, nach mehr als nur nach Rorys Shampoo. Sie riecht nach sich, ganz zart und weich. Es ist ein schwacher Geruch, kaum wahrnehmbar, weshalb ich meine Nase senke, bis sie ihren Nacken berührt. Joes Haut fühlt sich so an, wie sie duftet – zart und weich. Ich kann nicht anders und presse meine Lippen auf ihren Halswirbel, während ich sie festhalte und ihr Trost spende.

Sie seufzt leise und wohlig auf. Gänsehaut überzieht die Stelle, auf der eben noch meine Lippen lagen, und ich muss unwillkürlich schmunzeln, weil ich es so bezaubernd finde. Nein, ich empfinde sie als …

»Ich bin schwanger«, presst sie hervor, und eine Millisekunde lang erstarre ich in meiner Bewegung, ehe ich ihren Nacken erneut küsse. Ganz langsam dringen ihre Worte zu mir durch. Joe ist schwanger. Wie … okay, falsche Frage, denn natürlich weiß ich wie … aber …

»Brad?«, wispert sie irritiert, und in ihrer Stimme schwingen all ihre Ängste, all ihre Unsicherheit und all ihre Zweifel mit. »Hast du mir nicht zugehört? Ich bekomme ein Baby«, schiebt sie nachdrücklich hinterher.

Ich löse meine Lippen von ihrer unglaublich zarten, unglaublich gut duftenden Haut und erwidere: »Ja, Joe, das ist normalerweise so, wenn man schwanger ist.« Ich rücke ein Stück von ihr ab, um sie ansehen zu können. Ein Haufen Fragen stehen ihr ins Gesicht geschrieben. Was soll das? Was geschieht hier? Warum küsst du mich? Was willst du von mir? Aber ich habe keine Antworten, denn auch ich habe nur Fragen. Warum habe ich sie geküsst? Warum will ich es erneut tun? Warum ist es mir unmöglich, Joe loszulassen? Warum rast mein Herz wie verrückt? Warum törnt sie mich so an? Denn ja, so ist es, und die unbedeutende Neuigkeit, dass sie schwanger ist, ändert daran rein gar nichts.

»Gibt es einen Vater zu dem Kind, Joe?«, frage ich und bemühe mich um einen ruhigen Tonfall.

»Nein, Brad! Es war eine unbefleckte Empfängnis«, kommentiert sie meine Frage. Mmmh, das habe ich wohl verdient.

Ich unterdrücke das Schmunzeln, das sich auf meine Lippen schleichen will, kann jedoch vermutlich nicht gänzlich das Zucken meiner Mundwinkel unter Kontrolle halten. Sie hat Humor. Das liebe ich an ihr.

»Sehr witzig, Joe!«, antworte ich und pariere ihren durchdringenden Blick. Ihre Augen huschen zu meinem Mund, und ich sehe deutlich die Frage darin, wie sich meine Lippen wohl auf ihren anfühlen würden. Gut, denke ich spontan. Sie würden sich verdammt gut dort anfühlen, da bin ich mir sicher, und ehe ich einen klaren Gedanken fassen kann, ist mein Körper auch schon einen Schritt weiter. Ich ziehe Joe an mich, lege eine Hand in ihren Nacken und küsse sie – sehr sanft und zärtlich. Sie schließt ihre Augen und gibt sich mir hin, und ich folge ihrem Beispiel. Blind für alles um uns herum stehen wir am Straßenrand und küssen uns. Joes Hände fahren in meine Haare, sie keucht leise an meinen Lippen, und ich tunke vorsichtig meine Zunge in ihren Mund. Langsam lecke ich über ihre, was Joe einen weiteren lustvollen Laut entlockt.

Ich weiß nicht, wie lange wir so dort stehen. Die Welt um uns herum vergessen und unfähig sind, unsere Lippen voneinander zu lösen. Wenn es nach mir ginge, würde mein Mund auf ewig den ihren verwöhnen, doch Joe ist nicht nur entsetzlich schön, sondern auch verdammt clever. Sie ist ein kluger Kopf, was man allein daran sieht, dass sie studiert hat. Ihr Verstand lechzt nach Antworten, weshalb sie mich entschlossen von sich schiebt und mir fest in die Augen blickt. »Warum?«, wispert sie atemlos.

»Keine Ahnung«, entgegne ich wahrheitsgemäß und lehne meine Stirn gegen ihre. Ich brauche einen Moment, um damit klarzukommen, was zwischen uns gerade passiert ist. Es geht nicht darum, dass wir uns geküsst haben, sondern darum, wie intensiv dieser Kuss war. Er hat mich mitgerissen, und ich war unfähig, mich seiner Sogwirkung zu entziehen. Auch jetzt komme ich nur ganz langsam wieder in der Realität an. Ich will gar nicht aus diesem rauschhaften Zustand zurück ins »echte« Leben kehren.

Zu meinem großen Glück scheint es Joe ebenso zu gehen, denn sie legt ihren Kopf in den Nacken und hebt mir ihren verführerischen Mund entgegen. Ihre vollen Lippen glänzen feucht von meinem Speichel, und ich kann es nicht erwarten, sie erneut damit zu benetzen. »Joe«, flüstere ich, hole zittrig Atem und küsse sie dann noch einmal. Diesmal noch ungehemmter und beinahe schon gierig. Unsere Erregung steigert sich ins Unermessliche, während wir teenagerhaft miteinander herumknutschen. Meine Hände gleiten über ihren Rücken, ihre Taille, ihren Hintern … ich will und muss sie anfassen – überall!

»Wir müssen das lassen«, keucht sie nach einer Weile.

Mein Nein ist kaum mehr als ein heiseres Knurren. Gott, ich bin so angetörnt, ich kann kaum sprechen.

»Doch!«

»Warum?« Nenn mir irgendeinen schwachsinnigen Grund, den ich mit ein, zwei Argumenten beiseitewischen kann, und dann lass uns weitermachen, denke ich, doch sie sagt: »Wegen Rory!« Und ich gehe auf Abstand zu ihr.

»Was ist mit Rory?«, platze ich heraus.

Sie errötet, und ich muss an mich halten, um das Fuck, das unbedingt rauswill, zurückzuhalten.

»Sorry, ich wusste nicht, dass ihr ein Paar seid«, stoße ich hervor und lasse sie los.

»Sind wir nicht!«, stammelt sie verlegen.

Ich stöhne innerlich auf. »Fein, dann dass ihr miteinander schlaft«, gebe ich zurück.

»Tun wir nicht«, versichert Joe mir glaubhaft, und es erleichtert mich. Es erleichtert mich sogar ungemein. Ich bin versucht, laut loszulachen, so gut fühlt sich diese Information an. Am liebsten würde ich sie mir schnappen und herumwirbeln, denn ich bin überglücklich, dass sie sich nicht von ihm hat flachlegen lassen. Joes ernste Miene hält mich jedoch davon ab, und ich frage stattdessen: »Wo ist dann das Problem?«

»Wir haben miteinander rumgemacht, und es war irgendwie … es war mehr als nur das«, gesteht sie mir. Mehr als nur das? Was meint sie damit? Als hätte sie meine Gedanken erraten, fügt Joe hinzu: »Keine Ahnung! Ich weiß nicht, was da zwischen uns war, aber ich habe ihm gegenüber ein schlechtes Gewissen. Ich fühle mich schuldig, weil ich mich von dir habe küssen lassen, aber gleichzeitig bin ich auch total sauer auf ihn, weil er mir vorgeworfen hat, ich hätte ihm das Kind unterschieben wollen.«

»Hast du?« Was für eine dämliche Frage, Brad! Joe ist … auch nur eine Frau, und du solltest deine Lektion gelernt haben, sage ich mir und erinnere mich im nächsten Moment daran, dass sie es mir sofort erzählt hat.

»Spinnst du?«, faucht sie mich an. »Ich habe es ihm nicht gesagt. Ja! Aber nur deshalb nicht, weil ich keine Ahnung hatte, wie ich es ihm sagen sollte. Verdammt, ich hab es nicht einmal Sam erzählt, denn sie … Seit einiger Zeit benimmt sie sich so komisch. Auch Dad und Dean wissen nichts davon. Ich meine, mein Vater ist völlig fertig. Russels Tod bringt ihn um. Er hat wieder zu trinken angefangen, dabei war er jahrelang trocken. Ich …« Sie schluchzt leise auf, und ich nehme sie wieder in meine Arme, während ich ihr zuhöre. Joe schmiegt sich an mich und lässt ungefiltert alles raus, was ihr im Kopf rumgeht.

»Fuck, Brad! Ich weiß nicht, was ich machen soll! Es ist nicht nur Dad, der völlig neben sich steht. Auch Dean dreht total ab. Ich meine, du bist ja auch so ein krasser Aufreißer, aber das, was Dean da seit Monaten abzieht, das …« Sie seufzt leise. »Ich habe Angst um ihn«, gesteht sie mir. »Er hat jedes Maß verloren und ist völlig wahllos, was seine Weibergeschichten anbelangt. Ich meine, ich kann ihn verstehen … Ich bin schließlich nicht einfach so schwanger geworden. Es war natürlich keine unbefleckte Empfängnis. Es war so ein Typ. Hagen. Ich habe ihn in einem Club kennengelernt, und er war … keine Ahnung. An diesem Abend mit ihm hat sich alles erträglich angefühlt. Ich kann mich daran erinnern, sogar gelacht zu haben. Er war süß und witzig, und als wir später zusammen waren, da habe ich mich das erste Mal nach all den Monaten seit Russels Tod lebendig gefühlt.«

Tränen treten in ihre Augen. »Ich lasse so etwas ein einziges Mal zu, ein einziges Mal nur, und dann platzt das verdammte Kondom, kannst du dir das vorstellen?« Sie schüttelt ungläubig ihren Kopf. »Wieso? Ich meine, das ist nicht fair … Ihr habt ständig irgendwelche One-Night-Stands, und da …«

»Das Leben ist nicht fair, Joe«, erinnere ich sie. Das weiß sie schließlich ebenso gut wie ich.

»Brad, ein einziges Mal! Ein Mal habe ich über die Stränge geschlagen und mich nicht an die Regeln gehalten und … Scheiße, es kommt mir so vor, als würde mich jemand dafür bestrafen, was ich getan habe.«

»Das ist Quatsch, Joe. So ist es nicht.«

»Nicht, Brad? Wie ist es dann? Wieso passiert so was ausgerechnet mir? Und wenn wir schon dabei sind, wieso musste

Russel sterben? Wieso?« Sie beginnt zu wimmern, und ich halte sie fester. Sie legt ihren Kopf an meine Schulter und weint leise vor sich hin. Ich seufze. Ja, wieso? Wieso passieren einem im Leben derart schreckliche Dinge? Seit dem Tag, der mein Leben verändert hat und an dem ich in einen dunklen Abgrund gestoßen wurde, habe ich mir diese Frage Millionen Mal gestellt, und wenn ich eines weiß, dann dass es nichts bringt, nach dem Sinn zu fragen.

Joe interpretiert meinen Seufzer falsch, löst sich von mir und sagt vorwurfsvoll: »Siehst du, du wolltest es gar nicht wissen.«

»Nein!«, widerspreche ich hastig. Im Ernst, auch wenn sie gerade bis zum Hals in Schwierigkeiten steckt, ich wollte und will immer noch, dass sie sich mir öffnet. Ich bin froh, dass sie sich mir anvertraut hat und dass sie mir die Chance gegeben hat, für sie da zu sein. »Das ist nur ganz schön viel, und ich bin da jetzt auch noch reingedropt«, erläutere ich und stelle fest, dass meine Worte ihr doch tatsächlich ein schwaches Lächeln auf die Lippen gezaubert haben.

»Ja, dein Timing ist ziemlich mies. Wir sollten die ganze Sache einfach vergessen«, meint sie und klingt mit einem Mal ziemlich geschäftsmäßig. Es ist, als hätte es diesen Moment, in dem sie mir ihre Ängste und ihre Verzweiflung gestanden hat, nie gegeben. Von jetzt auf gleich hat sie sich mir gegenüber wieder völlig verschlossen, und alles, was an eben erinnert, ist der todtraurige Ausdruck in ihren Augen. Meine Eingeweide ballen sich schmerzhaft in meinem Bauch zusammen, als sie ein gefaktes Lächeln aufsetzt. Gott, Joe!, denke ich niedergeschlagen. Ich hatte wirklich geglaubt, ich hätte es geschafft, ihr Vertrauen zu gewinnen.

Als ich erwidere »Ja, das wird wohl das Beste sein«, kann ich meine Enttäuschung nicht verbergen. Ich bin zugegeben etwas verwirrt, denn meine ursprüngliche Motivation, Joe beistehen und sie trösten zu wollen, ist überlagert von meinem Wunsch, sie erneut zu küssen. Ihre Lippen haben himmlisch geschmeckt – süß und unschuldig. Alles an ihrer Art hat etwas Reines und Besonderes. Sie spielt keine Spiele, drängt sich nicht in den Vordergrund, ist nicht berechnend …

»Nein!«, stößt sie unvermittelt hervor.

»Was ›Nein!‹?«, frage ich atemlos und irritiert. Seit dem Kuss bin ich nicht mehr Herr meiner Sinne. Joe hat mir den Verstand vernebelt. Ich atme ganz bewusst ein und aus und versuche, mich zu beruhigen.

»Ja, dein Timing ist mies, aber ich will es nicht lassen«, wispert Joe. Während sie es sagt, scheint sie völlig unter Strom zu stehen. Ihre Anspannung ist beinahe greifbar – ein wenig so, als befürchte sie, dass ich sie zurückweisen würde. Ihr Blick ist ängstlich und fragend. Statt sie mit Worten zu beruhigen, küsse ich sie noch einmal. Waren unsere Küsse bisher leicht und unbelastet, so ist dieser nun schwer und ein wenig erdrückend. Nichtsdestotrotz ist er intensiv und schön, aber es schwingt etwas in ihm mit, was ich nicht erfassen kann. Auch Joe scheint es zu spüren, denn sie seufzt herzzerreißend auf, als ich meine Lippen von ihren lösen will. Unbewusst folgt sie – mit geschlossenen Augen – meiner Bewegung.

»Ich muss erst noch etwas klären, Joe. Gib mir einen halben Tag, okay?«, sage ich.

Eigentlich sollte es mir egal sein, was zwischen ihr und Rory gelaufen ist, aber Rory ist nun einmal ein guter Freund, vielleicht sogar der beste, den ich je hatte. Und Joe sagte, dass da mehr war. Ich muss wissen, ob sie sich das nur eingebildet hat oder ob es wirklich so war. Wobei, das kann ich mir bei Rory nicht vorstellen.

Wir sind beide keine Kinder von Traurigkeit. Was Frauen anbelangt, machen wir hin und wieder sogar gemeinsame Sache. Mich hat es schon immer angemacht, mir eine Frau mit einem anderen Kerl zu teilen. Rory stellt jedoch eine besondere Herausforderung dar. Er ist zehn Jahre jünger als ich und steht voll im Saft – um es mal so auszudrücken. Dass ich mit ihm mithalten kann, macht mich stolz. Abgesehen davon ist er ein guter Liebhaber, jedenfalls hat sich noch keine Frau beklagt, wenn er mit ihr fertig war. Mit ihm direkt zu konkurrieren, dem Vergleich standhalten zu müssen, tut mir unbeschreiblich gut. Selten fühle ich mich männlicher als in diesen Momenten.

Schweren Herzens lasse ich Joe los, denn auch sie gibt mir das Gefühl, ein echter Kerl zu sein. Ich dirigiere sie zum Wagen und öffne ihr die Beifahrertür, damit sie einsteigen kann. »Danke«, meint sie, und als unsere Blicke sich kreuzen, liegt in ihrem wieder diese alles erdrückende Traurigkeit. Joe erscheint hoffnungsloser als vor unserem Halt und den heißen Küssen.

Ich beeile mich. Je schneller ich sie abgeliefert habe, je schneller ich mit Rory gesprochen und die ganze Sache geklärt habe, desto schneller bin ich wieder bei ihr. Ich werde sie trösten und halten, und es wird keinen Platz mehr für ihren Schmerz geben … Wie uneigennützig, rüge ich mich spöttisch. Ja, wirklich uneigennützig ist mein Handeln nicht mehr. Vielleicht ist das aber auch einfach nicht meins. Vielleicht bin ich niemand, der großherzig anderen helfen kann, ohne dafür etwas zu erwarten. Nein, ich bin ganz sicher nicht so. Ich bin ein egoistischer, berechnender Sack, und egal wie oft ich versuche, das zu ändern, mich zu ändern, ich schaffe es nicht.

»Wir haben uns echt ewig nicht mehr gesehen«, sage ich in

die Stille hinein, um diesen abscheulichen Gedanken nicht länger ertragen zu müssen. Ja, ich bin in der Tat völlig verkorkst – unfähig, Mitgefühl für andere zu verspüren und ihre Gefühle ernst zu nehmen.

»Tausendzweihundertfünfundzwanzig Tage«, erwidert Joe, und ich werfe ihr einen raschen Blick zu. Kann das sein? Weiß sie wirklich auf den Tag genau, wann wir uns zum letzten Mal begegnet sind? Es muss kurz vor ihrem Studium gewesen sein. Danach hat sie ein paar Jahre in L.A. gelebt, während mein Leben den Bach hinunterging.

»Du hast die Tage gezählt, die wir uns nicht gesehen haben? Muss ich mir Sorgen machen?«, frage ich irritiert. Joe hat es tatsächlich geschafft, mich erneut zu überraschen.

Sie macht eine wegwerfende Handbewegung. »Das war so ein Ding zwischen Rus, Rory und mir.«

Sie sagt es, als wäre dieses Ding zwischen ihnen nicht von Bedeutung, doch ich weiß es besser, warum auch immer. Sie kann nicht darüber sprechen, denn sonst würde sie unweigerlich wieder in dieses düstere Loch gezogen und von ihren qualvollen Erinnerungen übermannt werden. Dennoch muss ich ihr diese Frage einfach stellen: »Woher weißt du das mit uns so genau?«

»Ich habe dich am Tag gesehen, bevor ich an die UCLA gegangen bin.« Sie verstummt kurz, doch dann atmet sie tief durch und erklärt: »Diese Zählerei war eine Macke von uns, und es fing eigentlich ganz harmlos an. Wenn wir uns auf etwas gefreut haben, haben wir die Tage bis dahin gezählt. Geburtstage, Weihnachten, der Tag, an dem wir endlich die Schule beendet haben würden, der Kinostart eines Films, den wir unbedingt sehen wollten, so etwas eben.«

Ich lache. Ja, die Tage bis zum Ferienanfang habe ich auch immer gezählt. Ich habe die Schule echt gehasst.

»Was?«, herrscht sie mich an und klingt ein wenig beleidigt.

»Das ist schräg!«, entgegne ich. Bis zu diesem Moment konnte ich mich gar nicht daran erinnern, dass ich das auch getan habe. Vielleicht nicht in so einer krassen Form, aber ich habe beispielsweise auch die Tage bis zu wichtigen Contests gezählt.

»Rus ist morgen seit dreihundert Tagen tot«, murmelt Joe tonlos. Ich schaue zu ihr rüber und kann sie fallen sehen. Sie sitzt stocksteif da, ist jedoch mit einem Mal unglaublich blass. Die Verletzlichkeit und der Schmerz branden zu mir hinüber, und dachte ich einige Minuten vorher noch, ich sei ein emotionaler Krüppel, der unfähig ist, Mitleid zu verspüren, werde ich nun eines Besseren belehrt.

Ich erkenne den Augenblick, in dem die Realität sie einholt und sie einen Moment lang begreift, dass Russel tot ist. Dass er nie wieder auf dieser Erde wandeln wird. Dass seine Existenz unwiderruflich ausgelöscht ist und er für immer von uns, aber vor allem von ihr gegangen ist.

Joe legt unbewusst ihre Hand auf ihr schmerzendes Herz, so als würde diese Geste ihr helfen. Sie wird noch blasser, und ihr Atem ist schnell, unregelmäßig und viel zu flach. Ich halte den Wagen an. Joe reißt die Tür auf und stolpert ins Freie. Sie kann sich kaum auf den Beinen halten und wankt in Richtung des Feldes, welches an die Straße grenzt.

Ich ziehe den Schlüssel ab und eile Joe hinterher. Ich sehe, wie ihre Beine nachgeben und sie auf die Knie sinkt. Ich höre sie lautstark würgen und gehe hinter ihr in die Hocke. Ich fische nach ihren langen blonden Haaren und halte sie in ihrem Nacken zusammen. Joe schnappt keuchend nach Luft, dann verkrampft sich ihr Körper erneut. Ihr Kopf ist von der Anstrengung bereits ganz rot, und Tränen laufen ihr über die Wange.

»Versuch, ruhig zu atmen, Joe!«

Sie muss sich wieder übergeben … Nein, das ist eigentlich falsch, denn es kommt nichts aus ihr raus – von den Würgegeräuschen einmal abgesehen, meine ich. Nachdem mir das klar ist, ziehe ich sie enger an mich, und sie lässt ihren Hinterkopf gegen meine Schulter sinken. Ihr zierlicher Körper verkrampft sich noch immer in meinen Armen, und nur allmählich gelingt es Joe, sich zu beruhigen. »Geht es?«, will ich wissen, nachdem ich sicher bin, dass dieser Anfall vorbei ist.

Joe nickt und ergreift meine Hand, um sich von mir auf die Beine helfen zu lassen. Sie schwankt leicht, und ich halte ihre Hand auf dem Weg zu meinem Pick-up. Erneut fällt mir auf, dass sie viel zu dünn ist, doch ich behalte meine Meinung für mich. Man muss nicht zu allem einen Kommentar abgeben, und es steht mir nicht zu, über sie zu urteilen. Auch diesmal öffne ich ihr die Tür und helfe ihr beim Einsteigen. Joe wirkt erschöpft und ausgelaugt. Ob sie auch Schlafstörungen hat?

Ich steige ein und beobachte Joe einen Augenblick lang, ehe ich den Wagen starte und wieder auf die Straße lenke. Sie scheint erneut in ihrer eigenen Welt versunken zu sein, und es gibt kein Rankommen an sie. Ich versuche es dennoch, indem ich sage: »Ich komme nicht darüber hinweg, dass du weißt, wie viele Tage es her ist, seit wir uns zuletzt gesehen haben. Es erstaunt mich, weil du gestern Abend nicht so gewirkt hast, als würdest du dich freuen, mich zu sehen.«

Aber wer kann ihr das verübeln. Die Veranstaltung muss für sie der reinste Horror gewesen sein. Joe muss sich grauenhaft gefühlt haben. Ich bin froh, dass sie mit Rory abgehauen ist, denn sie hatte meiner Meinung nach dort nichts zu suchen. Ich wette, Sean hat sie dazu gedrängt, mitzukommen. Bestimmt hat er so was in der Art von sich gegeben wie: Wir müssen Flagge zeigen und dürfen uns nicht unterkriegen lassen. Und Joe, lieb wie sie ist, hat natürlich gehorcht.

Ich erinnere mich daran, wie sie mir einmal erzählt hat, dass sie das Klavierspielen hasst und viel lieber Gitarre spielen lernen würde, es aber nicht darf. Ich habe ihr damals nicht verraten, dass ich das Klavierspiel liebe, ihr aber gesagt, dass es auch coole Stücke gibt, und ihr November Rain und Cats in the Cradle als Beispiele genannt.

»Ja, aber das lag weniger an dir als an der Gesamtsituation«, meint Joe und lenkt meine Aufmerksamkeit auf sich. »Selbst ein Hammertyp wie du kann einen echt beschissenen Abend nicht retten.«

Was? Hat sie das echt gerade gesagt? Ich schaue rasch zu ihr rüber, um mich zu vergewissern, dass ich mich nicht verhört habe, und sie grinst mich frech an. Ist sie wirklich die gleiche Frau, die noch vor wenigen Minuten das heulende Elend war? Woher kommt dieser Stimmungswechsel, überlege ich, erinnere mich jedoch im gleichen Moment daran, dass Joe schwanger ist – was meine Frage wohl beantwortet. »Hast du Kaugummi? Mir ist wieder schlecht.«

Ich deute auf die Ablage. Sie sucht nach dem Kaugummidöschen und fragt, nachdem sie sich eilig bedient hat: »Du auch?« Als ich nicke, angelt sie mir einen aus der Dose und hält ihn mir hin. Ich beuge mich vor und umschließe ihn mit meinen Lippen, die auch Joes Fingerspitzen kurz berühren. Keine Ahnung, was ich mir dabei gedacht habe … Nein, um ehrlich zu sein, habe ich überhaupt nicht nachgedacht. Keine Sekunde lang! Es hat sich einfach so ergeben, ganz natürlich.

Ihre Reaktion darauf ist es jedoch nicht. Ihre Pupillen weiten und ihr Atem beschleunigt sich. Ich kann das Fuck, das sie gerne ausstoßen würde, in ihren Augen aufblitzen sehen, und es bringt mich zum Lächeln.

Joe quittiert meine Mimik mit folgenden Worten: »Hey! Es ist ja nicht neu, dass ich auf dich stehe, und warum sollte sich das im Laufe der Zeit geändert haben?« Und eine Millisekunde später gesteht sie mir, dass sie jahrelang in mich verliebt gewesen sei.

»Das wusste ich nicht!«, erwidere ich unangenehm berührt von ihrer Offenheit.

»Natürlich nicht!«, meint sie bissig, und erneut fühle ich mich unbehaglich. Das ist irgendwie lächerlich, denn ich wollte, dass sie sich mir öffnet, und nun, da sie es tut, bringen ihre Worte mich doch tatsächlich in Verlegenheit. Mich? Ich würde gern meinen Kopf über diesen mir unvertrauten Zustand schütteln, doch ich unterdrücke das Bedürfnis und versuche, mich einfach zusammenzureißen.

Vielleicht komme ich besser mit der ganzen Situation klar, wenn ich verstehe, was genau Josephine Reynolds da eigentlich mit mir macht. Was triggert mich? Wenn ich sie anschaue, dann sehe ich vor mir ein liebes, unschuldiges Mädchen. Die Tochter meines ehemaligen Nachbarn. Die Joe Reynolds, die ich bereits als Baby auf dem Arm hatte.

Wie hat sie mich vorhin genannt? Einen Aufreißer und ja, das trifft es ganz gut. Wie titelte neulich ein großes Surfmagazin? Der Bad Boy der Surfszene ist zurück … Yep! Das bin ich. Und zwar nicht erst seit gestern, sondern seit mehr als zehn Jahren.

Ich lenke den Wagen ein drittes Mal an den Straßenrand,

stelle den Motor ab und wende mich ihr zu. »Joe, ich hatte keine Ahnung.«

»Brad, du glaubst doch nicht ernsthaft, dass ich damals gegen den Laternenpfahl gerannt bin, weil ich einem herrenlosen Hund hinterhergeguckt habe, oder?«

»Nicht?«

»Nein, ich habe dir nachgeguckt.« Joe schmunzelt, und ich tue es ihr gleich. Ich erinnere mich echt noch gut daran, und es gab überhaupt keinen Grund, ihr diese Lüge mit dem herrenlosen Hund nicht zu glauben. Ich bin kurz davor, laut loszulachen, als ich mir die Situation von damals durch den Kopf gehen lasse. Mir entgeht die Ironie nämlich nicht, denn irgendwie bin ich das menschliche Äquivalent zu einem herrenlosen Hund. Ich habe kein echtes Zuhause und niemanden, dem ich wirklich etwas bedeute. Ich bin ein Streuner, und obwohl ich manchmal entsetzlich einsam bin, ist es genau das, was ich will. Ich liebe meine Freiheit, meine Unabhängigkeit, und ich will nicht, dass jemand erfährt, wer ich wirklich bin.

Ich starre Joe an, die wieder in ihrem Gedankensumpf steckt. Sie schaut finster drein, und als sie meinen Blick auf sich ruhen spürt, herrscht sie mich an. »Was?«

Wow, das kommt wieder einmal sehr überraschend. Ihre Stimmungswechsel schaffen mich irgendwie. Auf, ab, auf, ab … Ich weiß, sie spielt nicht mit mir, aber sobald ich ihr näherkomme, sobald wir eine Basis gefunden haben, macht sie dicht und stößt mich von sich, und das stresst mich gerade ein wenig.

»Ich wünschte, ich wüsste, was gerade in dir vorgeht, Joe«, lasse ich sie an meinen Gedanken zu dem Thema teilhaben. Sind es wirklich nur die Hormone, die sie von einem Extrem ins andere treiben? Oder ist da mehr?

»Entschuldige, dass ich dich eben so angeraunzt habe. Das galt nicht dir. Ich habe nur an jemanden gedacht, den ich … der mir mal sehr wehgetan hat«, erklärt Joe kaum hörbar. Wer auch immer dieser Jemand war, er hat sie wirklich verletzt, das sehe ich in ihren Augen. Ich streichle über ihre Wange und betrachte sie neugierig. Ich lasse meine Hand in ihren Nacken wandern und kraule diesen sanft. Zwischen Joe und mir herrscht ein stummes Einverständnis. Sie schließt kurz die Augen, und als sie sie wieder öffnet, wirkt sie völlig angetörnt. Ich weiß genau, dass sie an Sex denkt – an Sex mit mir. Und das wiederum macht mich unglaublich scharf. Joe will mich. Okay, ohne überheblich klingen zu wollen, viele Frauen wollen mich, doch die sind anders als Joe. Die sind … ist wohl gemein, wenn ich sage billig, aber das trifft es nun einmal ziemlich genau. Es sind irgendwelche Goldgräberinnen auf der Suche nach einem Idioten, der ihnen für ein bisschen Sex ein Leben im Luxus ermöglicht. Und so ist Joe nicht, denn Joe selbst ist Luxus pur.

Sie erschauert unter meiner Berührung, ihre Augen weiten sich, und sie schnappt nach Luft, was mich erneut zum Lächeln bringt. Sie hat keinerlei schauspielerisches Talent, oder es ist ihr egal, was ich über sie denke, und sie zeigt mir deshalb so deutlich, was in ihr vorgeht.

»Dir gefällt, was du für eine Wirkung auf mich hast«, wirft Joe mir vor, und ich grinse erneut. Ja, es gefällt mir in der Tat. Joe sorgt dafür, dass ich mich sehr männlich und sehr begehrt fühle.

»Du hast die gleiche auf mich«, tröste ich sie sanft. Sie schnaubt amüsiert und verdreht die Augen, als wolle sie sagen: Ja, klar, Brad! Ich greife nach ihrer Hand und lege sie auf die Beule in meiner Hose. Joe zieht erschrocken die Luft ein, als sie meinen harten Schwanz unter ihrer Handfläche spürt. Mein Ständer wölbt sich ihr entgegen, und sie erwidert den Druck instinktiv. »Beweis genug?«, frage ich provozierend und zwinkere ihr zu.

»Ziemlich plump, Mr. Hoover, aber eine durchaus eindrucksvolle Demonstration«, entgegnet sie und zieht ihre Hand zurück. Ich sehe ihr in die Augen, und sie hält meinem Blick wie ein abgebrühtes Miststück, das sich seiner Wirkung auf Männer bewusst ist und seine Reize gezielt einsetzt, stand. Dann jedoch fällt mein Blick auf ihre zitternde Hand, und ich breche in schallendes Gelächter aus. Fast hätte sie mich mit ihrem Bluff dranbekommen. Respekt!

»Sorry«, presse ich hervor, gluckse aber noch immer vor mich hin. Joe schaut beschämt drein, ihre Wangen sind gerötet, und sie wirkt unglaublich süß, verletzlich und unschuldig.

»Genug gelacht? Kannst du mich jetzt bitte ins Hotel bringen? Ich hatte genug Peinlichkeiten für einen Tag.« Ihre Ehrlichkeit ist ebenso erfrischend wie ihre Unschuld. Ich nicke, starte den Wagen und lenke ihn weiter Richtung Norden.

»Es tut mir leid, es war nur so … Scheiße, ich hätte mir diese Aktion verkniffen, wenn mir klar gewesen wäre, wie sehr es dich verunsichert«, entschuldige ich mich. Keine Ahnung, warum ich in Joes Gegenwart vergesse zu denken. Ich bin so viel älter als sie. Ich dürfte mich nicht zu solchen Aktionen hinreißen lassen. Fuck, ich sollte mich wirklich besser unter Kontrolle haben.

»Du hast mich damit nicht verunsichert!«, widerspricht Joe. Ich schaue zu ihr rüber, grinse breit und überlegen. Sie ist so eine schlechte Lügnerin. Will sie wirklich abstreiten, dass ihre Hand gezittert hat? Joe jedoch schaut auf ihre Hände in ihrem Schoß. Sie rutscht unruhig auf ihrem Sitz hin und her und atmet zittrig ein und aus. »Okay, ich bin verunsichert«, gibt sie zu und wirkt mit einem Mal ziemlich schüchtern. Noch immer meidet sie meinen Blick. Ich greife nach ihrer Hand. Mist, verdammter! Ich habe sie echt völlig aus der Bahn geworfen. Die Arme! Ich konnte ja nicht ahnen, dass sie so leicht durcheinanderzubringen ist. Sie schaut von der Seite her zu mir herüber und sieht beinahe ängstlich aus. »Es ist, weil ...« Sie verstummt, macht eine lange Pause und stößt dann hervor: »Na ja, es ist, weil du nun mal eine lebende Legende bist.«

Wie bitte? Ich schaue sie entgeistert an. Sie grinst erst breit, versucht noch das aufsteigende Gelächter zu unterdrücken, doch angesichts meines dämlichen Gesichtsausdrucks will ihr das nicht gelingen. Sie prustet lautstark los. »Oh Gott! Dein Gesicht! Du hättest dein Gesicht sehen sollen!«, johlt sie, und Tränen laufen ihr über die Wangen. Ich beiße mir auf die Unterlippe und kann nicht anders, als ihre Aktion saugeil zu finden. Ich nehme an, die Retourkutsche habe ich verdient.

»Sehr witzig«, stelle ich fest und frage dann wie sie zuvor: »Genug gelacht?«

Wir grinsen uns an, und einen Moment lang ist die enge Fahrerkabine mit purer Lebensfreude erfüllt.

»Sorry, ich weiß, wie sehr du es hasst, deshalb konnte ich nicht widerstehen.« Sie kichert noch immer – und das nicht auf eine nervige, sondern auf eine absolut liebenswerte und hinreißende Art.

Warum kann das Leben nicht immer so sein? Gerade fühlt es sich so gut an, und ich habe mich schon seit einer Ewigkeit nicht mehr so ausgeglichen und wohlgefühlt . Joe drückt kurz meine Hand, und als ich zu ihr schaue, lächelt sie mich an. Sie ist wirklich Zucker! Ich hingegen muss mich zu einem Lächeln zwingen. Ich trauere der Leichtigkeit hinterher, die eben noch da war, aber nun bereits wieder fort ist. »Wie weit bist du eigentlich?«, frage ich nach ein paar Minuten, um mich abzulenken.

»Siebte Schwangerschaftswoche und vier Tage.«

»Darf ich dich etwas fragen?«

»Du darfst mich alles fragen«, erwidert Joe und betont das du, ganz so als wäre ich etwas Besonderes und als gäbe es eine Ausnahmeregelung für mich. Bevor ich sie jedoch fragen kann, ob sie das Kind behalten wird, sagt sie: »Aber die Antwort ist ›Ich weiß es nicht‹.«

Ich spüre ihr Unbehagen und überlege, ob sie bisher niemandem davon erzählt hat, um es heimlich wegmachen lassen zu können. Aber sie hat es mir erzählt. Ich kenne ihr kleines Geheimnis, und außer mir weiß nur Rory davon. Rory, mit dem ich einiges zu bereden habe. Ich halte auf dem Hotelparkplatz und stelle den Motor ab.

»Ein halber Tag, Joe, okay?«, bitte ich sie. Das reicht, um mit Rory alles zu klären, und danach werden wir sehen, was passiert. Ich kann es jedenfalls nicht erwarten, sie noch einmal zu küssen und ihre Unschuld zu schmecken. Sie schmeckt so süß, wie sie riecht. Ich schließe die Augen und versuche das sehnsüchtige Verlangen beiseitezuschieben, aber es gelingt mir nicht. Was schadet schon ein klitzekleiner Abschiedskuss, sage ich mir und beuge mich in ihre Richtung hinüber. Eine blonde Strähne fällt mir ins Gesicht, und Joe schiebt sie zurück hinter mein Ohr. Dann treffen unsere Lippen aufeinander, und bevor es überhaupt richtig zur Sache geht, hat sie bereits ihre Hand in meinem Nacken unter meine Haare geschoben. Sie greift entschlossen hinein und drängt sich an mich. Ich keuche unkontrolliert auf, als sie sich mit der Hand auf meinem Oberschenkel abstützt und ihre Zunge in meinen Mund schiebt.

Wir züngeln völlig entfesselt und ungehemmt miteinander rum. Joe stöhnt lustvoll auf, als ich zart in ihre Unterlippe beiße.

Schließlich löst sie sich erneut von mir. Sie ist so diszipliniert, so vernünftig. Ich will sehen, wie sie sich richtig fallenlässt und nichts mehr zurückhält. Der Gedanke an eine nackte, sich unter mir windende Joe bringt mich zum Lächeln. Verdammt, ich will sie so gern vögeln! Und sie will mich ebenso, wie ich sie will. Diese Erkenntnis verwandelt mein Lächeln in ein breites Grinsen.

»Ich hatte nicht die leiseste Ahnung, wie scharf du auf mich bist«, raune ich ihr zu, und es stimmt. Sie ist so jung und so hübsch. Was will ein kluges Mädchen wie sie mit einem alten Aufreißer wie mir?

»Bin ich nicht!«, widerspricht sie nicht sonderlich glaubwürdig. Fuck, ich habe sie eben stöhnen hören, und sie klang unglaublich willig. »Meine Hormone drehen nur etwas durch.«

»Das ist eigentlich ganz normal. Viele Frauen haben in der Schwangerschaft eine erhöhte Libido«, informiere ich sie und füge provozierend hinzu: »Ich wette, dein Slip trieft schon, so feucht bist du.«

Einen Augenblick lang fürchte ich, ich habe es zu weit getrieben und es mir mit ihr verscherzt, dann schnaubt Joe abfällig. »Bestimmt nicht! Du kannst gerne fühlen«, fordert sie mich auf. Ihre Stimme ist von Geilheit durchdrungen, und nachdem ich ihren Blick gesucht und mich davon überzeugt habe, dass sie ihr Angebot ernst meint, taste ich mich langsam an ihrem Oberschenkel vor. Ich schaue ihr dabei tief in die Augen und rechne damit, dass sie einen Rückzieher macht. Wenn das ein Bluff ist, sollte sie bald etwas sagen, denn sonst …

Meine Fingerspitzen berühren nun die Stelle zwischen ihren Beinen, doch von einem Höschen fehlt jede Spur. Da ist nichts als ihre rasierte, weiche und feuchte Pussy. Sie öffnet die Beine etwas für mich und betrachtet mich weiterhin unverhohlen. »Fuck!«, wispere ich und lächle erneut.

Das gibt es doch nicht! Joe Reynolds ist der Wahnsinn. Der nackte Wahnsinn! »Siehst du, kein durchweichter Slip.« Ich kann nichts erwidern, dazu bin ich gerade zu geil. Ich schlucke den Kloß in meinem Hals geräuschvoll hinunter und genieße ihr verruchtes, schamloses Grinsen.

Mal schauen, wie lange es auf ihrem hübschen Gesicht Bestand hat, wenn ich erst einmal richtig losgelegt habe. Ich reibe kurz über ihre Klit und beginne dann, sie zu fingern. Ich schiebe erst einen, dann einen zweiten Finger in ihre saftige Pussy. Joes Griff in meinem Haar wird fester, sie keucht auf, als ich meine Finger wieder und wieder in sie stoße. Sie lehnt ihre Stirn an meine und schließt die Augen. Ihr Atem schlägt gegen meinen Mund – schnell und hektisch. Sie zum Orgasmus zu bringen wird ein Leichtes sein – sie ist bereits jetzt jenseits von Gut und Böse.

»Verdammt, Joe! Du machst mich tierisch an«, lasse ich sie wissen. »Ich kann es kaum erwarten, dir dabei zuzuschauen, wie du mir einen bläst. Ich will dich vor mir auf den Knien sehen und dich dabei beobachten, wie du mich mit deinem sündigen Mund verwöhnst.« Und ja, ihr Mund ist sündig. Sie hat wunderbar volle Lippen, und es wäre einfach nur geil, wenn sie diese um mein bestes Stück schließen würde. Zum Teufel, wie gerne würde ich ihren Mund vögeln und ihre Pussy und ihren Arsch …

Doch nicht nur mir scheint die Vorstellung davon, wie sie mir einen Blowjob verpasst, zu gefallen. Joe klammert sich an meine Schulter, kippt ihr Becken in meine Richtung und spreizt ihre Beine weiter. Ihr Kleid ist hochgerutscht, und ich kann meinen Fingern dabei zusehen, wie sie ihr Vergnügen bereiten.

»Wie gerne würde ich in deinen Mund spritzen!«, stoße ich hervor. Ihre Lippen treffen auf meinen Hals. Sie liebkost ihn mit ihrer Zunge und leckt über meinen Adamsapfel. Ich muss erneut hart schlucken, denn sie macht mich mit ihrer hingebungsvollen Art willenlos. »Ich würde ihn dir ganz tief reinschieben, und du würdest an ihm lutschen wie …«

Joe stöhnt laut und ungehemmt auf. Sie wirft ihren Kopf in den Nacken und wispert meinen Namen, während ihre Pussy sich um meine Finger krampft. Ich füttere Joe mit langsamen Stößen weiter, bis ihr Orgasmus abgeebbt ist, und schaue sie an. Ein zufriedenes Lächeln umspielt ihre Lippen, ihre Wangen sind gerötet und sie sieht einfach nur unglaublich schön aus. Ihre Augen sind noch immer geschlossen, als ich mich zu ihr beuge und sie küsse. Dann ziehe ich meine Finger aus ihrer Möse und befehle ihr, die Augen zu öffnen. Sie blinzelt ein paar Mal träge, aber ich will nicht, dass sie verpasst, was ich gleich tun werde. Sie macht große Augen vor Überraschung, während sie mir dabei zusieht, wie ich meine feuchtglänzenden Finger sauberlecke .

Joe schmeckt auch an dieser Stelle wunderbar süß und unschuldig – was mich allerdings kein bisschen wundert. Sie starrt auf meine Finger und meinen Mund, und ich sehe in ihrem Blick, dass es sie anmacht. Am liebsten würde ich meine Finger erneut in ihr versenken, um sie noch einmal kosten zu können, doch ich will sie nicht überfordern.

»Ich freue mich darauf, wenn du meinen Schwanz lutschst«, meine ich feixend.

»Das werde ich nicht tun«, widerspricht sie matt.

»Warum? Du magst die Vorstellung doch.«

»Ja, das schon, aber das Risiko ist mir zu groß«, sagt sie bedauernd. So vernünftig, und das in ihrem Alter. Ich bin beeindruckt. Ich beuge mich über sie und krame im Fußraum auf der Beifahrerseite herum. Ich sollte endlich mal Ordnung in dieses Chaos bringen. Es dauert einen Moment, bis ich den Brief gefunden habe. »Es gibt kein Risiko. Lies!«, fordere ich sie auf.

Es ist ein Schreiben von der Versicherung. Ich musste mich durchchecken lassen – so wie jedes Jahr, bevor ich auf Tour gehe. Ich bin sauber, was mich nicht verwundert, denn ich mache es nur mit Gummi. Bei einem Blowjob möchte ich jedoch das volle Programm. Es macht mich wahnsinnig zu sehen, wie die Frau mein Sperma schluckt. Dass Joe in ihrem momentanen Zustand keinerlei Risiko eingehen möchte, kann ich verstehen, aber wie gesagt: Ich bin sauber. Joe informiert mich darüber, dass sie auch nichts hat, und ich frage: »Welche Zimmernummer hast du?«

»Die 512«, erwidert sie und fügt hinzu: »Dann bis später.«

»Ja, bis dann!«

Sie will gerade aussteigen, als ich ein »Joe!« hervorpresse. Es gibt da etwas, was ich noch wissen will. Was mir die ganze Zeit auf der Zunge lag, denn noch immer kann ich es nicht so recht glauben. Joe schaut mich erwartungsvoll an und zieht die Beifahrer wieder zu.

»Hast du echt für mich geschwärmt?«

»Brad, ein Mädchen würde nie Witze über seine erste große, unglückliche Liebe machen«, erwidert sie und raubt mir mit ihrer Ehrlichkeit erneut den Atem. Ihre Unbefangenheit ist der Hammer. Ich schaue schon wieder ziemlich perplex drein, fürchte ich, denn Joe grinst mich frech an.

Es dauert einen Moment, bis ich mich gefangen habe. »Darf ich dich was fragen?«

»Frag! Du kannst und darfst mich alles fragen!« Wieder legt sie die Betonung auf das Du. Scheinbar bin ich für sie wirklich etwas Besonderes, allerdings muss ich es hören. Ich habe keine Ahnung, warum es mir so wichtig ist, aber ich will es aus ihrem Mund hören.

»Magst du mich wirklich?«, will ich wissen und bete, dass die Antwort Ja lautet.

Joe haut ein nachdrückliches »Scheiße, ja!« raus und bringt mich erneut zum Lachen.

»Warum?«, frage ich im nächsten Moment kaum hörbar und erinnere mich daran, dass sie mich vorhin das Gleiche gefragt hat und ich keine Antwort darauf hatte.

Joe hingegen erwidert völlig gelassen: »Wie viel Zeit hast du?« Was mich erneut zum Lächeln bringt. Wie schafft sie es nur, dass ich mich in ihrer Gegenwart so wohlfühle? Ich bin plötzlich extrem euphorisch und agiere in ihrer Anwesenheit völlig enthemmt. Ich denke zu wenig nach, achte zu wenig darauf, was ich sage und tue. Das ist gefährlich. Und doch kann ich nicht aufhören, mit dem Feuer zu spielen. Joe ist zu intensiv, zu betörend, und die Emotionen, die sie in mir auslöst, sind zu gut, um ihnen widerstehen zu können – um ihr widerstehen zu können!

Joe wendet sich mir wieder zu. Sie mustert mich mit diesem Sandstrahlerblick, und ich komme mir nackt vor. Das wohlige Gefühl verpufft plötzlich, und am liebsten würde ich mich abwenden und verstecken, denn ich komme mir durchschaut vor.

Joe beugt sich zu mir. Ihr weicher, weiblicher Geruch steigt mir in die Nase und hüllt mich ein. Verwandelt mein Hirn in Brei und vertreibt jegliches Unbehagen, welches ich noch einen Moment zuvor empfunden habe. »Willst du die Kurzfassung hören?«, flüstert sie. Ich starre auf ihren Mund, während sie es sagt, und weil ich mit absoluter Gewissheit weiß, dass sie es bemerkt hat, senke ich den Blick. Alles in mir schreit danach, sie erneut zu küssen. Beinahe so, als hätte ich das in meinem verdammten Leben noch nie gemacht. Ich komme mir vor wie ein Trottel und reibe mir verlegen den Nacken. Gott, was bin ich scharf auf Joe. Mir ist bewusst, dass ich gerade teenagerhafte Züge an den Tag lege, und ich fühle mich wie der letzte Idiot. Es schockt mich, dass ich so wenig Selbstbeherrschung besitze. Ich will sie. Ich will sie hier und jetzt, und alles andere ist mir egal. Sie macht mich schwach und willenlos. Ich stoße ein frustriertes Schnauben aus, das Joe ignoriert.

Sie hat den Abstand zwischen uns noch weiter verringert. Ihre Haare streifen meine Wange, und ich höre ihre Stimme ganz dicht an meinem Ohr.

»Weil du du bist!«

Dieser schlichte Satz löst in zweierlei Weise eine Reaktion aus, und ich habe keine Ahnung, welche davon zuerst eintritt – die emotionale oder die körperliche. Fangen wir mit Letzterer an, denn das ist einfacher. Ihre Worte verursachen mir eine Gänsehaut und Herzrasen und sorgen dafür, dass ich prompt hart werde. Auf der gefühlsmäßigen Ebene taucht zuerst leiser Zweifel auf, der jedoch beinahe augenblicklich verpufft, weil ich – nach einem Blick in ihre wunderschönen Augen – einfach weiß, dass es wahr ist. Sie empfindet es so. Sie mag mich wirklich, auch wenn sie mich nicht kennt. Aber habe ich ihr nicht selbst gesagt, dass das irrelevant ist?

Viele Frauen mögen mich, weil ich ich bin … weil ich Bradley Hoover, der Profisurfer bin. Weil ich gut aussehe, weil ich erfolgreich bin und nicht zuletzt weil ich Geld habe. Doch Joe interessiert das alles nicht. Nichts davon! Ich habe keine Ahnung, woher ich das weiß, doch ich weiß es. Ich bin von der Bedeutung ihrer Worte wie elektrisiert. »Sag es noch mal«, bitte ich sie.

Sie kommt meinem Wunsch umgehend nach und flüstert: »Weil du du bist, Brad!«

Ich lasse ihre Worte wirken, bade darin. Was sie gesagt hat, tut so gut. Ich spüre diesem Gefühl nach, und erst als ich die Berührung ihrer Hände auf meinem Brustkorb wahrnehme, ringe ich mich dazu durch, die Augen zu öffnen.

Joe schaut mich besorgt an, aber sie fragt nicht, was mit mir los ist, wofür ich ihr sehr dankbar bin. »Danke fürs Fahren, Brad!«, meint sie und lächelt mir zu.

Sie ist bereits ausgestiegen, als ich sage: »Bis später, Joe!« Ich sehe ihr nach, wie sie ins Hotel geht. Die High Heels trägt sie zusammen mit ihrem Täschchen in der linken Hand. Sie betritt allen Ernstes barfuß das Hotel … Gott, sie ist der Wahnsinn.

Ja, und du bist ein Idiot, schimpfe ich mit mir. Vergiss Rory! Rory hatte seine Chance, und er hat sie nicht genutzt. Es gibt also nichts zu klären!

Ich reiße die Tür auf, gleite aus dem Wagen und laufe zum Eingang des Hotels hinüber. Was war Joes Zimmernummer? 512? Ich betrete die Lobby und sehe gerade noch, wie sich die Aufzugtüren auf der gegenüberliegenden Seite des Raumes schließen und Joe – zusammen mit Dean – nach oben fährt. Dean! Der hat mir gerade noch gefehlt. Fuck, fluche ich lautlos. Da hat dieser Mistkerl mir doch glatt eine heiße Nummer mit seiner Schwester versaut. Unfassbar! Das nenne ich mal mieses Timing.

»Kann ich etwas für Sie tun, Mister Hoover?«, höre ich eine Stimme hinter mir. Ich drehe mich herum und mustere den Hotelangestellten kurz. Mir ist klar, dass er mich angequatscht hat, weil ich ich bin. Wäre ich irgendwer, hätte er seinen Servierwagen … Ich schaue auf das reichhaltige Frühstück, das der Mann transportiert, hinab und habe plötzlich eine Idee. »Ja, das können Sie. Ich möchte den Zimmerservice nutzen und ein Frühstück für Zimmer 512 bestellen.«

Kapitel 02

Eine Viertelstunde später sitze ich in meinem Pick-up und fahre den Kam Highway Richtung Pipe entlang. Noch immer verfluche ich Dean, denn ich könnte jetzt in diesem Moment bei Joe sein. Ich kann nur daran denken, sie zu küssen und mich für ihre Worte auf ganz spezielle Weise zu bedanken. Kurz beschleicht mich wieder dieses Gefühl, dass Joe tabu ist, aber ich verdränge es. Ich finde sie scharf, und sie steht auf mich, also warum sollte ich keinen Sex mit ihr haben? Sie ist inzwischen schließlich erwachsen, und sie braucht wie gesagt nicht noch jemanden, der sie bevormundet. Es ist ihre Entscheidung, ob sie sich auf mich einlässt.

Obwohl ich mir das in aller Deutlichkeit klarmache, bleibt das Gefühl, etwas Falsches zu tun und Joes Situation auszunutzen, womöglich sogar schon ausgenutzt zu haben. Ich fühle mich plötzlich mies. Joe ist schließlich nicht irgendeine Tussi, die ich im Anschluss nie wiedersehen muss.

Ich seufze gedehnt, während eine ganze Reihe von Gedanken durch mein Hirn rauscht, allerdings sind die Bilder von Joe und mir bestechender als meine Skrupel. Ich bin mir sicher, wir hätten eine verdammt gute Zeit zusammen.

In der knappen Stunde, die wir zusammen in meinem Wagen verbracht haben, habe ich mich besser amüsiert als in den vergangenen vier Monaten zusammen. Keine Ahnung, wie oft sie mich zum Lachen gebracht hat.

Die Strecke zu Pipe schaffe ich in knapp zwölf Minuten – wenn man nicht wie Joe und ich zuvor alle zwei Meilen anhält, ist das auch kein Problem. Aber ich will mich über unsere häufigen Stopps nicht beschweren. Es war toll mit ihr, und ich habe jede Sekunde genossen. Joe ist unglaublich natürlich, vielleicht ist es das, was sie von den Goldgräberinnen unterscheidet. Die sind genau so, wie sie vermuten, dass du es haben willst.

Vielleicht waren meine Ehe und meine letzte Affäre deshalb solche Enttäuschungen. Obwohl, Sky mit einer der Goldgräberinnen zu vergleichen ist gemein. Skylar ist meine Exfrau, und sie ist kein schlechter Mensch. Wir hatten allerdings andere Vorstellungen vom Leben, und es ärgert mich einerseits maßlos, wie sie versucht hat, mich an sich zu binden, und andererseits bin ich ihr sehr dankbar dafür.

Auf Nathalie, die Mutter meiner jüngsten Tochter, trifft die Bezeichnung Goldgräberin allerdings hervorragend zu, und ich bin unbestreitbar der Trottel, den sie ausgenommen hat. Ich sehe jedoch jeden Penny, den ich an sie abdrücke, als meine gerechte Strafe an – denn Sky hat nicht verdient, was ich da abgezogen habe. Es war respektlos ihr gegenüber, und ich bereue, ihr wehgetan zu haben.

Allerdings hat mich das damals kurz nach meinem Beinahe-Tod kein Stück interessiert – ebenso wenig wie die Tatsache, dass Sky schwanger war. Ich hatte das Gefühl, etwas zu verpassen, ein wenig so, als würde mir das Leben durch die Finger rinnen. Der Gedanke, dass ich hätte tot sein können, dass es ein Morgen nicht unbedingt geben muss – weil man jederzeit sterben kann –, hat mich völlig aus der Bahn geworfen. Heute kriege ich es gar nicht mehr so genau zusammen, denn meine Gefühle waren sehr widersprüchlich. Ich war erleichtert, am Leben zu sein, und aus dem gleichen Grund zutiefst frustriert. Ich war verwirrt und bin abgedreht. Deshalb habe ich diese bescheuerte Affäre mit Nat angefangen, doch nicht einmal die kann ich wirklich bereuen, denn Taylor ist ein bezauberndes

Geschöpf. Sie ist der Junge, den ich nie haben werde, wirklich ein echter Wildfang. Leider sehe ich sie viel zu selten, denn zwischen mir und Nat ist es schwierig. Nach ein paar Wochen bin ich irgendwie wieder zu mir gekommen und dachte, Fuck, Brad, was tust du hier eigentlich? Und dann habe ich versucht, die Sache wieder geradezubiegen. Sky war schließlich schwanger. Tja, aber Nat kann ein rachsüchtiges kleines Biest sein. Natürlich hat sie es Sky gesteckt, und ich hätte sie in dem Moment, als sie diese Affäre ans Licht gezerrt hat, am liebsten gesteinigt. Sky wollte sofort die Scheidung. Sie hat überhaupt nicht mit sich reden lassen. Sie hat nicht geweint und nichts, war total abgeklärt und hat versucht, das meiste für sich aus dieser Sache rauszuholen. Erst viel später haben wir dann ein klärendes Gespräch geführt, und ich habe mich für den Mist, den ich gebaut habe, entschuldigt.

Wie gesagt, es ist ein wenig schwierig. Ich liebe meine Kinder, und ohne meinen idiotischen Ausrutscher gäbe es Taylor nun einmal nicht. Es tut mir leid, wie ich mich verhalten habe, aber die ganze Angelegenheit an sich kann ich einfach nicht bereuen, ob das nun einen Sinn ergibt oder nicht. Was Sky anbelangt: Vielleicht kann man einfach sagen, dass wir einander enttäuscht haben.

Ich erreiche Pipeline und finde sogar auf die Schnelle einen guten Parkplatz. Die Vorbereitungen für die Pipemasters sind in vollem Gange, und auf dem Weg zum Haus meines Sponsors werde ich mehrfach um ein Autogramm gebeten. Obwohl ich gerade heute gar keinen Bock auf den Zirkus habe, mache ich mit. Im BOP-Haus angekommen, genehmige ich mir erst einmal eine Tasse Kaffee. Ich habe inzwischen einen Bärenhunger, weshalb ich ganz ungeniert den Kühlschrank plündere. BOP steht übrigens nicht für Bay of Plenty oder das Bureau of Prisons, sondern für Best of Pangaea.

Im BOP-Haus fühle ich mich auf jeden Fall wie zu Hause. Kein Wunder, denn schließlich habe ich hier jahrelang in den Wintermonaten gelebt – also bevor ich mir mein eigenes Haus auf Oahu gekauft habe. Sky hat bei der Scheidung nämlich meine Villa auf Maui bekommen. Aber wie ich bereits sagte, eine gerechte Strafe für meine Sünden.

Nach dem kleinen Frühstück schnappe ich mir eins meiner Boards und paddle raus. Rory ist bereits im Line-up und ziemlich angefressen. Er hat einen echten Hals auf mich. Ich bemerke es im ersten Moment nicht, doch als er wie ein Bekloppter in meine Welle zieht, schnalle ich es. Keine Ahnung, was zum Teufel ihn da geritten hat. Der Sack hätte mich fast aufs Riff geschickt! Was für ein Arschloch! Okay, ich bin echt viel zu spät dran, und er hat fast eineinhalb Stunden auf mich gewartet, aber das ist ja wohl kein Grund, um so einen Scheiß abzuziehen.

»Alles klar bei dir?«, frage ich ihn und mache keinen Hehl daraus, wie angefressen ich wegen seiner dämlichen Aktion bin.

»Lass die Finger von Joe«, äfft er mich nach. »Und du? Ich habe euch gesehen. Dich und Joe, wie ihr euch geküsst habt.«

»Fuck!«, fluche ich. Das darf doch wohl nicht wahr sein! Wo hat er uns gesehen? Als ich es ihr auf dem Parkplatz besorgt habe? Nein. Die getönten Scheiben hätten es verhindert, also muss er die Knutscherei am Straßenrand mitbekommen haben.

»Ja, fuck!«, gibt er mir recht.

»Sorry, ich wollte mit dir darüber reden«, erwidere ich. Und es stimmt, ich wollte ja mit ihm drüber reden, jedenfalls bevor Joe mir völlig die Sinne geraubt hat.

»Worüber? Dass du mein Mädchen knallst?«, wirft er mir an den Kopf. Ich verziehe meinen Mund zu einer Grimasse. Sein Mädchen? Das ist ja wohl lächerlich, und überhaupt, wie redet er bitte schön über Joe?

»Erstens ist sie nicht dein Mädchen, zweitens habe ich sie nicht geknallt, und drittens hör auf, so über Joe zu reden«, weise ich ihn zurecht. »Können wir da später darüber sprechen? Gib mir eine Stunde, okay?« Ich muss dringend ein paar gute Wellen surfen, um runterzukommen. Ich bin gerade echt stinkig. Ich bin richtig gehalst, auf mich, weil ich so ein Scheißfreund bin, auf ihn, weil er so abfällig über Sex mit Joe gesprochen hat, und ganz allgemein auf diese verfahrene Situation. Ich brauche einfach nur ein wenig Zeit, um runterzukommen und um meine Gedanken zu ordnen, denn die sind das reinste Chaos.

»Bei mir?«, fragt Rory knapp, und ich nicke.

Ich schaue ihm nach, während er noch eine Welle angeht und sich von dieser an Land tragen lässt. Scheiße, ich habe echt Mist gebaut. Seine Worte »dass du mein Mädchen knallst« hallen durch meinen Kopf, während ich den Horizont abchecke und warte. Wenn man das Knallen mal ignoriert, ist seine Aussage gar nicht so übel. Er empfindet was für Joe. Sein Mädchen … ich schüttle amüsiert den Kopf und lache leise in mich hinein. Hätte ich ihm vorgestern gesagt, dass er diese Bezeichnung mal verwenden würde, er hätte seine verdammte Villa drauf verwettet, dass dem nicht so ist.

Rory und ich kommen vor allem deshalb so gut miteinander klar, weil wir es beide simpel mögen. Kein Stress, keine Komplikationen, einfach nur Sex, mehr nicht. Und so sind die

Frauen, die wir uns aussuchen, auch. Doch Joe ist anders. Nie würde sie sich auf uns beide einlassen, obwohl das das Nonplusultra wäre. Joe und wir beide … Dieser Gedanke ist erst einmal angedacht nicht mehr zu stoppen. Sex mit Joe wäre gut. Und wenn Rory noch dabei wäre, dann wäre es fantastisch! Der Wahnsinn!

Und es wäre ideal, weil wir uns gut ergänzen würden. Er könnte Joe geben, was ich ihr nicht geben kann. Er hat Gefühle für sie und … Shit! Will er sie dann überhaupt teilen? Nach seinem Ausraster eben vermutlich nicht. Ahhh, das ist doch zum Verrücktwerden. Diese Vorstellung von uns dreien ist großartig, und sie hat sich bereits in meinem Hirn festgesetzt. Aber ich bin mir beinahe sicher, dass beide aus unterschiedlichen Gründen da nicht mitziehen würden. Rory wegen seiner dämlichen Eifersucht – ich sage ihm immer, dass das nur ein Gefühl ist und man es beiseiteschieben kann. Denn auch vorher gab es hin und wieder diese Momente, wo er sich zurückgesetzt gefühlt hat. Vorher? Vor Joe, oder was? Brad, komm mal klar, weise ich mich zurecht. Du bist wieder einmal Lichtjahre mit deinen seltsamen Ideen vorausgeprescht!

Nachdem ich ein paar richtig gute Wellen hatte, geht es mir besser. Obwohl das Surfen meinen Kopf immer frei macht und all den Mist, der mich beschäftigt, herausfegt, sind die Gedanken an Joe wieder da, sobald ich in meinem Wagen sitze. Der Pick-up riecht nach ihr, wie verrückt sogar. Oder bilde ich mir das nur ein? Ich schließe die Augen und schnuppere. Ja, der ganze Wagen duftet intensiv nach Joe. Ich erinnere mich an ihren keuchenden Atem an meinem Hals und bekomme beinahe augenblicklich einen Ständer. Ich muss sie haben! Ich muss sie allein deshalb haben, um sie danach nicht mehr haben zu wollen. Okay, das klingt fies, aber mein Interesse würde bestimmt nachlassen, wenn ich … ja, wenn ich sie erst einmal gevögelt habe. Und es ist schließlich nicht so, als würde sie mich nicht auch begehren. Sie hat sich von mir in meinem Auto fingern lassen, und sie war klatschnass. Ja, sie will mich! Es wäre sogar nur zu ihrem Besten, mit mir ins Bett zu gehen, denn dann würde sie erkennen, dass ich nicht der tolle Typ bin, für den sie mich hält.

Ich starte den Wagen und fahre zu Rory. Auf der Fahrt denke ich ununterbrochen an Joe, an ihre Lippen, an ihre Brüste, an ihre zuckersüße Möse, an ihren hübschen kleinen Hintern … ich will das alles … Und dann sehe ich sie plötzlich weinend und verletzlich vor mir und komme mir wie das größte Arschloch vor. Joe ist im Moment so empfindsam, und ich denke nur daran, sie flachzulegen. Gott, ich bin so ein egoistischer Wichser!

Ich parke vor Rorys ultramoderner Villa und bleibe einen Moment lang sitzen, um mich zu sammeln. Nein, das mit Joe, das hat einfach keinen Sinn. Ich darf diese Sache nicht zulassen, denn ich wäre nicht gut für sie. Sie braucht jemanden, der verlässlich ist, der wirklich für sie da ist, und das bin nicht ich. Rory ist auf jeden Fall die bessere Wahl! Allein wegen des Alters. Joe wird eine Familie gründen wollen, sie … Okay, ich muss das lassen. Joe ist tabu! Ich werde Rory zu ihr schicken, und die beiden sollen ihren Scheiß geregelt bekommen.

Ich gehe zum Haus und klingle. Er öffnet keine drei Sekunden später die Tür. Wortlos marschiert er in die Küche, und ich folge ihm. Er haut die Steaks in die Pfanne und kehrt mir den Rücken zu. »Rory, ich wollte mich da nicht reinhängen, es ist einfach so passiert«, erkläre ich ihm. Wir sind Kerle, wir wissen, dass Dinge – gerade sexuelle Dinge – manchmal einfach so passieren.

»Was ist passiert?«, fragt er mich in eisigem Tonfall. Als ich nicht gleich antworte, schiebt er hinterher: »Von wem ist Joe schwanger?« Nicht von mir, denke ich und hebe abwehrend die Hände, was er jedoch nicht bemerkt, weil er mir noch immer den Rücken zugewendet hat.

»Von einem Typen namens Hagen. Ein One-Night-Stand vor ein paar Wochen«, informiere ich ihn.

»Und jetzt? Wie geht das weiter? Wie stellt sie sich das vor? Will sie es behalten?« Rory schiebt die Pfanne auf eine der anderen Platten und starrt mich finster an.

»Sie weiß es nicht«, erwidere ich tonlos. Das Kind abzutreiben wäre ein Fehler. Joe würde sich das nie verzeihen. Sie würde daran zerbrechen. »Wie denkst du darüber?«, will ich von ihm wissen. Er kennt sie besser. Nicht länger, aber bedeutend besser. »Mein Mädchen« schießt es mir wieder durch den Kopf. Ja, sie ist sein Mädchen, da hat er irgendwie schon recht.

»Ich glaube, dass sie eine Abtreibung bereuen würde. Joe ist nicht der Typ, der das machen könnte, ohne ein Leben lang darunter zu leiden. Sie ist … keine Ahnung. Das ist wirklich schwer zu erklären. Sie ist lustig und fröhlich, nein, sie war das, aber sie war auch schon immer sehr tiefgründig und sensibel. Sie würde es bereuen, da bin ich mir absolut sicher«, sagt Rory und stößt einen gedehnten Seufzer aus.

Wir spekulieren noch ein wenig über Joes Situation und darüber, was für sie das Beste wäre. Rory ist angefressen, dass sie sich von einem One-Night-Stand hat schwängern lassen, aber ich kläre ihn über die Sache mit dem geplatzten Gummi auf.

Beim Thema geplatztes Gummi muss ich unweigerlich an Nat denken. Taylor ist nämlich auch so ein Geplatztes-Gummi-Kind, allerdings hat Joe ihr Kondom bestimmt nicht vorher manipuliert. Nachdem zweiten geplatzten Gummi wurde ich misstrauisch, aber da war es zu spät, und irgendwann hat Nat mir im Streit gestanden, dass sie die Teile angestochen hatte. Yep, saugeil … aber so ist mein Leben! Ich bin irgendwie immer der Depp!

Manchmal frage ich mich, warum gleich zwei Frauen mir Kinder angehängt haben. Sky hat angeblich die Pille vergessen, aber da waren wir schon eine ganze Weile lang ein Paar. Dennoch, ohne die Schwangerschaft hätte ich sie nicht geheiratet. Anders als Nat beteuert sie jedoch auch heute noch, dass es ein Unfall war. Ich würde ihr das gerne glauben, doch … Nein! Ich bin schon lange kein naiver Trottel mehr. Ich weiß, wie Frauen ticken und was sie wollen. Für sie bin ich einfach nur ein fettes Bankkonto auf zwei Beinen, das – was für eine glückliche Fügung – auch noch gut aussieht. Doch wer ich wirklich bin, ist ihnen letztendlich völlig egal.

Wobei ich bei Nat anfangs keineswegs dieses Gefühl hatte. Mit Sky war ich extrem unzufrieden, denn sie war nur am Motzen, und ständig hatten wir Streit. Ich hatte das Gefühl, überhaupt nichts richtig machen zu können. Da kam mir Nat gerade recht. Sie ist total durchgeknallt, doch in der Phase, in der ich mich damals befand, war das toll und absolut reizvoll. Jemanden zu haben, der ebenso hemmungslos und wild war wie ich, erschien mir erstrebenswert. Auch weil die Sache mit Sky mich langweilte. Die Verliebtheit war weg, und der Alltag hatte uns bereits kurz nach Siennas Geburt eingeholt. Als die Sache mit Nat begann, war Sky mit unserem zweiten Kind schwanger. Es war eine anstrengende Zeit oder wäre es gewesen, wenn ich nicht haltlos von einer Party zur nächsten gestolpert wäre. Ja, ich war egoistisch und … keine Ahnung, dumm oder so. Nein, echt, im Nachhinein kann ich es nicht mehr ganz nachvollziehen, wie ich so durchdrehen konnte, und doch vermisse ich diesen Zustand inzwischen, denn damals war alles, was mich immer belastet und mir das Leben zur Hölle gemacht hat, verschwunden. In dieser Zeit schien meine Vergangenheit plötzlich bedeutungslos. Es war ein rauschhafter Zustand, in dem ich mich befand. Ich war einfach nur überglücklich, überlebt und meinem Dasein eine neue Richtung gegeben zu haben.

Die Dunkelheit ist jedoch irgendwann mit voller Wucht zurückgekehrt, und da hat es mich dann richtig krass zerrissen. In diesem Lebensabschnitt habe ich mir dann auch endlich Hilfe gesucht. Nicht dass ich mit meinem Therapeuten jemals über mein eigentliches Problem sprechen würde, das kann ich einfach nicht. Er denkt, dass das Ertrinken die Ursache für mein Trauma ist, und hat bei mir eine PTBS diagnostiziert. Das passt auch gut auf die andere Sache.

Ich folge Rory auf die Terrasse und bedanke mich für das Essen. Es sieht lecker aus und duftet himmlisch. »Vielen Dank«, meine ich und greife nach dem Steakmesser. Eiweiß und Salat, keine Kohlenhydrate, genau das Richtige heute.

»Nicht dass du es verdient hättest«, murmelt Rory und starrt mich finster an.

Ich hasse es, wenn er sich so kindisch benimmt. Ich meine, okay, er ist erst zweiundzwanzig, aber trotzdem. »Ich habe dich gewarnt, dass wir Ärger kriegen, wenn du ihr wehtust«, erwidere ich ungehalten. Und ja, er hat ihr mit seiner dämlichen Unterstellung wehgetan. Joe würde niemals so eine linke Nummer abziehen, da bin ich mir inzwischen sicher. Verdammt, wenn sie nicht mal Sammy was davon erzählt hat, dann …

»Ach ja, und der Ärger sieht so aus, dass du mit meinem

Mädchen ins Bett steigst, oder was?«, schleudert mir Rory wütend entgegen.

»Ich war nicht mit ihr im Bett, und sie ist nicht dein Mädchen, verdammt! Wir haben ein wenig rumgemacht, mehr nicht«, rechtfertige ich mich. Das zwischen mir und Joe war bisher absolut harmlos. Und erneut schleicht sich das Bild von ihr unter mir in meine Gedanken. Ich kann mir nicht helfen, ich will sie, und das teile ich auch Rory mit.

»Und ich nicht, oder was? Glaubst du, du bist der Einzige, der sie in die Kiste bekommen will?«, meldet er seine Besitzansprüche an.

»Was war zwischen euch?« Ja, mich interessiert brennend, was da zwischen ihnen gelaufen ist. Ob sie ihm einen geblasen hat? Verdammt, warum muss ich andauernd an Joes Mund denken. Ich wünsche mir fast, dass sie es getan hat. Die Fantasie erregt mich ungemein.

Statt zu antworten, fragt der Mistkerl doch ernsthaft: »Was war zwischen euch?«

Schicksalsergeben lege ich die Karten auf den Tisch. »Wir haben geknutscht, ich habe sie gefingert, mehr nicht.« Rory seufzt erneut, und ich kann seine Gedanken von seinem Gesicht ablesen. Fuck, er ist total angefressen, und ich ahne, dass ich mit ihr weitergegangen bin als er. Ich weiß, wie er ist, wenn er das Gefühl hat, zu kurz zu kommen. Eifersucht war das nicht wirklich, dafür waren wir emotional nicht involviert genug. Im Moment sieht Rory jedoch so aus, als würde er am liebsten über den Tisch springen und mich erwürgen. Ich ahne, dass Joe recht hatte. Da scheint wirklich mehr zu sein.

»Wir haben geknutscht und rumgemacht, mehr nicht«, beantwortet er schließlich doch noch meine Frage. Er klingt resigniert.

»Sie hat dir ziemlich den Kopf verdreht, was?« Ich muss wissen, ob bei ihm Gefühle im Spiel sind. In diesem Fall ist keine Antwort auch eine Antwort. Ich sehe es an seinem sehnsüchtigen Blick.

»Und dir?«, fragt Rory.

Ich zucke mit den Schultern. »In meinem Alter verliebt man sich nicht mehr so schnell«, behaupte ich und verdränge, was für ein Chaos Joe binnen kürzester Zeit angerichtet hat.

»Wir wollen sie also beide.«

»Scheint so!«, unterschreibe ich sein Fazit.

»Aber wir können sie nicht beide haben«, grummelt er niedergeschlagen. Oh, ihn reizt diese Vorstellung also doch. Interessant!

»Ich weiß!«, murmle ich vor mich hin, und meine Gedanken sind wieder bei dieser Idee. Ich kann es vor mir sehen, Joe, wie sie mit uns im Bett liegt. Verdammt, wenn sie dann nur halb so hingebungsvoll wäre wie eben in meinem Pick-up, dann … »Wir hätten verdammt viel Spaß mit ihr«, sinniere ich, und dieser Gedanke zuckt durch jede meiner Gehirnwindungen. Gott, wie mich das antörnt. Die süße, unschuldige Joe Reynolds zwischen uns … Rory, der sie von hinten nimmt, während sie mir einen bläst … wir beide, die sie so richtig durchnehmen. Fuck! Ich habe schon wieder einen Ständer.

»Ja, das hätten wir wohl«, gibt Rory mir recht.

»Allein die Vorstellung …« Ich seufze leise und verstumme. Ich bin so geil, ich kann gerade echt nicht mehr sprechen. Ich schlucke hörbar, weil mir das Wasser im Mund zusammenläuft. Rory schaut mich belustigt an.

»Ja, ja, sie hat dir also nicht den Kopf verdreht, nicht wahr!«, zieht er mich auf.

»Mit meinem Kopf hat das Ganze wenig zu tun«, gebe ich

zu bedenken. Nein, gerade hat mein Schwanz das Sagen. Und erfahrungsgemäß hat der keine guten Ideen, was mich nicht davon abhält, nicht doch auf ihn zu hören.

»Sie ist super unerfahren, Bro!«, lässt Rory mich wissen. Ja, das habe ich geahnt. Ich lechze, was das angeht, nach Details und will am liebsten alles wissen, doch ich belasse es bei einem: »Ja, ich weiß. Das merkt man.«

»Sie kann uns nicht geben, was wir von ihr wollen«, erwidert Rory seufzend.

Ist das so, überlege ich. Hat er damit wirklich recht? Ja, er kennt sie besser, aber ich weiß nicht, Joe ist ein besonderer Mensch. Sie ist nicht wie andere Frauen, und das im Auto war der Hammer! Einfach Wahnsinn. Sie ist sofort auf mich angesprungen, hat sich gleich fallenlassen, sie ist leidenschaftlich und … Das klappt niemals, informiert mich mein gesunder Menschenverstand. Meine triebgesteuerte Seite will jedoch die Wahrheit nicht akzeptieren. Es wäre so gut mit ihr, säuselt sie, und ich kann ihr in allen Punkten einfach nur zustimmen. Doch, ich will das angehen. Ich will, dass das klappt. Ich will Joe, und ich will sie mir mit Rory teilen. Das ist keine abwegige Spinnerei, das ist machbar. Ich habe sie schließlich mit uns zusammen im Bett gesehen, quasi das Ziel visualisiert. Mit Zeit und Hartnäckigkeit können wir sie dazu bringen, und genau das sage ich auch Rory.

»Die Frage ist nur, wer von uns den Anfang macht«, beende ich meinen Vorschlag.

»Wer auch immer von uns zuerst in ihrem Bett landet, den wird sie behalten, während der andere leer ausgeht«, entgegnet Rory matt. Er stöhnt frustriert auf und fährt sich mit der Hand durch seine hellblonden Locken. Obwohl er alles so negativ sieht, schafft er es nicht, mich zu desillusionieren. Wie ich sagte, ich habe es gesehen, und es ist machbar.

»Scheiße, Brad! Joe ist nicht irgendein Groupie, das wir einfach durchnehmen können. Sie wird dabei niemals mitmachen!«, fährt er mich an. Er will es ebenso sehr wie ich, wird mir klar. Aber natürlich hat er recht, Joe ist kein Groupie. Wenn sie irgendeine Starfuckerin wäre, dann wäre sie nur halb so interessant, und dennoch bin ich überzeugt davon, dass sie sich darauf einlassen könnte. Sie hat kurz hintereinander mit uns beiden rumgemacht, das geht schon stark in die Richtung, in der wir sie haben wollen. Wir müssen sie nur davon in Kenntnis setzen, dass das für uns überhaupt kein Problem ist. Rory brütet vor sich hin. Vermutlich ist auch er in Gedanken mit ihr und mir im Bett. Es wäre so großartig, und ich traue es ihr zu.

»Doch«, sage ich laut, »das wird sie. Sie ist stark und mutig.«

Rory kommt wieder mit diesem Mist um die Ecke, dass ich Joe nicht kennen würde, aber den Zahn ziehe ich ihm jetzt ein für alle Mal, indem ich ihm das Foto zeige, welches mich und Joe zusammen zeigt. Sie ist ein Baby, und ich trage sie auf dem Arm. Ich kenne sie von klein auf. Ich … Gott, ist das pervers? Ich bin zehn verdammte Jahre älter, aber scheiß auf die zehn Jahre! Die zehn Jahre haben mich noch nie gestört! Nat ist auch acht Jahre jünger gewesen, und ich hatte auch schon Achtzehnjährige in meinem Bett, also …

Rory unterbricht meine rasenden Gedanken und sagt: »Sie wollte dich schon immer. Du warst der erste Kerl, in den sie sich verknallt hat, und danach gab es …« Er bricht mitten im Satz ab, und das frustriert mich, denn gerade wollte er aus dem Nähkästchen plaudern, und es interessiert mich wie verrückt, was Joe schon alles in ihrem Leben getrieben hat. Ich will Details wissen, doch Rory schiebt lediglich ein »Danach gab es jedenfalls niemanden, den sie in ihr Herz gelassen hätte« hinterher.

»Ja, das hat sie mir gesagt«, lasse ich ihn wissen.

»Was genau hat sie dir gesagt?«, fragt Rory stirnrunzelnd.

»Sie sagte, dass sie mich mag.«

Er lächelt irritiert und schüttelt den Kopf. Ehe ich ihn nach seiner sonderbaren Reaktion fragen kann, meint Rory:

»Und, was hast du daraufhin gesagt?«

»Ich habe sie nach dem Warum gefragt. Sie meinte ›Wie lange hast du Zeit?‹, und dann hat sie gefragt, ob ich mich auch mit der Kurzfassung zufriedengeben würde. Und die war: ›Weil du du bist‹.« Die Erinnerung an diesen Moment wirbelt wieder eine ganze Reihe verrückter Emotionen auf. Ich schaue auf das Meer hinaus und versuche, mich zu beruhigen. »Weil du du bist.« Ich habe selten etwas Schöneres gehört!

»Warum zum Teufel bist du nach alldem, was zwischen euch gelaufen ist, überhaupt hier?«, will Rory wissen. Ja, ich wäre ganz sicherlich nicht hier, wenn Dean mir nicht in die Quere gekommen wäre, doch ich bin inzwischen sogar froh darüber. Mit Rory über die ganze Sache zu reden tut gut. Mir ist aber auch klar, dass ich nicht hier sein müsste. Ich hätte nach dem Surfen direkt zu ihr fahren können, aber Rory ist mir nun einmal wichtig. Er ist einer meiner wenigen echten Freunde.

»Wegen dir. Meiner Erfahrung nach haben Freunde eine längere Halbwertszeit als Freundinnen. Ich will es mir mit dir nicht verderben.«

»Danke, Bro«, erwidert er nach einem Augenblick kaum hörbar.

Ich will, dass er weiß, was Joe über den gestrigen Abend

denkt, daher meine ich: »Und wegen ihr auch. Sie hat gesagt, dass das gestern zwischen euch mehr war.«

»Wie mehr?« Ihm ist anzuhören, dass ihn diese Aussage völlig aus der Bahn wirft. Die Hoffnung, die plötzlich in seiner Stimme mitschwingt, ist nicht zu überhören. Seine Augen strahlen, und ein zaghaftes Lächeln umspielt seine Mundwinkel.

»Mehr als nur Rumgefummel, Geilheit, was weiß ich … Deshalb hat es ihr auch so wehgetan, was du ihr an den Kopf geschmissen hast. Sie fand, dass das zwischen euch von Bedeutung war.«

Im nächsten Augenblick ist das Lächeln wieder weg und seine Miene verdüstert sich merklich. Ich ahne, was er denkt. Ich sehe die verdammte Eifersucht! Das ist so unnötig, so überflüssig. Alles wäre viel leichter, wenn es die nicht gäbe. »Sie ist im Moment sehr verwirrt, Rory. Ich hatte leichtes Spiel mit ihr. Ich hätte sie nicht verführen dürfen, das weiß ich auch, aber sie …« Sie ist so unwiderstehlich, denke ich, aber wenn ich das jetzt sage, dann interpretiert Rory da viel zu viel rein. Ich stehe nicht auf Joe – nicht wirklich. Ich finde sie einfach nur scharf und möchte sie bumsen, das ist alles. Okay, ich mag sie, aber mehr ist es wirklich nicht.

»Ich will keine feste Beziehung oder so«, gibt Rory in diesem Moment von sich, und ich schaue ihn aufmerksam an, denn ich höre ein Aber heraus. Er sagt jedoch nicht »Aber«, sondern: »Nein, ich wollte keine … ehrlich, ich weiß nicht, ob ich Joe das geben kann, was sie braucht.«

»Ich kann es bestimmt nicht«, entfährt es mir, und ich muss einen Seufzer unterdrücken, als ich – in einem Anfall von Selbstlosigkeit – hinzufüge: »Du solltest zu ihr gehen!«

»Warum?« Gute Frage, sinniere ich. Verdammt gute Frage.

Warum? Ja, weil es für Joe das Beste wäre. Er ist besser für sie als ich, und wie gesagt: Ich mag sie wirklich. Sie sollte sich nicht mit einem abgefuckten Kerl wie mir rumschlagen müssen.

»Warum?«, wiederholt Rory nachdrücklich, und ich sage es ihm.

»Das ist Schwachsinn«, erwidert Rory. »Für sie gibt es nichts Besseres als dich!«

Ist das so? Sie hat doch keine Ahnung … »Sie kennt mich gar nicht«, widerspreche ich.

»Wie ich aus zuverlässiger Quelle weiß, kennt sie dich bereits ihr ganzes Leben lang«, witzelt er. »Und du würdest dich wundern, was Joe alles über dich weiß.«

Ich pruste los. Rory hat einen wunderbaren Humor. Ja, er kann nervig und ein Arsch sein, aber er ist auch einfach ein netter, lustiger Kerl. Er zieht mich weiter auf, und als es mir schließlich zu bunt wird, unterbreche ich ihn und sage: »Du bist ein Idiot!«

Er grinst, und das Grübchen – das Ding ist der absolute Frauenmagnet – erscheint auf seiner Wange. »Ja, der Idiot, den du Joe auf den Hals hetzen willst«, wirft er mir vor.

»Tu nicht so, als würdest du das nicht wollen«, rüge ich ihn.

»Du nicht?«, gibt er zurück. Ja, wir wollen sie beide. Ich will sie wirklich so sehr, aber das kann ich dem armen Mädchen beim besten Willen nicht antun. In ihrem Zustand wäre ich vermutlich Joes Untergang. Sie ist so fertig und am Ende ihrer Kräfte. Ich bin da irgendwie reingedropt, und ihr erster Impuls war, diese Sache zwischen uns zu begraben, ehe sie überhaupt richtig angefangen hat.

Doch wie sagen die Leute immer so schön? Nichts geschieht ohne Grund. Ich kam just in dem Moment vorbei, als sie aus Rorys Haus geflüchtet ist. Ich habe sie eingesammelt, und sie hat sich mir geöffnet. Zufall! Denn natürlich geschehen Dinge einfach so, es gibt keinen Masterplan, kein Schicksal. Die Leute irren sich, wenn sie das glauben. Nein, es gibt keinen tieferen Sinn und Zweck hinter dem, was geschieht. Denn wenn es doch anders wäre, dann, ja, dann … und das kann und will ich einfach nicht glauben. Dann hätte diese Sache, die mir vor vielen Jahren widerfahren ist, auch einen Grund gehabt, und den vermag ich beim besten Willen nicht zu erkennen. Fuck! Ich spüre die Woge der Verbitterung durch mich hindurchbranden, spüre, wie mein Atem einfriert, wie …

»Lass uns eine Münze werfen!«, schlägt Rory vor.

Ich schaue auf und sehe ihn prüfend an. Ist das sein Ernst? Ja, ich bin gewillt, diese Angelegenheit dem Zufall zu überlassen. »Kopf oder Zahl?«, will ich wissen und greife nach meinem Portemonnaie.

»Zahl!«

Ich drücke Rory die Münze in die Hand und schaue ihm dabei zu, wie er sie hochschnippt, aus der Luft fischt und sie auf seinem Handrücken zum Liegen bringt. Ich starre auf Rorys Hand und wage kaum zu atmen. Mist, woher kommt denn auf einmal diese extreme Anspannung. Es ist schließlich nicht so, als hinge mein Leben davon ab. Dieser Münzwurf entscheidet rein gar nichts! Mein wild hämmerndes Herz sieht das jedoch offensichtlich anders.

»Joe wird nie erfahren, wie das hier gelaufen ist. Okay?«, flüstere ich.

Rory nickt zustimmend. »Niemals!«, versichert er mir.

»Nimmst du auch irgendwann deine verdammte Hand runter?«, frage ich ihn. Mein Mund ist plötzlich staubtrocken. Ich weiß genau, dass diese verfickte Münze die verdammte Zahl zeigt. Innerlich jaule ich bereits auf. Ich will sie, ich brauche sie, ich … Nein, verdammt!, weise ich mich scharf zurecht. Rory ist gut für sie, er ist so viel besser für sie als ich, und er kann ihr mehr bieten. Mit ihm gibt es eine Zukunft, mit mir gibt es lediglich Sex.

»Nervös?«, fragt Rory und nimmt dann, ohne eine Antwort abzuwarten, die Hand von der Münze. »Kopf«, sagt er. Er ist geschockt. Sein Entsetzen, seine Fassungslosigkeit, seine Verzweiflung – ja, Rory ist verzweifelt – spiegeln sich in seinem Gesicht. Ich unterdrücke den Impuls zu jubeln, denn – ich schwöre – das würde ich gerade am liebsten tun.

»Ist es okay für dich, Rory?« Ich muss wissen, dass er damit klarkommt. Er schaut so hoffnungslos drein, dass ich nicht anders kann als zu behaupten: »Wir werden sie beide haben.« Ich lege all meine Überzeugung in diesen Satz und sehe, wie Rory sich entspannt. Er glaubt mir, und er würde mir niemals glauben, wenn er es nicht auch für möglich halten würde. Irgendwo ganz tief in sich drin scheint er zu wissen, dass es machbar wäre, und das beflügelt mich.

Doch die Hoffnung ist bereits kurz darauf wieder verschwunden. »Du kennst sie nicht!«, murmelt er niedergeschlagen.

»Ich gehe dann, okay?« Ich muss zu ihr. Jetzt gibt es für mich kein Halten mehr. Ich will sie unbedingt. Die paar Millisekunden vor der Entscheidung haben mir deutlich gemacht, was ich will und was ich nicht will. Und ich will Joe! Jede Faser meines Körpers möchte sie.

»Ja, viel Spaß!«, sagt Rory, und ich rechne es ihm hoch an, dass er wenigstens versucht, sich für mich, für uns, zu freuen, aber ich sehe auch, dass es ein hoffnungsloses Unterfangen ist.

»Ich melde mich später«, lasse ich ihn wissen.

»Ich erwarte einen vollständigen Bericht«, meint er und grinst schief.

Nein, Bro! Ganz sicher nicht! Diese Sache nimmt ihn viel zu sehr mit. Er würde austicken, wenn ich ihm erzähle, was ich mit ihr angestellt habe.

Auf dem Weg zurück ins Hotel mache ich mir ausführlich Gedanken darüber, was genau ich mit Joe alles machen könnte. Meine Fantasie geht mit mir durch, und ich denke an wilden, hemmungslosen Sex … ich habe gern harten Sex und gebe den Ton an. Die Vorstellung, Joe zu zeigen, wo es langgeht, törnt mich maßlos an. Aber so ist sie nicht. Wie sagte Rory? »Sie kann uns nicht das geben, was wir wollen«, oder »Sie kann uns nicht das geben, was wir brauchen«? Ich weiß es nicht mehr. Ich weiß nur, dass ich sie liebend gern einfach heftig vögeln würde.

Kondome, denke ich plötzlich und biege an der nächsten Kreuzung rechts ab. Ich springe kurz bei Foodland rein und besorge etwas zu unserem Schutz sowie Kaugummis. Joe sagte zwar, dass sie sauber ist, aber … nun ja, sicher ist sicher. Solange ich es nicht schwarz auf weiß vor mir sehe, möchte ich wiederum kein Risiko eingehen. Aber ich muss zugeben: Ich war nicht immer so vernünftig. Ich war mal echt jung und echt dumm. In Joes und Rorys Alter habe ich es ordentlich krachen lassen, und ja, es kam vor, dass ich meinen Schwanz ohne Gummi benutzt habe. Wenn ich heute auch nur daran denke, wird mir übel. Es hätte so leicht etwas passieren können. Ein dummer Fehler und … Aber es ist nichts passiert. Ich hatte Glück! Mehr Glück als Verstand eben.

Keine Viertelstunde später stehe ich im Aufzug und überlege, was ich ihr sagen soll. »Hi, hier bin ich. Hast du schon gewartet? Komm, lass uns vögeln.« – wohl kaum. Ich bin ziemlich nervös, als ich schließlich vor Zimmer 512 stehe und klopfe. »Verschwinde, Dean! Ich muss mich ausruhen«, höre ich Joes verschlafene Stimme.

»Ich bin nicht Dean!«, lasse ich sie durch die geschlossene Tür hindurch wissen.

»Ich komme!«, erwidert sie, und keine halbe Sekunde später wird die Tür aufgerissen. »Brad!«, keucht Joe und strahlt mich an. Ihr Lächeln nimmt mir jede Entscheidung ab. Ich bin nicht imstande, irgendwas zu sagen, daher reiße ich sie regelrecht an mich und halte sie in meinen Armen. Während ich sie in das Zimmer zurückdränge, beginne ich sie zu küssen. Sie riecht gut, anders als vorher. Sie hat geduscht, wird mir klar. Ihr Haar ist noch feucht, und sie duftet nach Kokosnuss – und vor allem riecht sie glücklicherweise einfach nicht mehr nach Rory, sondern viel weiblicher und unglaublich lecker. Gedanklich bin ich schon einen Schritt weiter, ich bin bereits dabei, sie zu vögeln, doch unsere Körper können oder wollen mein Tempo nicht mithalten. Joe gibt sich meinem Kuss hin, lässt sich von mir führen, und ich drehe uns. Schließe mit unseren Körpern die Tür, und Joe keucht überrascht auf, als ich sie dagegendränge.

»Ich habe was für dich!«, flüstere ich ihr zu und halte ihr die Plastiktüte hin.

»Danke«, erwidert Joe, legt ihren Kopf schief und schaut hinein. »Cooles Geschenk, aber die brauchen wir nicht. Mit mir ist alles okay«, versichert sie mir, schlingt ihre Arme um meinen Hals und beginnt mich zu küssen. Einen Moment lang lasse ich mich darauf ein, vergesse zu denken, aber dann schaffe ich es doch wieder irgendwie, meinen Verstand einzuschalten.

Ich löse mich von Joe, atme einmal tief durch und meine: »Ja, sagtest du!« Bevor ich zu einem Aber ansetzen kann, schnallt sie bereits, was ich will. Sie grinst mich an, tritt an mir vorbei und geht zu ihrer Handtasche. Einen Moment lang wühlt sie darin herum, und ich habe Zeit, sie zu betrachten. Sie trägt ein Shirt, und jetzt, wo sie sich vorbeugt, rutscht es so hoch, dass man den Ansatz ihrer Pobacken sehen kann. Ihr Hintern ist scharf – genau wie der Rest. Als sie sich zu mir umdreht und auf mich zukommt, muss ich plötzlich hart schlucken, so sehr törnt sie mich an. Dabei macht sie überhaupt nichts. Verdammt, ich habe sie gerade aus dem Bett geholt. Sie ist nicht gestylt und nichts und trotz des labbrigen Shirts … das Shirt! Ich erkenne es. Es ist mein Shirt! Das Shirt, das ich ihr vor etlichen Jahren in meinem Wagen gegeben habe. Sie hat es behalten. Wie krass ist das denn bitte schön? Ist ja nicht so, als könnten sich die Reynolds keine T-Shirts leisten.

Joe reicht mir die Unterlagen und schaut mich abwartend an, während ich sie überfliege. Ja, es ist alles bestens. Sie ist gesund. Ich schaue zu ihr rüber, und mein Blick fällt wieder auf das verwaschene BOP-T-Shirt – ob sie auch diesmal nichts drunterträgt? Ich will sie so sehr, und das teile ich ihr auch mit.

»Ich weiß!«, erwidert sie breit grinsend und selbstbewusst. Sie strahlt über das ganze Gesicht und freut sich so offensichtlich über mein Interesse, dass ich sie einfach küssen muss.

Sie schmeckt so süß – nach Erdbeeren und Ahornsirup. Ich will sie fragen, ob ihr das Frühstück bekommen ist, ob ihr meine kleine Aufmerksamkeit gefallen hat, doch bei der Art, wie sie an meinem Mund stöhnt, verfliegen alle Gedanken. Wie macht sie das bloß?

Ich gehe völlig in diesem Kuss auf und kann nicht genug von ihr bekommen. Sie grinst noch immer selbstzufrieden, und ich beschwere mich deshalb ein wenig. Unglaublich, da lacht sie doch einfach über mich! Joe neckt mich zurück und behauptet dann, heute hätte ihr im Auto so ein Typ einen Fick versprochen. Dieses Wort aus ihrem Mund zu hören wirkt auf mich, als hätte man bei einem getunten Wagen den Turbo reingehauen. Ich hebe sie hoch, und ihre langen Beine schlingen sich um meine Hüfte. Sie ist so sexy, die kleine Joe! Ich drehe uns und drücke sie erneut gegen die Tür. War ich vorher schon recht angetörnt, bin ich nun extrem geil. Ich muss unbedingt von diesem Level runterkommen, also fange ich an zu quatschen, um mich etwas abzulenken, und dann sagt Joe etwas, das einen kurzen Moment lang wie eine Eiswasserdusche wirkt.

»Der einzige Mann, den ich in romantischer Hinsicht je geliebt habe.« Fuck! Nein! Das kann nicht ihr Ernst sein! Bitte Joe, flehe ich stumm, versau uns das jetzt nicht! Sag nichts Falsches! Ich will diese Sache hier so sehr und wenn …

»Mach es nicht komplizierter, als es ist, Bradley«, rügt sie mich. »Das ist lange her. Und ich bin jetzt erwachsen. Ich erwarte nicht, dass du mich heiratest oder so einen Scheiß! Ich bin keine sechzehn mehr«, meint Joe bestimmt.

»Was ein Glück!«, murmle ich zwischen zwei Küssen. Joe schiebt ihre Hand zwischen uns hindurch und packt mich bei den Eiern. Der sanfte Druck, mit dem sie reibt, ist zum Verrücktwerden, und trotzdem denke ich noch immer an ihre Worte von eben. Ich muss es wissen. Ich kann nicht zulassen, dass Joe mit falschen Erwartungen an diese Sache herangeht. Ich bin nicht der, für den sie mich hält, und ich will ihr eine Enttäuschung ersparen. Sie schmeckt so gut, und ich will mich nicht von ihr lösen … Fuck, denke ich zum hundertsten Mal, wie macht sie das bloß? Wie macht sie das, dass ich mich in ein sabberndes, hormongesteuertes Etwas verwandle? In ihrer Nähe vergesse ich alles, vergesse ich mich. Aber ich bin der

Ältere, ich muss sie beschützen. Vor sich, aber in erster Linie vor mir, denn ich will nur eines, ich will sie. Ich will ihren Körper unter meinem spüren, ich will diese Geräusche aus ihrem Mund hören, ihr Stöhnen, ihr Keuchen, genau wie eben in meinem Wagen, und sie seufzt auch jetzt willig an meinen Lippen.

Ich löse mich von ihr und presse ein verzweifeltes »Liebst du mich?« hervor und bete, dass sie diese Frage verneint – denn andernfalls ist hier Schluss. Ich werde nicht mit Joes Gefühlen spielen, das verspreche ich mir oder ihr – so genau weiß ich das nicht.

»Ja!«, wispert sie und schaut mich aus großen Augen an. »Und wenn du jetzt fragst …« Doch ich höre ihr schon gar nicht mehr zu. Entschlossen setze ich sie ab, schließe die Augen und fahre mir mit beiden Händen durch die Haare. Das war's dann! Scheiße! Scheiße, Scheiße, Scheiße!

Ich höre ihr genervtes Stöhnen. Aber ich kann nicht. Ich kann das wirklich nicht bringen, wenn sie Gefühle für mich hat. Sie ist … Fuck! Sie ist Joe! Und ich will ihr nicht wehtun. Als ich die Augen wieder öffne, steht sie meterweit von mir entfernt in der Mitte des Hotelzimmers. Sie sieht schrecklich einsam und verloren aus. Ich kann nur ihren Rücken sehen, ihre gebeugten Schultern, ihren gesenkten Kopf. Es ist, als wäre alle Hoffnung von ihr abgefallen, und sie wirkt wieder wie am gestrigen Abend in der Lobby – so entsetzlich allein und verletzlich.

»Joe!«, sage ich. Ich will ihr erklären, warum ich sie zurückweise, dass es nicht an ihr liegt, sondern an mir. Dass ich einfach nicht gut für sie bin und … sie dreht sich zu mir um. Unsere Blicke kreuzen sich, und ihrer ist leer, regelrecht tot. In diesem Moment beschließe ich, den Pakt, den ich wenige

Minuten zuvor mit mir geschlossen habe, zu brechen. In meinen Armen würde sie Trost finden. Ich würde sie halten und nie wieder loslassen. Ich könnte ihren Schmerz schmälern.

»Ich bin nicht so, wie du glaubst!«, entfährt es mir. Dass muss sie wissen. Sie muss wissen, dass sich die Erwartungen, die sie an mich hat, nicht erfüllen werden. Aber das scheint Joe egal zu sein. Meine Bedenken verhallen ungehört. Sie sieht mich aus ihren tieftraurigen Augen an und fleht mich stumm an, für sie da zu sein. Ich streife mir das Shirt über den Kopf und bewege mich langsam auf sie zu.

Joe starrt mich einfach nur an. Nein, sie starrt meinen nackten Oberkörper an und errötet dabei. Jetzt, wo es ernst wird, wirkt sie mit einem Mal ganz schön nervös. Ich drücke ihr einen dummen Spruch und mache mich für sie lächerlich, aber ihr Lachen ist jede Peinlichkeit wert. Es ist einfach umwerfend. Das Geräusch allein ist großartig, aber nichts geht über das Funkeln in ihren Augen. Waren sie eben noch leer, sprühen sie nun voller Lebensfreude, und ich bin froh, dass ich nicht die Stärke hatte, zu gehen.

Ich schnappe sie mir und ziehe sie an mich. »Früher hättest du bestimmt nie über mich gelacht!« Ich halte ihre Hände hinter ihrem Rücken gefangen und fahre mit geöffnetem Mund über die zarte Haut ihres Halses. Joe stöhnt und bäumt sich mir entgegen.

»Ja, das ist richtig«, wispert sie. Ich gehe auf Abstand, ohne sie dabei loszulassen, denn ich möchte ihr Gesicht sehen. Sie schaut unschuldig drein, schenkt mir einen verführerischen Augenaufschlag und meint: »Lass es mich wiedergutmachen, Bradley!«

Diese Show passt gar nicht zu ihr, und weil sie mich im Auto schon mal mit dieser Masche drangekriegt hat, habe ich nicht vor, erneut darauf reinzufallen. Wie sagt man so schön? Fool me once, shame on you. Fool me twice, shame on me! – Ja, ich hasse es, die gleichen Fehler wieder und wieder zu machen. Vielleicht weil ich besonders gut darin bin. »Fang damit an, indem du aufhörst, mich Bradley zu nennen.«

»Aber das ist doch dein Name! Wie soll ich dich denn sonst nennen?«, säuselt sie und spielt dann auf den Gründer des FBIs und meinen Namensvetter John Edgar Hoover an. Und nein, wir sind nicht verwandt! Da kann ich mich dann doch eher mit dem berüchtigten Gangsterboss Larry Hoover identifizieren, Bad Boy und so.

Sie ist ganz schön frech, die Kleine! Na ja, damit kann ich leben, sehr gut sogar, wie ich mir Sekunden später, als wir uns erneut in einem leidenschaftlichen Kuss verlieren, eingestehen muss.

Ehrlich, ich weiß nicht, wie Joe das macht, aber sie schafft es, dass ich mich in ihrer Gegenwart völlig entspanne. Ich vergesse alles um mich herum, höre auf zu denken und fühle nur noch. Noch nie habe ich so intensiv gefühlt. Das ist mir irgendwie abhandengekommen, damals als …

Nicht drandenken, ermahne ich mich. Aber der bloße Gedankenblitz reicht, um mich aus der Bahn zu werfen. Ich keuche, weil schmerzhaft und sehr deutlich Bilder durch meinen Kopf blitzen. Zeitgleich drängt sich Joe gegen mich und nuschelt zwischen zwei Küssen: »Du schmeckst nach Meer. Magst du duschen?«

»Danach!«, stoße ich hervor. Ich brauche sie jetzt!

»Wirst du mich dann unter der Dusche vögeln?«, fragt sie neugierig und klingt dabei extrem erwartungsvoll. Die Vorfreude ist ihr anzusehen, und sie bringt mich zum Lachen. Ich lasse ihre Hände los und umarme sie leidenschaftlich. Ich presse mein Gesicht gegen ihren Hals und küsse ihn. Ich klammere mich regelrecht an sie, suche ihren Mund und fahre mit meiner Zunge hinein. Ich bin froh, dass sie mich aufgefangen hat, dass sie verhindert hat, dass ich abrutsche und mich in meinen Erinnerungen verliere.

Verdammt, ich brauche sie. Ich brauche sie jetzt! Ich fasse in ihre Haare und ziehe ihren Kopf nach hinten, nicht fest oder brutal, sondern einfach nur nachdrücklich. Joe stöhnt leise auf und folgt meiner Bewegung. Das mit ihr, merke ich in diesem Moment, ist etwas Besonderes – wir harmonieren perfekt.

Ob sie … nein, sicherlich nicht, aber ich könnte es einfach mal antesten. Ich schabe mit meinen Zähnen über ihren Hals, diesmal etwas fester als zuvor. Sie reagiert augenblicklich darauf und schmiegt sich enger an mich. Sie krallt sich an mir fest und keucht heiser. Meine Zärtlichkeiten werden noch wilder, noch härter, und ich kann nicht anders als ebenfalls lustvoll aufzustöhnen. Energisch schiebe ich Joe Richtung Bett. Ich will das Ganze nicht länger hinauszögern. Ich will sie, und ich will sie jetzt!

Doch ich bin nicht der Einzige, der vor Ungeduld fast platzt. Auch Joe kann es nicht erwarten, mit mir in der Kiste zu landen. Ich streichle sie unter ihrem/meinem Shirt, und sie bekommt wieder diese unglaublich verführerische Gänsehaut. Sie reibt sich an mir und möchte, dass ich ihre Brüste liebkose, aber ich halte mich zurück und spiele mit ihr. Es kostet mich all meine Willenskraft, meinen Bedürfnissen nicht sofort nachzugeben, doch Joe in ihrer Lust ist einfach hinreißend anzuschauen. Also quäle ich sie noch ein wenig und treibe die Spannung für sie ins Unermessliche.

»Wie willst du es?«, frage ich, als ich merke, dass die Frustration darüber, dass ich nicht tue, wonach sie sich verzehrt, überhandnimmt. Ich umschließe ihre Brustwarzen mit Daumen und Zeigefinger. Sie keucht auf, als ich sie erst sanft reibe, dann jedoch den Druck erhöhe. Ich beiße sie in den Nacken, und sie stößt ein kehliges »Ja!« hervor. Ich grinse breit und zufrieden.

»Brauche ich ein Safeword?«, will Joe wissen, woraufhin ich überrascht auflache. Nein, nicht wirklich, denke ich, scherze jedoch: »Dein Safeword ist ›Wipe-out‹, und du sagst sofort Bescheid, wenn es wehtut. Ich will nicht, dass euch etwas passiert.«

Ihre Augen weiten sich erschrocken. Sie ist so leicht zu verunsichern. Ich muss vorsichtiger sein. Ich hebe sie hoch, und sie umfängt mich. Joe kreuzt ihre Beine hinter meinem Rücken, und ich beginne erneut, sie hemmungslos zu küssen. Anfangs ist sie voll bei der Sache, doch mit einem Mal löst sie sich von mir. Nicht vorsichtig genug, denke ich, als ich ihrem Blick begegne. Joe wirkt beinahe ängstlich. Bevor ich sie fragen kann, was sie hat, stellt sie einige Regeln auf: »Erstens: Ich habe bisher keinerlei Erfahrung mit BDSM. Zweitens: Mein Arsch ist tabu! Wenn du dich daran vergreifst, töte ich dich! Drittens: Wenn du mich spankst …«

»… tötest du mich?«, unterbreche ich sie belustigt. Sie nickt, grinst aber, als sie merkt, dass ich mit ihren Regeln gut leben kann – fürs Erste jedenfalls. Punkt zwei müssen wir noch diskutieren, aber alles Schritt für Schritt. Ich will schließlich nicht unverschämt sein. Drei Sekunden später bin ich es auf andere Weise allerdings doch. Joe sorgt erneut dafür, dass ich völlig kopflos werde. Ich presse sie aufs Bett, schnappe mir ihre Handgelenke und pinne diese über ihrem Kopf auf der Matratze fest, während ich sie erneut fingere. Ich habe keine Hand mehr frei, um das T-Shirt zur Seite zu ziehen, deshalb verwöhne ich ihre harten Nippel mit meinem Mund durch den Baumwollstoff hindurch. Joe keucht lautstark auf, drückt ihre Fersen in die Matratze und bockt mit der Hüfte gegen meine Hand. Wie im Auto kommt sie bereits kurze Zeit später, doch diesmal mache ich einfach weiter und höre nicht auf, weshalb sie kurz darauf erneut unter meiner Hand erbebt. Das von ihr ausgestoßene »Brad!« ist der Hammer. Es ist … nein wirklich, keine Ahnung. In dem Moment, in dem sie am Gipfel ihrer Lust angekommen meinen Namen keucht, ist es nicht so, als würde sie ihrer Ekstase Ausdruck verleihen, sondern bei Joe klingt es vielmehr nach einem sehnsüchtigen Verlangen. Es ist, als würde sie sirenenartig nach mir rufen – genauer gesagt, als würde sie mich zu sich rufen. Und ich will zu ihr kommen – jede Zelle meines Körpers will es, aber auch meine Seele. Shit, irgendwie klingt es – obwohl es sich genauso anfühlt – albern …

Joe, die mir die ganze Zeit über stumm in die Augen geschaut hat, schließt ihre kurz und spürt ihrer Leidenschaft nach. Ich küsse ihren Hals und beiße sie noch einmal behutsam in ihre Brustwarze. Das T-Shirt ist von meinem Speichel durchnässt, und ihr Nippel bohrt sich hart gegen den kühlen Stoff. Als ich langsam die Finger aus Joes Möse ziehe, keucht sie leise und reißt die Augen auf. Unsere Blicke begegnen sich, und ich schiebe mir beide Finger in den Mund, um sie abzulecken. Wie beim ersten Mal in meinem Pick-up ist der Ausdruck in ihren Augen göttlich. Darin liegt eine Vielzahl von Gefühlen – Verwirrung, Lust, Unglaube, aber auch Verlangen. Gieriges kleines Stück, denke ich und muss schmunzeln, was sie wiederum mit einem hinreißenden Lächeln quittiert. Ich küsse sie sehr lange und sehr sanft, ehe ich sie loslasse und aufstehe.

Ich brauche etwas Zeit, um runterzukommen, denn sonst hat sie nicht viel davon, wenn wir gleich zusammen sind. Normalerweise habe ich keine Probleme damit, mich zurückzuhalten, bis eine Frau auf ihre Kosten gekommen ist, bei Joe habe ich da so meine Bedenken. Ich könnte im Moment nicht garantieren, dass ich nicht binnen Minuten kommen würde. Ich bin schrecklich erregt und jenseits von Gut und Böse. Ich war seit einer Ewigkeit mit keiner Frau mehr zusammen, die eine vergleichbare Wirkung auf mich gehabt hätte. Ja, mit Joe ist alles anders, und ich muss dringend aufhören, mir über das leidige Warum Gedanken zu machen, das mir im Kopf herumspukt.

Aus der Minibar schnappe ich mir eine Flasche Wasser. Ich schaue zu ihr hinüber. Sie hat sich aufgesetzt und reibt ihre Handgelenke. War ich zu hart? Habe ich ihr wehgetan? Ihre Miene ist verschlossen, und die Nähe, die ich eben noch mit ihr geteilt habe, ist verschwunden.

Ehe ich die Flasche ansetze, halte ich sie Joe hin, doch sie schüttelt lediglich den Kopf. Dann eben nicht – bleibt mehr für mich. Ich leere sie in einem Zug und mustere Joe dabei. Sie tut das Gleiche mit mir, und es amüsiert mich, dass wir uns gegenseitig so intensiv abchecken. Unsere Blicke treffen sich, und in Joes finde ich Unsicherheit. Sie schaut mich abwartend an, und es dauert einen Moment, bis ich verstehe, dass sie nicht weiß, wie es zwischen uns weitergeht. Ihr Blick huscht zwischen mir und der Tür hin und her, und sie wirkt wieder niedergeschlagen, wie vor unserer Balgerei auf dem Bett. Sie denkt, dass ich sie nicht will, und deshalb zupft sie so nervös an ihrem/meinem Shirt rum. »Zieh dich aus!«, raune ich ihr zu.

Ja, ich will sie nackt unter mir haben. Joes Gesichtsausdruck wird ganz weich, und Dankbarkeit spiegelt sich darauf … sie streift das Shirt über ihren Kopf und lässt es achtlos zu Boden fallen. Fuck! Nicht sie hat hier dankbar zu sein, sondern ich. Sie trägt jetzt nur noch ihren Slip und sonst nichts und sieht aus wie eine Göttin. Ihre blonden, langen Haare reichen bis zu ihren rosigen Nippeln. Ihre Brüste, groß und einfach nur absolut perfekt in ihrer Form, sehen einladend aus, und ich brauche einen Moment, um meinen Blick von ihnen loszureißen und Joe in ihr hübsches Gesicht zu schauen. Sie lächelt wissend.

Ich stelle die Flasche auf den Servierwagen und bin mit zwei schnellen Schritten bei ihr. Ich streife ihr den Slip ab, ziehe sie in meine Arme und küsse sie. Joe zittert ganz leicht. Binnen kürzester Zeit schafft sie es auch diesmal, dass meine Selbstbeherrschung flöten geht. Sie streichelt über meinen Rücken, während sie mit mir züngelt und mein Ständer sich fordernd gegen ihren noch flachen Bauch drückt.

Ich vergesse erneut alles um mich herum und verwandle mich in pure Begierde, und diesmal setzt mein Verstand nicht wieder ein. Ich fordere sie auf, sich vor mir auf das Bett zu knien, platziere mich hinter ihr und schiebe meinen Schwanz an ihren geschwollenen Schamlippen vorbei in ihre Pussy. Sie ist megafeucht, und mit einem einzigen Stoß stecke ich bis zum Anschlag in ihr drin.

Sofort ziehe ich mich jedoch wieder weit zurück und beobachte mein Eindringen in sie wieder und wieder. Der Anblick, wie die Eichel meines Penis in ihr versinkt, die Reibung, die ich dabei verspüre, und ihr süßes, verlangendes Stöhnen nach »mehr«, das alles lässt mich mich vergessen. Ich vögle Joe einmal quer über das Bett, und da sie mir keinen Einhalt gebietet und ich das Gefühl habe, dass sie es genauso will, ist der

Sex hart und hemmungslos. Ich nehme mir, was ich brauche – ohne darüber nachzudenken, ob es auch das ist, was sie will.

Diese Gedanken kommen mir erst viel später, als ich schweratmend auf ihr liege und ihr Schulterblatt küsse. Ich habe mich ziemlich gehenlassen und hoffe, dass sie damit klarkommt. Als ich mich aus ihr rausziehen will und sie mich bittet, noch auf ihr liegen zu bleiben, beruhigt mich das. Wenn sie den Sex mit mir als unangenehm empfunden hätte, dann würde sie das ganz sicher nicht wollen. Während wir es getrieben haben, hatte ich aber auch keine Sekunde lang den Eindruck, dass es Joe nicht gefallen hätte … die Bedenken kamen erst, nachdem unsere Leidenschaft abgeklungen war.

Ich lese die Zeilen, die sie sich auf ihr Schulterblatt hat tätowieren lassen, und mir stockt der Atem. Ich kenne den Song, mochte ihn – auch wenn es eigentlich nicht mein Ding ist –, seit ich ihn das erste Mal gehört habe. Ich verteile unzählige kleine Küsse auf Joes Haut, und sie lacht unter mir auf. Dieser Klang ist so wunderbar, sie ist es.

Einerseits möchte ich ewig in ihr bleiben, andererseits möchte ich sie auch küssen, doch das kann ich aus meiner Position heraus schlecht. Weshalb ich mich nach einer Weile doch von ihr löse und mich neben sie lege. Joe liegt noch immer bäuchlings auf dem Bett. Ihr Atem hat sich langsam beruhigt, und ich streichle ihren Rücken.

»Dreh dich zu mir!«, fordere ich sie auf, und sie tut es. Sie liegt auf der Seite, und ich rutsche näher zu ihr, schiebe mein Bein über ihre, damit sie mir nicht entkommen kann – denn ich bin noch längst nicht fertig mit ihr. Schließlich tue ich das, was ich vermisst habe, und küsse sie endlich. Es war toll, sie von hinten zu nehmen, so wollte ich es, aber ihre Lippen auf meinen zu spüren hat mir gefehlt. »Danke!«, bringe ich schließlich etwas atemlos heraus.

»Wofür?«, fragt Joe.

»Dass ich sein konnte, wie ich bin«, erwidere ich und meine es auch so.

Ich bin froh, dass ich ihr nicht zu viel bin. Das habe ich im Laufe meines Lebens leider zu oft gehört – nicht nur im Bett, sondern ganz allgemein. Brad, du bist zu intensiv, Brad, du bist zu extrem, Brad, du bist zu wild, Brad, du bist zu dominant, du willst zu viel Sex … Aber bei Joe habe ich nicht den Eindruck, dass sie es so sieht. Bei ihr kann ich ganz ich selbst sein und muss mich nicht zügeln, oder?

»Ich mag, wie du bist!«, sagt Joe grinsend, als hätte sie meine Gedanken erraten. Sie schaut mir tief in die Augen. »Ich gebe zu, dass du nicht so bist, wie ich es erwartet oder es mir damals erträumt habe oder wie auch immer«, räumt sie ein und beugt sich vor, um mich kurz zu küssen. »Real bist du nämlich sehr viel besser«, raunt sie und senkt ihre Lippen wieder auf meine. Wir küssen uns eine Weile lang ziemlich haltlos, ehe wir aneinandergekuschelt über früher reden. Ich bin eigentlich nicht der Typ, der das macht, also nach dem Sex kuscheln meine ich, aber … Keine Ahnung. Loslassen möchte ich sie nun einmal auch nicht. Ich genieße ihre Nähe, und mir ist sogar nach Reden, was fast noch sonderbarer ist. Ich will von ihr wissen, ob sie sich mal vorgestellt hat, mit mir Sex zu haben.

»Bradley Hoover«, meint sie empört und klingt wie eine verwöhnte Göre, ehe sie knackig hinzufügt: »Ich habe mir nicht mal vorgestellt, wie es wäre. Ich habe unaufhörlich daran gedacht, es mit dir zu treiben.« Ich muss über ihre absolute Offenheit lachen. Sie ist der Wahnsinn, und ich bin so froh, dass ich nicht den Anstand besessen habe, dieses Zimmer zu verlassen, als sie mir gestanden hat, dass sie mich immer noch liebt.

Joe neckt mich ständig und bringt mich unaufhörlich zum Lachen. Ich entspanne mich irgendwann in ihrer Gegenwart vollkommen. Wir reden über alles Mögliche, auch über ihre Schwangerschaft. Obwohl ich merke, dass sie darüber nicht sprechen will, kann ich das Thema nicht ruhen lassen, woraufhin sie etwas kratzbürstig wird.

»Sorry, ich bin ein wenig erschöpft! Und wie gesagt, ich will darüber nicht reden«, entschuldigt sie sich, weil sie mal wieder eine emotionale Hundertachtziggraddrehung hingelegt hat.

»Hast du nicht gesagt. Sag, was du willst, und sag, was du nicht willst!«, widerspreche ich und lege meine Hand an ihre Wange. Inzwischen liegen wir beide auf dem Rücken nebeneinander, weshalb es ein wenig unbequem ist, sie zu berühren, doch es ist mir unmöglich, Joe nicht ständig anzufassen. Ich tue das viel öfter als sie. Aber ich bin mir sicher, dass sie meine Berührungen mag. Joe seufzt leise und schließt genießerisch die Augen. Ich habe schon wieder Lust auf sie, und eigentlich waren wir schon auf dem Weg in die zweite Runde, aber irgendwie sind wir davon abgekommen.

»Reden wir noch über das gleiche Thema?«, fragt Joe und öffnet die Augen wieder. Ihr Blick ist zweifelnd, und nein, das ist eine allgemeingültige Äußerung. Ich lächle sie an, beuge mich zu ihr hinüber und küsse sie kurz auf den Mund. »Das Leben ist viel leichter, wenn man sagt, was man will.«

Sie schaut mich aus traurigen Augen an und murmelt: »Dafür müsste man wissen, was man will, Brad!«

»Und in Bezug auf das Baby weißt du das nicht, stimmt's? Hör zu, du musst nicht mit mir darüber sprechen, aber die Sache ist die: Du musst in Kürze eine Entscheidung treffen.

Eine wohlüberlegte, reiflich durchdachte Entscheidung. Du solltest dir über alle Pros und Kontras im Klaren sein. Ich will nicht, dass du unter Zeitdruck gerätst, und du oder ihr dann darunter leidet«, sage ich und fahre mit meinen Fingerspitzen ihren Arm entlang. Ich greife nach ihrer Hand und halte sie.

»Danke!«, wispert Joe, und wir starren auf dem Rücken liegend an die Decke. Ich dämmere gerade langsam weg, als ihre Stimme mich wieder zurückholt. »Brad? Wie ist das mit Kindern?«

Sofort bin ich hellwach, und ich bin froh, dass sie mir diese Frage stellt, und antworte: »Es ist das Beste! Das einzig Wichtige!« Ja, meine Mädchen sind das Beste in meinem Leben. Fuck, sie haben es mir vermutlich gerettet, wenn ich ehrlich sein soll. Ich hatte keine Ahnung, zu welch tiefen Gefühlen ich fähig bin, bis ich meine älteste Tochter Sienna im Arm gehalten habe. Ich war baff. Anders kann ich das überhaupt nicht sagen. Sky war noch total von der Narkose abgeschossen, und mir drückte man diesen winzigen Menschen in die Arme. Es war ein überwältigendes Gefühl, und in diesem Moment war ich Sky unendlich dankbar dafür, dass sie … nun ja, dafür gesorgt hatte, dass es passiert. Unser zweites Kind war allerdings geplant, denn ich hatte mich Hals über Kopf in Sienna verliebt, und ehrlich, zu diesem Zeitpunkt wusste ich nicht mehr so genau, weshalb ich Kindern immer ablehnend gegenübergestanden hatte. Sky hatte das von Anfang an gewusst, aber sich nicht von dem Wunsch nach einer Familie lösen können, und das ist im Nachhinein auch völlig in Ordnung. Zwischenzeitlich habe ich sie jedoch ganz schön verflucht, denn Kinder zu haben bedeutet nun einmal, eine extreme Verantwortung tragen zu müssen, und die wollte ich mir nicht aufbürden. Doch die Dinge sind gut, wie sie sind, und die Mädels sind wirklich mein ganzes Glück.

»Willst du noch mehr?«, fragt Joe mich.

Ich lache. Ja, sie sind mein Leben, aber mehr Kinder will ich nicht haben. Auch so habe ich oft das Gefühl, den dreien nicht gerecht zu werden. »Das wiederum nicht. Aber ich liebe alle drei von ganzem Herzen. Ich würde alles für meine Mädels tun«, versichere ich Joe und mir selbst.

Ich halte mich oft für einen miesen Vater, denn sie wachsen ohne mich auf, und sie nur alle zwei oder drei Wochen zu sehen ist für uns alle schwer. Wenn ich im nächsten Jahr wieder auf Tour gehe, werde ich noch weniger Zeit mit ihnen verbringen können.

»Es würde mich umbringen, wenn dem Baby was passiert. Weißt du?« Oh Gott, Joe, denke ich und drücke ihre Hand. Deshalb zögert sie also und ist unfähig, eine Entscheidung zu treffen. Eigentlich will sie das Baby nämlich bekommen. Aber sie weiß, wie sehr es schmerzt, einen geliebten Menschen zu verlieren, und sie hat schlicht und ergreifend Angst. Ich drehe mich zu ihr und schließe sie in die Arme. Sie liegt immer noch auf dem Rücken, und ich beuge mich zu ihr, um mit meiner Nase über ihren Hals zu reiben. »Ja, ich weiß!«, murmle ich und küsse diesen verführerischen Part ihres Körpers. Sie entspannt sich merklich in meinen Armen und seufzt erleichtert. »Du kannst das Leben nicht kontrollieren, Joe«, klugscheißere ich – denn offen gestanden bin ich der totale Kontrollfreak. Ich kann – wie sagt Rory so schön – »echt nicht abschalten und sollte dringend mal lernen zu chillen«. Aber ich habe recht mit dem, was ich sage, und das ist mir auch bewusst. »Ich für meinen Teil denke einfach nicht drüber nach und hoffe das Beste.« Das ist keine Lüge. Ja, klar gibt es Momente, in denen ich mir regelrechte Horrorszenarien ausmale, aber die meiste Zeit gelingt es mir, diese Gedanken beiseitezuschieben. Ich würde sonst verrückt werden. Ich muss darauf vertrauen, dass alles gut geht, dass meine Kinder in Sicherheit sind und ihnen nichts Schlimmes passiert.

Joe beginnt zu weinen. »Tut mir leid, dass ich …«, beginnt sie.

»Braucht es nicht«, lasse ich sie wissen, beuge mich über sie und küsse sie auf die Stirn. Sie jammert über die fiesen Hormone, und ich gebe es zu, ich amüsiere mich prächtig, als sie kurze Zeit später an meinem Mund stöhnt und ihr Körper von Gänsehaut überzogen ist. Sie ist unglaublich erregbar. Ja, ganz schrecklich, diese Hormone – so schlimm! Ich ziehe sie damit auf, wie leicht man sie im Moment antörnen kann, und nachdem ich sie ein weiteres Mal an den Weisheiten des Alters habe teilhaben lassen, meint sie: »Ich höre nur blablabla!«

Unwillkürlich muss ich erneut lachen. Es tut so gut, bei ihr zu sein. Sie ist wie ein frischer Wind, nein, Joe ist eher ein ausgewachsener Sturm, vielleicht sogar ein Orkan. Sie ist heftig, und alles an ihr versetzt mich in Erregung. Ihre freche Klappe …hey, im Ernst, niemand redet so mit mir. »Ich höre nur blablabla!«, das ist ein geiler Spruch, und den habe ich auch irgendwie verdient, schließlich habe ich wirklich den Klugscheißer raushängen lassen. Ich kann ihr nicht böse sein, denn ich war es ja, der ihr vorhin gesagt hat, sie soll sagen, was sie will.

Keine Ahnung, an was sie die nächsten Minuten denkt, doch sie beginnt erneut zu weinen. Sie ist echt ziemlich durch den Wind. Es sind nicht nur die Schwangerschaftshormone, die ihr das Leben so zur Hölle machen, das spüre ich. Diese Traurigkeit, die sich auch jetzt wieder eingeschlichen hat, die kenne ich nur zu gut. Traurigkeit, nein, das trifft es nicht mal ansatzweise. Wie soll man jemandem Depressionen erklären, der noch nie welche hatte?

Ich nenne es die Dunkelheit. Ein besserer Ausdruck ist mir in all den Jahren nicht eingefallen. Wenn die Dunkelheit mich im Griff hat, dann überlagert sie alles, und ich verliere jedes Zeitgefühl. Jeder Tag wird zur Qual, und in diesen düsteren Phasen habe ich mehr als einmal über Suizid nachgedacht, doch das war vor den Kindern. Ich kann nicht immer verhindern, in die Dunkelheit abzurutschen oder Hals über Kopf hineinzustolpern, aber ich falle nicht mehr so tief wie früher. An Sienna, Amy und Taylor zu denken, gibt mir in solchen Momenten Kraft. Ich weiß, sie brauchen ihren Vater. Ich bin mir bewusst, dass sie die Schuld bei sich suchen würden. Dass sie sich unweigerlich fragen würden, warum ich es getan habe und ob ich sie nicht genug geliebt hätte, um den Schmerz zu ertragen, und das will ich nicht. Ja, ich liebe diese Kinder mehr als mein eigenes Leben, weshalb ich alles erdulde – auch wenn es stellenweise unendlich schwer ist. Ich ertrage es für sie, und ich will nicht eine Sekunde lang, dass sie glauben, nicht liebenswert genug zu sein und mir zu wenig zu bedeuten.

Der extreme Schmerz am Anfang einer solchen Episode ist das Schlimmste, finde ich, doch irgendwann, wenn ich das Gefühl habe, meine Seele würde nur noch aus blutigen Fetzen bestehen, versteinert sie, und dann ist alles nur noch tot und leer, und das ist okay. Doch, das ist wirklich okay!

»Brad, darf ich dich was fragen?«, sagt Joe zaghaft.

»Alles, Joe!«, erwidere ich und meine es so. Ich kann schließlich nicht wissen, was für ein unglaubliches Gespür sie im nächsten Moment beweist.

»Warum …«, beginnt sie, bricht dann jedoch ab, bevor sie

die Frage gestellt hat. Sie ist nervös, und ich bekomme ein ungutes Gefühl. Ich hätte vorsichtiger sein sollen, wird mir klar, ehe sie fragt: »Warum fühlst du dich so verloren, Brad?«

Sie hat schnell gesprochen, so als würde es sie all ihren Mut kosten, mir diese Frage zu stellen, und als wüsste sie nicht, wie lange sie ihn aufbringen könnte. Joe, seufze ich innerlich. Ihr Sandstrahlerblick trifft mich. Nein, diesmal ist es eher ein verdammter Laserblick. Ich bekomme das mulmige Gefühl, als würde sie erst jetzt genau hinsehen und hätte mich zuvor immer nur oberflächlich gemustert.

Ihr Blick ist voller Mitgefühl, und ich traue meinen Ohren nicht, als ich mich sagen höre: »Du weißt, wie es ist, wenn sich alles verändert und einem entgleitet, nicht wahr?« Joe nickt leicht. »Ich weiß einfach nicht, wer ich bin, und ob ich …«, beginne ich und bekomme gerade noch die Kurve. Was tust du hier, Brad!, schreie ich mich innerlich an. Bist du von allen guten Geistern verlassen? Was willst du ihr sagen? Willst du ihr etwa von dem Mann erzählen? Willst du Joe wirklich davon berichten, was dir widerfahren ist? Bist du wahnsinnig?

Nein, ich bin nicht der, für den sie mich hält, aber keinesfalls kann ich ihr offenbaren, wer ich wirklich bin. Ich mag, dass sie mich als Mann begehrt. Ich liebe es, wie sie auf mich reagiert, und ich habe entsetzliche Angst davor, dass sich ihr Bild von mir für immer verändert. Nein, sie darf niemals von dieser Sache erfahren. Wie könnte sie mich danach noch wollen?

»Fuck, keine Ahnung, Joe!«, raunze ich sie an.

»Brad, willst du deshalb nicht, dass ich dir sage ›Ich liebe dich‹? Glaubst du, ich hätte keine Ahnung, wer du bist?«, hakt sie forsch und völlig unbeeindruckt von meiner Stimmung nach.

»Unter anderem deshalb, ja«, fauche ich.

Sie schluckt trocken, ringt sich zu einem Lächeln durch und lenkt mich – erstaunlich wie sie ist – mit Sex ab, oder richtiger mit ihren Brüsten. Sie hält sie mir mehr oder weniger unter die Nase, und ich verliere mich in diesem Anblick. Scheiße, diese Dinger sind der Hammer. So verteufelt sexy. Ich bin versucht, nach ihnen zu greifen. Joe in ihre Nippel zu zwicken und sie dann zu lecken, also ihre Brustwarzen, nicht Joe, obwohl … Wie war die Frage doch gleich? Ach ja, sie wollte wissen, wie ich ihre Brüste finde. Scheinbar sind sie durch die Schwangerschaft größer geworden, was ich allerdings nicht beurteilen kann. Muss schwer sein, mit diesen Glocken zu surfen, denke ich und sage es ihr. Wobei ich den Ausdruck Glocken vermeide, denn die wenigsten Frauen kommen gut damit klar, wenn man obszön wird. Und wieder einmal merke ich, dass mit Joe alles anders ist. Normalerweise ist es mir egal, ob ich eine Tussi damit verletze oder in Verlegenheit bringe. Bad Boy und so. Mir geht es sowieso auf den Sack, wenn Leute so verklemmt sind. Dann sind sie in dieser Szene einfach falsch. Der Umgangston unter Surfern ist rau, und lustigerweise weiß das niemand besser als Joe. Dennoch bringe ich es nicht über mich, ihre wundervollen Brüste so zu bezeichnen.

Joe weint schon wieder, und ich ziehe sie ein wenig auf. Der Spaß ist jedoch zu Ende, als sie sagt: »Ich surfe nicht mehr.«

Was? Ich bin verwirrt und nehme im ersten Augenblick an, dass ich mich verhört habe, aber es ist scheinbar ihr voller Ernst. Ich kann nicht fassen, dass sie nicht mehr surft. Wann hat sie damit aufgehört? Das geht einfach nicht. Ich meine, wir brauchen das. Das hält uns am Leben. Das Surfen macht den ganzen abgefuckten Mist erträglich.

Ziemlich ungefiltert geige ich ihr die Meinung. Ich bin verärgert. Was sie überrascht, aber ich mag sie nun mal und will nicht, dass es ihr schlechtgeht. Wer soll bitte schön für sie sorgen, wenn sie selbst es nicht für nötig hält, sich ordentlich um sich zu kümmern?

Wenn ich in der Dunkelheit feststecke und mir alles trostlos und leer erscheint, dann gibt es auch Tage, an denen ich nicht surfen gehe, aber es sind die richtig schlechten Tage. An den Tagen, an denen ich mich zwinge, es zu tun, wird alles besser. Wir zoffen uns ein bisschen, und weil ich überhaupt keinen Bock auf solche Diskussionen habe, schnappe ich sie mir, rolle mich auf sie und tunke meine Zunge in ihren Mund, und Joe springt augenblicklich darauf an. Wir knutschen hemmungslos rum. Ich fühle mich gerade wie ein Teenager, habe einen Ständer, der an Härte nicht zu überbieten ist, als Joe anfängt, mich zu beschimpfen. »Du manipulativer Mistkerl!«, entfährt es ihr.

»Sagt die Frau, die mir ihre Titten ins Gesicht gedrückt hat, um vom Thema abzulenken.« Ich wälze mich mit ihr zusammen herum, sodass sie nun auf mir liegt.

»Hat es geklappt?«, will sie wissen, und als ich ihre Frage bejahe, fangen wir beide an zu lachen.

Mit Joe ist es ein einziges Auf und Ab, dem Wellenkamm folgt das Wellental, und keine zehn Sekunden später zoffen wir uns erneut, weshalb ich sie wieder auf den Rücken drehe und auf dem Bett festnagle. Ich presse meine Lippen auf ihre, lecke über ihren geschlossenen Mund und verschaffe mir mit sanftem Nachdruck Zugang. Joe keucht überrascht auf. Sie ist wieder total erregt. Es ist der Hammer! Eben war sie noch auf hundertachtzig, weil … Ach, keine Ahnung, was ich gemacht habe. Konversation, wenn man es genau nimmt, und plötzlich fauchte sie mich an, ich soll nicht so – wie waren ihre Worte – »scheißgönnerhaft« sein.

Die kleine Joe Reynolds ist wie Dynamit. Okay, das »kleine« war jetzt vielleicht sogar wirklich etwas gönnerhaft. Unser Gespräch wird richtig heftig, denn wir reden über unsere Albträume und, ja, ich wahre mein Geheimnis. Ich offenbare Joe, dass ich schlimmere Albträume als die vom Ertrinken habe, doch das ist auch schon alles. Sie wiederum gesteht mir, dass sie die letzten Monate nur mithilfe eines Beruhigungsmittels schlafen konnte und seit sie von der Schwangerschaft weiß, sehr schlecht schläft. »Bist du müde?«, frage ich sie. »Ich könnte dich halten. Meine Träume kommen meistens nur, wenn ich alleine schlafe.« Joe schaut mich lange an. Ihr Blick ist ganz weich. Sie streichelt meine Wange, und ich schlucke trocken, ehe ich sie küsse.

»Danach, okay?«, wispert sie an meinem Mund. Ich drehe uns ein weiteres Mal herum, und Joe fackelt nicht lange. Sie greift nach meinem Ständer, platziert ihn zwischen ihren Beinen und nimmt ihn in sich auf. Ich keuche ein »Du bist so heiß«, während ich in sie stoße. Und wahrlich, das ist sie. Sie ist wunderbar feucht und eng. Mein Verstand verabschiedet sich aufs Neue, als Joe beginnt, mich zu reiten. Ich lasse meine Hände über ihre Hüfte hinauf zu ihren Brüsten gleiten. Diese Titten machen mich schwach. Wirklich, sie sind traumhaft schön. Ich zupfe an ihren Brustwarzen, und Joe stöhnt lautstark. Ich beobachte sie aus halbgeschlossenen Lidern. Die ganze Zeit über hat unser Blickkontakt Bestand, erst ganz zum Schluss, als sie sich immer heftiger auf mir bewegt und ihren Kopf in den Nacken wirft, bricht er ab.

Ich gebe mein Bestes, um sie zum Höhepunkt zu bringen, doch diesmal gelingt es mir, wie ich zu meiner Schande gestehen muss, nicht. Dennoch kann ich mich nicht länger zurückhalten. Ich keuche unter ihr, und sie beugt sich rasch über mich. Ihre Zunge gleitet in meinen Mund, und als ich komme, ziehe ich sie noch enger an und auf mich. Joe küsst mich immer weiter, melkt meinen Schwanz, weil auch ihr Becken sich unaufhörlich bewegt, und ich spritze in schwallartigen Schüben in sie.

Es tut mir leid, dass ich es nicht geschafft habe, sie zu befriedigen, doch Joe würgt meine Entschuldigung mit einem entschlossenen Kuss ab. Ich drehe uns auf die Seite und schließe einen Augenblick die Augen. Joe streichelt meinen Arm und meine Schulter, und ich merke gar nicht, wie ich wegdämmere.

Kapitel 03

Als ich aufwache, ist Joe verschwunden. Ich werfe einen Blick auf die Uhr an meinem Handgelenk. Es ist eine Sir Bouncer, das ist einer mein zahlreichen kleineren Sponsoren. Lange habe ich nicht geschlafen, vielleicht eine Dreiviertelstunde, wenn es hochkommt. Ich lasse mich zurück in die Kissen sinken und atme Joes Geruch, der daran haftet, ein. Wo steckt sie bloß? Ich habe überhaupt keine Nummer von ihr, kann sie also gar nicht anrufen. Es ist nicht so, dass ich sie vermissen würde. Ich hätte sie nur einfach gerne hier. Ja, ja, ich weiß, wie das klingt. Genau das bedeutet vermissen, oder? Fuck! Dann vermisse ich sie eben! Kein Wunder, denn die verhasste innere Unruhe stellt sich wieder ein. Ich werde flattrig und weiß nicht, wo ich mein Ei hinlegen soll – das ist keine sexuelle Anspielung, okay?

Ich versuche mich unter der Dusche zu entspannen. Das warme Wasser prasselt auf mich herab, spült den Müll hinfort und hilft mir langsam, zu mir zukommen. Irgendwie wäre ich einfach gern mit ihr zusammen aufgewacht. Ihre Abwesenheit war zugegebenermaßen eine herbe Enttäuschung.

Ich beschließe, sie zu suchen. Sie kann ja nicht weit weg sein. Außerdem habe ich Hunger. Vielleicht ging es ihr ebenso, und sie ist in einem der Restaurants. Die Frage ist, in welchem, doch da muss ich nicht lange überlegen. Joe würde vermutlich in die Bar mit dem Namen Surfer gehen. Dort finde ich sie zwar nicht, aber etwas essen muss ich, und deshalb ordere ich einen Rib Eye Steak Burger. Während ich warte, gesellt sich eine hübsche Brünette zu mir.

»Hey«, meint sie betont lässig, »ich habe gehört, hier in der

Bar würde sich die Surfszene Oahus tummeln. Ich kenne mich da gar nicht aus, hast du eine Ahnung, wer hier so ein richtig guter Surfer ist?« Sie wirft mir einen verführerischen Augenaufschlag zu, und ich würde mein Haus drauf wetten, dass sie genau weiß, wen sie gerade anquatscht.

Ich deute auf einen Touri an der Bar und erwidere: »Der Typ da drüben, das ist Bradley Hoover. Der ist eine ganz große Nummer, vielleicht versuchst du dein Glück bei ihm.«

Sie schaut verwirrt drein und überlegt wahrscheinlich, was der Mist soll, den ich ihr gerade aufgetischt habe. Ich bin fast sicher, dass Joe den Kerl gemustert und dann etwas in der Art wie »Bradley Hoover, der war noch nie mein Typ« von sich gegeben hätte, doch die Goldgräberin neben mir ist nun einmal nicht ansatzweise so schlagfertig wie Joe. »Aber …«, beginnt sie und verstummt dann, als ich sie mit hochgezogener Augenbraue mustere.

»Ja?« Sie schaut wieder zu ihm, dann zurück zu mir. Klick hat es noch nicht gemacht.

»Aber ich dachte, du …«

Meine Bestellung kommt, und weil ich Hunger habe, beginne ich einfach zu essen, während sie noch immer grübelnd neben meinem Tisch steht. Schließlich fasst sie einen Entschluss und setzt sich mir gegenüber hin. »Ich habe schon von Brad Hoover gehört. Er soll ziemlich scharf sein, was man von diesem Kerl ja nicht gerade behaupten kann.«

Ich zucke mit den Schultern. »Möglich«, brumme ich und schiebe mir einen weiteren Bissen in den Mund. Gerade als ich einen Schluck von meinem Bier nippe, spüre ich ihren Fuß an meiner Wade. Ich starre sie ausdruckslos an, und sie bewegt ihn höher. Bevor ich etwas sagen kann, taucht Dean an unserem Tisch auf.

Er drückt der Tussi einen Zwanziger in die Hand und sagt: »Hol dir an der Bar einen Drink, Süße. Ich muss mal mit deinem Freund reden!« Er schenkt ihr ein ziemlich einnehmendes Lächeln, woraufhin sie sich erhebt und widerstandslos davonwackelt. Erleichtert schaue ich ihr nach und wundere mich selbst ein wenig über mich. Seit wann nerven Frauen wie sie mich? Ich dachte immer, von denen könnte man nie genug haben. Ich bin völlig in Gedanken versunken, als Dean mir gegenüber Platz nimmt und mich direkt angeht: »Lass die Finger von meiner Schwester!«

»Ich dachte, ich soll die Finger von Sam lassen«, erwidere ich abwesend, denn ich versuche immer noch zu verstehen, warum das Groupie oder die Goldgräberin oder was auch immer sie ist mich derart kalt lässt.

»Hör zu, Brad, ich weiß, du bist der Oberschenkelspreizer vor dem Herrn, aber wenn du Joe anrührst, dann poliere ich dir die Fresse. Ist das klar?« Der Oberschenkelspreizer vor dem Herrn? Na, das sagt der Richtige, aber ich verkneife mir einen entsprechenden Kommentar in diese Richtung und informiere ihn an dieser Stelle auch nicht darüber, dass ich mit seiner kleinen Schwester bereits im Bett gelandet bin.

Unter normalen Umständen würde ich das zumindest anklingen lassen, aber Dean hat wieder was genommen, und ich habe keinen Bock darauf, von einem zugekoksten Kerl aufgemischt zu werden.

Weil keine Reaktion von mir erfolgt, setzt Dean nach: »Das ist mein voller Ernst, Hoover! Wenn du meine Schwester anfasst, wirst du es bitter bereuen.«

»Joe geht es nicht gut! Sie braucht jemanden, der sich um sie kümmert, der für sie da ist und ihr zuhört, Dean«, informiere ich ihn sachlich.

»Bist du so tief gesunken? Schleppst du jetzt verletzliche und leicht zu beeinflussende Mädchen ab? Wahrscheinlich würdest du dich auch noch gut dabei fühlen, weil du den großen Beschützer und uneigennützigen Helden raushängen lassen kannst. War das bei Sammy damals auch so?«

Ich erwidere seinen bohrenden Blick. Das mit Sam damals regt ihn echt auf. Er hat keine Ahnung, was damals passiert ist. Ja, ich habe die Situation ausgenutzt. Der Gedanke daran verdirbt mir den Appetit. Entschlossen lege ich den Burger aus der Hand und schiebe den Teller von mir. Dass Sam überhaupt noch mit mir spricht, grenzt an ein Wunder. Insgeheim bin ich heilfroh, dass sie nie ein Wort über diesen Vorfall verloren hat. Ob Joe davon weiß? Wohl kaum, denn wenn sie seit einer Ewigkeit in mich verliebt ist, dann … Mist! Sie darf es nicht erfahren. Niemals!

»Du bist das Allerletzte, Brad!« Ich schlucke meine giftige Erwiderung hinunter. »Du bestellst meiner Schwester ein Frühstück aufs Zimmer, machst ihr Hoffnung. Joe ist nicht so wie diese Tussi da drüben, Bradley«, sagt er. Ja, als ob ich das nicht wüsste. Die ist nur irgendeine billige Schlampe. Joe hingegen ist etwas Besonderes. Keine Starfuckerin, kein … »Brad, ich warne dich!«, zischt Dean nachdrücklich und starrt mich an. »Joe ist für einen Kerl wie dich tabu! Du hast keine Ahnung, wie verfahren die Situation ist, in der sie sich befindet. Dad und ich werden das regeln, wir werden uns um sie kümmern. Halt dich aus unseren Angelegenheiten raus und von meiner Schwester fern, verstanden?«

Ich frage mich, ob er von dem Baby weiß und ob er gerade über Joes Schwangerschaft spricht. Was meint er mit er und Sean »werden das regeln«?

Deans Blick wandert zu der Kleinen am Tresen. »Hast du

bei der schon einen Stich gelandet?«, will er wissen, als sie sich umdreht und ihn anlächelt.

Ich schüttle den Kopf und erwidere: »Nein. Und ich habe auch kein Interesse!« Er schaut mich an, als wäre ich auf den Kopf gefallen. »Du kannst dein Glück gern versuchen«, ermutige ich ihn. Nicht dass das etwas mit Glück zu tun hätte. Er ist Dean Reynolds, und alles an ihm schreit nach Geld und Einfluss, was genau das ist, was Frauen von ihrer Sorte wollen.

Er grinst mich an. »Okay«, meint er gutgelaunt, und ich beobachte, wie sie keine drei Minuten später gemeinsam verschwinden. Ich esse zu Ende und überlege, warum Dean eine Klassefrau wie Sam für eine Tussi wie die von eben sausen lässt. Und ich denke über seine Worte nach. Nein, ich bin nicht stolz darauf, Joes Situation ausgenutzt zu haben, dennoch waren die Stunden mit ihr im Bett das Beste, was mir seit Wochen widerfahren ist.

Ich zahle und mache mich dann auf die Suche nach ihr. Nach zehn Minuten – ich habe sie noch immer nicht gefunden – rufe ich Rory an. »Ja?«, meldet er sich knapp. Er klingt gehalst.

»Ich bin es«, erwidere ich.

»Ich will es nicht hören«, brummt er energisch, ehe ich irgendetwas sagen kann.

»Okay«, antworte ich. Ich würde es hören wollen. Jedes Detail, und es würde mich scharfmachen. Ich weiß, dass das bei ihm auch so war, jedenfalls bevor es um Joe ging. Sein Verhalten beunruhigt mich, aber noch mehr Sorge bereitet mir allmählich ihr Verschwinden. »Hat sie sich bei dir gemeldet?«, frage ich ihn atemlos.

»Warum sollte sie?«, blafft er mich an.

»Eifersucht ist ein Gefühl, an dem man …«, beginne ich, doch er unterbricht mich barsch: »Spar es dir, Brad!« Ich höre ihn am anderen Ende der Leitung schwer atmen, er versucht sich zu beruhigen. Vermutlich visualisiert er gerade wieder den verfickten Bergsee – na ja, wenn es ihm hilft. »Wo bist du? Stimmt etwas nicht?«, will er von mir wissen.

»Keine Ahnung. Als ich aufgewacht bin, war Joe weg. Ich suche sie gerade«, bringe ich ihn auf den aktuellen Stand der Dinge.

»Versuch es am Strand«, rät er mir. Ja, das ist eine gute Idee. Habe ich ihr nicht im Bett geraten, wieder zu surfen? Ich weiß aus Erfahrung, dass es tödlich sein kann, wenn man sich in einer depressiven Phase einigelt. Das Schlimme ist aber, dass man genau das will. Man möchte niemanden um sich herum haben. Obwohl, auch das ist falsch, denn mit Wollen und Mögen hat das überhaupt nichts mehr zu tun. Fuck, ich weiß echt nie, wie ich das erklären soll. Mir fehlen ernsthaft die Worte für diesen Zustand zwischen Sein und Nichtsein, denn Leben ist das nicht mehr, und es ist auch nicht so, dass ich mich einfach nur mal richtig auskotzen müsste und dann wäre es wieder gut.

Im Moment ist es ja sogar ganz okay. Es ist wirklich auszuhalten, aber ich weiß auch, dass sich das Loch jederzeit wieder auftun kann. Manchmal stürze ich rapide und haltlos hinein, aber meistens bemerke ich gar nicht, dass die Abwärtsspirale wieder eingesetzt hat, und erkenne erst viel zu spät, dass ich wieder in einer tiefen Depression stecke.

Ich höre das Tuten am anderen Ende der Leitung. Da hat er doch glatt aufgelegt, der Penner! Ich rufe ihn erneut an, und nachdem er sich gemeldet hat, sage ich: »Es tut mir leid.«

»Was, Brad? Dass du mein Mädchen fickst?«, würgt er hervor.

Ich schlucke mühsam meine Erwiderung hinunter. Es würde wohl kaum helfen, ihm zu sagen, dass er eine verdammte Pussy ist. Ich kann ihn einerseits verstehen, andererseits aber eben auch nicht. Er sollte froh sein, dass es Joe gutgeht . Wenn sie ihm so viel bedeutet, dann sollte dieser Punkt Priorität haben. Aber ich habe selbst ein ausgeprägtes Ego, also kann ich es auch ein wenig nachvollziehen.

»Nein, dass es dir so viel ausmacht«, lasse ich ihn wissen. Ja, das tut mir wirklich leid, doch so sollte es nicht sein. Es war bisher nie so. Klar war er manchmal zickig, wenn er das Gefühl hatte, zu kurz zu kommen, aber er war nie ernsthaft eifersüchtig. Er muss sie sehr lieben, dennoch kann ich mir nicht verkneifen, ihn aufzuziehen, daher sage ich »Dein Mädchen zu ficken ist toll, also kann ich das nicht wirklich bereuen«, woraufhin er glucksend zu lachen beginnt.

»Wenigstens etwas«, prustet er.

»Rory!«

»Ja.«

»Wir bekommen das hin. Sie will uns beide, und wir werden sie beide haben. Vertrau mir!«, verspreche ich ihm. Ja, ich glaube an Joes Stärke. Sie ist ein ganz besonderer Mensch.

»Wie du meinst.«

»Komm gegen sechs ins Hotel. Wir gehen zusammen Abendessen. Rory, sie braucht ein bisschen. Es ist nur eine Frage der Zeit, glaub mir.«

Er stößt einen frustrierten Laut aus. »Woher willst du das wissen?«, knurrt er.

»Ich weiß es einfach! Um sechs?«

»Ja, bis dann«, gibt er schließlich nach.

Ich suche Joe wie von Rory vorgeschlagen am Strand, doch da ist sie ebenfalls nicht. Inzwischen bin ich so lange unterwegs, dass sie schon wieder auf dem Zimmer sein könnte, also mache ich mich auf den Weg dorthin. Zwischenzeitlich erreicht mich ein Anruf von meinem Agenten.

»Hey, David!«, begrüße ich ihn, ziehe die Karte durch das Schloss an der Zimmertür und trete ein. Joe ist noch immer nicht da. »Warte einen Moment«, bitte ich ihn, ziehe mir das Shirt aus, nehme mir ein Bier aus der Minibar und setze mich auf den Balkon in die Sonne.

Die nächste halbe Stunde quatschen wir über geschäftlichen Kram. Irgendwann höre ich die Zimmertür, ich stehe auf, trete in den Raum und erblicke Joe, die mir zuwinkt, dann jedoch wieder auf den Flur hinausgeht. David berichtet mir gerade von großen Plänen. Ich versuche, seinen Ausführungen zu folgen, als er mir vorrechnet, warum diese Sache sinnvoll ist. Ich bin nicht dumm oder so, aber wenn mir jemand Sachen erzählt, fällt es mir oft schwerer, es zu verstehen, als wenn ich es sehe. Aufgeschrieben ist es für mich viel einfacher, das war schon in der Schule so. Wenn die Lehrer vorne standen und einen Monolog hielten, habe ich nach drei Sekunden abgeschaltet, also erfordert es meine ganze Konzentration, mich auf Davids Stimme zu fokussieren. Ich bekomme überhaupt nicht mit, dass Joe wieder im Raum ist, bis sie mich von hinten umarmt und mir zwischen die Beine fasst. Sie massiert meinen Penis, der sich verdammt schnell unter ihrer Hand aufbaut. Joe drückt ihre Lippen auf mein rechtes Schulterblatt während ihre Hände mich liebkosen. Ich muss ein Stöhnen unterdrücken, keine Ahnung, was David gerade gesagt hat. Was dieses Gespräch betrifft, bin ich jedenfalls raus.

Ich schließe die Augen und genieße Joes Berührungen. Sie fasst mit beiden Händen an meine Hüfte und dreht mich zu sich herum. Ich spüre, wie sie meine Hose abstreift und als ich die Augen öffne, sehe ich sie vor mir knien. Fuck ist alles, was ich denken kann, als sie sich verführerisch über die Lippen leckt, während ihre Hand weiterhin meinen Schwanz bearbeitet. Nicht dass das noch nötig wäre. Der steht wie eine Eins. Sie fährt ihre Zunge aus und leckt einmal über meine Eichel. Ich keuche auf, was Joe dazu veranlasst, ihren Zeigefinger auf ihre Lippen zu legen und mir »Pst!« zuzuraunen.

Ich atme einmal tief durch und mache mich darauf gefasst, dass sie meinen Schwanz endlich in ihren Mund nimmt, und dennoch bin ich absolut nicht darauf vorbereitet, als sie es endlich tut. Es ist wie in meiner Vorstellung, nur eine Million Mal besser!

Ich würde gern genießerisch meine Augen schließen, doch dann würde mir ihr Anblick entgehen. Dennoch gelingt es mir nicht, ihr die ganze Zeit zuzuschauen, wie sie meinen Schwanz mit ihrem unendlich geilen Mund verwöhnt. Ein- bis zweimal entfährt mir sogar ein leises Stöhnen, und ich räuspere mich in der Hoffnung, dass David nicht schnallt, was hier gerade läuft.

Aber er ist ein Schreibtischhengst, völlig verplant und kann sich vermutlich nicht mal im Ansatz vorstellen, dass eine atemberaubende Blondine vor ihm knien und ihm den Schwanz lutschen würde, einfach so am helllichten Tag, während er ein geschäftliches Telefonat führt, meine ich.

Gott, mein Leben ist manchmal so unglaublich geil! Ich muss das hier dennoch schnell zu Ende bringen, denn Joe raubt mir mit diesem Blowjob auch noch das letzte bisschen Verstand. Ihre Zunge umkreist meine Eichel, doch ich will mehr. Nein, ich brauche mehr. Mehr von diesem verfickt geilen Gefühl, das sie in mir auslöst. Ich lege meine Hand in ihren Nacken, und sie schaut zu mir auf, während ich das Handy zwischen Schulter und Wange einklemme, um auch die andere Hand in ihrer blonden Mähne vergraben zu können. Unser

Blickwechsel dauert noch immer an, als ich langsam in sie stoße. Sie lässt mich machen, gibt sich mir vollkommen hin. In ihren Augen liegt ein Ausdruck grenzenlosen Vertrauens.

Gott, Baby, denke ich noch, und dann hört jeder halbwegs zusammenhängende Gedanke auf, als sich meine Erregung ins Unermessliche steigert. Mit jeder Bewegung nähere ich mich meinem Orgasmus. Joes Lippen schmiegen sich um meinen Ständer, sie schließt kurz ihre Augen, was sie unglaublich sinnlich aussehen lässt, dann schaut sie mich wieder an, und ich pumpe schneller in ihren Mund. Als ich komme, würde ich am liebsten laut aufstöhnen, schaffe es aber im letzten Moment, mich an David zu erinnern, und das auch nur, weil er mir gerade ins Ohr quakt: »Hörst du mir überhaupt zu, Brad?«

Ich gebe ein heiseres Husten von mir und ziehe meinen Schwanz aus Joes Mund. »Doch, doch! Ich habe zugehört. Ja! Nein! Pass auf, lass uns das bitte später klären. Schick mir doch einfach noch mal eine Mail mit allen Fakten.«

»Warum? Ich habe dir das gerade lang und breit erklärt, Brad. Das macht absolut Sinn, und wir sollten …«

»Wie, warum?«, unterbreche ich ihn. »Weil ich darüber nachdenken muss, deshalb! Und ich muss jetzt echt los, also bis später«, blubbere ich und lege auf. Erst jetzt keuche ich atemlos auf und schaue auf Joe, die immer noch vor mir kniet, hinab. Sie ist der Hammer! Sie ist einfach nur … Und dann höre ich wieder auf zu denken, als sie mich dabei zusehen lässt, wie sie mein Sperma schluckt. Ich ziehe meine Hose hoch, strecke ihr die Hand hin und ziehe sie auf die Füße. Sie taumelt gegen mich. Ich schließe meine Arme um sie, küsse ihren Hals und flüstere ihr ins Ohr. »Wow, Babe, für den Anfang war das echt nicht schlecht!«, woraufhin Joe mich auf den Oberarm boxt.

»Brad, hör auf, so ein gönnerhafter Arsch zu sein!«, weist sie mich gespielt schmollend zurecht. Ich fange schallend an zu lachen, sie stimmt mit ein, und ich wirble sie im Kreis herum. Ich bin so unendlich glücklich. Ich könnte die ganze Welt umarmen. Joe ist so großartig. Wie macht sie das nur, frage ich mich zum gefühlten tausendsten Mal, ehe ich nicht länger an mich halten kann und sie gierig küsse.

Wir landen auf dem Bett, wo wir erneut haltlos rumknutschen. Ich will sie nach wenigen Minuten schon wieder. Ich schiebe mich auf sie und küsse sie, was das Zeug hält. Gott, ich liebe sie!

Joe schlingt ihre Beine um meine Hüfte und vergräbt ihre Hände in meinen Haaren. Der rauschhafte Zustand hält an, bis ich atmen muss, und erst dann löse ich mich schweren Herzens von ihren Lippen. Ich drehe uns auf die Seite und schaue in ihre leuchtenden Augen. Joe sieht so glücklich aus, wie ich mich fühle.

Sie wirft mir einen liebevollen Blick zu und streichelt meine Wange. Ich nehme ihre Hand und küsse die Innenseite, ehe ich mein Gesicht dagegenschmiege. Joe beugt sich zu mir, um mich auf die Stirn zu küssen. »Das war toll!«, sage ich, denn das war es, und ich kann es nicht für mich behalten. Ich meine nicht den verdammten Blowjob, der war einfach nur der Wahnsinn, ich meine das alles hier! Nein, es ist toll. Es ist so unglaublich. Ich will jetzt, in diesem Moment, die Zeit anhalten, denn ich bin so glücklich wie seit Jahren nicht mehr. Dieser Augenblick ist perfekt, jedenfalls ungefähr eine halbe Sekunde lang. Dann höre ich laute Stimmen vom Flur her.

Joe sieht alarmiert aus und ist vor mir auf den Beinen und Richtung Tür unterwegs. Ich will sie noch zurückhalten, denn ich kann die Situation nicht einschätzen, und alles in mir schreit danach, sie zu beschützen. Dennoch reagiere ich zu langsam, und sie hat die Tür bereits aufgerissen, ehe ich bei ihr bin. Ich sehe Dean und höre, wie er Sam vorwirft, eine Schlampe zu sein.

Dann erblickt er mich, und seine Miene wird eisig. Ich lege Joe unbewusst eine Hand auf den Rücken und positioniere mich neben ihr.

»Ich dachte, du schläfst nicht mit Bradley Hoover?«, blafft er sie an. Er ist immer noch drauf. Zum Glück kommt Rory gerade aus dem Fahrstuhl. Schon sechs? Ich habe die Zeit wohl etwas vergessen. Das liegt an Joe. Sie macht, dass ich mich ganz leicht und gut fühle. Dieser Tag war kein Kampf, er war keine Qual, er war einfach nur großartig.

»Ähhh, jetzt schon!«, erwidert Joe unsicher, und keinen Atemzug später ist Dean bei mir. Er stößt mich zurück in das Zimmer. Dean ist größer und schwerer als ich, er ist mir auch so schon überlegen, und ich würde bei einer Wette meine Kohle auf ihn setzen – auf Koks allerdings ist er der blanke Horror. Ich taumle unter seiner Attacke nach hinten und versuche, ihn abzuwehren. Ich höre Joes entsetzt Aufschrei, und fast zeitgleich trifft mich Deans Schlag ins Gesicht. »Ich habe dir gesagt, dass ich dir alle Knochen breche, wenn du meine Schwester anfasst, du Wichser!«, zischt er mir zu und schickt mich mit einem zweiten Hieb zu Boden. Ich bin ziemlich benommen, bekomme jedoch mit, dass Joe sich ihm in den Arm wirft, um ihn davon abzuhalten, seine Drohung wahrzumachen .

Ich habe richtig krass Schiss um sie, denn Dean hat sich überhaupt nicht mehr unter Kontrolle. Bevor jedoch irgendetwas Schlimmes geschehen und Joe versehentlich verletzt werden kann, ist Rory da und greift ein. Er schnappt sich Dean und bugsiert ihn von mir weg. Joe ist sofort bei mir, doch ich schiebe sie zur Seite und weiter weg von ihrem amoklaufenden Bruder – raus aus der Gefahrenzone und in Sams Richtung.

»Arschloch!«, beschimpfe ich Dean.

Was ihn nicht davon abhält, zu Joe zu sagen: »Was ist mit dir passiert, Joe? Wann bist du so eine billige kleine Schlampe geworden?«

Ich bin ebenso geschockt von seinen Worten wie sie. Ihr Blick ist so verletzt. Hat er nicht eben in der Bar noch gesagt, dass Joe nicht wie diese Tussi ist, und dann sagt er so was zu ihr? Meine Reaktionsfähigkeit hat scheinbar gelitten, denn bevor ich reagieren kann, knüpft Sam sich Dean vor: »Du bist so jämmerlich, Dean! Es zu mir zu sagen ist eine Sache, aber deine Schwester hatte in ihrem Leben lediglich eine Handvoll Kerle.«

Ehrlich, auch wenn ich gerade andere Probleme habe und mein Gesicht höllisch schmerzt, Sams Worte machen mich glücklich. Und als Rory hinzufügt: »Mal abgesehen davon, dass sie Brad schon immer wollte«, fällt es mir schwer, ein Grinsen zu unterdrücken.

Nun fängt Dean an, schmutzige Wäsche zu waschen, allerdings zerrt er nichts ans Licht, was ich oder Rory nicht wüssten. Für Sam ist die Info von Joes Schwangerschaft jedoch neu, und so hätte sie es nicht erfahren sollen. Ich fahre ihn an, dass das Joes Problem und nicht seines ist, denn mir fällt seine Aussage aus der Bar wieder ein. Ehrlich, ich will nicht, dass dieser Scheißkerl oder Sean sich darum kümmern. Joe ist schließlich alt genug, sie soll selbst entscheiden, ob sie das Baby behalten will oder nicht.

Die ganze Diskussion dreht sich eine Weile lang im Kreis. Dean sieht in seiner Schwester eine Hure, und es ist ziemlich egal, was der Rest von uns sagt, er hat sich darauf eingeschossen, Joe niederzumachen. Das gelingt ihm angesichts ihres Zustands auch ziemlich gut. Ich mache Dean deutlich klar, dass es ihn nichts angeht, was zwischen Joe und mir läuft. Sam weist ihn noch einmal darauf hin, dass sein Verhalten heuchlerisch ist. Woraufhin er doch allen Ernstes zu ihr sagt: »Ich will nicht, dass sie Brads Groupie ist.«

Das »Schlampe« hat Joe schon schwer getroffen, dass er sie nun ein Groupie nennt beziehungsweise »mein« Groupie ist für sie der Horror. Ich denke nicht mal im Ansatz so darüber. Ich weiß, dass Joe nicht so ist, aber sie sucht unsicher meinen Blick. Allerdings habe ich nicht den Eindruck, dass sie mein knappes Kopfschütteln überhaupt zur Kenntnis nimmt.

»Du bist so ein Arsch, Dean! Du weißt, dass sie jahrelang in Brad verliebt war. Weißt du noch, wie fertig sie war, als er geheiratet hat? Erinnerst du dich daran? Wie schlimm das war? Welche Ängste wir ausgestanden haben, dass sie sich etwas antut, weil sie der Überzeugung war, ohne ihn nicht leben zu können?«

Ein weiterer Schlag von Dean könnte mich nicht härter treffen als Sams Worte. Fuck!, denke ich.

»Können wir aufhören, so zu tun, als wäre ich nicht da?«, fragt Joe. Ihre Stimme zittert, und die ganze Situation muss ihr schrecklich unangenehm sein.

Rory, der Dean schon vor einer ganzen Weile losgelassen hat, nimmt Joe in die Arme. Ich sehe, wie er ihr etwas zuraunt, kann es jedoch nicht verstehen. Er küsst ihre Schläfe, und Joe schmiegt sich an ihn. Und plötzlich weiß ich, was Rory heute Mittag durchgemacht hat, denn die Eifersucht, gleißend und schmerzhaft, schießt wie entfesselt durch meinen Körper. Es ist, als würden sich eine Million Feuerameisen über meine Eingeweide hermachen, und mir wird regelrecht übel.

Eifersucht ist ein Gefühl, an dem man arbeiten kann, rufe ich mir meinen Lieblingssatz in Erinnerung, allerdings kam ich bisher nicht in die Verlegenheit, jemals eifersüchtig sein zu müssen. Nicht wegen einer Frau zumindest. Bei Sky brauchte ich mir keine Sorgen zu machen. In unserer kurzen, nicht einmal dreijährigen Ehe hat sie nie auch nur einen anderen angeschaut, und bei Nat war es mir echt egal. Bei Joe ist es das nicht. Ich will nicht, dass Rory sie anfasst, und zugleich will ich nichts mehr als das – wie verrückt das auch immer klingen mag.

»Natürlich weiß ich das noch!«, kommt Dean auf das leidige Thema zurück. »Aber für Brad bist du nun einmal nur ein billiges Flittchen. Eine von vielen, Joe. Willst du das?«, fragt er sie, und ich kann sehen, wie sehr sie unter seinen Worten leidet. Was er sagt, stimmt einfach nicht! Es ist schlicht und ergreifend nicht wahr. Ich mag Joe. Ich mag Joe sogar richtig gern. Sie ist nicht wie diese Frauen, sondern wie gesagt etwas Besonderes. »Weil du du bist«, hallt ihre Stimme in meinem Kopf wider. Weil ich ich bin und nicht, weil ich Brad Hoover, der erfolgreiche Pro-Surfer bin, oder Brad Hoover, der auf seinem Konto mehr als eine Million Dollar hat, oder Brad Hoover, der heiße Bad Boy der Surfszene. Joe mag mich nicht deshalb. Sie mag mich vielmehr dennoch und, Scheiße, dafür … ja, dafür mag ich sie.

Dean setzt nach, und was er nun sagt, stimmt zum Teil, weshalb ich zögere, ihn sofort zu unterbrechen. Als ich jedoch Joes verzweifelten Blick auffange, kann ich nicht anders. »Ich bin kein Stück wie du, Kumpel. Ich würde deine Schwester nie als Schlampe, Hure oder als Flittchen bezeichnen.« Den Rest lasse ich an dieser Stelle einfach unter den Tisch fallen. Ich muss Joe jetzt noch nicht damit konfrontieren, dass ich ihr vermutlich nicht treu sein werde. Ich war bisher in keiner meiner Beziehungen treu. Ich habe sie alle beschissen. Früher oder später bin ich immer an den Punkt gekommen, wo ich mich Halt suchend an einen fremden Körper geklammert habe, denn nie habe ich gewollt, dass meine Partnerin mich so sieht.

Ehrlich, es würde mich umbringen, wenn eine von ihnen mitbekommen hätte, wie es manchmal um mich stand. Wie schwach und verletzlich ich in gewissen Phasen meines Lebens war. Nein, beim besten Willen kann und will ich mir diese Blöße nicht vor einem Menschen geben, der mir wichtig ist. Ich will nicht, dass meine Partnerin das Gefühl hat, sie müsste mich beschützen. Das ist mein Job als Mann.

»Wenn du ihr wehtust, bringe ich dich um«, droht Dean mir. Ja, nicht nur ich habe einen ausgeprägten Beschützerinstinkt.

»Werde ich nicht«, versichere ich ihm. Ich habe nicht vor, Joe wehzutun. Ich werde ihr die Sache so weit wie möglich erklären und sie darauf vorbereiten, dass so etwas passieren kann und das es nicht das Geringste zu bedeuten haben wird. »Und hör auf, sie so gemein zu behandeln, vielleicht hört sie dann auch auf zu weinen«, weise ich ihn zurecht, gehe zu ihr hinüber und schließe sie in die Arme. Rory wirft mir einen finsteren Blick zu. Ich fürchte, bei ihm fressen sich die Feuerameisen in diesem Moment durch die Eingeweide, doch darauf kann ich gerade keine Rücksicht nehmen. Sie braucht mich mehr als ihn.

Ich löse mich von ihr und wische ihr die Tränen von den Wangen. Sie sieht wunderschön aus, selbst wenn sie so bitterlich weint. »Ich meine es ernst, Brad! Wenn du mit ihr spielst, bist du ein toter Mann«, knurrt Dean hilflos hinter mir. Er klingt verzweifelt. Ich weiß, dass er sie liebt und sich nur Sorgen um sie macht, aber wie er die ganze Sache angeht, ist einfach nur arschlochmäßig.

Joe und er zicken sich etwas an mir vorbei an, und Rory fasst meine Gedanken zusammen. Er versucht, Joe zu beruhigen, und das ist gut so, denn in ihrem Zustand sollte sie sich nicht so aufregen.

»Wir wissen alle – außer Brad vielleicht –, dass er die Macht hat, dich zu zerstören. Und seit Russels Tod bist du sowieso total labil«, wirft Dean ein.

Joe seufzt leise. Auch sie will sich keine Blöße vor mir geben. Ich nehme ihre Hand und drücke sie sanft. Ja, sie ist labil, aber genau deshalb bin ich ja an ihrer Seite. Ich passe auf, dass ihr nichts passiert, und ich werde sie nicht zerstören – darauf wird Rory achten.

»Dean, ich kann selbst auf mich und mein Herz aufpassen«, erklärt sie ihm.

Ja, sie ist erwachsen. Es ist ihre Entscheidung, und ich will, dass sie sich für mich entscheidet.

»Das mit euch hat doch keine Zukunft.«

Fuck, ich hasse es, wenn Dean solche Sachen sagt. Er sondert eine Menge Mist ab, aber er sagt auch Dinge, die wahr sind, und das gehört dazu. Es hat keine Zukunft, das kann ich nicht leugnen. Selbst wenn ich all das andere hinbekommen würde, was uns früher oder später im Weg stehen würde, so ist es doch so, dass Joe mit mir nie eine Familie haben könnte.

»Es muss auch keine Zukunft haben«, widerspricht sie ihm. »Es ist gut, wie es ist. Im Moment ist es perfekt.«

Das ist es! Ich schaue sie an und verliere mich in ihren Augen. Sie weiß, was sie von mir erwarten kann und was nicht. Sie ist so klug, und ich bin unglaublich stolz auf sie.

»Es fühlt sich gut an«, lässt sie Dean wissen und schaut fragend zu mir auf.

»Sehr gut sogar«, versichere ich ihr. Ja, es ist perfekt. Wir sind einen Moment völlig aufeinander fixiert, und erst als Rory sie an sich zieht und ihr sagt: »Ich will auch nicht, dass dir etwas passiert«, landen wir wieder im Hier und Jetzt. Joe lächelt ihn an und will etwas sagen, als Dean sich erneut einmischt.

»Und das Baby?«, will er wissen.

Joe löst sich von Rory und starrt Dean herausfordernd an mir vorbei an. »Was soll damit sein?«

»Du darfst es nicht bekommen.«

»Sag ihr nicht, was sie darf oder nicht darf«, geht Sam, die sich eine Weile lang sehr zurückgehalten hat, dazwischen.

»Du musst es wegmachen lassen«, beharrt Dean.

»Spinnst du, Dean?«, blafft Rory ihn an, während ich noch fassungslos darüber bin, dass meine Ängste sich bewahrheitet haben.

»Wie soll das denn funktionieren? Ich meine, Brad erträgt nicht mal seine eigenen Kinder, da wird er …«, gibt er von sich, doch er beendet den Satz nicht, denn ich breche ihm zuvor seine zugekokste Nase.

Was mich zu diesem Ausraster treibt, ist eine Vielzahl von unterschiedlichen Emotionen. Die Angst, er könnte Joe zu einer Abtreibung zwingen, die Wut darüber, wie er schon die ganze Zeit mit ihr umgesprungen ist, meine Hilflosigkeit in der ganzen Situation und diese Zerrissenheit, denn er hat nun einmal stellenweise recht: Ich bin nicht gut für Joe. Ich bin … Scheiße, ja, ich bin nicht mal gut für meine Kinder! Ich habe sie im Stich gelassen, habe meine Ehe in den Sand gesetzt und mute ihnen zu, ohne Vater aufzuwachsen. Meine Schuldgefühle sind überwältigend, und Dean ist der, der daran glauben muss, als sie über mich hereinbrechen.

Nachdem ich ihn niedergeschlagen habe, liegt er am Boden und versaut den Teppich, aber ich bin noch nicht fertig mit ihm. »Du bist echt ein Arschloch!«, beschimpfe ich ihn. »Du hast keine Ahnung, wovon du redest! Gar keine!« Wie kann er so was behaupten? Ich liebe meine Kinder wie verrückt! Sie nicht jeden Tag um mich zu haben ist schrecklich. Joe ist plötzlich an meiner Seite, ihre Hand liegt zwischen meinen Schulterblättern auf meinem Rücken, und es tut so gut, von ihr berührt zu werden. Sie sagt kein Wort, greift jedoch nach meiner Hand und zieht mich zaghaft von Dean weg. »Du bist in so vieler Hinsicht so ein Idiot, Dean!«, grolle ich und stehe meiner Wut, die noch immer nicht verebbt ist, hilflos gegenüber. Ich versuche mich wirklich runterzubringen, doch es will mir nicht gelingen. »Scheiße, ich muss hier weg.«

Joe sieht mich beinahe flehend an, aber ich weiß nicht, was ich mit Dean anstelle, wenn ich jetzt nicht gehe. Ich habe eine mörderische Wut im Bauch und möchte sie an diesem Drecksack auslassen.

Ich wende mich Joe zu, und auch ich blicke sie bittend an. Ich hoffe, sie versteht mich. »Du bist in meinem Haus jederzeit willkommen. Wenn du mich später noch sehen magst, dann lass dich von Sam oder Rory hinfahren, okay?« Sie nickt schicksalsergeben, und ich beuge mich zu ihr, um sie zu küssen. Es ist ein tiefer Kuss, der mich ein wenig erdet. Ich kann und will sie nicht loslassen, tunke meine Zunge in ihren Mund und fange an, ihn richtig aufzumischen. Ich ziehe Joe enger an mich und küsse sie nun mit meiner ganzen Leidenschaft. Ich will ihr deutlich machen, dass das nichts mit ihr zu tun hat.

»Bitte komm«, raune ich ihr ins Ohr. Später bei mir, in meinem Haus, weit weg von Dean können wir dann alles klären.

»Ja!«, versichert sie mir, und ich gehe. Ich bin beruhigt, denn ich weiß, dass es zwischen uns nicht vorbei ist. Sie hat mich gehen lassen, und es war letztendlich okay für sie.

Erst im Wagen wird mir klar, dass ich echte Schmerzen habe. Nicht nur mein geschwollenes Auge tut höllisch weh, sondern auch meine Hand. Die Knöchel sind aufgeplatzt, ich habe offensichtlich brutal und ohne Hemmungen zugeschlagen. Zugegeben, unter uns Kerlen an der North Shore ist das nicht unüblich, aber ich dachte, ich hätte mich besser unter Kontrolle. Mich entsetzt nicht der Kampf an sich. Mich entsetzt, dass ich völlig die Beherrschung verloren habe. Ich lehne mich zurück und schließe einen Moment die Augen, ehe ich nach Hause fahre.

Während ich den Kamehameha Highway Richtung Süden zu meinem Haus herunterfahre, tobt weiterhin eine Vielzahl von Gefühlen in mir. Mein Ausraster ist auf jeden Fall etwas, was ich in meiner nächsten Therapiesitzung ansprechen werde.

Die Sonne geht zu meiner Rechten gerade unter. Der Himmel ist rötlich verfärbt, und sie küsst bereits das Meer. Ich lenke den Wagen an den Straßenrand und folge einer kleinen Straße, die mich direkt zum Strand führt.

Was ist nur los mit dir, frage ich mich, weiß jedoch keine Antwort darauf. Ich setze mich in den Sand und betrachte das Schauspiel. Das Rauschen der anbrandenden Wellen, der glutrote Himmel, das Lachen einiger Kinder in der Ferne, der weiche Sand unter mir, das alles bewusst in mich aufzunehmen beruhigt mich.

Ich versuche, mich zu sortieren, und stelle fest, dass meine größte Sorge Joe gilt und ich ihr gegenüber ein schlechtes Gewissen habe. Kurz bin ich versucht, Rory anzurufen. Wie ich bereits sagte, ich kann nur schwer die Kontrolle abgeben, aber dann überlege ich, wie ich es fände, wenn es andersherum wäre, und lasse es bleiben. Rory wird das schon hinbekommen. Er wird Joe vor Dean beschützen, und überhaupt dürfte der Mistkerl mit seiner gebrochenen Nase erst einmal andere Sorgen haben.

Ich schließe die Augen und genieße die Berührung des Windes einen Moment lang, ehe die Unruhe erneut von mir Besitz ergreift. Einen Moment lang überlege ich, mich diesem ganzen Mist, der sich da an die Oberfläche drückt, zu stellen. Mir alles mal anzuschauen und zu analysieren, doch ich schaffe es nicht. Zu groß ist die Angst davor, in diesen bodenlosen Abgrund zu blicken. Ich weiß im Prinzip auch ganz genau, weshalb ich diesen extremen Beschützerinstinkt habe, da brauche ich das Fass nicht aufzumachen.

Ruckartig erhebe ich mich, marschiere zurück zu meinem Wagen und fahre zum nahegelegenen Skatepark. Das alte Ding haben ein paar Jungs und ich vor knapp einem Jahr übernommen und wieder hergerichtet. Eine meiner besten Ideen war die Installation einer Flutlichtanlage, denn dadurch haben die Jungs und ich länger Spaß. An diesem Tag jedoch sind nur eine Handvoll anderer Typen da, denen auch schnell klar wird, dass ich nur gekommen bin, um mich abzureagieren. Ich spüre ihre Blicke auf mir, während ich loslege.

Nach eineinhalb Stunden bin ich ziemlich verschwitzt, aber unfähig, geradeaus zu denken, und das ist gut. Endlich gibt mein verdammtes Hirn mal Ruhe und quält mich nicht mit einem Haufen Sorgen und Ängste. Ich neige dazu, mich an diesen Was-wäre-wenn-Gedanken festzufahren, dabei ist doch eigentlich glasklar, dass die Dinge so sind, wie sie sind, und nicht anders.

»Wer hat dir denn eine verpasst?«, will Ryan wissen. Er ist zwei Jahre älter als ich und ein netter Typ. Er reicht mir ein Bier, und ich nehme es lächelnd entgegen.

»Schon so schlimm?«, frage ich. Er beißt sich auf die Unterlippe und nickt. »Dean Reynolds«, antworte ich und versuche, mir meinen Groll nicht anmerken zu lassen.

»Hast du Sam angebaggert?«, scherzt er. Ich schnaube amüsiert und frage mich natürlich unwillkürlich, wie viel Ryan weiß. Er ist ein aufmerksamer Beobachter. »Ich an deiner Stelle würde die Finger von seiner Beinahe-Schwägerin lassen«, rät er mir.

»Es ging nicht um Sam«, informiere ich ihn.

»Was zum Teufel hast du dann getan, dass er dich aufgemischt hat? Ich meine, der Typ ist seit dem Tod seines kleinen Bruders das reinste Pulverfass und steht immer kurz vor dem Ausklinken, aber …«

Ich schaue auf das Bier in meinen Händen, und Ryan zieht die richtigen Schlüsse. Ich kann hören, wie es klick macht. »Nein, Brad, das hast du nicht getan, du hast nicht …«

»Nicht so laut«, bitte ich ihn. Ehrlich, dass ich mit Joe geschlafen habe, muss nicht ganz Oahu wissen. Ryan setzt sich neben mich, und Seite an Seite lassen wir unsere Beine in die Pit baumeln.

»Du konntest deine Finger nicht von Joe lassen? Bist du wahnsinnig? Selbst dir müsste klar sein, dass die Kleine tabu ist«, belehrt er mich.

Ich nippe schweigend an meinem Bier, was Ryan die Möglichkeit gibt, mir die Konsequenzen meines Handelns in aller Deutlichkeit darzulegen. »Das war eine Riesendummheit,

Brad. Mal abgesehen davon, dass sie viel zu jung für dich ist, ist ihr Vater …«

»Ich weiß, wer ihr Vater ist, Ryan!«, unterbreche ich ihn nachdrücklich. Das muss er mir nun wirklich nicht erklären. Ja, ich weiß, wie einflussreich Sean ist. Er könnte dafür sorgen, dass ich meinen Sponsor verliere oder niemals wieder in einem Surfmagazin erwähnt werde. Ich weiß das alles, aber es juckt mich nicht.

»Brad, wieso tust du so was Idiotisches? Ich meine damals, als das mit dir und Nat anfing, da habe ich nichts gesagt. Ich dachte mir, dass du gerade erst dem Tod von der Schippe gesprungen bist und einfach nur durchdrehst, aber Joe Reynolds. Ich meine, die Kleine ist heiß! Echt der Wahnsinn, da würde ich …«

»Vorsicht!«, unterbreche ich Ryan grollend.

Ich schaue ihn an, und was er sieht, lässt ihn verstummen. Ryan erzählt mir nicht, was er mit Joe gern mal anstellen würde, und das ist gut so. Er atmet einmal tief durch und stößt dann einen leisen Pfiff aus. »Eifersüchtig? Du? Fuck, dich hat es ganz schön erwischt«, kommentiert er die Situation.

Ich nippe an meinem Bier und erwidere nichts. Ich habe keine Ahnung, was ich dazu sagen soll, aber ich vermute, dass er recht hat. Ja, ich will das ganz bestimmt nicht hören, aber Joe geht mir nicht aus dem Kopf. Ich muss ständig an sie denken. Sie ist so bezaubernd. Das restliche Bier kippe ich in einem Zug. Ich lege meinen Kopf in den Nacken und starre in den inzwischen nachtschwarzen Himmel. Ich seufze leise.

»Brad«, bohrt Ryan weiter, »wie stellst du dir das vor? Ich meine …«

»Ich weiß es nicht, Bro!« Nein, ich habe echt keinen Plan. Ich weiß nur, dass ich sie bereits jetzt – und wir sind noch keine drei Stunden getrennt – wie verrückt vermisse. Vielleicht ist sie sogar schon bei mir zu Hause? Ich checke mein Handy, denn Rory hätte sich sicherlich gemeldet, wenn es so wäre. Ja, oder er hätte sie einfach mit zu sich genommen und … Bei dem Gedanken daran wird mir ganz sonderbar. Obwohl ich wieder die Eifersucht spüre, wäre es zugleich mit Rory völlig okay. Nein, mehr als das. Es ist nach wie vor erstrebenswert. Wir und Joe, das wäre fantastisch. Ich weiß ja inzwischen, wie hingebungsvoll sie ist, wie sehr sie sich fallenlassen kann, und es wäre einfach nur der Hammer! Tja, und dennoch schmerzt die Vorstellung – so geil sie auch ist –, dass Joe gerade jetzt in seinen Armen liegen könnte.

»Ich muss los, Ryan! Ich habe noch was zu erledigen. Kannst du mir einen Gefallen tun? Kannst du das für dich behalten?«

Er nickt. »Aber klar, Mann.« Ich bin schon am Gehen, als er meint: »Brad!«

Ich drehe mich zu ihm um. »Ja?«

»Du weißt, dass ich dir nur das Beste wünsche, oder? Du weißt, wie sehr ich dich mag und dass ich wirklich für dich hoffe, dass du glücklich wirst.«

Ich lächle ihn an. So ist Ryan: Ein echt netter Typ. »Danke! Grüße an Bella und die Kinder«, sage ich und trabe dann mit meinem Board in der Hand zu meinem Wagen.

Eine Viertelstunde später parke ich vor meiner Haustür. Zu meiner Enttäuschung ist Joe noch nicht da. Vielleicht ist es auch besser so. Irgendwie wäre ich mir schäbig vorgekommen, wenn sie auf mich hätte warten müssen. Ich gehe unter die Außendusche und springe dann in den Pool. Das tut mir gut. An Land fühle ich mich manchmal furchtbar fremd. Das Wasser ist mein Element. Nur da fühle ich mich wirklich frei. Ich schwimme noch ein paar Bahnen, ehe ich die Abdeckung wieder über den Pool fahre. Tiger kommt zu mir, und ich bespritze ihn mit Wasser, woraufhin er empört aufmaunzt, sich dann aber gegen meinen nassen Unterschenkel drückt. Super! Jetzt habe ich noch mehr Haare an meinem Bein, denn viele von seinen bleiben kleben. Ich dusche noch mal und hocke mich dann, nur mit einem Handtuch bekleidet, vor die PS4, um ein wenig zu zocken.

Gegen Mitternacht werde ich nervös und rufe Rory an. Ich habe es echt ganz gut hinbekommen, mich abzulenken, doch die Unruhe wird größer und größer. Ich will Joe und zwar jetzt.

»Hey, Dude!«, begrüßt er mich.

Gott, wie ich diesen Dude-Scheiß hasse! »Witzig«, würge ich hervor, wobei mir überhaupt nicht zum Lachen ist. Ich will wissen, wo Joe ist.

»So bin ich«, informiert er mich. Ja, er ist witzig, das stimmt wohl, aber im Moment ist mir das egal.

»Wo steckt ihr?«, frage ich ihn genervt. Joe sollte hier bei mir sein.

»Ähhh, ja, also die Dinge sind hier etwas aus dem Ruder gelaufen«, informiert er mich, und ich setze mich auf. Ehe ich ihn danach fragen kann, was genau passiert ist, fährt er mit seinem Bericht fort: »Dean hat Joe und mich mehr oder weniger beim Knutschen erwischt, und dann ist er völlig ausgetickt.«

Sie haben geknutscht? Cool! Cool? Wow, das weiß ich gerade selbst nicht so genau. »Ihr habt geknutscht?«, frage ich interessiert. Die Eifersucht zwickt unangenehm, aber die Vorstellung von Joe und Rory törnt mich an. Ich will mehr darüber wissen.

»Yep!«

Was für eine detaillierte Antwort! Und mich kackt er immer dafür an, dass ich den Mund nicht aufbekommen würde.

»Cool!«, sage ich nun doch. Ja, ich glaube, das geht für mich klar.

»Nicht wirklich!«, meint er matt.

»Oh! Ich dachte, ich hätte Dean aus dem Verkehr gezogen. Sah aus, als sei seine Nase gebrochen«, sage ich, bevor mir einfällt, dass er aussah, als hätte er was genommen, weshalb ich hinterherschiebe: »Na ja, auf der anderen Seite hatte ich den Eindruck, dass er auf Koks ist, und du weißt ja, wie das dann so ist …«

»Nee, nicht wirklich!«, gibt Rory lakonisch zurück, und erst da erinnere ich mich, dass er mal erzählt hat, dass er – was harte Drogen betrifft – keine Erfahrung hat.

»Egal, erzähl mir endlich, was passiert ist!«, dränge ich ihn.

»Er hat Joe gesagt, dass er sie nicht mehr als seine Schwester betrachte und sie eine dumme Hure sei.«

Das hat er nicht, oder? Dieser Wichser! Ich mache ihn alle! Wie kann er es wagen? Ausgerechnet er muss zu dem Thema seine blöde Klappe aufreißen? »Und Joe?«, frage ich besorgt.

»Sie ist zusammengebrochen. Sie hat über eine Stunde lang geweint. Im Augenblick schläft sie, aber sie ist ziemlich fertig. Ich meine, Dean ist der einzige Bruder, den sie noch hat, also …«

»Warum hast du nicht angerufen? Ich wäre sofort gekommen. Fuck!«, fahre ich ihn an.

»Sorry Brad, aber ich hatte anderes zu tun. Ich habe mich um Joe gekümmert. Es ging ihr wirklich ziemlich mies«, blafft er zurück.

Ja, vermutlich hat er sich erhofft, dadurch bei ihr landen zu können. »Ich bin gleich bei euch!«, fauche ich und lege auf. Erst auf dem Weg zurück ins Hotel rege ich mich etwas ab. Rory hat sich bestimmt gut um Joe gekümmert. Er hat sie lieb, und er würde nicht zulassen, dass ihr etwas geschieht, und selbst wenn er Hintergedanken hatte, dann ist das sein gutes Recht. Ich bin also einigermaßen gefasst, als ich vor Joes Zimmer stehe und klopfe. Rory öffnet. Er sieht verpennt aus, was bedeutet, dass er geschlafen hat. Zusammen mit Joe in einem Bett? Ich bin erleichtert, als ich sehe, dass Sam auch da ist. Ich höre, wie Joe weint, und schiebe mich an Rory vorbei in den Raum hinein, knie mich neben das Bett und schließe sie in die Arme.

»Schhhhhh, Baby! Ich bin ja da«, beruhige ich sie. Sie schluchzt an meinem Hals, und die Wut ist wieder da. Wie kann Dean ihr das antun? Was stimmt mit diesem Typen nicht? Joe hatte recht, als sie ihm an den Kopf geworfen hat, dass er Frauen benutzt. Ja, ja, ich auch, gar keine Frage, aber nie würde ich so was über Joe sagen. Nie! Selbst wenn sie es inzwischen mit Rory getrieben hätte, würde ich es nicht sagen. Ich löse Joes Arme von meinem Hals und erhebe mich. Sam und Rory sind auf den Balkon verschwunden. Ich streife die Flipflops ab und krieche zu Joe aufs Bett. Ihre Augen sind verquollen. Wir geben vermutlich ein ziemlich katastrophales Bild ab. Sie total verheult und ich mit dem verdammten Veilchen. Ich hätte es direkt ordentlich kühlen sollen.

Wir liegen uns gegenüber, und ich streichle über ihren Rücken. Joe seufzt leise und entspannt sich sichtlich. »Ich bin da«, versichere ich ihr, »und ich gehe auch nicht wieder weg. Schlaf einfach, okay? Ich passe auf dich auf.«

»Das ist so lieb von dir!«, wispert sie und beginnt wieder zu weinen. »Ich habe es nicht verdient, dass du so nett zu mir bist. Ich …«

Ich beuge mich vor und küsse sie. »Entspann dich, Joe. Was auch immer du mir sagen willst, kann bis morgen warten, okay?« Ich streichle über ihre blonden Haare, und sie schließt die Augen. Ein paar Minuten später geht ihr Atem gleichmäßig, und ich weiß, sie ist wieder eingeschlafen. Ich streichle sie weiter und betrachte sie dabei aufmerksam. Sie schläft unruhig und wimmert ein wenig. Es tut mir weh, zu sehen, wie verzweifelt sie ist. Sie sollte das alles nicht mitmachen müssen. Und Dean sollte ihr nicht so einen Quatsch erzählen und sie dadurch verunsichern.

Rory schleicht sich ins Zimmer und geht die Minibar plündern. Er hält eine Flasche Bier hoch und zeigt sie mir. Sein Blick ist fragend. Ich nicke und löse mich von Joe, gehe zu ihm, und er reicht mir eine Flasche Becks. Sam lässt sich von ihm ein Wasser geben. Wir gehen auf den Balkon hinaus.

»Und? Wie geht es ihr?«, fragt Rory besorgt, sobald die Balkontür hinter uns geschlossen ist.

»Ich glaube, besser, aber ich bin mir nicht sicher. Sie hat nicht viel gesagt«, erwidere ich und nehme den ersten Schluck.

»Hi, Brad«, begrüßt mich Sam.

Fuck, ich glaube, ich habe sie komplett ignoriert. Ich war total auf Joe und ihren katastrophalen Zustand fixiert. Sie darf sich nicht so aufregen. Nicht im Moment, das könnte dem Baby schaden. Ich umarme Sam zur Begrüßung, und es tut gut. »Sorry, das kam alles zu kurz, aber ich hätte deinen Lover umgebracht, wenn ich nicht gegangen wäre«, erkläre ich ihr.

Sam zuckt mit keiner Wimper, als ich Dean ihren Lover nenne. »Kann ich verstehen, ging mir ähnlich«, entgegnet sie stattdessen.

»Was ist sein Problem?«, frage ich, obwohl ich eine ganz gute Vorstellung davon habe.

»Drogen, Alkohol, Frauen, such dir was aus«, meint sie kopfschüttelnd, und ich sehe in diesem Augenblick ganz deutlich, wie viel sie für ihn empfindet. Ausgerechnet für jemanden wie ihn! Mit Rus war sie besser dran. Aber Rus … Ich seufze leise. Rus ist Geschichte. Sein Tod ist so eine Verschwendung von Talent und … Ich will nicht weiter daran denken, das bringt nichts. Russel ist tot, daran lässt sich nichts ändern. Es ist scheißegal, dass er viel zu früh von uns gegangen ist. Fakt ist, er ist nicht mehr am Leben, und damit müssen wir klarkommen. »Versau dir dein Leben nicht, nur weil du dein Herz an diesen Kerl hängst«, rate ich Sam.

»Ist das auch der Rat, den du Joe in Bezug auf dich gibst?«, kontert sie, und ich schlucke, ehe ich nicke.

Die Diskussion, die sich daraus entspinnt, nervt mich bereits nach drei Sätzen gewaltig. Schließlich sieht Sam ein, dass sie und Rory verschwinden sollten, doch er weigert sich.

»Ich gehe nirgendwohin«, begehrt Rory auf. »Erst will ich wissen, was der Scheiß soll! Warst du nicht der, der gesagt hat ›wenn du ihr wehtust, dann …‹«.

»Ja, habe ich, und ich meine es auch so«, verteidige ich mich.

»Aber du darfst ihr wehtun, oder was?«, grollt er, und ich registriere, wie sich seine Hände zu Fäusten ballen. Sam legt eine Hand auf seine Schulter.

»Tue ich nicht!«, beruhige ich ihn.

»Und doch glaubst du, dass es nicht von Dauer ist, oder?«, fragt er mich. »Du willst nicht, dass sie ihr Herz an dich hängt, weil du sie sowieso enttäuschen wirst, nicht wahr?«

Fuck! Warum müssen wir darüber reden? Ja, so ist es. Doch

was soll ich dazu sagen? Ich kann Joe nicht das geben, was sie will, aber das wird Rory nie verstehen. »Rory, ich …«

»Was, Brad? Warum gehst du davon aus, dass du es versauen wirst?«, hakt er nach.

»Das hatten wir heute Mittag schon«, erinnere ich ihn. Ich will nicht, dass er das vor Sam sagt. Es geht sie nichts an, was ich über mich denke.

»Lass den Scheiß, dass du nicht gut genug für sie bist, Brad«, brummt Rory, und ich würde diesem kleinen Mistkerl am liebsten den Hals umdrehen – wie schon gesagt, das geht Sam nichts an.

Sie betrachtet mich aufmerksam. Ein wenig so, wie man ein seltenes Insekt unter einer Lupe mustern würde. Ich hebe mein Kinn, verschränke meine Arme vor der Brust und starre provozierend zurück.

»In deinem Alter gehören Selbstzweifel auf die Murtaugh-Liste«, lässt Sam mich wissen und schnaubt verächtlich. Wenn sie wüsste, was ich alles durchgemacht habe und wie viel Grund ich habe, an mir zu zweifeln, dann würde sie ihre verdammte Klappe sicherlich nicht so weit aufreißen. Während sie sich über eine Serie, die ich nicht kenne, einen Kerl namens Ted und irgendeine Liste unterhalten, erwacht drinnen Joe und ruft nach mir. Sie klingt ängstlich und verwirrt, und ich gehe umgehend zu ihr.

Zum Glück verziehen Sam und Rory sich wenige Minuten später, denn Joe ist völlig aufgelöst. Sie hatte einen schlechten Traum und hängt noch immer darin fest. Das kenne ich nur zu gut. Sie versucht, mir davon zu erzählen, doch was sie mir berichtet, ergibt wenig Sinn.

Ich streichle sie erst ein wenig, doch diesmal lässt sie sich nicht so einfach beruhigen. Ich gehe ins Bad und lasse uns

Wasser ein. Schließlich hebe ich Joe hoch und trage sie ins Badezimmer. Ich ziehe ihr das Kleid über den Kopf und das Höschen aus und entkleide mich ebenfalls. Ich nehme hinter ihr in der Wanne Platz, und sie kommt langsam runter. Als sie sich halbwegs wieder im Griff hat, fängt sie damit an, sich zu entschuldigen, doch ich unterbreche sie. »Joe, Süße, es ist alles in Ordnung, okay?« Und das ist es wirklich.

Sie dreht sie zu mir um und lächelt schwach. »Ich bin so eine Heulsuse«, jammert sie.

Ich streiche ihr eine Haarsträhne aus dem Gesicht und küsse sie auf die gerötete Nase. Ich hasse es, Frauen weinen zu sehen, weil ich mir dann immer so hilflos vorkomme, aber bei Joe finde ich es nicht schlimm. Sie sieht trotz der Rötungen wunderschön aus.

»Das hatten wir doch schon, Babe! Das sind bloß die Hormone«, meine ich und kraule ihren Rücken. Sie drängt sich gegen mich, und ich kann nicht widerstehen. Ich muss sie küssen. Ich spüre ihren Bauch an meinem Penis. Meine Hände wandern zu ihrem Hintern. Ich umfasse ihre Pobacken und ziehe sie an mich. Joe keucht überrascht auf, lächelt jedoch dann.

»Bist du immer so gierig«, fragt sie mich. Ich beiße mir ertappt auf die Unterlippe und starre auf ihren Mund. Ja, ich liebe Sex, und ich brauche ihn wie andere Menschen die Luft zum Atmen. Das war früher oder später immer ein Problem in meinen Beziehungen.

»Ja«, gebe ich leise zu.

»Cool«, sagt Joe und küsst mich erneut. »Ich habe mich noch nie so begehrt gefühlt«, lässt sie mich wissen.

Einen Moment später kippt ihre Stimmung wieder, und Joe beginnt erneut zu weinen. »Was hast du?«, will ich wissen.

»Dean«, murmelt sie. »Es macht mir … er versteht nicht, dass ich gerade wirklich glücklich bin … ich …« Ich werde nicht schlau aus ihrem Gestammel. Schließlich schnieft sie: »So gut wie heute ging es mir seit Monaten nicht mehr, und das verdanke ich nur dir.« Sie errötet. Und ich drehe beinahe durch. Mein Schwanz drückt sich energisch gegen ihren Bauch, und ich will Joe genau jetzt haben. Ich küsse sie und schiebe sie dann von mir. »Lass uns ins Bett gehen«, bitte ich sie.

Ein paar Minuten später liege ich auf ihr. Ich stecke tief in ihr und stoße sie langsam. Ich liebe sie mit jeder Faser meines Körpers. Wir schauen uns unentwegt in die Augen und küssen uns ständig. Ich glaube, keiner von uns könnte kommen, selbst wenn sein Leben davon abhinge, aber wir sind uns so unendlich nah, dass es beinahe wehtut. Ihre Hände auf meinem Körper, ihr Körper unter mir … das alles ist echt ziemlich überwältigend, und ich bin irgendwann kurz davor, ihr zu sagen, was ich für sie empfinde.

Aber dann geht mir Deans Vorwurf durch den Kopf, dass ich Joe Hoffnung machen würde und das Ganze mit uns sowieso keine Zukunft hätte, und er hat ja recht. Ich kann noch so viel für sie empfinden, irgendwann wird es vorbei sein.

Joe wird eine Familie wollen, aber der Zug ist nun einmal bei mir abgefahren, und ich würde ihr und ihrem Glück nur im Weg stehen. Doch wenn Rory … er könnte mit ihr …

Ich will sie nicht verlieren. Am liebsten würde ich wollen, dass wir immer so zusammen sind wie jetzt gerade. Das hier, diese Vereinigung ist so viel besser als der hemmungslose Sex heute, nein, gestern Mittag. Es ist inzwischen fast drei Uhr in der Nacht. Ich küsse Joe ein letztes Mal, gleite aus ihr raus und schmiege mich an sie. Engumschlungen schlafen wir ein.

Ich bin gerade aufgewacht, als mein Handy klingelt. Ein Blick auf das Display verrät mir, dass es bereits zehn Uhr ist und dass es sich bei dem Anrufer um Rory handelt. Ich melde mich mit einem knappen Ja.

»Ich bin es«, sagt Rory, und es sind vermutlich seine ersten Worte an diesem Morgen, denn seine Stimme klingt belegt und rau. »Ich wollte wissen, wie es Joe geht.«

»Moment«, flüstere ich und stehe auf. Ich schlinge mir eines der Handtücher um und trete auf den Balkon hinaus. »Sie schläft noch. Es hat lange gedauert, bis sie endlich wirklich runtergekommen ist und sich beruhigt hat. Sie war sehr aufgelöst und ist auch ständig wieder aus dem Schlaf hochgeschreckt«, berichte ich ihm. Ich finde es schön, dass er gleich anruft, um sich nach ihr zu erkundigen. Wir müssen diese Sache zusammen hinbekommen, denn wenn es nicht klappt, dann werde ich sie verlieren – so viel ist mir letzte Nacht in meinem rauschhaften Zustand, als ich sie eine gefühlte Ewigkeit lang geliebt habe, bewusst geworden.

»Wie geht es weiter?«, will Rory wissen.

»Ich nehme sie mit zu mir, wenn sie mag, und wenn sie nicht mag, dann kriege ich sie irgendwie dazu, dass sie es will.« Ja, ich werde Joe nicht gehen lassen. Ich genieße ihre Gegenwart viel zu sehr, als dass ich zulassen könnte, dass sie zurück nach Maui fliegt.

»Sie kann dir sowieso nichts abschlagen«, beruhigt Rory mich.

Oh Mann, wenn er sich in diesem Punkt mal nicht grundlegend irrt. »Du hast keine Ahnung«, sage ich so ruhig wie möglich.

»Was meinst du?«, will er wissen.

»Regel zwei: Ihr Arsch ist tabu. Regel drei: Es wird nicht gespankt.«

»Seit wann stehst du auf Spanking? Ich dachte, du findest dieses Rumgeklapse albern«, neckt er mich amüsiert.

»Tue ich auch! Aber selbst wenn nicht, würde Joe es nicht mitmachen.«

»Mich beunruhigt Regel zwei viel mehr«, erwidert er, und ich weiß genau, was er meint. Er und ich beide zur gleichen Zeit in ihr … Sie wird diese blöde Regel überdenken müssen.

»Zeit, alles was Joe braucht, ist Zeit«, flüstere ich und sage es mehr zu mir selbst, um mich runterzubringen. Ich will Joe nicht verlieren. Ich weiß, dass ich mich wie ein egoistischer Scheißkerl verhalte, aber sie tut mir gut. Ich war wirklich schon lange nicht mehr so glücklich wie gestern.

»Brad?«

»Mmh?«, meine ich.

»Wenn du sie abservierst, dann werde ich …«

Ich unterbreche ihn barsch. »Ja, ich weiß, aber ich habe nicht vor, sie abzuservieren.«

»Bescheiß sie nicht, okay?«, grollt er.

»Ich gebe mir Mühe«, erwidere ich. Das wird schwer für mich. Monogamie ist nicht meins.

»Das reicht nicht. Tue es einfach nicht, sonst kriegen wir Ärger«, blafft Rory in den Hörer und legt auf.

Ich seufze leise. Na, das kann ja heiter werden. Im Moment kann ich mir nicht vorstellen, es mit einer anderen Frau als Joe zu treiben, aber das heißt nicht, dass es auf Dauer so bleibt. Am Anfang einer Beziehung (vielleicht sollte ich Joe überhaupt erst einmal fragen, ob sie mit mir zusammen sein möchte) bin ich oft wie besessen von meiner neuen Partnerin, aber das lässt im Laufe der Zeit nach. Obwohl … Joe ist etwas Besonderes. Möglicherweise ist auch das mit ihr anders. Komm schon, Brad, rüge ich mich. Wovon träumst du nachts? Du kannst aus einem Wolf kein Schaf machen, das geht nicht!

Nein, so sehr ich Joe auch schätze, ich fürchte, ich kann nicht aus meiner Haut. Ich bin nun einmal ich, und auch wenn alles an mir verquer und falsch ist, kann ich es nicht ändern. Die Dinge sind, wie sie sind. Ich bin, wie ich bin.

Ich bestelle uns Frühstück aufs Zimmer und checke dann meine Mails. David hat mir geschrieben und erwartet eine Antwort, also lese ich mir den Kram durch, denke drüber nach und rufe ihn an, um ihm mitzuteilen, dass wir es genauso machen, wie er vorgeschlagen hat.

Ich spreche noch mit ihm, als ich Joe würgen höre. Die morgendliche Übelkeit schlägt wieder zu. Sie saust am Balkon vorbei zum Bad. Ich muss unwillkürlich grinsen, denn Joe ist splitterfasernackt.

»Du hörst mir schon wieder nicht zu, Brad! Was ist denn bloß los mit dir?«

Ich lache zum einen, weil David so vorwurfsvoll klingt, zum anderen, weil ich so glücklich bin, und genau das ist meine Antwort.

»Alter, ich kenne dich jetzt schon so viele Jahre, aber glücklich? Sorry, ich wusste nicht mal, dass dieses Wort in deinem Sprachschatz überhaupt existiert. Wie heißt sie?«

Natürlich kennt er die Reynolds. Jeder kennt diese Familie, und als ich sage »Joe Reynolds!« ist es erst mal still am anderen Ende der Leitung.

»Josephine Reynolds, die Unantastbare? Ich nehme mal an, Sean weiß nichts davon, sonst hätte er dir inzwischen alle Finger abgehackt.« David neigt dazu, zu übertreiben. Sean kann ein ganz schöner Mistkerl sein, aber wir sind hier nicht bei der Mafia – letztendlich sind es nur die Reynolds.

»Dramaqueen!«

Er schnaubt, doch es klingt nicht belustigt. »Oh Mann, Brad! Diesmal legst du die Falsche flach. Ich meine, keine Frage, die Kleine ist heiß …« So ähnlich hatte das Ryan doch auch ausgedrückt, oder? »… und ich kann verstehen, dass du deine Finger nicht von ihr lassen konntest, aber sie ist all den Ärger, der dir ins Haus steht, nicht wert.«

Ich lache lauthals los. Er hat ja keine Ahnung, der Trottel! Joe ist jeden Ärger der Welt wert. »Hör zu, David! Ich habe noch was zu erledigen. Wir reden heute Abend noch mal, okay?« Er seufzt resigniert und legt dann auf. Ich grinse in mich hinein, während ich zu Joe ins Bad gehe. Sie spuckt Galle, und ich hocke mich hinter sie, um ihr Halt zu geben. Könnte man einen Preis im anmutig*en* Kotzen gewinnen, Joe wäre die Siegerin. »Gott, Brad! Bitte lass mich allein«, meint sie peinlich berührt, als sie zwischendrin etwas Luft zum Atmen hat.

»Auf keinen Fall, Babe!«

»Ich will nicht, dass du mich so siehst!«, stößt sie hervor und verkrampft sich erneut in meinen Armen.

»Ist mir völlig egal, was du willst, Joe!«, knurre ich und beiße sie sanft in den Nacken, woraufhin sich sofort alle Härchen aufstellen.

Ich halte sie, bis es ihr nach etwas mehr als einer halben Stunde endlich besser geht. Danach putzen wir Zähne und duschen zusammen, und eigentlich weiß ich genau, dass wir das nicht tun sollten, weil sonst die Pancakes kalt werden, aber das ist mir in diesem Moment egal. Ich verwöhne Joe mit meinen Händen, während sie erschöpft und sehr träge an der Wand der Duschkabine lehnt. Am liebsten würde ich sie in diesem Augenblick vögeln, aber ich nehme mich zurück und genieße ihren Anblick. Joe ist so unglaublich sinnlich. Sie mustert mich unter halbgesenkten Lidern mit einem lasziven Gesichtsausdruck, und es fällt mir megaschwer, sie nicht hochzuheben und mich in ihr zu versenken. Stattdessen bescheren meine Finger ihr einen Orgasmus. Nur in Handtücher gewickelt frühstücken wir anschließend ausgiebig, und kurz darauf revanchiert Joe sich für den Orgasmus mit einem extrem geilen Blowjob. Ich werde wohl nie wieder Erdbeeren mit Schlagsahne ordern können, ohne an diesen Tag zurückdenken zu müssen beziehungsweise eher zu dürfen. Habe ich mal erwähnt, dass Joe Reynolds der Hammer ist? Um genau zu sein, der Oberhammer!

»Kommst du mit zu mir nach Hause?«, frage ich sie, als wir ziemlich erschöpft, zufrieden und eng aneinandergekuschelt in den zerwühlten Laken liegen. Ich richte mich auf und schaue ihr tief in die Augen. Sie betrachtet mich liebevoll und fährt mit den Fingerspitzen ihrer rechten Hand über das Veilchen.

Ich habe es im Spiegel gesehen, als ich im Badezimmer war, schön ist was anderes. Dean hat mich unterhalb des linken Auges getroffen, und der Wangenknochen ist dunkelblau verfärbt. Er hatte einen ziemlich heftigen Rums drauf, der Wichser!

Ich beuge mich zu Joe und küsse sie. »Du kannst bleiben, so lange du willst«, lasse ich sie wissen.

Mein Herz schlägt mir bis zum Hals, während ich auf ihre Antwort warte. Ich möchte so gern, dass sie Ja sagt. »Ist das für dich wirklich okay?«, fragt sie unsicher.

»Ja, es ist schön mit dir«, entgegne ich und küsse sie erneut.

Ich freue mich wie verrückt, dass sie es zumindest in Erwägung zieht. Noch hat sie nicht Ja gesagt, aber …

»Ich habe Rory geküsst, oder er mich. Ich weiß auch nicht so genau«, bricht es aus ihr hervor. Sie schaut mich an, und ihre Augen füllen sich mit Tränen. Die Verzweiflung ist beinahe greifbar. Ich lasse ihr einen Moment Zeit, um sich zu beruhigen, und streichle ihre Hand. Wie ich sagte, doch ich wiederhole mich, was diesen Punkt angeht, gern: Ich habe kein Problem mit Rory. Vermutlich mit jedem andern Kerl, aber nicht mit ihm. Als Ryan angedeutet hat, er könne es sich vorstellen, Joe zu bumsen, da war ich auf hundertachtzig. Doch auch wenn ich die Eifersucht auf Rory durchaus spüre, sie überwiegt nicht. Ja, ich will diese Sache mit uns dreien.

»Was empfindest du für Rory?«, will ich von ihr wissen. Ich frage sie ganz behutsam, dennoch schaut sie mich geschockt an, und es klingt wie eine Verteidigung, als sie erwidert: »Ich habe ihn lieb.«

Ich schüttle den Kopf, denn ich weiß, dass da mehr ist. »Erinnere dich, wie es sich gestern angefühlt hat, als er dich geküsst hat«, animiere ich sie.

»Ich habe ihn lieb«, beharrt sie unnachgiebig.

Ein Dickkopf bin ich auch, und was für einer. »Du bist scharf auf ihn«, konfrontiere ich sie mit der für sie unangenehmen Wahrheit. Sie schluckt hörbar, und ihre Augen werden wieder feucht.

»Joe, hör mir eine Minute zu, okay? Du willst uns beide, stimmt's?« Eine Frage, auf die ich die Antwort bereits weiß. Ja, das will sie, aber sie steht sich selbst im Weg. Nein, sie kennt diesen Weg einfach nicht. Kann ihn sich nicht einmal im Ansatz vorstellen, doch ich werde ihn ihr zeigen, denn nur so wird es funktionieren. Rory wird meine Defizite ausgleichen. Er wird Joe das bieten, was ich ihr nicht bieten kann. Er kann sie schwängern, kann mit ihr eine Familie gründen, kann der treusorgende Ehemann sein, und ich werde eben der Abenteurer bleiben, der hin und wieder zu Besuch kommt. Es ist perfekt!

»Es ist gesellschaftlich akzeptiert, dass wir, wenn wir mehrere Kinder haben, sie alle gleichermaßen lieben. Es wird vielmehr sogar von uns erwartet. Du wirst kaum Leute finden, die behaupten, dass das nicht möglich ist, und niemand wird dir sagen, dass du unnormal bist, weil du sie alle gleichermaßen liebst«, gebe ich zu bedenken.

»Das ist etwas völlig anderes, Brad«, widerspricht sie mir energisch. Okay, sie ist noch nicht so weit. Sie muss das ja auch noch nicht jetzt entscheiden, aber immerhin sieht sie schon mal, dass es anders geht. Die Idee, die Vorstellung ist gesät, hat Einzug in ihre Welt gehalten.

Joe erhebt sich, zieht sich an und setzt sich in den Sessel an dem kleinen Tisch, während ich nackt auf dem Bett liegen bleibe. »Eine Sache noch, Joe«, sage ich, denn ich finde, dass sie das wirklich wissen sollte. »Ich weiß, dass dir das unangenehm ist und du Angst hast, dass ich schlecht über dich denke. Aber ich will, dass du weißt, dass ich dich nicht in dem beschneiden werde, was du möchtest. Ich will, dass du dich frei entfalten kannst. Ich habe selbst – man mag es nicht für möglich halten – einen wesentlichen Teil meiner Bedürfnisse lange Zeit unterdrückt. Ich hatte in meinem Leben jede Menge Sex, keine Frage, aber nicht unbedingt den, der mich befriedigt oder besser gesagt zufriedengestellt hat. Weißt du, was ich meine?«

Ich liebe Sex, und ich brauche davon viel. Außerdem muss er intensiv sein, und ich mag es gern härter. Was diesen Punkt anbelangt, habe ich mich jahrelang verstellt und zurückgehalten. Fuck, wenn ich ehrlich bin, ist Joe die Erste, bei der ich das Gefühl habe, wirklich ich selbst sein zu können beziehungsweise sein zu dürfen. Das allererste Mal bin ich ganz ich selbst – ohne Maske und Tiefschutz.

Joe schaut mich aus großen Augen an und schüttelt den Kopf. »Nein, ehrlich gesagt nicht«, beantwortet sie meine Frage zögerlich.

»Wie war dein Sexleben bisher? Sam sagte, du kannst deine Männer an einer Hand abzählen? Stimmt das?«

Sie errötet und starrt auf ihre Hände. »Können wir bitte nicht darüber reden?«, bittet sie mich peinlich berührt. Ist das die gleiche Frau, die mich gerade mit ihrem Mund und jeder Menge Schlagsahne verwöhnt hat? Verdammt, sie ist so bezaubernd!

»Ich will nicht, dass du unglücklich bist oder dich selbst unglücklich machst, für mich geht das mit Rory klar«, versichere ich ihr.

»Können wir dann gehen?«, fragt sie beinahe flehend.

»Klar, Joe! Alles, was du willst«, entgegne ich und helfe ihr beim Packen von ihrem Zeug. Irgendwann checken wir aus, und ich kann es kaum erwarten, sie in mein Bett zu bekommen. Ich bin super aufgeregt und würde sie am liebsten über die Schulter werfen und in meinen Wagen verfrachten, doch Joe erblickt ihren Vater an der Bar.

Ich glaube, sie will mit ihm allein reden, aber ehrlich gesagt ist es mir egal, was sie meint, tun zu müssen. Fein, ich schlafe mit Sean Reynolds Tochter. Früher oder später kommt es sowieso raus, also warum dann nicht jetzt. Ich greife nach Joes Hand und verschränke meine Finger mit ihren. Sie wehrt sich kurz, doch ich ziehe sie in eine Umarmung und küsse ihren

Scheitel. Sie seufzt zittrig und gibt ihren Widerstand auf. Kluges Mädchen!

Sean ist reichlich betrunken. Nicht dass ich selbst nicht schon hin und wieder vor der Mittagszeit blau wie zehn Russen gewesen wäre, doch es geht mir nicht um ihn, sondern um seine Tochter. Seine Tochter, die sich im freien Fall befindet und ganz offensichtlich jemanden braucht, der sie auffängt. Auf ihn jedoch kann sie ebenso wenig zählen wie auf Dean. Was sie mir gestern anvertraut hat, stimmt alles. Ich drücke ihre Hand, um ihr zu zeigen, dass ich für sie da bin.

Ich kann Sean verstehen, er hat seinen Sohn verloren, und das sollten Eltern nicht erleben müssen. Doch er hat nun einmal auch noch Dean und Joe, und die beiden brauchen ihn. Seans Verzweiflung, sein Kummer ist jedoch ebenso offensichtlich wie der von Joe, und ich empfinde tiefes Mitgefühl für diesen Mann.

»Tut mir leid, Dad, dass ich am Freitag nicht die Stellung gehalten habe«, entschuldigt Joe sich kleinlaut bei ihm.

Sean Reynolds seufzt leise und niedergeschlagen. Er wirkt alt und müde – ein wenig so wie ein Boxer, der kurz vor dem K.O. steht und sich nur noch mühsam auf den Beinen halten kann. »Ach Joe, mach dir darüber mal keinen Kopf. So wichtig ist der Abend nun auch wieder nicht«, meint er gelassen. »Mir«, fährt er mit schwerer Zunge fort, »ist wichtig, dass es dir gutgeht. Und das scheint so zu sein.« Er hebt sein Glas in meine Richtung, und ich erwidere sein trauriges Lächeln.

Joe redet kurz mit ihm, streichelt seinen Rücken und küsst ihn zum Abschied liebevoll auf die Stirn. Ich bin wieder einmal beeindruckt von ihr, denn ich an ihrer Stelle würde ausflippen. Ich wäre wütend, würde mir verraten vorkommen, doch sie ist so großherzig, so verständnisvoll und schlicht und ergreifend ein guter Mensch.

Ich wünschte, ich wäre nur ein halb so guter Sohn wie sie eine Tochter. Sean kann sich glücklich schätzen. Megan, sie ist meine Mutter, und ich haben ein sonderbares Verhältnis zueinander. Ich liebe sie, keine Frage, aber ich bin froh, dass es sie mit ihrem dritten Mann auf die Kanaren verschlagen hat, denn sie treibt mich in den Wahnsinn.

Mein Großvater ist ein ziemlich harter Knochen gewesen, aber seine Strenge tat mir immer gut. Megan hingegen hat mich einfach machen lassen, und als sie dann mitbekommen hat, dass ich als Teenager Drogen genommen habe, meinte sie: »Jeder hat das Recht auf seinen *eigenen* Tod.« Ehrlich? Wer sagt so was? Und was soll man als Kind davon halten? Ich hatte das Gefühl, dass ich ihr egal bin. Verdammt, ich war damals erst siebzehn. Sie hätte mich zumindest fragen müssen, warum ich das Verlangen danach habe, mich dieser Welt zu entziehen und in eine andere zu flüchten. Doch sie war nicht für mich da, und mich macht es wütend – mich macht es auch heute noch wütend, dass sie nie gesehen hat, was mit mir los ist. Ich hätte sie gebraucht, doch sie war nicht für mich da.

Ich persönlich finde, es war ein Fehler, dass Megan mir keine Grenzen gesetzt hat. Mir tat das nicht gut, und ich erziehe meine Kinder nicht in dem Glauben, dass wir Freunde sind. Ich bin nicht ihr Buddy, sondern ihr Vater, und schlussendlich habe ich das letzte Wort. Vielleicht werden sie mir irgendwann vorwerfen, dass sie sich nicht frei entfalten konnten, weil ich sie bevormundet habe, aber ehrlich, das ist mir Latte. Ich kenne es eben andersherum, und ich werde nicht Megans Fehler wiederholen. Ich mache meine eigenen. Es ist kein schönes Gefühl, in dem Wissen aufzuwachsen, dass man nicht gewollt, sondern ein Unfall war, und noch schlimmer ist es, wenn man das Gefühl hatte, dass einem die eigene Mutter gleichgültig gegenübersteht.

Joe jedenfalls ist sichtlich erleichtert, als wir gemeinsam nach draußen gehen und ich ihr die Tür zu meinem Pick-up öffne. Sie strahlt mich an und küsst mich kurz auf den Mund.

Ich stelle Joe meinen Kater vor und führe sie durch mein Haus. Sie scheint es zu mögen. Ich beobachte sie, wie sie die Räume betrachtet, und versuche, mein Zuhause aus ihren Augen zu sehen. Es ist ein typisches Strandhaus, nur etwas größer, und ich habe es so eingerichtet, dass ich mir vorstellen könnte, dort für immer zu leben, auch wenn das eher unwahrscheinlich ist.

»Fühl dich ganz wie zu Hause. Okay?«

Joe inspiziert meinen Flügel. »Du spielst?«, fragt sie mich überrascht. Und sie hat so einen sonderbaren Unterton in der Stimme, der mich irgendwie stört. Ich erwarte fast, dass sie sich zu meinem Bücherregal herumdreht und etwas sagt wie: »Du liest?«

Okay, ich entspreche einem Klischee, jedenfalls auf den ersten Blick. Ich bin genau so ein Surfer, wie ihn die Sponsoren haben wollen. Ich bin hellhäutig, blond, ziemlich gutaussehend und hetero. Ich bin der Typ Mann, den man auch für einen Surfer in einem Softporno casten würde. Kurz, ich bin wandelnder Umsatz – genau wie Rory. Die Branche, die sich so weltoffen und tolerant gibt, ist es nämlich nicht. Ich habe einfach nur Glück, dass ich ins Beuteschema der Sponsoren passe.

Joe hätte auch keine Schwierigkeiten gehabt, jemanden zu finden, der sie unter Vertrag nimmt – selbst ohne Sean als Vater. Sie entspricht genau dem Bild, das die großen Marken von weiblichen Surfern vermitteln wollen. Sex on Legs, und ob die Kleine dann auch noch gescheit surfen kann, ist eher nebensächlich. Bei Frauen ist es noch viel schlimmer als bei uns, weil das Bild enger gestrickt ist. Sexy, zierlich und mit ihren perfekten Brüsten stellt Joe eine Bereicherung für jedes Team dar. Sie würden sich alle um sie reißen, denn abgesehen davon, dass sie gut aussieht, kann sie hervorragend surfen. Sie ist vielleicht etwas zu vorsichtig und zögerlich, doch Durchsetzungsstärke kann man lernen.

Der Sexismus, den Joe jedoch gerade an den Tag legt, stört mich ungemein. Ja, ich war nicht gut in der Schule, aber ich lese dennoch ganz gern mal, und Piano spielen eben auch. »Warum sonst sollte ich einen Flügel in meinem Wohnzimmer stehen haben?«, erwidere ich sarkastisch.

Joe errötet und schaut betreten drein. Augenblicklich tut es mir leid, dass ich sie in Verlegenheit gebracht habe. Ich kann manchmal ein schrecklicher Arsch sein, und im Nachhinein würde ich fast wetten, dass Joe es nicht so gemeint hat, wie ich es aufgefasst habe.

Ich nehme hinter dem Flügel Platz und fange an, für sie zu spielen. Das mit uns ist kompliziert, also spiele ich Stay. Von Rihannas Musik mag man halten, was man will, aber der Song ist schön und passt auf Joe und mich. In ihm liegen so viel Schmerz und so viel Unsicherheit, aber auch Hoffnung. Ja, seit ich Joe kenne, ist dieses unbestimmte Gefühl in mir vorhanden. Ich spiele also nicht nur für sie, sondern singe auch und wünsche mir, dass sie die damit verbundene Botschaft versteht.

Sollte ich sie zuvor gekränkt haben, ist Joe, nachdem ich den Song beendet habe, davon nichts mehr anzusehen. Tränen schimmern in ihren Augen. Okay, Botschaft angekommen, denke ich, greife nach ihr und ziehe sie auf meinen Schoß. Ich wische ihre Tränen weg, und Joe lehnt ihre Stirn gegen meine. Sie hält sich an mir fest, und ich lasse es zu. Ja, sie ist verletzt, aber ich bin es, der gerettet werden muss, und sie kommt mir vor wie mein Rettungsanker.

»Lass uns deine Sachen hochbringen«, schlage ich vor und erhebe mich zusammen mit ihr.

»Wo werde ich schlafen?«

Ich muss lachen, denn ihre Unschuld ist einfach nur bezaubernd. »Bei mir natürlich«, knurre ich, schnappe sie mir und küsse sie wie von Sinnen. Meine Hände machen sich selbstständig und erkunden ihren Körper. Einen Moment lang gibt Joe sich meinen Liebkosungen hin, dann seufzt sie leise und löst sich von mir.

»Das mit Rory …«, wispert sie an meinen Lippen.

»Joe, es interessiert mich nicht.« Wirklich nicht. Ich bin schon wieder jenseits von Gut und Böse. Wie schafft sie es nur immer, mich mit einem einzigen Zungenschlag haltlos anzutörnen? Ich knabbere an ihrem Hals und überlege, ob wir es bis ins Bett schaffen oder ob ich sie gleich hier im Wohnzimmer vernaschen soll. Joe Reynolds klargemacht zu haben war eine Meisterleistung von mir. Sie ist …

Ich merke, dass irgendetwas nicht stimmt, denn Joe versteift sich in meinen Armen. Ich löse mich von ihr, und sie sieht schrecklich traurig und verloren aus. Ich schließe die Augen und versuche zu verstehen, was ich falsch gemacht habe und worum es hier geht. Wieso ist sie plötzlich so verletzt? Ich weiß es nicht. Ist es wegen Rory? Ist sie deshalb unsicher?

»Joe, ich kann das verstehen. Nein, anders. Ich verstehe das. Wie gesagt, man kann auch in romantischer Hinsicht mehr als eine Person zur gleichen Zeit lieben. Und ich bin in der Vergangenheit oft mehrgleisig gefahren«, versichere ich ihr und streichle ihre Wange.

»Joe? Was denkst du?«, frage ich, nachdem die Stille sich erdrückend zwischen uns gelegt hat. Sie schaut auf den Boden, und ich hebe ihr Kinn an.

Ich sehe den Schmerz in ihren Augen und höre ihn in ihrer Stimme, als sie erwidert: »Dass es mir wehtun wird, wenn du mit einer anderen zusammen bist.«

Das Gefühl, das mich überkommt, verwirrt mich, denn ich bin erleichtert. Erleichtert darüber, dass sie eifersüchtig wäre? Ernsthaft? »Warum?«, stoße ich verwirrt hervor und will, obwohl ich mir untersagt habe, die drei Wörter zu sagen, genau diese von ihr hören.

»Weil es bedeutet, dass ich dir nicht genüge«, flüstert sie kaum hörbar.

Das ist Quatsch! Damit hat es nichts zu tun, hatte es noch nie. Keine meiner Frauen habe ich betrogen, weil sie mir nicht genügt hat. Ich habe es getan, weil ich Bestätigung brauchte. Ich habe es getan, weil ich Halt brauchte. Ich habe es getan, weil ich betrunken oder zugekokst war, aber ich habe es nie getan, weil meine Partnerin mir nicht genügt hat.

»Willst du Rory, weil ich dir nicht genüge?«, frage ich sie, und obwohl ich genau weiß, dass es nicht so ist, spüre ich die Angst und die Eifersucht deutlich. »Einigen wir uns darauf, dass es das nicht bedeutet, okay?«, meine ich, nachdem sie mir eine Antwort schuldig bleibt.

»Was könnte es denn sonst bedeuten?«, fragt sie unsicher. Ich streichle mit dem Daumen ihren Handrücken.

»Wenn Eltern sich ein zweites oder drittes oder viertes Kind wünschen, dann geht niemand davon aus, dass ihnen das erste nicht gereicht hat, oder?«

»Brad, lass die Kinder-Vergleiche. Das ist nicht dasselbe«, fährt sie mich an.

Ich schlucke und stoße einen langgezogenen Seufzer aus. »Sorry, Joe. Ich wollte dir nicht wehtun«, entschuldige ich mich bei ihr, woraufhin sie mich zärtlich küsst.

»Ich weiß, dass du das brauchst. Das wusste ich schon gestern, bevor zwischen uns überhaupt etwas gelaufen ist, und ich habe mich dennoch dafür entschieden. Also darf ich jetzt deshalb nicht rumheulen«, sagt sie.

»Wann war das?«, frage ich verwirrt und überrascht zugleich. Joe Reynolds schafft es immer wieder, mich zu verblüffen.

»Kurz bevor ich dir gesagt habe, dass du, so wie du bist, richtig bist.« Sie schiebt ihre Hand in meine, und ich kann nichts anderes tun, als sie anzustarren.

»Du wusstest es«, erwidere ich tonlos.

»Ja! Und du bist, wie du bist, völlig in Ordnung. Es ist okay, dass du nicht treu sein kannst …«

»Nein! Da liegst du falsch, Joe. Ich kann treu sein, aber ich will es nicht. So will ich nicht leben«, offenbare ich ihr. Kurz spiegelt sich der Schock in ihrem Gesicht, als sie begreift, dass ich es durchaus in der Hand habe, was ich tue – na ja, meistens jedenfalls. »Ich habe die Wahl, und meine Wahl ist, dass ich mich nicht einschränke.« Sie erwidert nichts, und ich frage sie: »Willst du, nachdem du es jetzt weißt, trotzdem bleiben?«

Ich würde lügen, wenn ich behaupten würde, ich hätte mir nicht von ganzem Herzen ein Ja gewünscht, doch verständlicherweise antwortet Joe: »Kann ich darüber nachdenken?«

Ich nicke. »Natürlich! Wie ich sagte, es wird nicht einfach werden. Ich will, dass du das weißt. Ich wollte sowieso noch surfen gehen«, lasse ich sie wissen und hoffe, ihr damit den

Raum zu geben, den sie benötigt, um eine Entscheidung zu fällen.

Ich beuge mich vor, um sie zu küssen, und merke, dass sie zögert. Fuck, denke ich. Ich will sie nicht verlieren, aber ich will auch nichts versprechen, was ich letztendlich nicht halten kann. Mein Treuegelübde gebrochen und meine Ehe dadurch in den Sand gesetzt zu haben lastet schwer auf meinen Schultern. Ich will den gleichen Fehler nicht zweimal machen, also: keine falschen Versprechungen!

Kapitel 04

Eine halbe Stunde später bin ich am Strand und erreiche Sam und Rory. »Warte noch«, bitte ich Sam, als sie sich gerade verabschieden will. Ich habe am Rande mitbekommen, dass Sammy zu Joe fahren möchte, und ich will vorher einiges klären. Sam ist nun einmal Joes beste Freundin. Joe vertraut ihr, und Sam hat einen gewissen Einfluss auf Joe. »Ich würde gern noch mal mit euch reden«, lasse ich sie und Rory wissen.

Wir folgen unserem Weltmeister ins Mad-Crush-Haus, um uns dort ungestört zu unterhalten.

»Was gibt es?«, will Rory wissen und verschränkt die Arme vor der Brust. Ist er immer noch sauer wegen gestern Nacht? Ja, ich habe ihn mehr oder weniger rausgeworfen, aber wenn hier einer angefressen sein müsste, dann doch wohl ich. Schließlich hat er vor Sam Dinge ausposaunt, die sie nichts angehen. Egal, ich habe keine Zeit dafür, ihm seine zarte Seele zu streicheln. Ich bin auf einer Mission, und dafür brauche ich Sam.

»Wir brauchen deine Hilfe, Sam!«, lasse ich sie wissen.

Sie kneift das linke Auge zusammen und mustert mich skeptisch. »Wobei?«

»Du musst uns helfen, Joe zu überzeugen, dass sie sich auf die Sache mit uns einlässt«, platze ich heraus.

Sam entfährt ein sonderbares Lachen, das leicht irre klingt.

»Ich muss gar nichts«, stellt sie klar, woraufhin ich die Augen verdrehe. Das darf doch nicht wahr sein! Sie und Joe und dieser blöde Du-bist-ein-Kerl-und-hast-uns-gar-nichts-zu-sagen-Tick. Da muss man echt jedes Wort, das man von sich gibt, vorher genau überdenken.

»Du und Joe, ihr seid echt anstrengend, wenn ihr so drauf seid.«

»Wir mögen es nun einmal nicht, wenn man uns sagt, was wir zu tun oder zu lassen haben.«

»Sam, bitte hilf uns! So besser, oder soll ich mich hinknien und dich anflehen?«

»Als ob du das tun würdest«, schnaubt sie freudlos.

Sie will mich auf Knien vor sich sehen? Fein, das mache ich doch glatt. Ich mache alles, um Joe zu halten, aber sie wird nicht bei mir bleiben, wenn Rory nicht meine Schwächen ausgleicht.

Ich bin dabei, mich auf ein Knie niederzulassen, als Sam nach meinem Arm grapscht und entsetzt sagt: »Lass das! Nur ein einziges Mal hat ein Mann vor mir gekniet, und dabei soll es bleiben.«

Sie atmet schwer und starrt an mir vorbei, während sie mit den Tränen kämpft. Ich nehme ihre rechte Hand in meine und drehe den wunderschönen Ring, den Rus für sie ausgesucht hat.

»Das ist etwas, was du Joe unbedingt sagen solltest«, erwidere ich so sanft wie möglich. Sam ist wie ich. Wenn sie sich in die Ecke getrieben fühlt, schlägt sie um sich. Ich weiß, wie sehr ihr Verlust sie schmerzen muss. Ganz unabhängig von Dean liebt sie Russel noch immer. Was für eine schreckliche Situation!

»Da konnte Rory mal wieder nicht seine vorlaute Klappe halten, was?«, blafft sie. Vorsichtig, denke ich erneut. »Hast du auch eine Meinung dazu, dass ich mit dem Bruder meines toten Verlobten schlafe, Brad?«

Ich ziehe sie an mich und küsse sie auf die Stirn. Einen Moment gibt sie sich meiner Umarmung hin. »Joe ist deine beste

Freundin«, erinnere ich Sam. »Ich denke, sie hat es verdient, dass du ihr die Wahrheit sagst – über Rus und über Dean.«

»Was soll ich bitte schön sagen, Brad? Ich bin der furchtbarste Mensch auf der Welt? Ich habe mit deinen beiden Brüdern geschlafen? Und übrigens, Rus und ich waren verlobt?«

»Ja, so etwas in der Art.«

Sam wechselt abrupt das Thema. »Wie soll ich euch helfen?« Ich lächle sie mitfühlend an. Sam erwidert es gezwungen, und mein Magen ballt sich unangenehm zusammen. Sie tut mir schrecklich leid.

Doch alles, was zählt, ist, dass wir Joe rumbekommen, daher sage ich: »Unterstütz sie. Bestärk sie in ihren Emotionen für uns, denn Joe hat Gefühle für uns beide, aber sie ist drauf und dran, sie zu leugnen. Sie hat standhaft behauptet, sie würde Rory nur wie einen Freund lieben, selbst als ich ihr auf den Kopf zu gesagt habe, dass sie scharf auf ihn ist.«

»Ich kann es versuchen«, erwidert Sam zögerlich.

»Bitte, denn wenn wir es nicht schaffen, sie von uns zu überzeugen, dann werde ich der sein, der auf der Strecke bleibt, und das will ich nicht«, bettle ich schon fast. Gott, ich bitte Sam, der ich so viel schulde, um einen Gefallen. Das ist schrecklich und ihr gegenüber nicht fair, doch ich weiß mir nicht zu helfen. Ich kann und will Joe nicht verlieren.

»Du bist bescheuert, Mann! Joe liebt dich wie verrückt«, wirft Rory ein.

»Ja, aber dich auch. Und du bist jünger, du kannst ihr Dinge geben, die ich ihr nicht geben kann.«

»Ich weiß ja, dass die Potenz im Alter …«, neckt er mich, und ich zeige ihm meinen Mittelfinger.

»Fuck you!«, stoße ich hervor. Was für ein Arsch! Als ob ich damit Probleme hätte.

»Es gibt da diese kleinen blauen Pillen, die dafür sorgen, dass du …«, beginnt er, doch ich würge ihn ab.

»Ich rede von einer Familie, du Sack! Joe ist jung. Sie wird heiraten und Kinder haben wollen«, informiere ich ihn.

»Und? Dann heirate sie und mach ihr welche«, raunzt er mich an.

Ich lache auf, doch ich bin nicht im Geringsten amüsiert. »Ich kann ihr keine machen. Der Zug ist abgefahren.«

»Oh!«, kommt es unisono von Sam und Rory, und sie wirken geschockt. Ihnen ist auch klar, dass Joe genau das will – irgendwann wollen wird.

»Und abgesehen davon: heiraten will ich auch nicht noch einmal«, schiebe ich beinahe trotzig hinterher. Ja, ich kann nichts daran ändern, dass ich nicht mehr dazu in der Lage bin, Joe Kinder zu machen. Doch selbst, wenn ich es machen könnte, ich will das doch gar nicht! Ich glaube, der Wunsch rührt eher daher, dass ich Joe sonst verlieren würde, und dafür bin ich noch nicht bereit. Die Zeit mit ihr zu verbringen ist wunderbar, und ich will nicht, dass es endet. »Ich hatte das alles schon. Es hat nicht geklappt, und ich bin damit durch«, meine ich kühl.

»Rory will sie heiraten und ihr Kinder machen«, lässt Sam mich wissen, und ich werde Zeuge, wie Rory einen eisigen Blick auf Sam abschießt. Keine Ahnung, was sein Problem ist, denn das ist super. Das ist ein echter Ansatz und spielt mir genau in die Karten. Alles wird gut, sage ich mir. Allerdings sage ich mir das schon seit Jahren, und ehrlich, bisher ist nichts, aber auch gar nichts besser geworden.

Wir verabreden uns zum gemeinsamen Abendessen, und Sam verabschiedet sich. Rory und ich bleiben zurück. Wir haben auch noch Gesprächsbedarf, wie ich sehr wohl weiß. »Es tut mir leid«, entschuldige ich mich, nachdem ich ihn gemustert und festgestellt habe, wie sehr ihn die Situation aufreibt. Er liebt Joe, mache ich mir klar. Er will sie, und er weiß, dass sie sich mit mir vergnügt – das muss bitter sein. Aber wir arbeiten daran, sie rumzukriegen.

Rory reagiert ungehalten auf meine Äußerung, was ich ihm nicht verübeln kann. »Es tut dir gar nicht leid!«, murrt er und gibt im nächsten Moment zu: »Mir an deiner Stelle würde es nicht leidtun. Ich würde jede Minute mit Joe genießen.«

»Das meine ich nicht. Es tut mir leid, dass es dir dabei so mies geht. Ich will nicht, dass das ein Problem für uns wird«, lasse ich ihn wissen.

»Zu spät. Du knallst die Frau, die ich liebe, also …«

Ich beiße mir auf die Unterlippe, verschränke die Arme vor der Brust und grolle: »Sei kein Arschloch, Rory!« Bei allem Verständnis für seine Situation, ich wünschte, er würde sich ein wenig zusammenreißen und sich weniger kindisch benehmen. »Wir haben gestern darüber geredet.«

»Wer hatte eigentlich die Scheißidee mit der Münze«, will er wissen und zieht eine Grimasse, was mich zum Lachen bringt.

»Die kam doch von dir, du Penner!«, murre ich, gehe auf ihn zu und schließe ihn in die Arme. Ich klopfe ihm fest auf die Schulter und löse mich dann rasch von ihm. »Alles ist gut.« Es klingt auch nach all den Jahren wie eine Beschwörungsformel. Rory grinst matt, und wir gehen unsere Boards holen. Ich warte auf ihn, er wird noch um Autogramme und Fotos gebeten, und dann paddeln wir Seite an Seite ins Line-up.

Das Surfen tut mir wie immer unglaublich gut. Es powert mich aus und löst einen Teil der Anspannung, die jede Faser meines Körpers zu jedem Zeitpunkt meines Lebens durchdringt. Vielleicht liegt es daran, dass ich jeden Tag kämpfen muss. Möglicherweise habe ich mich einfach daran gewöhnt, unter Strom zu stehen, denn manchmal habe ich das Gefühl, es ist mir unmöglich, zu relaxen. Oder dieses Durch-das-Leben-Hasten ist nur ein verzweifelter Versuch, die Erinnerungen zu unterdrücken – wer weiß. Ehrlich, ich will es gar nicht so genau betrachten, aus Angst, was dabei aufpoppen könnte.

Doch ohne das Surfen wäre ich vermutlich schon längst verrückt geworden. Was übrigens eine Eigenschaft ist, die mir nachgesagt wird. Allerdings stimmt das nicht. Ja, ich bin risikofreudig und ich bin impulsiv, aber verrückt? Ich glaube, das habe ich ganz erfolgreich zu verhindern gewusst. Mal abgesehen davon, wenn ich es bereits wäre, hätte ich ja nicht so oft das Gefühl, dass ich es werden würde, oder? Bestechende Logik, nicht wahr?

Dabei ist das so gar nicht meins. Ich kann zwar ganz gut den Eindruck vermitteln, ich wäre cool, aber ich bin es nicht. Vor allem mit meinen Gefühlen, wenn ich sie denn mal habe, kann ich einfach überhaupt nicht umgehen. Und ich bin manchmal scheißunsensibel, wie mir wieder einmal klar wird, als ich Rory zu seinem Wagen fahre, der immer noch weiter im Norden vor dem Hotel steht. Vielleicht liegt es auch daran, dass mein Gedankenkarussell wieder angesprungen ist und sich mit einer wahnwitzigen Geschwindigkeit dreht. Ich bin aus irgendeinem Grund unglaublich unruhig. Es ist, als würde ich innerlich zittern, und obwohl ich nach außen ruhig wirke, rast nicht nur mein Verstand, sondern auch mein Körper pulsiert förmlich vor nervöser Energie, nur eben nicht für jeden sichtbar. Dieses Vibrieren ist so krass. Es ist, als wäre mein Körper zu eng für mich, als würde ich ständig gegen die Grenze, die die fleischliche Hülle bildet, stoßen.

Joe wüsste, wie sie mich runterbringt. Mit ihr ist alles so leicht. Ich weiß nicht, wie sie das macht. Noch nie in all den Jahren, und es sind inzwischen unglaubliche dreiundzwanzig Jahre seit diesem furchtbaren Tag vergangen, war ich so entspannt wie gestern. Und es war nicht nur der harte Sex, da bin ich mir sicher.

»Bist du müde?«, will ich von Rory wissen. Was mich eigentlich interessiert, ist, ob er mit Sam geschlafen hat. Wie ich darauf komme? Sie hat die Nacht bei ihm verbracht, und er ist ein zweiundzwanzigjähriges wandelndes Hormon auf zwei Beinen. Ich kenne ihn. Rory hat nur zwei Dinge im Kopf: Surfen und Ficken. Für mehr reicht einfach auch die Zeit nicht, denn beides betreibt er exzessiv.

»Ja, warum?«, murmelt er, lehnt am Fenster und genießt den Sonnenschein. »Brad?«, fragt er, als ich ihm eine Antwort schuldig bleibe.

»Sam war doch über Nacht bei dir, oder?«, helfe ich ihm auf die Sprünge.

»Wo sind wir? Guantánamo?«, knurrt er unwirsch.

»Hey, es ist deine Sache, und es interessiert mich auch nicht wirklich. Es ist nur …«, beginne ich, doch er fährt mir rüde über den Mund: »Wegen Joe. Brad, du verdammter Scheißkerl! Ich bin nicht der, der sich selbst nicht über den Weg traut. Ich lasse meinen Schwanz in der Hose, solange auch nur die geringste Hoffnung besteht, dass Joe sich auf mich einlassen könnte.« Er funkelt mich wütend an und fügt hinzu: »Fuck, du weißt echt, wie man einem die Stimmung versauen kann.«

Er kommt dennoch mit zu mir. Ich weiß, es ist nicht meinetwegen, denn er hat die restliche Fahrt über bis zum Hotel geschmollt. Ich bin froh, als er in seinen eigenen Wagen steigt. Während wir hintereinander die Strecke in Richtung Süden zu meinem Haus zurücklegen, denke ich wieder an Joe. Wie verletzt sie war, als ich sagte, dass es auch andere Frauen geben wird. Doch ich wollte sie nun einmal nicht belügen. Ich hoffe inständig, dass sie trotzdem bei mir bleibt. Ich will nicht, dass das, was gerade erst angefangen hat, schon vorbei ist.

Ich parke meinen Wagen auf dem Vorplatz und sehe, dass Sam und Joe noch in Sams Pick-up sitzen und sich unterhalten. Ich steige aus, und Rory gesellt sich zu mir. Ich höre ihn scharf einatmen, als Sam Joe auf den Mund küsst, und ja, ich weiß ziemlich genau, was er meint. »Fuck!«, presse ich keuchend hervor. Eine Vielzahl von Bildern schießt mir durch den Kopf. Joe, Sam, Rory und ich … mein Schwanz ist steinhart, dennoch sage ich zu Rory, der ein sehnsüchtiges »Ja!« von sich gibt: »Denk nicht mal dran!«

»Als ob du nicht daran denken würdest«, raunt er mir zu, was mich zum Schmunzeln bringt.

Es ist wie ein Reflex … zwei sich küssende Frauen sind heiß, wobei der Kuss, den Sam und Joe ausgetauscht haben, harmlos war. Da war keine Zunge und nichts im Spiel – nur eine einfache freundschaftliche Geste, mehr nicht.

»Ob sie es ihr gesagt hat?«, spekuliere ich, als ich sehe, dass Sam und Joe weinen.

»Was?«, fragt Rory, der das Geschehen geistesabwesend beobachtet. Vermutlich steckt er gedanklich noch bis zum Anschlag in Sam oder Joe. Wobei, ich kenne seine Vorlieben, vermutlich sieht er sie übereinander gestapelt vor sich und er zieht von einer in die andere – Rory eben. Nicht dass das nicht auch seinen Reiz hätte, aber ich bin lieber fokussierter.

»Na ja, das mit ihr und Russel und Dean, du weißt schon«, versuche ich ihn aus seinen schmutzigen Fantasien zu reißen.

»Vielleicht«, meint er gedankenverloren. Ja, er hat definitiv seinen Ich-will-sie-alle-beide-vögeln-Gesichtsausdruck drauf.

»Du warst gut heute«, sage ich beiläufig. Sein Kopf ruckt zu mir rum, und er grinst. Es ist cool zu sehen, dass ihm meine Meinung wichtig ist. Er hat in diesem Sport mehr erreicht als ich, und dennoch schaut er zu mir auf. Als ob er das nötig hätte! Er ist unglaublich gut. Ich wünschte, ich hätte nur ansatzweise sein Talent. Ihm zuzuschauen ist inspirierend und beängstigend zugleich, denn er wird noch besser werden.

Nun lacht Joe, und dieses Geräusch lässt mein Herz aufgehen. Sie wirft den Kopf in den Nacken und lacht laut und ungehemmt auf. Es ist das schönste Lachen überhaupt – wirklich einmalig. Ich kann nicht anders, als sie fasziniert anzuschauen. Habe ich mir eben noch eine kleine Orgie erträumt, dann wäre ich gern jetzt mit Joe weit fort, nur sie und ich.

Die Sonne, die hinter meinem Haus und über dem Meer langsam untergeht, hüllt Joe in ein sonderbares Licht, und einen Moment lang wirkt es so, als würde ein Heiligenschein ihren Kopf umgeben. Sie schaut zu mir rüber, und unsere Blicke treffen sich. Sie ist wirklich wunderschön. Habe ich ihr das eigentlich schon mal gesagt? Nein, vermutlich nicht, aber das sollte ich unbedingt nachholen.

»Seid ihr fertig?«, will ich von ihnen wissen und setze mich in Bewegung. Rory folgt mir, spurtet dann jedoch an mir vorbei und zieht Joe an sich, als sie leicht schwankt. Sie sieht aus, als sei ihr wieder schlecht. Ich beeile mich damit, die Haustür aufzuschließen. Rory führt sie hindurch und Richtung Terrasse, während ich in der Küche zurückbleibe und ihr schnell etwas zu trinken und zu essen hole. Sam steht neben mir und mustert mich, während ich alles auf ein Tablett stelle. »Und?«, frage ich sie.

»Nichts«, meint sie und grinst wie mein Kater, nachdem er irgendwelchen Unsinn angestellt hat. Ich schwöre es, Tiger macht den Großteil an Dummheiten nur, um mich zu ärgern, und er lacht mich regelmäßig aus. Ich liebe dieses Vieh, aber manchmal macht es mich verrückt. Erst vor ein paar Tagen hat er sämtliche CDs aus dem Regal gefegt, weil er sich vernachlässigt gefühlt hat. Ich habe nicht mal eine Ahnung, wie er es überhaupt da hochgeschafft hat, doch er saß da und schnickte CD um CD mit lässigen Tatzenhieben auf den Boden, während er mich aus unschuldigen Augen anstarrte.

»Sag schon, Sam.«

»Du bist süß.«

»Ich?« Will sie mich verarschen? »Ich bin der Bad Boy der Surfszene, falls dir das noch keiner gesagt hat.«

Unglaublich, denn für möglich gehalten hätte ich es nicht, aber wahr: Ihr Grinsen wird noch breiter. »Ja, aber ein unglaublich krass verknallter Brad Hoover ist ein bezaubernder Anblick«, flötet sie. Doch ehe ich widersprechen oder es abstreiten kann, klingelt Sams Handy. Sie zieht es aus ihrer Hosentasche, geht ran und lässt mich allein in der Küche zurück.

Ich schnappe mir das Tablett und folge Rory und Joe nach draußen. Er sitzt am Rand ihrer Liege und redet mit ihr.

Ich stelle das Tablett auf den Beistelltisch und drücke ihr einen Kuss auf die Stirn.

»Danke!«, sagt sie leise, zieht mich an sich und küsst mich richtig. Rory neben uns räuspert sich genervt. Aber ich bin nicht gewillt, mir diesen Kuss von ihm nehmen zu lassen, dazu sind Joes Lippen einfach zu verführerisch. Und weil er drängelt, ziehe ich den Kuss extra in die Länge. Wie gesagt: Eifersucht ist ein Gefühl, an dem man arbeiten kann, und ich gebe ihm Zeit, es zu tun. Als Joe sich schließlich von mir löst, zwinkere ich ihr zu und gehe zurück in die Küche. Rory folgt mir, und er ist entgegen meiner Erwartung nicht angefressen, sondern eher besorgt.

»Was war los mit ihr?«, will er von mir wissen. Die Unsicherheit und Besorgnis, die er ausstrahlt, passen so gar nicht zu seinem coolen Image.

»Sie hat bestimmt vergessen, genug zu essen und zu trinken. Schwangere geraten sehr leicht in Unterzuckerung, weil sie einen höheren Energieverbrauch haben, und dann wird ihnen übel. Alles ist gut, Rory. Es geht ihr gleich besser«, erkläre ich ihm. Stimmt, für ihn und Joe ist das ja alles Neuland. Ich muss dringend mit ihr reden, damit sie besser auf sich achtgibt.

Ich bemerke gar nicht, dass Rory die Küche verlässt und zu Joe zurückgeht, erst als er sich zu ihr auf die Liege legt, bekomme ich es zufällig mit. Netter Versuch, denke ich, weiß aber genau, dass sie noch längst nicht so weit ist. Für sie gehören Sex und Liebe nun mal zusammen, für mich nicht und für Rory … ach, von dem will ich erst gar nicht anfangen. Die Medien haben nur noch nicht mitbekommen, dass er es viel ordentlicher krachen lässt als ich zu meinen besten Zeiten.

Er hält das alles schön unter dem Deckel. Klar, das mit den Groupies, das bekommt jeder mit, aber was er genau mit ihnen anstellt, ist ja noch mal was anderes.

Von uns beiden ist er definitiv der, der sein Leben in vollen Zügen genießt. Manchmal kommt es mir so vor, als würde er sich in solchen Momenten sagen: Und eine geht noch, die ist für Russel.

Allerdings hat er sich krass verändert, seit Joe wieder in sein Leben geplatzt ist. Ich frage mich, wie lange er an seinem Vorsatz, seinen Schwanz nicht zu benutzen, festhalten wird. Es klang, als hätte er es ernst gemeint, als er sagte, er wolle auf sie warten. Ehrlich, das ist – wenn man Rory kennt, und ich kenne ihn verdammt gut – unvorstellbar. Der Kerl fickt pro Tag recht regelmäßig zwei, drei Frauen. Und von jetzt auf gleich soll das Geschichte sein? Das ist, als würde man von heute auf morgen das Rauchen aufgeben. Wie soll das gehen? In drei Stunden sind seine Eier so groß wie Kokosnüsse.

Joe jedenfalls springt auf und flüchtet vor ihm. Sie wird garantiert nicht dafür sorgen, dass er Druck abbauen kann. Alles andere hätte mich auch gewundert. Nein, alles andere hätte mich enttäuscht. Wie ich sagte, Joe ist keines dieser Pipelineflittchen, die für jeden Pro die Beine breitmachen.

Rory kommt zu mir ins Haus zurück, reißt den Kühlschrank auf und bedient sich an meinen Biervorräten. Angeekelt verzieht er den Mund, nachdem er einen Schluck von meinem teuren deutschen Bier getrunken hat. »Bäh!«

Was für ein Esel.

»Das Zeug wird echt nicht besser.«

Ich ignoriere ihn. Manchmal ist er absolut unmöglich. Doch zum Glück sind unsere Geschmäcker nicht immer so verschieden wie bei Bier. Was mich zu einem Thema bringt, das mich brennend interessiert. »Was war los?«, frage ich und nicke Richtung Terrasse.

»Wir hätten uns fast geküsst, aber Joe hat das verfickte Doggy Door genommen.« Er klingt unglaublich frustriert, und einen Moment lang lässt er seine Maske fallen und ich kann alles sehen. Er murmelt was vor sich hin, was ich als ›Ich … Fuck … keine Ahnung‹ identifiziere, aber das auch sonst was bedeuten könnte.

Ich klopfe ihm aufmunternd auf die Schulter. »Kopf hoch, Bro! Alles wird gut«, versichere ich ihm.

»Sie weint bestimmt wieder«, meint er niedergeschlagen. Ja,

sie heult wahrscheinlich wirklich wieder, aber das sind nur die Hormone. Sie ist halt schwanger, aber auch davon hat er keine Ahnung. Ich erkläre es ihm so gut ich eben kann, denn nachvollziehen kann man das als Kerl nicht. Braucht man auch gar nicht zu versuchen, obwohl sowohl Sky als auch Nat das bemängelt haben. Aber mal im Ernst, wie soll man sich in einen emotionalen Zustand oder eine Situation einfühlen können, in der man noch nie war? Klar kann man versuchen, mehr Rücksicht zu nehmen, aber ich muss echt nicht verstehen, warum sie weint. Außerdem würde ich mir ja dann den halben Tag hoffnungslos den Kopf zerbrechen, und abgesehen davon würde ich drauf wetten, dass Joe in neunundneunzig Prozent der Fälle im Moment selbst nicht weiß, warum sie weint.

Genauso wenig wie ich weiß, warum ich manchmal in eine Depression abrutsche. Dafür gibt es keine offensichtliche Ursache, und es passiert trotzdem. Und wenn ich es dann endlich – meistens viel zu spät – geschnallt habe, dann bin ich bereits viel zu weit unten, um mich noch selbst aufrichten zu können.

Sam kommt von der Terrasse, und als sie Rory sieht, wie er dort mit hängenden Schultern steht, schließt sie ihn in die Arme. »Wo ist Joe?«, fragt sie ihn. Sie wirft mir einen Was-habt-ihr-jetzt-schon-wieder-angestellt-Blick zu.

»Am Strand. Vielleicht kannst du mal nach ihr schauen«, bitte ich sie, und einen Augenblick später ist sie auch schon auf dem Weg. Sam ist eine gute Freundin, ich bin froh, dass Joe sie hat – allein wegen Joe wird Sam ihre Klappe halten, was diese Nacht vor drei Jahren betrifft.

»Es spielt also keine Rolle, weshalb ich mich in sie verliebt habe?«, fragt Rory, reißt mich aus meinen Gedanken und kommt auf unser ursprüngliches Thema zurück. Richtig, wir haben über Schwangerschaft, Hormone und das Verliebtsein gesprochen. Und das ist schließlich auch nur eine hormonelle Sache. »Hast du dafür echt Gründe?«, frage ich ihn amüsiert.

»Ja, klar! Sie ist ein toller Mensch.« Stimmt, ist sie, weshalb ich nicke. »Sie ist scharf.« Auch das stimmt. »Sie hat ein umwerfendes Lächeln. Sie ist schlau, sie ist …«

»Supertoll, richtig?«, unterbreche ich ihn. Ich finde sie auch hammermäßig, und ich weiß genau, woran es liegt. »Aber du findest sie supertoll, weil die Hormone dir das sagen.«

»Ist das so? Vielleicht finde ich sie supertoll und bin verliebt in sie, und deshalb bekomme ich diesen Hormoncocktail verpasst«, widerspricht Rory.

»Die alte Frage, was zuerst da war, das Huhn oder das Ei, was?«

»Yep!«

Ich grinse ihn breit an. Manchmal kann er ziemlich naiv sein, aber das war ich in seinem Alter auch. Nee, wobei, das war ich nicht. Mit zweiundzwanzig war ich in meiner totalen Arschloch-Phase. Da kam alles wieder hoch, und ich war völlig berauscht von meinen Erfolgen. Ich bewundere Rory, dass er nicht abhebt. Wie gesagt, er ist unglaublich! Ein absoluter Ausnahmesurfer. Noch mal zweiundzwanzig sein! Ich würde alles anders machen. Noch mal sieben sein, das hätte mehr Sinn, Brad!, sage ich mir. Was würde ich dafür geben, mein jüngeres Ich warnen zu können. Verlier dich nicht in Was-wäre-wenn-Fantasien, ermahne ich mich.

»Dir wäre es lieber, wenn die Liebe einfach Liebe wäre und nicht die Folge eines Hormonchaos, oder?«, frage ich ihn, obwohl ich die Antwort bereits kenne.

»Allerdings. Dir nicht?«

Ich zucke mit den Schultern. »Ist es nicht letztendlich egal?

Ich habe mich nur damit beschäftigt, weil ich mich verdammt gern verliebe, und in den meisten Fällen hat es nichts zu bedeuten.«

»Und Joe? Bedeutet sie dir was?«

Ich beiße mir auf die Unterlippe und schaue zum Meer hinaus. »Ich will sie nicht verlieren«, gestehe ich nach einer langen Pause. Und es stimmt. Ich will sie nicht verlieren, aber das werde ich. Früher oder später werde ich sie verlieren, denn so wie ich bin, kann sie mich auf Dauer nicht lieben. Ich atme einmal durch und murre: »Das war das längste Gespräch, das wir jemals geführt haben.«

»Joe würde sagen, dass das voll das Mädchengespräch war«, meint Rory schmunzelnd, und seine Augen funkeln, als er ihren Namen erwähnt. Fuck, er ist so verknallt. Wie kann man so verschossen sein?

»War es ja auch. Hey, ich bin ein Kerl, ich habe keine Gefühle!«, sage ich.

»Vergiss deine Schürze nicht«, erwidert der kleine Penner. Echt, er zwingt mich dazu, vor Joe die beknackte Schürze zu tragen? Das wird er mir büßen, keine Frage! Ich seufze, stelle den Teller mit Steaks ab und gehe zurück in die Küche, wo meine I'm-sexy-and-I-know-it-Schürze am Haken hängt. Blöder Wichser, denke ich, als ich sie mir umbinde.

»Wofür braucht man Feinde, wenn man Freunde wie euch Jungs hat«, fahre ich ihn an.

»Ist dir das vor Joe peinlich?«, will die kleine Sackratte wissen. Ja, das ist mir vor Joe superpeinlich.

»Das weißt du genau. Die ganze letzte Woche, als Sammy hier war, musste ich sie nicht tragen.«

»Die Abmachung war, dass du Schürze trägst, wenn eine heiße Frau in der Nähe ist.« Ich überlege, ob ich ihm mal ein paar Takte dazu sagen soll, denn rein objektiv ist Sam heiß. Nur, weil sie nicht auf ihn steht … Na ja, egal!

Das mit der Schürze an sich ist peinlich, aber noch schlimmer ist es etwa eine halbe Stunde später, als Rory Joe allen Ernstes diese Geschichte mit der Wette erzählt. Drei Sekunden vorher war alles okay. Joe und ich waren wie ein normales Paar. Wir standen zusammen am Grill, ich habe ihre Hüfte gestreichelt, und dann fängt er mit dieser Story an, und Joe hat sich regelrecht in meinem Arm versteift.

Auch beim Essen taut sie nicht auf und ist mir gegenüber völlig unterkühlt, da ist keine Wärme mehr.

Ich verstehe nicht so ganz, was das Problem ist, doch Sam klärt mich auf, denn nach dem Essen verdrücken wir uns, um eine Tüte zu rauchen. »Kannst du mir verraten, was gerade bei Joe abgeht?«, frage ich und lasse mir von Sam den Joint geben. Ich nehme einen tiefen Zug und schaue sie interessiert an. Sam verdreht die Augen und schüttelt den Kopf. Ich komme mir wie ein Idiot vor – zumal ich es immer noch nicht schnalle. »Sammy, wo ist das Problem? Was habe ich falsch gemacht?«

»Eine Frau wie ein Objekt behandelt?«, mutmaßt sie.

»Manche Frauen stehen darauf«, verteidige ich mich.

»Joe macht das Angst, Brad. Sie denkt, du spielst mit ihr. Sie hat sich sicherlich gefragt, ob sie auch nur eine Wette für euch ist.«

»Was?«, frage ich empört.

Sammy schnaubt ungehalten, greift nachdem Joint und meint: »Lass mir auch was übrig.« Ich reiche ihn ihr, und sie zieht ordentlich was weg.

»Du sagst ihr, dass du mit anderen Frauen schlafen wirst, Brad!«

Ich atme durch zusammengebissene Zähne aus und lasse

meine Schultern kreisen. »Ich will sie nun einmal nicht belügen, Sam.«

»Warum könnt ihr Scheißkerle nicht einfach mal eure Schwänze in der Hose behalten?«, flucht sie. Wir reden nicht über mich, wird mir klar.

»Dean?«

Sie nimmt noch einen Zug, kaut auf ihrer Unterlippe herum und versucht nicht zu heulen, was ihr misslingt. Ich nehme sie in den Arm und halte sie, solange sie es zulässt. Sam berappelt sich schnell wieder. Sie ist eine Kämpfernatur. Da brauche ich nur an ihren Zusammenbruch vor ein paar Wochen denken, nachdem ich sie samt Handy in meinen Pool geschmissen habe. Zum Glück ließen sich die Daten von Rus und ihr retten. Ich hätte es mir nie verziehen, wenn ich ihre kostbaren Erinnerungen zerstört hätte.

»Es tut weh, Brad! Es tut scheißweh!«

»Tut mir leid, Sam«, flüstere ich.

»Wie würdest du dich fühlen, wenn Joe …«, beginnt sie, und dann sagt sie, als sie sich an meine Vorlieben erinnert: »Ach, vergiss es! Du würdest nur mitmachen wollen.«

»Kommt drauf an, wer es ist, Sam. Mit Rory geht das klar. Er weiß, wie großartig Joe ist. Das ist mir wichtig, ich will nicht, dass irgendwer sonst sie anrührt. Aber wenn sie es wollen würde, dann würde ich damit klarkommen. Eifersucht ist ein Gefühl, an dem man …«

»… arbeiten kann. Ja, ja!«, unterbricht sie mich und bläst mir den Rauch ins Gesicht. Ich muss grinsen. Sie ist unmöglich.

»Wenn du Dean ärgern willst, erzähl ihm, dass du es mit mir getrieben hast. Er hat mich ausdrücklich davor gewarnt, dich anzurühren.«

Sie schaut mich aufmerksam an. »Echt jetzt?«, will sie wissen.

Ich nicke. »Sam, er bescheißt dich nicht. Ihr seid kein Paar. Ihr …«

»Ja, Brad, ich weiß sehr gut, was wir sind. Ich bin die Verlobte seines toten Bruders, genau!«

Ich seufze. »Du warst Russels Verlobte«, sage ich so sanft wie möglich und sehe, wie eine Träne über ihre Wange rinnt. Russels Name bringt das Fass zum Überlaufen.

Ich schließe Sam in die Arme, und das erste Mal seit einer Ewigkeit lasse auch ich meine Gedanken und Gefühle zu. Russel Reynolds war ein Teufelskerl. Ja, Rory hat recht, manchmal höre ich mich an, als wäre ich fünfzig. Ob es daran liegt, dass ich mich wie hundert fühle?

»Er fehlt mir so«, wimmert Sam an meiner Brust. Ich halte sie fest an mich gedrückt.

»Ich weiß, Sammy. Ich vermisse ihn auch. Warte, ich will dir was zeigen.« Ich ziehe mein Portemonnaie aus der Gesäßtasche und hole das Foto von mir und den Reynolds raus.

Sam betrachtet es aufmerksam und meint dann: »Gott, Brad, das bist du, und du trägst Joe auf dem Arm.« Ich nicke. »Dean sieht echt niedlich aus«, wispert sie.

»Hey, was ist mit mir?«

»Komm, Brad, die Frisur ist furchtbar!« Sie kichert und streichelt dann mit der Spitze ihres rechten Zeigefingers über Russel. »Ich kann nicht fassen, dass er tot ist«, schnieft sie. »Er war so … so besonders.«

»Wie hat das mit euch angefangen?«, will ich wissen.

»Auf Gabs Hochzeit«, erwidert sie und nimmt einen letzten Zug, wirft die Reste der Tüte auf den Boden und tritt sie aus. »Ja, ich weiß, alle denken, es hat auf Oahu' angefangen, aber das stimmt nicht ganz. Da hat es dann richtig angefangen. Das auf der Hochzeit war … keine Ahnung. Rory hat die einzige andere Brautjungfer gevögelt, und anständige Kerle gab es auch keine, und dann hat Rus mir ein Fragezeichen per SMS geschickt, und ich habe ›Ja‹ geschrieben.« Sie schlägt sich die Hand vor den Mund, kichert und weint zugleich.

»Ein Fragezeichen?«

»Ist ein Insider aus HIMYM.«

»Klar, was bedeutet HIMYM noch mal?«, will ich von ihr wissen. Sie hatten mir das schon mal erklärt, glaube ich, aber … whooooo, der Stoff ist fucking gut.

Sam hat einen Lachflash, weil ich wohl laut gewhooot habe. »How I Met Your Mother, Brad! Das ist Joes Lieblingsserie! Du solltest dich damit auskennen«, belehrt sie mich und klingt dabei seltsam.

»Du sprichst komisch«, lasse ich sie wissen.

»Du bist komisch! Du liebst Joe! Warum …«

»Darum«, unterbreche ich sie. Ich bin zwar drauf, aber ich bin noch lange nicht so drauf, als dass ich darüber reden würde. »Lass uns wieder hochgehen, okay?«

Die beiden anderen sind noch in der Küche und mit dem Abwasch beschäftigt, als wir wieder auf die Terrasse kommen. Sam und ich hüpfen in den Pool, und Rory und Joe folgen uns kurze Zeit später. Rory und Sam blödeln ausgelassen rum, während ich es schaffe, Joe zu ein paar innigen Küssen zu verführen.

»Wegen der Wette …«, sage ich.

Joe, die ihre Arme um meinen Nacken gelegt hat, betrachtet mich neugierig. »Ja?«

»Das war Mist«, gebe ich zu. »Du brauchst keine Angst haben, dass ich so was mit dir abziehen würde, okay?«

»Hast du ihr das auch gesagt?«, wispert sie.

Ich beuge mich zu ihr, lecke über ihr Ohrläppchen und raune ihr zu: »Lass den Scheiß, Joe. Mach das nicht kaputt. Schau mich an.« Ich ziehe mich so weit zurück, dass sie mir ins Gesicht blicken kann, und dann sage ich: »Es ist kein Spiel für mich. Es ist mir ernst mit dir.«

Sie nickt und erwidert nichts, stellt keine Fragen, und dafür bin ich ihr dankbar, denn wie so oft in letzter Zeit habe ich keine Antworten, sondern ebenfalls nur Fragen.

Ich bin verdammt froh, als Sam schließlich zum Aufbruch drängt und Rory – der erneut nicht gewillt ist zu gehen – mitnimmt. Ich möchte Joe zeigen, wie viel sie mir bedeutet, und das kann ich im Moment noch am besten, wenn wir allein sind.

Der Sex mit ihr ist atemberaubend, und ich teste aus, wie weit ich gehen kann. Joe ist hingebungsvoll und experimentierfreudig. Sie vertraut mir völlig, und das fühlt sich wahnsinnig gut an. Als ich über ihr knie und in ihren Mund stoße, der sich unglaublich warm und weich um meinen Schwanz schmiegt, kann ich mein Glück kaum fassen. Keine Ahnung, ein- bis zweimal habe ich es vielleicht schon erwähnt, aber … Joe ist der Hammer! Und heute ist sie nicht nur unglaublich willig, sondern auch unglaublich gierig.

Es ist so großartig mit ihr, und ich kann nicht genug von ihr bekommen. Wenn es nach mir ginge, würde ich die ganze Zeit bis zur Schwanzwurzel in ihr stecken. Sie ist so heiß und witzig und hübsch … Gott, was ist nur mit mir los! Das muss am Gras liegen. Ich bin einfach völlig zugedröhnt, deshalb reagiere ich gerade so extrem auf sie.

Als wir später zusammen im Bett liegen, versuche ich noch mal über die Sache mit uns dreien zu sprechen. Vorsichtig erwähne ich den Beinahe*kuss*, doch Joe blockt sofort ab. Ich habe keine Chance, ein vernünftiges Gespräch mit ihr zu führen. Sie denkt, dass es mir etwas ausmachen und mich verletzen würde. Ich kläre sie über ihren Irrtum auf, indem ich sage: »Ähhh, tust du nicht! Wenn es nach mir ginge, würden wir ihn anrufen, damit er dich ebenfalls ficken kann.«

Zu meiner Verteidigung sollte ich vielleicht erwähnen, dass ich nach wie vor ziemlich bekifft bin. Sam und ich hatten beide noch einmal nachgelegt und tja, jetzt habe ich den Mist, denn Joe bekommt die ganze Sache völlig in den falschen Hals.

»Ich bin nicht deine Nutte, Brad! Du kannst mich nicht an deine Kumpel weiterreichen, wenn du die Nase voll von mir hast«, empört sie sich verärgert. Sie wirkt so verletzt, dass ich sie in den Arm nehmen will, doch sie hat die ihren vor der Brust verschränkt, funkelt mich wütend an, und alles an ihrer Körperhaltung drückt pure Ablehnung aus.

»Weil du du bist« –“- ihre Worte hallen mir in den Ohren. Ja, aber genau diese Vorliebe bin auch ich. Das ist eine Seite von mir. Eine entscheidende Seite, auf die ich nicht verzichten will – unter gar keinen Umständen.

»So ist es nicht, Joe!«, sage ich bedauernd und schaue sie mitfühlend an.

Kurze Zeit später fragt sie aus dem Nichts heraus: »Macht dich das an? Der Gedanke, dass ich mit einem anderen Mann zusammen bin, meine ich?«

»Ja, auch! Aber das ist nicht der Grund«, erwidere ich hastig. Okay, richtig wäre zu sagen, dass es nicht der einzige Grund ist, denn ich weiß, wie sehr sie Rory will. Sie ist megascharf auf ihn und … Scheiße! Ich hasse es, wenn Menschen sich und ihrem Glück im Weg stehen. Ja, ja, ich bin das beste Beispiel dafür, aber … Ach, Fuck! Ich sehe doch genau, dass sie sich nur trauen müsste. Sie müsste diesen Schritt einfach nur wagen und uns eine Chance geben. Dann wäre alles gut. Jeder von uns hätte das, was er will, und wir könnten zusammen glücklich sein, denn glücklich ist Joe nicht.

Als ich diesen Umstand erwähne, streitet sie es ab, doch ich sehe, was ich sehe. Sie verzehrt sich nach Rory, und es stört mich nicht im Geringsten. Ich weiß genau, dass die Sache mit uns nur zu dritt gut gehen kann, und ich will, dass das hier funktioniert.

»So ist es nicht!«, beharrt sie energisch. Scheinbar möchte sie nicht, dass ich das Gefühl habe, sie nicht glücklich machen zu können, was süß, aber völlig überflüssig ist. Glück kann schließlich nur aus dir selbst kommen. Es von einem anderen Menschen abhängig zu machen ist diesem gegenüber ziemlich unfair.

»Nicht? Ich weiß, was du glaubst. Du bist davon überzeugt, dass du dich zwischen uns entscheiden musst, aber dem ist nicht so«, versichere ich Joe nachdrücklich.

»Nein, ich habe mich bereits entschieden«, behauptet sie.

»Joe, du willst Rory, und wir beide wollen dich«, versuche ich ihr den Stand der Dinge klarzumachen. Das sind die harten Fakten. Will sie das ernsthaft leugnen?

»Es würde dich also wirklich anmachen?«, fragt sie noch einmal. Mir wird bewusst, wie abwegig sie diese Vorstellung findet, und ich erkenne auch, dass es für sie alles andere als okay wäre, wenn ich etwas mit einer anderen anfangen würde. Joe ist nicht so. Für mich und Rory ist Sex einfach nur Sex. Es ist keine große Sache. Für Joe schon, und wenn ich sie knacken will, dann muss ich darauf eingehen. Ich muss an diesem Punkt ansetzen, damit Joe es versteht.

»Das Wissen darum, oder würdest du dabei sein wollen?«, fragt sie just in diesem Moment.

»Wenn du mich so fragst, wäre ich gern dabei, aber das bleibt letztendlich dir überlassen.« Sie schaut mich so fassungslos und gequält an, dass ich nicht anders kann, als sie zu berühren. »Es ist alles gut!«, lasse ich sie wissen.

Jetzt guckt sie skeptisch. Joe ist wie gesagt nicht dumm, und ihr wird schnell klar, dass meine Vorlieben nicht zwingend an sie gebunden sind.

»Du und Rory, habt ihr euch schon mal eine Frau geteilt?« Joe presst die Worte mühsam hervor, und am liebsten würde ich sie anlügen, doch dafür respektiere ich sie zu sehr.

»Yep!«, erwidere ich kurz angebunden.

»Mehr als einmal?«, hakt sie nach.

»Auch das!«, räume ich ein.

»Ich wäre also nur euer neues Spielzeug?« Sie klingt verletzt, und es ist keine Frage, sondern ein Vorwurf. Ich denke an Sammys Worte: Joe macht das Angst, Brad. Sie denkt, du spielst mit ihr. Ich seufze leise und sage dann: »Du siehst das falsch, Joe.«

»Wie soll ich es denn bitte schön sehen?«, will sie wissen. Sie ist völlig verstört. Wir reden noch eine ganze Weile darüber, doch meine Argumente verhallen ungehört. Joe ist nicht zugänglich für die ganze Sache.

»Ich kann das nicht, Brad!«, wispert sie irgendwann. Sie hört sich beinahe verzweifelt an. Ich fürchte, ich habe zu viel Druck aufgebaut. Ich nicke und küsse sie auf die Schulter. »Okay! Eine Sache noch …«, sage ich. Das muss sie einfach wissen, und dann gebe ich auch Ruhe – jedenfalls fürs Erste.

»Ja?«

»Wenn es doch passieren sollte. Dann mach dir wegen mir keine Sorgen. Ich werde nicht über dich urteilen oder schlecht von dir denken oder sonst irgendetwas. Ich mag dich, wie du bist, Josephine Reynolds.« Missbilligend kneift sie die Augen zusammen und starrt mich durchdringend an. Ich tippe mal darauf, es liegt an der Ansprache mit ihrem vollen Namen, jedenfalls hoffe ich das. »Ich weiß, wie es ist, unkonventionelle Entscheidungen zu treffen und dafür verachtet zu werden. Vom Held zum Versager in weniger als einer Sekunde.« Ich schlucke hart. Aufstieg und Fall eines Helden, davon kann ich ein Lied singen. Es nervt, eine verdammte lebende Legende zu sein und quasi der Allgemeinheit zu gehören.

»Du wirst immer mein Held bleiben! Egal, was du tust«, versichert Joe mir, und ihre Worte versetzen mich wieder einmal in mehrfacher Hinsicht in Erregung.

»Warum?«, raune ich.

Sie schmunzelt, schubst mich nach hinten um, und ich ziehe sie mit mir. Joe kommt auf mir zum Liegen und knurrt in mein Ohr: »Weil du du bist, Bradley Hoover!« Und ich glaube ihr zu hundert Prozent. Ich weiß, dass sie mich wirklich liebt, und es gefällt mir. Ich grinse sie an, drehe uns herum und küsse sie zärtlich. Sie mag mich noch immer, und das, obwohl sie mit meinen Vorlieben nichts anfangen kann.

Wenig später bricht Joe fast meine Sag-mir-nicht-dass-du-mich-liebst-Regel. Ich bin zugegeben ein wenig enttäuscht, als sie die Worte herunterschluckt. »Gerade noch mal die Kurve gekriegt«, necke ich sie, dabei hätte ich es gern gehört, wie ich zu meiner eigenen Überraschung feststellen muss. Nein, ich sehne mich danach, es von ihr zu hören. Ich will, dass sie mir sagt, dass sie mich liebt. Du bist bekifft, schimpfe ich mit mir. Sie kennt dich nicht! Sie hat keine Ahnung, was für ein kaputter Typ du wirklich bist. Wenn sie es wüsste, würde sie vermutlich kreischend davonrennen.

Das Wesentliche ist mein dunkles Geheimnis und gut verborgen. Und ehrlich, wenn sie davon wüsste, wie könnte sie mich dann noch lieben? Gerade als die Erinnerungen dabei sind zuzuschlagen, haucht Joe: »Doch wirklich, ich liebe es, mit dir zu vögeln.«

Ich lasse meine Hand, die vorher auf ihrer Hüfte lag, zwischen ihre Beine gleiten, und sie öffnet sie bereitwillig. Sie ist feucht von ihrer Nässe und meinem Sperma. Ich versenke zwei Finger in ihr, und sie stöhnt genüsslich auf. Ich ziehe sie aus ihr raus, führe sie an meine Lippen und lecke sie ab. Joes Gesichtsausdruck wird gierig, und ich muss an mich halten, nicht laut loszulachen. Sie ist ein echter Nimmersatt, und auch das gefällt mir. Ich küsse sie kurz und schlängle mich über ihren Körper, den ich mit vielen Küssen und leichten Bissen bedecke, nach unten zu ihrer hungrigen Möse.

Ich habe vor, daraus zu trinken, und ich will, dass Joe an meinem Mund kommt. Als ich jedoch bemerke, wie versessen sie darauf ist, dass ich es tue, lasse ich sie zappeln. Ich spiele so lange mit ihr, bis sie mich schamlos anfleht, es zu tun. Ihr verzweifeltes »Bitte Brad, leck mich! Bitte!« klingt in meinen Ohren wie ein Engelschor, und ich tue augenblicklich, worum sie mich gebeten hat.

Joe windet sich unter mir wie verrückt, als ich sie lecke. Sie stöhnt laut und hemmungslos auf, drängt mir ihre süße Pussy entgegen, und ich lecke sie hingebungsvoll, doch das ist ihr alles nicht genug. Sie keucht meinen Namen, drückt ihren Rücken durch und liegt weit geöffnet vor mir. Ich lecke mit meiner Zunge tief in sie hinein, während ich mit meiner Nase über ihren Kitzler reibe. Kurz bevor sie kommt, höre ich damit auf, doch nur einen Augenblick lang, dann beginne ich diesen Knotenpunkt zu liebkosen, während ich zwei Finger in sie stoße. Sekunden später spüre ich die Kontraktion ihrer Möse um diese, allerdings bin ich nicht gewillt, einfach so aufzuhören. Ich lasse es langsam ausklingen, richte mich dann auf und genieße den Anblick, der sich mir bietet. Joe liegt in meinem Bett, ihre Augen sind geschlossen, ihre langen blonden Haare bedecken beinahe das komplette Kopfkissen, ihr Brustkorb hebt und senkt sich schnell, und ihr beschleunigter Atem erfüllt die Stille. Ein leichtes Lächeln umspielt ihren Mund, und sie sieht glücklich und zufrieden aus – und ich bin es auch.

Joe Reynolds ist der Hammer! Sie ist nicht nur bildhübsch, sondern auch verdammt klug. Ich mag ihren beißenden Humor, und ich schätze es, dass sie mich nicht wie etwas Besonderes behandelt, denn das bin ich nicht. Wobei, sie macht es schon, aber nicht auf diese Bradley-die-lebende-Legende-Hoover-Weise wie die meisten anderen Menschen. Sie bewundert mich nicht, erstarrt nicht in Ehrfurcht. Wie gesagt, niemand auf der ganzen verfickten Welt redet so mit mir wie sie. Das Beste an Joe ist jedoch, dass sie mir gehört – jedenfalls im Moment, und das will ich auskosten.

Ich krieche zu ihr hoch, reibe ihre Nässe an ihrem Bauch und ihren Brüsten ab und lege mich dann hinter sie. Sie zieht die Decke über uns, und ich beiße sie sanft in den Nacken. Joe gibt ein wohliges Seufzen von sich und schmiegt sich enger an mich. Ich küsse sie hinters Ohr. Gott, wie sehr ich sie liebe!

… Er ist da. Ich kann ihn genau vor mir sehen, diesen stinkenden, ekelhaften Typen. Er ist nicht sonderlich groß, aber breit, hat kurze schwarze Haare, blaue Augen und ein dickliches, rundes Gesicht. Noch steht er ein paar Meter von mir entfernt in der Stallgasse. Mein Harz rast, und ich habe Panik. Ich weiß genau, was gleich passieren wird, und das will ich nicht. Ich will aufwachen oder weglaufen, doch ich habe keine

Chance. Er grinst dieses scheißekelerregende Grinsen und greift nach mir. Ich weiche zurück, doch er macht einen schnellen Schritt auf mich zu und packt mich.

»Wo willst du denn so eilig hin, mein Junge?«, fragt er, zieht mich an sich und stößt mich dann in eine der offenstehenden Boxen. Ich versuche, mich aus dem Traum zu befreien, versuche mich mit aller Kraft zu wehren, doch es will mir nicht gelingen. Ich spüre die Klinge an meinem Hals. »Kein Mucks, sonst bist du tot, mein Junge!« Ich will nicht sterben. Ich beginne zu weinen. Habe entsetzliche Angst, dass er mich wirklich umbringt … und dann wünsche ich, er hätte es getan, als er damit beginnt, das zu machen, was er mit mir gemacht hat. Nein! NEIN! Ich will das nicht! …

»Hilfe!«, keuche ich. Mein Herz rast – ebenso mein Atem. Ich weiß nicht, wo ich bin oder wer ich bin, aber ich höre sie. Höre Joe sagen: »Brad! Brad, ich bin es, Joe!« Ich zittere am ganzen Körper und will nicht, dass Joe mich so sieht. Doch sie schaltet das Licht an und starrt mich an. Sie legt ihre Hand auf meine Brust, und ich bin unfähig, etwas zu sagen oder zu unternehmen. Joe versucht, sich auf meinen Schoß zu setzen. Ich ertrage ihre Nähe jedoch nicht. Sein Gestank hängt noch immer in meiner Nase. Dieser Geruch nach Bier, Zigaretten und Fisch, ich muss hier weg.

»Nein!«, presse ich mit letzter Kraft hervor und schiebe sie beiseite. Ich flüchte aus unserem Bett Richtung Bad. Mir ist so kotzübel – keine Ahnung, ob das vom Adrenalin oder von der Erinnerung an ihn kommt.

»Brad? Alles okay?«, fragt Joe besorgt. Ich drehe mich über die Schulter zu ihr. Sie hockt auf den Fersen auf dem Bett und schaut mich prüfend an. Ich will gar nicht darüber nachdenken, was sie gerade alles mitbekommen hat. Fuck! Ich hoffe nur …

»Ja, Joe! Schlaf einfach, Babe!«, beruhige ich sie und reiße die Badezimmertür auf. Ich taumele hinein und schließe die Tür hinter mir, lasse mich daran herabgleiten und versuche runterzukommen.

Ich fühle das Holz hart in meinem Rücken und die kalten Fliesen unter meinem nackten Hintern und meinen Fußsohlen. Ich versuche, mich genau darauf zu konzentrieren, denn ich bin hier. Genau jetzt bin ich hier! Die Hoffnungslosigkeit und der Schmerz sind erdrückend, aber ich weiß, was ich tun muss, um nicht in dieses bodenlose Loch zu fallen. Das Einfachste wäre, kurz zu duschen und dann Joe lange und ausgiebig zu vögeln – das würde alles viel besser machen. Aber ich will, dass sie schläft. Ich will, dass sie – wenn möglich – vergisst, was sie eben gesehen und gehört hat, doch wenn ich sie jetzt wecke, dann kann ich das vermutlich abhaken.

Fuck! Wann hört dieser Albtraum endlich auf? Ich versuche, die Erinnerung von meinem Körper zu spülen, doch es will mir nicht gelingen. Sie hat sich für alle Zeit in mein Herz und in mein Hirn eingebrannt, hat jede Zelle meines Körpers vergiftet. Ich trockne mich ab, schlüpfe in Boardshorts und streife mir ein T-Shirt über, dann trabe ich die Treppe ins Wohnzimmer hinunter. Ich drehe mir einen Joint und rauche ihn auf der Terrasse, auf der ich es mir in der Dunkelheit bequem mache. Tiger kommt maunzend angelaufen, streift mir sanft um die Beine und macht es sich dann auf meinem Schoß bequem. Er schnurrt laut, und ich konzentriere mich auf dieses beruhigende Geräusch, während ich die Tüte rauche.

Ehe ich hineingehe, um ein wenig auf der PS4 zu zocken, rufe ich Rory an und bringe ihn auf den neuesten Stand der

Dinge. Keine Ahnung, warum, aber mitten im Gespräch legt der Penner einfach auf. Ich überlege, ihn noch mal anzurufen, doch nachdem ich mir ein Bier aus dem Kühlschrank geholt habe, kann ich das Telefon nicht mehr finden und beschließe Call of Duty Advanced Warfare zu spielen. Rumballern und Druck abbauen ist genau das, was ich jetzt brauche. Ich sollte morgen unbedingt auf den Schießstand gehen und surfen und Joe vögeln und irgendetwas tun, um die Bilder aus meinem Kopf zu bekommen. Wie immer, wenn dieser Teil meiner Vergangenheit über mich hereinbricht, habe ich das Gefühl, keine Luft mehr zu bekommen.

Unzählige Jahre lang habe ich mir gewünscht, dieser Wichser hätte seine Drohung, mich zu töten, wahrgemacht . Mehr als einmal war ich an dem Punkt angekommen, an dem ich mein Leben selbst beenden wollte. Diese Option war immer in meinem Hinterkopf, bis zu dem Zeitpunkt, als meine große Tochter geboren wurde. Sienna ist Fluch und Segen zugleich. Erst sie hat meinem Leben einen Sinn gegeben, doch hat sie mich auch der Möglichkeit des Freitods beraubt. Meine Töchter sind das Beste, was mir im Leben passiert ist – auch wenn ich diese Verantwortung zugegebenermaßen nie tragen wollte und sie mich stellenweise in den Wahnsinn treibt.

Ja, ich habe entsetzliche Angst, dass meinen Mädchen etwas passieren könnte, schließlich weiß ich nur allzu gut, was für kranke, perverse Scheißkerle es gibt.

Nachdem ich eine Stunde oder so gezockt habe, schiebe ich eine Surf-DVD rein. Russel Reynolds und ein paar seiner Kumpel – darunter auch Rory – rippen hart. Ich schaue das Kapitel von Rus ganze vier Mal an. Joes Bruder war der Hammer! Er war einfach nur toll, ein großartiger Surfer, aber ein noch viel wundervollerer Mensch, trotz seiner Macken. Rus war ein wirklich wilder Kerl. Es ist kein Wunder, dass Joe bei ihren Brüdern so ein zähes Stück geworden ist.

Während ich darüber nachdenke, wie wunderbar sie ist und was für ein unglaubliches Glück ich habe, dass sie mich an sich rangelassen hat, werde ich mir ihrer Anwesenheit bewusst. Sie steht hinter mir auf der Treppe, und das nicht erst seit eben, wie mir klar wird.

Ich schaue auf und sehe ihr Spiegelbild in der Terrassenscheibe. Sie wirkt verloren. Ich weiß nur zu gut, wie sich das anfühlt, und dann wird mir bewusst, was sie so fertigmacht, denn Russels Gesicht strahlt mir vom Monitor entgegen. Er verzieht seinen Mund zu einem breiten Grinsen, seine dunkelblauen Augen funkeln wie verrückt, und ich kann hören, wie Joe nach Luft schnappt. Mit einem Mal ist der Raum von all ihrer Trauer erfüllt.

»Dein Bruder hatte es echt drauf!«, lasse ich sie wissen.

»Ja«, entgegnet sie kaum hörbar. Ihre Stimme klingt brüchig, und ich habe das dringende Bedürfnis, sie zu halten.

»Komm her, Babe!«, fordere ich sie auf. Ich höre ihre nackten Füße auf dem Dielenboden, und dann steht sie neben mir. Sie trägt ein Shirt mit dem Logo meines Sponsors und schwarze Pants, die ihr gehören. Ich strecke ihr die Hand entgegen, und sie ergreift sie zögerlich. Vom Fernseher dringt Russels Lachen zu uns herüber. Er beantwortet gerade eine saudämliche Interviewfrage. »Hey Rus, was für Mädchen würdest du nie in dein Bett lassen?«, wird er gefragt.

Woraufhin er den Kopf schieflegt, einen Moment lang nachdenkt und antwortet: »Welche mit Perlenohrringen.«

»Nicht die Hässlichen?«

Er lacht und erwidert: »Nee! Die mit Perlenohrringen, denn

mit denen hast du bestimmt keinen Spaß im Bett.« Sein Interviewpartner stimmt in Russels Lachen ein.

Sam würde niemals Perlenohrringe tragen, denke ich. Verdammt, die beiden haben wirklich gut zusammengepasst. Genauso wie Joe und ich. Ich ziehe sie auf meinen Schoß, und sie schlingt ihre Arme um meinen Hals. Sie starrt wie gebannt auf den Fernseher, und Tränen laufen ihr unablässig über die Wangen. Russels Anblick quält sie, und sie kann ihn nicht ertragen. Sie senkt den Kopf und schaut zu Boden, während ich den Fernseher ausschalte. Ich küsse sie auf die Schläfe, hebe sie hoch und mache mich mit ihr auf dem Arm auf den Weg nach oben.

»Es tut mir leid, Kleines!«, murmele ich, und mein schlechtes Gewissen zerreißt mich beinahe. Ich hatte keine Ahnung, wie schlecht es ihr noch immer wegen Russels Tod geht. Natürlich war mir klar, dass sie ihn vermisst und darunter leidet, doch ich gebe ehrlich zu, ich habe das Ausmaß total unterschätzt. Joe schmiegt ihr tränennasses Gesicht an meinen Hals, während ich mit ihr die Treppe hochsteige. Ich lege sie auf ihrer Seite des Bettes ab, krieche hinter sie und schlinge meine Arme um ihren bebenden Körper. Sie wölbt mir ihren Rücken entgegen und kuschelt sich dicht an mich. Ich liege hinter ihr und halte sie, meine Nase in ihrem wunderbar duftenden Haar vergraben. Ich atme Joes süßen Geruch ein und falle rasch in einen traumlosen Schlaf.

Kapitel 05

Ich erwache, weil Joe zu würgen beginnt. Verschlafen folge ich ihr ins Bad, wo sie vor dem Klo kniet und Galle spuckt. Es dauert eine Ewigkeit, und leider bleibt es nicht bei der einen Unterbrechung. An Schlaf ist nicht mehr zu denken, und als es ihr gegen zehn noch immer nicht besser geht, packe ich eine protestierende Joe in den Wagen. Es ist mir egal, was sie dazu sagt. Ihre Lippen sind aufgesprungen, und sie hat gesagt, dass sie tierischen Durst hat. Abgesehen davon wankt sie, denn sie ist so dehydriert, dass ihr schwindelig ist. Sie nicht ins Krankenhaus zu fahren wäre meiner Meinung nach unverantwortlich.

Joe wird untersucht, bekommt Infusionen verabreicht, und es ist schnell klar, dass sie heute einige Stunden hierbleiben muss. Sam kommt, um mich abzulösen, aber ich muss noch andere Dinge auf die Reihe kriegen, ehe ich abdüse. Ich versuche, meine Gäste anderweitig unterzubringen. Ich hatte ein paar Freunden versprochen, dass sie die kommenden Tage bei mir wohnen können. Ich konnte ja nicht ahnen, dass Joe in mein Leben platzen und es grundlegend auf den Kopf stellen würde. »Du scheinst gestresst zu sein«, bemerkt Sam, nachdem ich mein Telefonat mit Kane beendet habe.

Ich schüttle den Kopf und gebe vor, die Coolness in Person zu sein. »Nur der übliche Wahnsinn«, entgegne ich lachend. »Danke, dass du dich um Joe kümmerst. Wenn ihr hier fertig seid, dann sei so lieb und fahr sie nach Hause.« Ich drücke ihr meinen Haustürschlüssel in die Hand und mache mich auf den Weg.

Obwohl ich mich beeile, komme ich eine Viertelstunde zu

spät. Ich atme einmal tief durch und betrete die Praxis meines Therapeuten. Dr. Goldmann erhebt sich und reicht mir die Hand. »Brad, ich dachte schon, Sie würden es nicht schaffen.«

»Bitte entschuldigen Sie die Verspätung. Ich musste …« Ich zögere kurz und sage dann: »Jemanden ins Krankenhaus fahren.«

»Hoffentlich nichts Ernstes«, erwidert er, deutet auf einen Stuhl und fügt hinzu: »Setzen Sie sich doch, Brad.« Ich lasse mich nieder, und wir schauen uns an. Ich weiß nicht, wo ich anfangen soll, aber das brauche ich auch gar nicht, denn Dr. Goldmann fragt: »Wie geht es Ihnen, Brad?«

»Im Moment geht es mir nicht so gut«, gebe ich zu. »Ich hatte viele Albträume und auch ein paar Flashbacks.« Worüber ist meine Sache, er muss nur wissen, dass ich sie habe.

»Sind diese Erinnerungsgewitter immer gleich?« Ich nicke. »Haben Sie Stress?«

»Nein, nicht wirklich«, erwidere ich.

»Was heißt nicht wirklich?«, hakt er nach. Als ich nicht antworte, fragt er: »Hat sich etwas verändert? Beruflich oder auch privat?«

Ich beiße mir auf die Unterlippe und verschränke meine Arme vor der Brust. »Ja, ich habe jemanden kennengelernt«, gebe ich zu. Nach einer kurzen Pause erläutere ich: »Nein, eigentlich wiedergetroffen.« Ich verstumme erneut, und plötzlich wird mir klar, dass das alles Mögliche bedeuten könnte, also füge ich rasch hinzu: »Eine Frau.«

»Und diese Frau …«, beginnt er.

»Habe ich heute Morgen ins Krankenhaus gefahren. Sie ist schwanger, und es geht ihr nicht gut.«

Er zieht eine Augenbraue hoch, und mir wird klar, was er denkt, also beeile ich mich, ihm zu versichern: »Nein, nicht von mir. Ich habe mich nach der Sache mit Nat sterilisieren lassen.«

»Ist das der Grund, weshalb Sie sich gestresst fühlen? Weil ihre Freundin das Kind eines anderen Mannes erwartet?«

Ich schmunzle und schüttle den Kopf. »Nein, damit hat das überhaupt nichts zu tun. Ob Sie es glauben oder nicht, das ist mir wirklich egal. Joes Schwangerschaft spielt für mich keine Rolle.«

»Sie scheinen Joe sehr zu mögen, nicht wahr?«

»Wie kommen Sie darauf?« Gut, das ist keine Antwort auf seine Frage, aber …

»Es sind die Art, wie Sie ihren Namen ausgesprochen haben, sowie der Blick, als sie an diese Frau dachten«, lässt er mich wissen.

Ich seufze. »Ja, ich mag sie«, gestehe ich, und weil ich gerade dabei bin, mir Dinge einzugestehen, schiebe ich hinterher: »Sehr sogar. Sie macht, dass ich mich leichter fühle. Ich kann bei ihr ganz ich selbst sein, muss mich nicht verstellen und brauche nichts vor ihr zu verbergen.« Nun ja, fast nichts. Ich bin Joe gegenüber so ehrlich, wie ich es keinem anderen Menschen gegenüber jemals zuvor war.

»Aber?«

Ich schnaube amüsiert. Er kennt mich inzwischen sehr gut. »Aber sie ist zehn Jahre jünger. Sie wird eine Familie gründen wollen, und ich kann ihr die nicht bieten. Ich bin mit dem Thema durch.« Ich seufze. »Ich will sie nicht verlieren. Ich bin glücklich, ich …« Ich verstumme, weil mir bewusst wird, wie viel ich gerade von mir preisgegeben habe.

»Ja, Brad«, ermutigt Dr. Goldmann mich. Er schaut mich mitfühlend an.

»Es kommt mir so vor, als hätten Joe und ich eine tiefere

Verbindung. Das zwischen uns ist nicht nur Sex, wir mögen einander nicht nur. Da ist … ich weiß nicht, wie ich es ausdrücken soll, aber wenn ich sie anschaue, dann erkenne ich mich selbst in ihr wieder.« Ich muss schlucken und sage dann: »Es klingt verrückt.«

»Inwiefern erkennen Sie sich in Joe wieder, Brad?«

Ich seufze leise und sage: »Da ist so viel Schmerz. Sie wirkt so verloren und so entsetzlich einsam, als würde die ganze Last der Welt auf ihren Schultern ruhen. Ich kann ihre Niedergeschlagenheit spüren, und ich will ihr beistehen.«

»Sie haben den Wunsch, sie zu beschützen?«

»Auch, ja, aber … wie gesagt nicht nur.« Ich verstumme, denn ich bin nicht in der Lage, die Sache mit Joe und mir zu erklären. »Es ist kompliziert, fürchte ich.«

»Aber es fühlt sich ganz leicht an?«, meint er und lächelt mich an. Das mag ich an ihm. Er ist ein Mensch mit einem feinen Humor – ganz anders als die Männer, mit denen ich Tag für Tag zu tun habe. Dr. Goldmann besticht durch seinen Scharfsinn und seine beharrliche Gelassenheit. Er ist die Ruhe selbst, und falls er über mich urteilt, dann lässt er es mich nie spüren.

Der Doc betrachtet mich milde lächelnd. Er wäre – in einem Film – die Idealbesetzung für den Weihnachtsmann. Dr. Goldmann hat ein gütiges Gesicht, er ist zugleich distanziert und interessiert, irgendwie warmherzig; wie gesagt, der absolute Kontrast zu meiner Welt. Und meine Welt schließt mich ein, ich bin das komplette Gegenteil meines Therapeuten. Ich bin hart, und bevor ich verletzt werde, schlage ich zuerst zu. Mich zu öffnen ist schwer, denn Gefühle zu zeigen bedeutet in meiner Welt, Schwäche zu zeigen. Es ist wie in einem Wolfsrudel. Das schwächste Tier ist den Attacken der anderen ausgesetzt, bis es letztendlich ausgestoßen und verjagt wird. Im Line-up gibt es keine Gnade, und Fehler werden nicht verziehen.

Von daher genieße ich meine Zeit hier in Dr. Goldmanns netter kleiner Praxis, denn sobald ich hier rauskomme, muss ich ins Wasser. Ja, im Moment ist es ein Müssen, denn es kommt mir so vor, als bestünde meine Schutzschicht nicht wie sonst aus quasi unkaputtbarer Verbundpanzerung, sondern aus Fiberglas. Ich fühle mich fragil und verletzlich und fürchte, dass im Moment ein schiefer Blick oder ein gehässiger Kommentar genügen würde, um mich umzuwerfen.

»Ja«, bestätige ich seinen ironischen Einwurf, »obwohl da so viel Mist und Chaos sind, fühlt es sich leicht an. Ich war schon lange nicht mehr so glücklich wie im Moment.«

»Wieso sind Sie glücklich?«, hakt er nach.

Weil ich Joe liebe, denke ich spontan. Ich schließe die Augen und lasse diese Erkenntnis sacken. An dem Punkt waren wir vor ein paar Minuten, und mir ist klar, dass mein Seelenklempner mich aus dieser Sache nicht rauslassen wird. »Ich …« Verdammt, ist es schwer, diese Worte laut auszusprechen. »Ich nehme an, ich bin verliebt«, gestehe ich ihm, aber vor allem mir selbst ein.

»Das freut mich zu hören, Brad«, erklärt er aufrichtig.

»So?«, frage ich zweifelnd, denn ich weiß genau, dass ich nicht gut für Joe bin. Joe verschwendet ihre Lebenszeit mit mir. Ich komme mir verantwortungslos vor, und dennoch kann ich ihr nicht widerstehen, und genau das sage ich auch Dr. Goldmann.

Er schüttelt den Kopf. »Ich habe eine Hausaufgabe für Sie, Brad.« Ich hasse seine Hausaufgaben. Sie sind in der Regel unbequem und … »Machen Sie sich bitte Gedanken darüber, weshalb Sie sich ihr Glück nicht gönnen.«

»Es ist nicht so, dass ich …«

Er hebt seine Hand und würgt meinen Protest ab. »Tut mir leid, mein Lieber, aber die Zeit ist um.« Und just in diesem Moment klingelt der beknackte Wecker. Ich könnte Dr. Goldmann umbringen. Er ist … Ich atme tief durch und füge mich meinem Schicksal. Soll er doch denken, was er will. Noch immer wütend setze ich mich in meinen Wagen und fahre die fünfzehn Minuten zu Pipe Richtung Norden. Ich denke schon wieder an Joe und überlege, wie es ihr wohl geht. Wie es aussah, wollten die Ärzte sie nicht im Krankenhaus behalten, was gut ist, denn ich will sie bei mir haben.

Es ist also nicht so, als würde ich mir mein Glück nicht gönnen, wie der Seelenpfuscher gerade behauptet hat. Ich arbeite daran. Ich will, dass diese Sache mit Joe funktioniert, und deshalb versuche ich, sie davon zu überzeugen, dass sie sich auf Rory und mich einlassen soll. Ich meine, mal im Ernst: Wie blöd ist das denn? Sie liebt ihn, er liebt sie, und sie kommen nicht zusammen wegen mir? Joe bedeutet mir viel zu viel, als dass ich dieser Chance im Weg stehen würde. Wenn sie sich nicht auf die Sache einlässt, dann bleibt mir gar nichts anderes übrig, als unsere Beziehung irgendwann zu beenden – ich könnte mir nie verzeihen, wenn ich ihr den Traum von einer eigenen Familie verbauen würde. Ich stehe also nicht meinem Glück im Weg, bin jedoch bereit, darauf zu verzichten, weil Joe so viel mehr verdient hat, als ich ihr geben könnte. Nur – das ist mir schmerzlich bewusst –, nur eben jetzt noch nicht. Noch kann und will ich einfach nicht ohne sie sein.

Aber in einem Punkt hat Dr. Goldmann recht: Dieser Umstand stresst mich gewaltig. Ich kann mit Rory nicht konkurrieren, und da rede ich nicht vom Surfen. Ja, mir ist klar, dass er erfolgreicher ist, doch damit habe ich keine Probleme. Ich bin ein Mensch, der gönnen kann – sonst würde ich ja nicht so auf diese Sich-eine-Frau-teilen-Geschichte abfahren. Ich gönne Rory also nicht nur seinen Erfolg, sondern würde ihm und Joe auch gönnen, zusammen zu sein. Ich bin mir sicher, Joe hätte viel Spaß mit Rory – und umgekehrt natürlich auch. Doch die Angst, sie gänzlich an ihn zu verlieren, setzt mich unter Druck – wie gesagt, im Moment kann ich sie noch nicht aufgeben, und es bleibt die winzige Chance auf ein Glück zu dritt, an die ich mich klammere.

Ich erreiche Pipe und parke meinen Wagen, gehe zum BOP-Haus, schnappe mir grußlos ein Board und seile mich ohne Umwege ins Line-up ab. Rory fragt mich als Erstes nach Joe. »Sie ist im Krankenhaus«, sage ich und erkläre ihm dann rasch, wieso, denn er ist total besorgt und völlig … ja, hysterisch trifft es schon ziemlich gut. Ich verkneife mir, ihn deshalb aufzuziehen, werde jedoch etwas ungehalten, als er mich angeht: »Und warum bist du dann nicht dort?«

»Ich war da, sie bekommt Infusionen, und das dauert«, erwidere ich mit eisiger Ruhe. Das von meinem Termin muss Rory nicht wissen. Was ich ihm aber stecke, ist, dass ich ein paar Leute in seinem Haus einquartieren will beziehungsweise muss. Joe braucht in ihrem Zustand Ruhe, und ich will sie nicht mit meinem Besuch, der heute ankommt, teilen … Okay, das klingt anders, als ich es meine. Ich schwöre es!

Ich will Joe für mich haben, und das habe ich nicht, wenn Freunde aus aller Welt bei mir einfallen, solange die Pipemasters laufen. Rory zeigt dafür wenig Verständnis. »Joe könnte zu mir kommen, wenn sie Ruhe braucht«, erwidert Rory und grinst mich dreist an.

»Saugeile Idee, Rory!«, fauche ich ihn an. Das ist nicht sein Ernst, oder? Er grinst so dreckig, dass mir schlagartig bewusst wird, dass er keine Sekunde zögern würde, sie mir auszuspannen, was mich echt auf die Palme bringt. Dieser kleine Wichser!

Rory zuckt mit den Schultern und guckt unschuldig. »Hey, man wird doch noch mal einen Witz machen dürfen. Und abgesehen davon, seit wann stört es dich, dass ich scharf auf sie bin? Schließlich hast du mir gestern Nacht in allen Einzelheiten davon vorgeschwärmt, wie ihr es stundenlang getrieben habt«, beschwert er sich – ganz so, als ob er nicht auf meine Schilderungen stehen würde.

Ich atme einmal tief durch und versuche runterzukommen. Er hat recht, das sieht mir nicht ähnlich. Ich versuche, meine Gefühle zu ordnen, was gar nicht so leicht ist, denn es sieht erst mal nach Eifersucht aus, und die spielt da sicherlich auch mit rein, aber das ist nicht alles. Nachdem ich es auseinanderklamüsert habe, antworte ich ruhiger: »Ich bin nicht eifersüchtig, Rory. Wenn ihr es miteinander treibt, ist das okay für mich, aber sie bleibt bei mir.«

»Warum?«

»Weil ich es so will«, erwidere ich bestimmt. Wir liefern uns ein Blickduell, und ich bin es, der nachgibt, indem ich ergänze: »Sie ist schwanger, und ich mache mir Sorgen. Okay? Es ging ihr heute Nacht wirklich, wirklich mies. Ich will in ihrer Nähe sein.«

Ich sehe, dass er etwas erwidern will und wütend ist, doch er schluckt seine Bemerkung hinunter. Oder auch nicht, denn im nächsten Moment fragt er: »Wann siehst du Idiot eigentlich ein, dass du sie liebst?«

Ich wende mein Board und schnappe mir die nächste reinkommende Welle … Fein, ich habe mich gerade vorgedrängelt, ist mir aber auch egal. Zum einen ist es eine echte Bombe, eine richtige Hammerwelle, und zum anderen ist mir so ziemlich jedes Mittel recht, um dem kleinen Klugscheißer zu entkommen. Was ich für Joe empfinde, geht ihn nichts an, doch all der ganze Kram wird nebensächlich, als die Welle mich mit sich nimmt und ich an der steil abfallenden Wasserwand hinuntergleite. Das Gefühl von Freiheit ist überwältigend. Ich tauche in die Tube, die glitzernde Wasserröhre, ein. Mit der linken Hand berühre ich die brechenden Wassermassen, und es ist – wie immer – ein unbeschreibliches Gefühl. Dieser Augenblick, in dem ich mich in der Welle befinde, reicht aus, um mich in ungeahnte Höhen zu katapultieren. Für diese fünf oder zehn Sekunden ist mein Leben perfekt. Es ist absolut vollkommen. Dies ist der Augenblick, für den ich lebe. Diesmal bin ich tief drin, so tief, dass ich nicht damit rechne, es rauszuschaffen. Ich lege mich noch mal richtig ins Zeug, nehme so viel Geschwindigkeit auf wie möglich und jage gerade noch aus ihr heraus. Die Welle macht direkt hinter mir zu. Pipe spuckt mir einen Schwall Gischt hinterher, und ich reiße die Arme hoch. Das war ein sensationeller Ritt.

Einer der Videofilmer zeigt mir später den kleinen Streifen, den er von dieser Welle gemacht hat. Nachdem er meinen Ritt aufgenommen hat, hat er sich total auf mich konzentriert, und er meint, wenn er es gut zusammenschneidet, dann könnte man einen dreiminütigen Film daraus machen. Ich schleppe ihn mit ins BOP-Haus, und wir zeigen seine Aufnahmen dem Team. Dort sind sie ebenfalls ganz begeistert, und wir einigen uns darauf, dass ich in den nächsten Tagen ein kurzes Interview geben werde, damit man den Film um rund fünf Minuten strecken kann. Alle sind begeistert, und ich gebe zu, ich klopfe mir auf die Schulter, dass ich in die verdammte Welle gesneaked bin. Eigentlich habe ich das echt nicht nötig, aber heute hat es sich definitiv ausgezahlt. Mein schlechtes Gewissen, mich im Line-up wie ein Arsch verhalten zu haben, hält sich also gediegen in Grenzen.

Ich springe unter die Dusche und ziehe mich um. Ich freue mich auf zu Hause und auf Joe, weshalb ich im ersten Moment enttäuscht bin, als ich Sams Wagen vor der Tür stehen sehe. Im nächsten finde ich es verdammt gut, dass sie Joe nicht alleingelassen hat. Darum hatte ich sie ja auch eigentlich gebeten, nur war es mir in meiner Gier nach Joe irgendwie entfallen.

Ich begrüße Sammy mit Küsschen links, Küsschen rechts und beuge mich dann zu Joe, die es sich auf der Liege bequemgemacht hat, hinunter, um ihr einen intensiven Kuss zu schenken. Seufzend öffnet sie ihren Mund für mich, ganz so, als hätte ich ihr schrecklich gefehlt. Der Gedanke, sie könne mich vermisst haben, löst ein ziemlich gutes Gefühl in mir aus.

Ich streichle meinen Kater, der auf Joes Schoß liegt und mir daraufhin einen mürrischen Blick zuwirft. Ja, Alter, dir habe ich nicht gefehlt, ist klar! Ich bin schließlich nur der dämliche Dosenöffner und nicht weiter wichtig. Als hätte Tiger mich verstanden, erhebt und streckt er sich, ehe er von der Liege springt und Richtung Terrassentür schlendert. Als er merkt, dass ich nicht nachkomme, bleibt er stehen, dreht seinen Kopf und schaut mich vorwurfsvoll an. Nee, Katzenvieh, der dämliche Dosenöffner hat auch seinen Stolz, denke ich und zeige ihm im Geiste meinen Mittelfinger. Sein empörtes Miau erscheint mir wie eine Antwort darauf.

Ich widme meine Aufmerksamkeit jemandem, der sie verdient hat. »Wie geht es dir?«, frage ich Joe. Sie sieht sehr erschöpft und müde aus.

»Seit sie das Mittel bekommen hat, musste sie sich erst einmal übergeben«, berichtet mir Sam, schenkt mir einen bezaubernden Augenaufschlag und meint dann ganz beiläufig: »Joe hat erzählt, dass du Klavier spielst.« Sie weiß genau, dass ich Klavier spiele. Die Sache ist die, dass ich mich geweigert habe, bisher für sie zu spielen.

Normalerweise würde ich ihr sagen, dass sie mich einfach fragen soll, stattdessen erwidere ich: »Wenn du mich so lieb bittest, Sam, wie könnte ich da Nein sagen?« Denn sie hat sich eine kleine Belohnung verdient.

Also spiele ich für die beiden. Sollte ich irgendwann mal nicht mehr mit meinem Erfolg, meinem guten Aussehen oder meiner Kohle bei Frauen landen können, dann wird das Klavierspiel mir immer noch einen Haufen Weiber bescheren. Joe und Sam sind jedenfalls total angetan, wie sie mir versichern. Das ist strange, denn meine Kumpel, allen voran Rory, machen sich ständig lustig darüber. Doch die beiden wirken so interessiert, dass ich sogar ein wenig von meinem Großvater, dem berühmten Pianisten, und meiner Mutter erzähle.

Erst in diesem Moment werden mir die Parallelen bewusst, und ich überlege, was Dr. Goldmann wohl dazu sagen würde, dass meine Freundin sich in der gleichen Situation befindet wie meine Mutter damals. Gut, Megan hat keinen tragischen Schicksalsschlag erlitten, aber sie wurde ungewollt schwanger (wobei sie immer auf ungeplant besteht, als würde das einen Unterschied machen) und war ebenfalls eine Tochter aus reichem Elternhaus.

Ob ich deshalb das Bedürfnis habe, Joe zu beschützen? Der Gedanke lähmt mich kurz, denn sollte ich diese Frage mit Ja beantworten, würde mir die Antwort nicht gefallen. Zum Glück fällt mir gleich darauf ein, dass ich diesen Wunsch bereits hatte, ehe ich wusste, dass Joe schwanger ist. Okay, das ist gut und erleichtert mich ungemein, denn es bedeutet, dass ich doch nicht völlig verkorkst bin …

Sammy erwähnt beiläufig, dass Joe auch Piano spielen kann. Diese ziert sich anfangs, doch gemeinsam nötigen wir sie dazu, sich hinter das Klavier zu setzen. Sie spielt November Rain und kann es auswendig. Ich erinnere mich noch genau an unsere Unterhaltung damals im Pick-up. Ich habe ihr diesen Song empfohlen.

»Und was machst du sonst so, wenn du nicht versuchst, dich von einem Hurrikan wegwehen zu lassen?«, habe ich sie gefragt.

Sie hat gegrinst und schulterzuckend geantwortet: »Das Übliche eben. Zur Schule gehen, surfen und …« Ein theatralischer Seufzer folgte. »Klavierspielen .«

»Klavierspielen ?«

Ein erneuter Seufzer, gefolgt von einem gepressten Ja.

»Du magst es nicht sonderlich, was? Es gibt aber auch sehr coole Songs fürs Klavier«, hatte ich ihr erzählt und Cats in the Cradle und November Rain genannt.

Joe spielt bezaubernd, auch wenn man merkt, dass ihr die Übung fehlt. Ihre Finger sind etwas steif, doch sie legt so viel Gefühl in diesen Song, dass es mir ans Herz geht. Möglicherweise ist es auch nur die Erkenntnis, dass sie ihn aufgrund meiner damaligen Bemerkung überhaupt beherrscht. Mir würde *es* gefallen, dass ich sie geprägt und bei ihr einen bleibenden Eindruck hinterlassen habe. Dass etwas von mir sie die Jahre hindurch begleitet hat und ich für sie von Bedeutung war.

Ich beuge mich zu ihr und küsse ihre nackte Schulter, während sie spielt. Als sie geendet hat, bitte ich sie, den Song noch einmal zum Besten zu geben, und singe mit. Bereits während ich es tue, suche ich den Blickkontakt mit Sam, und sie versteht mich gut, denn sobald Joe fertig ist, verabschiedet sie sich. Ich bringe sie zur Tür, beuge mich vor, küsse ihre Wange und flüstere: »Danke, Sammy.«

Sie lacht. »Treib es nicht zu wild. Denk dran, Joe ist schwanger«, erwidert sie und zwinkert mir zu.

Ich schließe die Tür hinter ihr, gehe zu Joe, die noch immer am Klavier sitzt, und nehme neben ihr Platz. Allerdings nur, um sie Sekunden später auf meinen Schoß zu ziehen und mit ihr zusammen im nächsten Moment aufzustehen. Joe quietscht überrascht, schlingt ihre Arme um meinen Hals, küsst diesen und lässt sich von mir hoch in den ersten Stock tragen.

Ich lasse mich mit ihr auf das Bett fallen, und sie lacht sich schlapp. »Du bist verrückt.« Sie kichert ausgelassen. Ja, ich bin verrückt nach ihr.

»Das wusstest du vorher«, rüge ich sie und sage dann: »Zieh dich aus!« Ich will in ihr sein, am liebsten jetzt. Doch Joe braucht ewig, um aus ihrem Kleid zu kommen, und ich ziehe es ihr kurzerhand über den Kopf. Sie lässt sich nach hinten fallen, hebt ihre Hüfte an, und ich reiße ihr den Slip regelrecht vom Leib. Sie ist schon ziemlich feucht, dennoch lecke ich sie kurz, ehe ich mich zwischen ihre Beine dränge und den Bruchteil einer Sekunde später in ihr bin.

Joe unter mir bäumt sich auf, verlangt nach mehr, doch ich brauche einen Augenblick, um mich zu fangen. Jetzt, wo ich da bin, wo ich schon den ganzen Tag über sein wollte, nämlich tief in ihr, gibt es keinen Grund mehr zur Eile.

Ich liebe Joe langsam und zärtlich und ignoriere ihre Forderungen nach härterem, schnellerem Sex. Nicht jetzt, nicht in diesem Augenblick, wo mir mehr denn je bewusst ist, dass ich mich unsterblich verliebt habe. Nach einer gefühlten Ewigkeit gelangen wir fast zeitgleich zum Höhepunkt, und als ich mich in sie ergieße, stöhne ich ihren Namen. »Joe! Oh, Gott, Joe!«, hauche ich in ihren offenen Mund, ehe ich sie küsse. Ich vergrabe mein Gesicht an ihrem Hals und genieße den Moment nach dem Orgasmus. Sie streichelt meinen Rücken, küsst mich, und ich bin glücklich. Wir sind uns unglaublich nah.

»Wie geht es dir?«, frage ich sie.

Joe unter mir seufzt wohlig und kuschelt sich enger an mich. »So gut wie seit Monaten nicht mehr. Danke, Brad!«

»Du bedankst dich für den Sex?«, necke ich sie. Ich weiß genau, was sie meint, aber ich kann es nicht lassen, sie ein wenig aufzuziehen.

»Nein«, nuschelt sie erschöpft. »Aber auch.« Ich rolle mich von ihr runter und schaue ihr dabei zu, wie sie wegdöst. Sie versucht, die Augen offenzuhalten, doch es will ihr nicht gelingen. Ich küsse ihren Mundwinkel und betrachte sie verträumt. Ich kann nicht widerstehen und berühre vorsichtig die drei kleinen Leberflecke, die entlang ihres Schlüsselbeins aufgereiht sind. Joe ist nicht nur wunderschön, sie hat auch diese weiche Seite. Ich mag, wie sie mich behandelt. Sie berührt mich mit einer Selbstverständlichkeit, die ich nicht kenne, ein wenig so, als würde mein Körper eigentlich ihr gehören. Sie tut es auch in diesem Moment, denn ehe sie eingeschlafen ist, hat sie eine Hand auf meinen Unterarm gelegt und angefangen, die Härchen darauf zu kraulen. Nun liegt ihre Hand still darauf, locker und doch … besitzergreifend ist falsch, das stimmt so nicht und klingt schrecklich negativ. Eher dazugehörig, falls das einen Sinn ergibt. Ja, ich glaube, das trifft es ganz gut.

Ich gönne Joe einen kurzen, späten Mittagsschlaf, und als ich sie wecke, um sie unter die Dusche zu entführen, wirkt sie noch immer völlig benommen. Mir ist sehr wohl bewusst, dass der Sex heute gänzlich anders war als die Male zuvor. Es war viel intensiver, und mir geht es ganz ähnlich wie Joe, auch ich schwebe noch immer auf Wolke sieben und bin völlig stoked, weshalb wir eine ganze Weile zusammen unter der Dusche stehen, uns innig küssen und streicheln und die Welt um uns herum vergessen.

Irgendwann knurrt mein Magen so laut und bedrohlich, dass ich es nicht länger ignorieren kann. Ich stelle das Wasser ab, und wir treten aus der Duschkabine hinaus in die Realität. Ich schlage vor, dass wir essen gehen, denn mir ist nicht nach Grillen. Wir einigen uns darauf, nicht wirklich auszugehen, weil Joe zu erschöpft ist. Vielleicht muss ich es nicht extra betonen, doch auch das ist anders. Normalerweise können die Frauen, mit denen ich mich umgebe, nicht genug davon bekommen, in schicke Restaurants geschleift zu werden. Ich lächle Joe an und erwidere: »Alles, was du willst, Babe!«

Ihr Gesicht verzieht sich zu einer Grimasse, und ich frage mich, worüber sie sich gerade ärgert. Allerdings ist Joe ehrlich und authentisch und so lieb, mich eine Sekunde später darauf hinzuweisen, was sie gestört hat. »Brad, kannst du aufhören, mich so zu nennen?«, bittet sie mich.

Mir ist augenblicklich klar, worum es ihr geht. Idiot, schimpfe ich mich. Die ganze Zeit rede ich davon, dass Joe anders ist als diese dämlichen, geldgeilen Weiber, und dann nenne ich sie Babe wie eine x-beliebige Tusse. Ich nicke also und frage: »Wie soll ich dich sonst nennen, Joe?«

»Keine Ahnung«, entgegnet sie unsicher. Nun wirkt sie verlegen, was nicht nötig ist, denn ich benutze »Babe« sehr inflationär und kann ihren Wunsch nach einem weniger abgegriffenen Kosenamen völlig nachvollziehen. Wie ich sagte: Sie ist keines dieser Babes. Joe ist das komplette Gegenteil. Joe ist alles, was gut und richtig ist. Ich fühle mich bei ihr wohl, geborgen und geliebt. Sie gibt mir Sicherheit, hält mich, sie ist mein …

Ich mache einen Schritt auf sie zu, schließe sie in die Arme. Ihre nackte Haut auf meiner zu spüren empfinde ich als großartig, und ich schließe kurz die Augen und gebe mich einfach dieser Berührung hin. Dann flüstere ich ihr ins Ohr: »Darf ich dich Engel nennen?«

Joe zieht sich etwas zurück, um mich anschauen zu können. Ich sehe den Zweifel in ihren Augen. Sie denkt, ich verarsche sie, aber mir war selten etwas so ernst. Joe scheint das zu spüren und nickt. Wie über so vieles, was zwischen uns passiert, reden wir auch über diese Sache nicht, und dennoch bin ich davon überzeugt, dass Joe die Botschaft dahinter verstanden hat. Ich weiß, dass sie weiß, dass sie etwas Besonderes für mich ist. »Danke, mein Engel!«, sage ich und küsse sie sanft.

Kapitel 06

Trotz all der Nähe schaffe ich es etwa eine Stunde später, mir Joes geballten Zorn zuzuziehen, weil ich – was auch sonst – ein Idiot bin. Allerdings bin ich nicht der einzige Armleuchter. Rory schaut ebenso betreten drein, als Joe uns abmahnt. Okay, vielleicht waren wir etwas zu forsch und vielleicht war es keine gute Idee von mir, Rory zu sagen, wo wir einen Happen essen gehen, damit er uns »zufällig« treffen kann. Möglicherweise hätten wir sie nicht derart bedrängen und in Verlegenheit bringen dürfen. Uns gleich damit zu drohen, den nächsten Flieger nach Maui zu nehmen und in Tränen auszubrechen, war jedoch eine etwas übertriebene Reaktion. Jedenfalls finde ich das, während ich den Pick-up, in dem wir drei sitzen, den Kam Highway zu meinem Haus hinunterlenke.

Joe hat die Arme vor der Brust verschränkt und lässt weder Rory noch mich an sich ran. Sie hat die Augen geschlossen. Keine Ahnung, was in ihrem Kopf vor sich geht. Ich für meinen Teil habe Angst davor, sie zu verlieren. Wenn sie nach Maui fliegt, dann reise ich ihr hinterher – so viel ist sicher.

Wortlos verschwindet sie nach oben, und Rory und ich bleiben im Wohnzimmer zurück. »Ja, Brad, echte Fortschritte«, ätzt Rory, dabei war er es doch, der Joe so in Verlegenheit gebracht hat. Er starrt auf seine geschwollene, aufgeschürfte Rechte. »Hast du Eis für meine Hand?«, fragt er.

»Mit wem hast du dich geschlagen?«, will ich wissen. Schlägereien sehen Rory gar nicht ähnlich. Er ist ein netter Mensch, sehr nachsichtig und verständnisvoll und hat sich eigentlich gut unter Kontrolle.

»Mit Ken, weil er über Joe hergezogen ist.« Ich gehe zum Kühlschrank, hole ein Gelkissen heraus und werfe es ihm zu. Er fischt es mit der Linken aus der Luft und klatscht es auf seine andere Hand.

»Was hat er gesagt?«, frage ich, obwohl ich es mir denken kann. Ken ist ein arroganter kleiner Pisser, der sich für den Größten hält und es da, wo er herkommt, auch ist. Er ist die Lokallegende, und aus Erfahrung weiß ich, dass man nur abdrehen kann, wenn einem immer alle Zucker in den Arsch blasen und sagen, wie toll man ist.

»Dass sie eine Schlampe ist, weil sie mit dir rumschiebt. Es war widerlich. Echt ekelhaft«, antwortet Rory, und ich kann hören, wie sehr ihn diese Worte verletzt haben. Auch ich spüre einen schmerzhaften Stich und habe das Bedürfnis, in den Wagen zu springen und Ken eigenhändig eine Abreibung zu verpassen.

Ich will ehrlich sein, ich war auch so ein verdammter Drecksack wie er. Ich habe Frauen nie wirklich respektvoll behandelt, sie immer nur benutzt, aber das Universum ist ein noch größeres Arschloch als ich es jemals hätte sein können: Es hat mir drei Töchter geschenkt. Drei Töchter! Das ist der Albtraum schlechthin! Ich werde mir mein Leben lang Sorgen machen und beten, dass sie nicht an einen Typen wie Rory, Joes Brüder oder mich geraten. Jungs, die nur das eine im Sinn haben und sich nach erfolgreichem Abschuss die Nächste schnappen.

Tja, und weil ich all die Jahre über so ein Aufreißer war und meinen Schwanz nicht in der Hose lassen konnte beziehungsweise wollte, bekommt Joe jetzt den Schlampenstempel aufgedrückt. Das ist zum Kotzen!

Doch irgendwie verstehe ich Ken auch, denn wie könnte

man bei all den Starfuckerinnen nicht den Glauben an die Frauen verlieren? Es ist ja nicht so, als würden diese Weiber uns nicht auch benutzen. Sie wollen sich in unserem Glanz sonnen, einen reichen, berühmten Kerl an ihrer Seite haben und in irgendwelchen Magazinen erscheinen. Diesen Frauen ist es egal, wer man ist, was man fühlt, wie man tickt, wovon man träumt, sie wollen nur den Status. Der Typ an sich ist austauschbar.

Bei Joe ist es anders, und das, obwohl es da einen anderen Kerl gibt. Ich betrachte Rory, der müde und erschöpft wirkt. Er ist nicht in Form, aber das sollte er sein. Die Pipemasters sind ein wichtiger Wettkampf. Doch gedanklich ist er mit Joe beschäftigt. »Tut es dir auch so weh wie mir«, fragt er mich, woraufhin ich nicke. »Ich will nicht, dass jemand so über Joe denkt und redet«, begehrt Rory auf.

Ja, es ist unfair. Es ist gemein, und Joe hat das nicht verdient. Doch wir werden es nicht verhindern können: Wenn wir unseren Plan in die Tat umsetzen, wird Joe darunter leiden. Man wird schlecht von ihr denken und reden, das ist Fakt, und genau das sage ich Rory auch.

Er lamentiert ein bisschen rum, woraufhin ich ihn mit der unangenehmen Wahrheit konfrontiere. »Dann müssen wir es lassen. Man wird Joe dafür verurteilen, wenn sie etwas mit uns anfängt. Du hast es heute doch selbst erlebt.« So ist es nämlich. Wir stehen an einer Kreuzung. Wir lassen es – entweder gibt einer von uns auf oder wir beide –, oder wir ziehen es allen Widerständen zum Trotz durch. Und ich weiß eine Sache ganz sicher: Ich kann meine Finger nicht von ihr lassen. Es geht einfach nicht. Ich will mit ihr zusammen sein. Das ist scheißegoistisch, weil es nicht gut für sie ist, aber es ist mir egal. Ich kann und will nicht anders, nicht nach dem, was heute Mittag in meinem Bett passiert ist. Ich liebe Joe Reynolds und kann mir ein Leben ohne sie nicht vorstellen.

Und mal ehrlich, wenn Rory auf sie verzichten würde, dann würde ich ihn zwar einerseits für einen kompletten Idioten halten, doch andererseits hätte er meine volle Hochachtung. Es würde ihn zum Märtyrer machen.

Wir beenden das leidige Thema und spielen ein wenig Alien Isolation. Fiese außerirdische Kreaturen zu killen beziehungsweise von ihnen gekillt zu werden ist genau das, was wir jetzt brauchen. Wir wechseln uns ab, weil es keinen Multiplayer-Modus gibt.

Irgendwann gähnt Rory, und ich biete ihm an, über Nacht zu bleiben. Ich zeige ihm, in welchem Gästezimmer er schlafen kann, und gehe dann zu Joe. Eigentlich habe ich nicht vor, sie zu vernaschen, doch das ganze Zimmer riecht nach Sex, und als ich mich neben Joe lege, presst sie sich fest an mich. Sie drückt mir ihren Körper entgegen. Ich umarme sie von hinten und fange an, ihre Brust zu streicheln. Sie stöhnt leise. Ich schiebe meine Hand in ihr Höschen und stelle fest, dass sie superfeucht ist. Und dann höre ich, wie sie Rorys Namen keucht.

Ehrlich, dass eine Frau in meinem Bett den Namen eines anderen Typen stöhnt, ist mir noch nie passiert, und ich weiß im ersten Augenblick nicht, was ich davon halten soll. Ich gebe zu, dass ich ein wenig gekränkt bin, allerdings ist mir auf der anderen Seite total bewusst, dass das Schwachsinn ist. Das ist nur mein Ego, mehr nicht. Will ich, dass Joe mit Rory vögelt? Und ob! Also, soll sie doch seinen Namen stöhnen, und die Aussicht darauf, dass sie es wirklich tun könnte, die wiederum macht mich geil. Ich beiße Joe in den Nacken, und sie stöhnt erneut ein leises »Rory!«, und dieses Mal finde ich es wunderbar, denn er lässt sie nicht kalt. Er verfolgt sie sogar bis in ihre Träume hinein. Das ist großartig. Ich liebkose Joe intensiver, und sie kommt langsam zu sich. Sie dreht sich in meinen Armen zu mir herum, und ich lecke mich ihren Hals hinunter zu ihren harten Nippeln. Joe seufzt leise, als ich ihre linke Brustwarze in meinen Mund sauge und meine Zunge darübergleiten lasse.

Sie streichelt meinen Rücken und wispert nun meinen Namen. »Dreh dich rum, Engel!«, knurre ich, ziehe sie aus und platziere mich hinter ihr. Ich schiebe meinen Schwanz ein Stück in sie, ziehe ihn zurück und dringe dann kraftvoll in sie ein. Joe keucht, als ich mich erneut weit aus ihr rausziehe, um dann wieder energisch zuzustoßen. »Du fühlst dich so gut an, Joe!«, lasse ich sie wissen, während ich sie bumse – und ja, sie fühlt sich wunderbar an.

Ich weiß, dass es fies ist, sie aus dem Schlaf zu reißen, aber ich konnte wirklich nicht anders. Allerdings ist sie noch zu verschlafen, um die ganze Sache genießen zu können. Ich zögere es lange hinaus, doch irgendwann komme ich. »Joe!«, stöhne ich, als ich in langen Schüben in sie spritze.

Sie kuschelt sich in die Kissen, doch hier wird nicht geschlafen. So weit kommt es noch! Ich wecke sie mitten in der Nacht, und sie kommt nicht mal auf ihre Kosten? Ich fange an, sie sehr gezielt zu liebkosen, und anhand ihrer lauter werdenden Seufzer weiß ich, dass es ihr gefällt. Joe wimmert an meinem Mund, als sie kommt. »So ist es gut, mein Engel!«, raune ich ihr zu, küsse ihren Hals, schiebe mein rechtes Bein über sie und ziehe sie noch enger an mich. Ich habe nicht vor, diese Frau je wieder loszulassen. Beim besten Willen kann ich mich nicht daran erinnern, schon einmal so verliebt gewesen zu sein – nein, wirklich nicht, und wenn ich so drüber nachdenke, dann war ich auch noch nie so zufrieden und glücklich.

Joe ist mein ganz persönliches Wunder. Mein Engel, gekommen, um mich zu retten. Dabei dachte ich ironischerweise, ich würde sie beschützen müssen. Wie dumm von mir! Joe ist so stark und so hart im Nehmen, von ihr kann ich mir wirklich noch eine Scheibe abschneiden.

Ich streichle sie, und sie seufzt leise. Allein dieser kleine, unschuldige Laut macht mich schwach. Wie alles an ihr. Ich finde sie einfach umwerfend, und ich kann die drei Worte nicht länger zurückhalten. Mit einem Mal sind sie so präsent, und mein Herz fühlt sich an, als müsste es jeden Moment den Dienst quittieren, weil es all den Gefühlen, die mich gerade bewegen, nicht gewachsen ist.

»Ich liebe dich, Joe«, flüstere ich ihr zu. Mit welcher Reaktion auch immer zu rechnen war, ich werde enttäuscht. Denn zu meinem Leidwesen verhallt meine postkoitale Liebeserklärung ungehört. Joe ist bereits eingeschlafen.

Fuck! Das darf nicht wahr sein! Da sage ich es und sie … Verdammt! Sie kann doch nicht einfach schlafen, ich meine … Ach, Scheiße! Ich bin überhaupt nicht mehr müde, sondern total verärgert. Ich bin nicht wütend auf sie, sondern auf die Gesamtsituation – ehrlich, ich könnte schreien. Stattdessen stehe ich auf, schlüpfe in meine Boardshorts und schleiche mich aus dem Schlafzimmer, die Treppe hinunter und vor die PS4. Ich lasse die Aliens für meine schlechte Laune bluten und bin gerade dabei, diesen mistigen Viechern den Einlauf ihres Lebens zu verpassen, als ich plötzlich von oben Schreie höre.

Ich unterbreche das Spiel und renne hoch. Rory brüllt gerade ein weiteres Mal meinen Namen. Die Szenerie, die sich mir im Badezimmer bietet, berührt mich sonderbar. Eine nackte Joe in Rorys Armen ist nun einmal mein absoluter Wunschtraum, doch gewiss nicht auf diese Weise. Sie würgt so heftig, dass sie kaum Luft bekommt. Ihr Gesicht ist vor Anstrengung gerötet. Eine Sekunde lang bin ich überfordert, denn ich weiß gerade nicht, was ich tun soll. Dann erinnere ich mich an die Tropfen und haste die Treppe wieder hinunter. Ich suche das Fläschchen in der Küche und werde einige Augenblicke später auch fündig. Immer zwei Stufen auf einmal nehmend fege ich die Treppe wieder hoch.

Einer wild würgenden Joe das Medikament zu verabreichen ist allerdings eine echte Herausforderung. Irgendwann gelingt es mir doch, aber es wird einfach nicht besser. Erst eine halbe Stunde später setzt endlich die Wirkung ein. Rory trägt Joe, er hat sie die ganze Zeit im Arm gehalten, ins Bett. Ich helfe ihr dabei, sich anzuziehen, und dann bitte ich Rory, bei ihr zu bleiben, nachdem er mir den Kopf gewaschen hat.

Seine Besorgnis wäre amüsant, wenn ich mir nicht auch so meine Gedanken machen würde. Joes Zustand ist nicht normal. Das muss für sie die Hölle sein. Nein, ich bin mir sicher, das eben war die Hölle. Und wenn das so weitergeht, dann muss ich mir keine Sorgen darüber machen, dass ich sterilisiert bin und Joe keine Kinder machen kann, denn dann wird es bei dieser einen Schwangerschaft bleiben.

Ich setze mich raus auf die Terrasse und trinke ein Bier, das ich mir aus dem Kühlschrank mitgenommen habe. Rory hat recht, wir müssen besser auf Joe aufpassen. Ihr Zustand ist beängstigend, und sie hat wirklich kaum Luft bekommen, so heftig waren diese schrecklichen Krämpfe. Ich gebe zu, ich habe richtig mitgelitten – und Rory auch. Deshalb ist es auch gut, dass er jetzt bei ihr liegt. Da kann er sich davon überzeugen, dass es ihr besser geht, und in ihrer Nähe sein, ohne dass einer von ihnen beiden deshalb ein schlechtes Gewissen haben müsste. Okay, ohne dass Joe ein schlechtes Gewissen mir gegenüber haben müsste, denn Rory, der Teufel, hat es bestimmt nicht.

Ich bin so verdammt froh, dass das Glück bei diesem Münzwurf auf meiner Seite war. Ich würde durchdrehen, wenn … tja, oder ich hätte gar nicht erkannt, wie wundervoll sie ist, wenn ich ihr nicht so nahegekommen wäre. Ja, das hätte ich sicherlich nicht geschnallt. Sie wäre einfach Rorys Freundin geworden. Mich hätte das zwar angekotzt, aber ich wäre ziemlich schnell drüber hinweggekommen. Daran ist jedoch, seit ich ihr Hotelzimmer betreten habe, nicht mehr zu denken. Sie hat mir den Kopf verdreht. Ich vermisse sie mit einem Mal schrecklich, dabei ist sie erreichbar. Sie liegt oben in meinem Bett, und obwohl ich den beiden die gemeinsame Zeit gönne, fehlt Joe mir. Es fällt mir schwer, ihnen noch eine weitere halbe Stunde zu geben, doch ich bleibe stark. Als ich leise mein Schlafzimmer betrete, um Rory zu wecken, wird mir klar, dass ich wieder einmal eifersüchtig bin.

Vielleicht liegt es daran, dass sie seinen Namen gestöhnt hat, vielleicht daran, wie sie aneinandergeschmiegt in meinem Bett liegen – ich weiß es nicht, doch was ich weiß, ist, dass ich froh bin, sie gleich in die Arme schließen zu können.

Rory schaut mich flehend an, aber ich will in mein Bett und bei Joe sein. »Ich bleibe jetzt bei Joe und lasse sie keine Sekunde aus den Augen, versprochen«, versichere ich ihm.

»Okay«, erwidert Rory resigniert und verschwindet. Ich kuschle mich an Joe und schließe sie in die Arme, genauso wie er sie zuvor gehalten hat. Ich kann ihn an ihr riechen, und es gefällt mir nicht.

Das ist so verrückt! Ich war nie ein eifersüchtiger, besitzergreifender Typ. Aber bei Joe ist alles anders. Könnte ich es wirklich ertragen, ihn mit ihr zu sehen? Dabei zuzuschauen, wie sie miteinander Sex haben? Todmüde wie ich inzwischen bin, überfordert mich die ganze Situation, und ich bin nicht dazu in der Lage, einen klaren Gedanken zu fassen.

Wir schlafen lange und wachen nur auf, weil es Joe erneut schlecht wird. Ich helfe ihr ins Bad, wo sie sich heftig übergibt. Es ist nicht so schlimm wie vergangene Nacht, dennoch tut sie mir unglaublich leid. »Ich sterbe«, murmelt sie zwischen zwei Würgekrämpfen.

Ich streichle ihren Rücken. »So schnell stirbt es sich nicht«, tröste ich sie.

»Du musst es ja wiss…« Keine Ahnung, ob sie auf meinen Beinahe-Tod anspielt, und ich werde es vermutlich auch nie erfahren, denn Joe röhrt wieder los. Immerhin übergibt sie sich diesmal in die Toilette und nicht auf mich. Ich lasse die Erinnerung an Joe und wie sie mich damals angekotzt hat zu, denn es ist eine gute Erinnerung.

22 Jahre vorher

»Hey, warum heulst du?«, frage ich den kleinen Jungen, dessen Augen schon ganz geschwollen sind und dem der Rotz aus der Nase läuft. Er ist fünf oder sechs und hockt im Sand.

»Wegen meinem Bruder und meiner Schwester.«

»Haben sie dich geärgert?«, will ich wissen.

»Nee, die sind doch noch Babys!« Er sagt es, als wären sie etwas Ekliges, wie Hundekacke oder so. »Die liegen nur rum und heulen, und meine Mum und Lisa, die kümmern sich nur um die beiden, und niemand kümmert sich mehr um mich.«

»Oh!«, sage ich. Ich habe keine Ahnung, was ich sonst sagen

soll, aber ich weiß, wie es ist, wenn sich nicht um einen gekümmert wird. Damit kenne ich mich verdammt gut aus. Meine Mutter hat einen neuen Freund, und deshalb verdrücke ich mich lieber nach draußen, denn die beiden kümmern sich lieber umeinander als um mich.

»Babys sind voll doof!«

Ich habe keine Ahnung. Ich habe keine kleinen Geschwister. Ich habe gar keine Geschwister, dabei hätte ich gerne einen großen Bruder. Einen richtig coolen, der mir zeigt, wie alles geht, und der auf mich aufpasst.

»Wie heißt du?«, frage ich ihn.

»Dean. Dean Reynolds, und du?«

»Ich heiße Bradley Hoover, aber alle nennen mich Brad. Wir wohnen in dem gelben Haus da drüben.« Ich deute über den Strand hinweg zu einer Reihe von Häusern. Nur eines ist gelb, meine Mutter liebt diese Farbe. Ich setze mich neben Dean in den Sand.

»Was hast du mit deinem Bein gemacht?«, will er wissen.

»Gebrochen. Beim Skaten.«

»Scheiße!«, sagt er und schlägt sich die Hand vor den Mund.

Ich lache. »Von mir aus kannst du fluchen, so viel du willst.«

Er nickt.

»Ich habe dich noch nie hier gesehen.«

»Wir sind erst vor einer Woche von Oahu' hergezogen«, erklärt Dean mir.

»Ahhh!«, antworte ich und frage dann: »Magst du mit mir spielen?« Ich hole meine Actionfiguren aus dem Rucksack.

»Wow! Sind die cool!«, entfährt es ihm.

»Kennst du die?«

Er schüttelt den Kopf. Dafür ist er vermutlich noch zu klein.

»Wie alt bist du?«

»Fünf«, sagt er. Es ist ihm peinlich, dass er noch so klein ist.

»Älter«, sage ich, »wird man von selbst.« Das jedenfalls sagt meine Mutter immer, wenn ich zu jung für Sachen bin und mich darüber ärgere.

»Und wie alt bist du?«

»Neun, aber ich werde bald zehn«, lasse ich ihn wissen. Nach meinem Geburtstag kommt der Gips ab, und dann kann ich wieder surfen und skaten. Würde mein Fuß nicht in der Plastiktüte stecken, dürfte ich nicht mal an den Strand. »Dann kommt der Gips ab«, lasse ich ihn wissen. Das ist echt der einzige Grund, weshalb ich mich wie verrückt auf meinen Geburtstag freue. Denn wir feiern den nie richtig, nicht so wie andere Kinder mit Kuchen, Freunden und so.

»Das ist bestimmt voll doof«, meint Dean und deutet auf meinen Fuß.

»Ja! Bestimmt genauso doof wie Babys.« Wir lachen beide.

»Wer ist das?«, fragt Dean neugierig und hält eine blonde Figur mit Schwert hoch.

»Das ist He-Man«, erkläre ich. Wenn ich groß bin, dann möchte ich so aussehen wie er. He-Man ist unglaublich stark, und niemand kann ihm etwas tun.

»Und das?«, fragt er und deutet auf einen grünen Tiger. »Das ist Battle Cat. He-Man reitet auf ihm, er ist sein Kampftiger.«

»Cool!«

»Ja, supercool!«

»Und das da?« Er zeigt auf die dritte Figur. Die scheint ihm etwas Angst zu machen. Was ich verstehen kann, auch mir macht sie Angst, obwohl sie das nicht sollte. Dafür bin ich nämlich eigentlich schon zu groß. »Das ist Skeletor, der Herr der Unterwelt. Er ist sehr böse«, sage ich, und Dean schaut mich aus furchtsamen Augen an.

»Der sieht unheimlich aus«, flüstert er. Es fällt ihm schwer, das zuzugeben.

»Wir müssen ja nicht mit ihm spielen. Wir können auch nur mit He-Man und Battle Cat spielen«, schlage ich vor. Er nickt, und ich lasse Skeletor in meinem Rucksack verschwinden. Dean und ich spielen eine ganze Weile zusammen.

Irgendwann haben wir Durst und Hunger und gehen zu ihm nach Hause. Bevor wir eintreten, ziehe ich die Plastiktüte und meinen Schuh aus. Auch Dean kickt seine Flipflops von seinen Füßen. Das Haus ist der Wahnsinn! Meine Mutter und ich wohnen inzwischen in einem sehr hübschen Haus, aber das hier, das ist riesig. Bestimmt doppelt so groß wie unseres. Nein, dreimal so groß. Einfach megariesig! Ich schaue mich um und bin platt, weil die Wände im Eingangsbereich voll von Wavehunters-Covern sind.

Wenn ich groß bin, dann will ich auch auf das Cover dieses Magazins. Ich kann es vor mir sehen. Ich kann sehen, wie ich in einer richtig fetten Barrel stehe, gerade aus ihr herauskomme und meine Arme nach oben reiße. Das ist mein Traum! Das ist das, was ich für mich und mein Leben will. Ich will, dass die Leute mich ansehen und wissen, das ist Brad Hoover, der surft wie kein Zweiter! Der beste Surfer aller Zeiten! Doch dafür muss ich größer werden und besser, aber das werde ich, darüber mache ich mir keine Sorgen. Ich werde unglaublich gut sein, da bin ich mir ganz sicher.

Ein lautes Plärren unterbricht meine Träumerei. »Das ist bestimmt Rus«, sagt Dean. »Der heult echt nur rum.«

»Ist dein Dad ein Surfer?«, frage ich. Das wäre total cool. Vielleicht ist sein Vater Rick Volabee oder …

»Mein Dad macht Wavehunters«, sagt er.

»Cool!«, entgegne ich.

Wir gehen in die Richtung des Gebrülls. »Hi, Mum!«, sagt Dean zu der schlanken, blonden Frau, die mit einem Baby an der Schulter durch den Raum läuft. Ich glaube, sie versucht es zu beruhigen. Aber es schreit aus vollem Hals. Mir fallen gleich die Ohren ab. Dean schützt seine mit den Händen, und ich muss grinsen. Wenn es nicht so dämlich aussehen würde, würde ich es ebenso machen. Das Geheul ist echt ziemlich furchtbar und kaum zum Aushalten.

»Brad und ich haben Hunger.«

»Hi, Schätzchen. Hi, Brad«, begrüßt mich die Mutter, als würden wir uns ewig kennen. Sie sieht sehr nett aus. Nicht wie eine Mutter, der es egal ist, wenn ihr Sohn am Strand weint, weil er denkt, niemand hätte ihn mehr lieb. Deans Mum lächelt mir zu, aber sie sieht furchtbar müde und erschöpft aus. »Fragt Lisa, okay? Sie macht euch etwas zu essen.«

Wir gehen durch das Wohnzimmer in die offene Küche. »Das ist Joe«, sagt Dean und deutet auf ein weiteres Baby, das auf einer Decke liegt. »Sie ist eigentlich ganz brav.«

Er kniet sich neben sie, und ich folge seinem Beispiel. Er streichelt kurz ihren blonden Schopf. »Erst Hände waschen, bevor ihr das Baby anfasst«, sagt eine Stimme.

Ich schaue auf und sehe eine hagere Frau mit grauen Haaren. Ich kenne sie von irgendwoher. »Bist du nicht der kleine Hoover-Junge?«, fragt sie mich und mustert mich eingehend.

»Ich bin nicht klein«, protestiere ich.

»Brad ist schon fast zehn!«, sagt Dean und klingt beeindruckt.

»Habt ihr wilden Kerle Hunger?«, will die Frau wissen, und Dean und ich nicken eifrig.

»Großen Hunger und großen Durst«, entfährt es Dean, und ich muss schmunzeln.

Als ich nach unten schaue, lacht das Baby mich an. Es hat leuchtend blaue Augen, keine Zähne und wirre blonde Haare. Ich grinse es an, und es gluckst, strampelt mit seinen kleinen Speckbeinchen und wedelt mit den Fäusten in der Luft herum. Ich stehe auf und folge Lisa und Dean in die Küche. Dean und ich waschen uns dort die Hände. Er braucht einen Hocker, um an das Waschbecken zu kommen. Er ist wirklich noch klein, aber es hat Spaß gemacht, mit ihm zu spielen. Er spielt anders als meine anderen Freunde.

Während Lisa uns Sandwiches macht, beginnt Joe ebenfalls zu weinen. Dean geht zu ihr. Ihr Gesicht verzieht sich zu einer Grimasse, und sie schluchzt. Ich greife unter ihre Arme und hebe sie hoch. »Das dürfen wir nicht«, zischt Dean leise.

Ich schaue fragend zu seiner Mutter, doch die nickt. »Brad ist älter, Deany, er darf das.«

Dean verschränkt die Arme vor der Brust und schmollt. »Ich lasse sie bestimmt nicht fallen«, verspreche ich. Würde ich echt nie tun. Ich mag sie irgendwie. Sie ist lustig. Sie hat riesige Augen, und mit den dichten, langen Wimpern sieht sie aus wie eine Puppe. Ich glaube, sie ist ein echt hübsches Baby. Niedlicher als ihr Bruder ist sie auf alle Fälle.

Ich halte Joe an mich gedrückt, wie ihre Mama das mit dem anderen Baby macht, und laufe hin und her. Weniger lustig ist, dass sie mir kurze Zeit später auf die Schulter kotzt. Das Zeug, was sie erbricht, stinkt furchtbar. Ich lege sie ab, und Dean grinst mich an. »Siehst du, sag ich doch! Babys sind doof.«

Babys sind doof, denke ich noch immer, während ich Joes Rücken streichle. Dean hat keine Ahnung. Sie sind wirklich das Allerallerbeste. Sie sind Fleisch gewordene Hoffnung. Joe würde genau wissen, was ich damit meine. Sie versteht mich, wie noch niemand zuvor mich verstanden hat. Sie ist großartig, und ich frage mich, warum ich das nicht schon viel früher gesehen und überhaupt eine Sekunde gezögert habe, sie mir zu schnappen. »Soll ich dir ein Wasser holen?«, frage ich.

Joe nickt schwach. »Das wäre lieb«, sagt sie leise. Sie klingt ganz heiser. Als ich zurückkomme, putzt sie gerade ihre Zähne. Sie ist nackt. Sie ist oft nackt, und es scheint sie überhaupt nicht zu stören. Ich glaube, ich muss es nicht erwähnen, aber ich tue es dennoch: Ich liebe es.

Joe spült ihren Mund aus und nimmt dann das Glas, das ich ihr hinhalte, entgegen. »Danke«, erwidert sie. Sie klingt erschöpft, was nach der letzten Nacht kein Wunder ist.

»Lass uns doch wieder ins Bett gehen«, schlage ich vor, doch Joe schüttelt ihren Kopf und zieht mich stattdessen in Richtung Dusche.

»Hey, nicht so schnell!«, protestiere ich, denn ich trage noch Shorts und ein Shirt. Ihre Hände gleiten unter das T-Shirt und fahren über meinen Bauch, meine Brust hoch zu meinen Schultern. Joe drängt sich gegen mich, und ich beginne, sie zu küssen. Ich liebe, wie sie auf mich anspringt. Ich glaube, ich bräuchte nur zu schnippen, und sie wäre feucht und bereit für mich.

Ich streife die lästige Kleidung ab und schiebe sie unter die Dusche. Meine rechte Hand fährt in ihr langes blondes Haar und vergräbt sich darin, mit der anderen umfange ich sie und ziehe sie enger an mich. Sie stöhnt unter meinen Küssen und tastet nach dem Wasserhahn. Wir knutschen ziemlich heftig rum, und ich will sie gerade packen, hochheben und gegen die Wand vögeln, als sie sich vor mich hinkniet, um mir den Schwanz zu lutschen. Ich schaue ihr dabei zu. Ich liebe diesen Anblick und dieses unfassbar geile Gefühl, wenn ihr warmer

Mund mich umfängt. Ein Blowjob fühlt sich anders an als »normaler« Sex, irgendwie weicher, wobei ich darauf stehe, wenn es etwas gröber wird. Und Joe setzt ihre Zähne in genau dem richtigen Maß ein. Ich gebe ihr ein Zeichen, dass ich gleich komme, denn ich will nicht, dass ihr noch mal schlecht wird, doch sie drückt meine Hand beiseite und saugt fester. Ich ergieße mich in ihren Mund und sehe, wie sie mein Sperma hinunterschluckt – wenn das mal kein guter Start in den Morgen ist.

Der Tag wird sogar noch besser, denn Rory hat Frühstück für uns drei gemacht. Er hat sich echt Mühe gegeben, und seine Augen strahlen, als Joe sagt: »Das ist so lecker.« Er schmilzt dahin, und ich schaue den beiden beim Flirten zu. Nein, ich habe echt nichts dagegen, wenn sie auch mit ihm zusammenkommt. Keine Ahnung, was gestern Nacht mit mir los war. Vermutlich war ich einfach nur müde und wegen der dauernden Schlaflosigkeit und der Albträume geschlaucht.

Ziemlich unverhofft geschieht an diesem Morgen noch etwas anderes. Joe fällt – wenn auch unbewusst – eine Entscheidung für das Baby, und ich bin unglaublich erleichtert. Rory fragt Joe, ob sie mit zu Pipe surfen kommt, und sie legt schützend die Hand auf ihren Bauch. Diese Geste sagt mehr als tausend Worte. Danach stehen wir beide bei ihr und haben unsere Hände auf ihren Bauch gelegt. Joe scheint unsere Berührungen zu genießen. Sie wirkt gelöst und lehnt sich gegen mich. Mir wird in diesem Augenblick überdeutlich klar, wie perfekt es mit uns wäre.

Möglicherweise stecke ich Rory deshalb vor Joe, dass sie seinen Namen gestern Nacht im Bett gestöhnt hat. Ich wollte sie nur aufziehen, doch es ist ihr total unangenehm, und ich ahne, dass ich wieder zu weit gegangen bin. Scheint, als wäre es einer dieser Tage, an denen ich keine Grenzen kenne oder eher erkenne, denn am Nachmittag passiert mir ein unverzeihlicher Fehler.

Vielleicht liegt es aber auch daran, dass ich total aus dem Häuschen bin, seit Joe angeboten hat, dass ich sie mit Leashes an mein Bett fesseln darf. Der Anblick, wie sie willig und wehrlos vor mir liegt, turnt mich total an. Es macht mich scharf, dass sie mir derart vertraut, dass sie sich mir komplett ausliefert. Sie liegt gut fixiert vor mir und drängt mich, sie endlich zu nehmen, doch wo bliebe da der Spaß? Ich necke sie also, und sie ist ungeduldig.

»Hör auf, mit mir zu spielen, und fick mich einfach!«, fordert sie ungehalten.

Wir hören beide die Haustür ins Schloss fallen. »Das wird Rory sein. Vielleicht sollte ich ihn dazubitten, was meinst du?«, schlage ich vor, und ich sehe, dass sie es will. Daher überrascht es mich umso mehr, als sie urplötzlich »Wipe-out!« hervorstößt.

Fuck, sie hat das verdammte Safeword benutzt und ist völlig aufgelöst. Von jetzt auf gleich sehe ich Tränen in ihren Augen, ihr Atem geht schnell und hektisch. »Joe, es war nur …«, beginne ich, doch sie unterbricht mich energisch.

»Nein!«, keucht Joe panisch. »Ich habe gesagt …«

»Ja, Joe! Ich habe es gehört. Ich mache dich los, okay? Du brauchst keine Angst zu haben!«, beruhige ich sie und löse die Fesseln.

»Bitte, Brad!«, drängt sie.

»Joe, es war ein dummer Spruch. Ich würde so etwas nie machen. Es war ein Scherz, mehr nicht, wirklich.« Ich löse die letzte Fessel und schließe sie in die Arme. »Es war ein dummer, dummer Scherz! Es tut mir so leid, mein Engel.« Sie nimmt meine Hand, legt sie auf ihre linke Brust, und ihr Herz rast regelrecht unter meinen Fingern.

Ich küsse sie sanft und weiß nicht, ob das jetzt unpassend ist, aber ich will sie. Ich dränge sie behutsam nach hinten, und sie rutscht auf dem Bett nach oben und spreizt ihre Beine für mich.

Während ich sie liebe, küsse ich sie unentwegt und flüstere ihr wieder und wieder zu, dass es mir leidtut. Ich hoffe, dass Joe mir verzeiht, doch sie sagt nichts, streichelt mich nur und erwidert meine Küsse sehnsüchtig. »Joe, ich liebe dich! Ich würde nie etwas machen, was du nicht willst«, versichere ich ihr.

Wenn ich vorher hundertmal »Es tut mir leid« gesagt habe, sage ich nun unzählige Male »Ich liebe dich«. Die drei Worte kommen mir ganz leicht über die Lippen. Joe strahlt über das ganze Gesicht, und ich merke, wie sie sich unter mir entspannt und sich endlich wieder fallenlässt. »Heb Regel drei auf!«, meint sie bestimmt, und als ich zögere, schiebt sie ein nachdrückliches »Sofort!« nach. Ja, ich will diese drei Worte auch aus ihrem Mund hören, doch zugleich habe ich das Gefühl, dass ich sie nicht wert bin.

»Okay«, murmle ich.

»Ich liebe dich auch!«, raunt sie mir zu und fällt über meinen Mund her, in den sie nur wenige Minuten später heftig keucht, als sie kommt. Ich halte mich zurück und bin zu geflasht von dem, was hier gerade passiert ist. »Ich liebe dich«, haucht Joe erneut. Ja, ich bin froh, dass ich Regel drei aufgehoben habe. Ich will es hören. Wieder und wieder, bis in alle Ewigkeit. Ich habe uns auf die Seite gedreht, und wir liegen uns gegenüber – ganz dicht beieinander.

»Ich dich auch«, flüstere ich zurück. Ja, so verrückt das

Ganze auch ist, so unglaublich und wunderbar ist es auch. Ich bin total happy und genieße diesen Moment so sehr. Erst sehr viel später – und nachdem wir noch mal Sex hatten – gehen wir runter zu Rory.

Wir waren beim zweiten Mal extrem laut, und er muss es gehört haben. Fuck, in diesem Augenblick tut er mir echt leid. Seine Eier müssen inzwischen die Größe von Kokosnüssen haben, während meine total leergepumpt sind. Ehrlich, ich glaube, ich war noch nie, was Sex angeht, so gesättigt wie in diesem Moment.

Joe ist ihr schlechtes Gewissen gegenüber Rory nur allzu deutlich anzumerken, weshalb ich sie etwas ärgere, indem ich sage: »Wenn du ihn erlösen willst, Engel, dann schlaf mit ihm.«

Doch Joe lässt sich nicht von mir aufziehen. Stattdessen fragt sie: »Das würde dir gefallen, was?«

»Und wie!«, erwidere ich breit grinsend.

»Wieso? Ich verstehe es nicht!«, meint Joe kopfschüttelnd. Rory, er war am Telefon, hat seinen Anruf beendet und kommt zu uns herüber. Er begrüßt Joe mit einem flüchtigen Kuss auf die Lippen.

»Küss sie richtig!«, fordere ich ihn auf, nehme Joes Hand und lege sie auf meinen Schwanz. In meiner Hose tut sich gerade gar nichts, was sich jedoch ändert, als Rory Joe zu küssen beginnt. Ihnen zuzuschauen erregt mich in höchstem Maße. Er ist anfangs sehr behutsam und zärtlich mit ihr. Joe springt auf ihn ebenso an wie auf mich. Ihr Stöhnen führt dazu, dass ich binnen kürzester Zeit einen Ständer habe – so viel also zum Thema gesättigt. Joe dreht sich weiter zu ihm, öffnet ihren Mund für ihn, und als er mit seiner Zunge in diesen hineintaucht, keucht sie leise auf. In diesem Moment spüre ich den Stich und die Eifersucht ganz deutlich, doch eine Sekunde später dreht sie sich auf Rorys Anweisung zu mir, und ich küsse sie. Ich erkenne den Moment, in dem sie ihren Kopf einschaltet, genau. Ich spüre, wie sie sich in meinen Armen versteift, wie sie dabei ist, ihre Hand von meiner Latte zu nehmen. Ich hatte gar nicht mitbekommen, dass sie die andere auf Rorys Schwanz liegen hatte. Erst als sie sich nachdrücklich von mir löst und beide Hände ruckartig wegzieht, schnalle ich es und grinse sie frech an.

Wenn ich nur halb so selbstzufrieden aussehe wie Rory, dann könnte Joe mir fast leidtun, aber nur fast. »Okay, das reicht. Genug Spaß für heute, Jungs!«, rügt sie uns. In meinen Ohren klingt das wie Been-there-done-that, ganz so, als sei sie nun mit der Sache durch, und nicht wie morgen machen wir weiter oder so.

»Bist du sicher?«, fragt Rory, grinst sie an und streichelt über Joes nackten Arm. Seine Stimme klingt heiser und angetörnt. Sie hingegen starrt ihn an und bringt keinen Ton heraus. Ich muss an mich halten, um nicht laut loszulachen. Was habe ich mir da eben bloß eingebildet? Sie ist so was von scharf auf ihn. Als er sich streckt und vor ihr eine richtige Show abzieht, beginnt Joe fast zu sabbern. Ihr Blick ist auf sein Sixpack geheftet, und sie ist außerstande, ihren Blick abzuwenden. Es ist irgendwie niedlich, wie sie ihn anschmachtet.

Später im Pool knutsche ich ziemlich haltlos mit ihr unter Wasser rum und schiebe sie dann in Rorys Arme, um sie ihm zu überlassen. Doch Joe ist nun einmal Joe. Nach ein paar heißen Küssen lässt sie den armen Kerl fallen. Ihre scheiß Selbstbeherrschung ist zum Kotzen. Ich bin in diesem Augenblick nicht minder frustriert als Rory. Verdammt, warum mussten wir uns auch so eine dickköpfige und eigensinnige Frau aussuchen? Echt, wir hätten jede haben können, aber wir Idioten verknallen uns ausgerechnet in die eine, die bei der ganzen Sache nicht mitzieht. Ich bin ziemlich gehalst, weil Joe jedes Mal, wenn wir einen Schritt weiterkommen, zwei zurückmacht.

Beim Abendessen dann spricht Joe ironischerweise genau das an. »Warum sucht ihr euch nicht eine Frau, die das mitmacht?«, will sie unvermittelt wissen. Rory und ich hatten uns gerade auf dem Tablet den Forecast angeschaut und darüber geredet, dass die Pipemasters wohl Ende der Woche beginnen dürften. Mit ihrer Frage jedenfalls hat Joe augenblicklich unsere ungeteilte Aufmerksamkeit. »Ich meine, ihr könntet so ziemlich jede haben, und eben auch solche Frauen, die von der Idee, es mit euch beiden zu treiben, begeistert wären.«

»Na ja, das hatten wir schon, und es war nicht das, was wir wollen«, erkläre ich ihr. Über diese Sache habe ich bereits mit ihr gesprochen. Ich frage mich, warum sie nicht verstehen kann, dass sie …

»Was bitte schön wollt ihr denn?«, unterbricht sie meinen Gedankengang.

»Dich!«, antworten Rory und ich wie aus der Pistole geschossen.

Joe wird ganz still, und ich habe den Eindruck, wenn sie sich in Luft auflösen könnte, dann würde sie das in diesem Moment auch machen. Sie pickt mit der Gabel ein Salatblatt auf, lässt sie dann sinken, schaut auf und fragt beinahe verzweifelt: »Wieso seid ihr so fixiert darauf, es mit mir zu tun? Was ist an mir so besonders?«

»Mit dir wäre es etwas anderes, weil du uns etwas bedeutest«, sagt Rory.

»Nein«, würge ich ihn entschlossen ab, denn Joe muss es endlich kapieren. Sie muss verstehen, dass sie nicht austauschbar ist. »Es wäre etwas Besonderes, weil wir dich lieben.«

Rory wirft mir einen fragenden Blick zu, unter dem ich etwas schrumpfe, denn sein selbstzufriedener Ich-wusste-es-schon-immer-Gesichtsausdruck ist echt das Letzte. »Seit wann ist dir das klar?«

»Seit sie mir einen geblasen hat, während ich mit David telefoniert habe«, erwidere ich wahrheitsgemäß. Ja, ich wusste es schon damals irgendwie. Es hat nur gedauert, es mir selbst einzugestehen.

Dieser Moment, in dem mir klar geworden ist, dass es ihr wirklich egal ist, dass ich vermögend, erfolgreich und berühmt bin. Dass sie einen Scheiß auf meine Titel und meine Kohle gibt und dass sie einfach nur mich will, weil ich ich bin.

Wie hätte ich mich nicht in sie verlieben können, nachdem ich realisiert habe, dass sie jedes Wort genauso meint, wie sie es gesagt hat?

Und wie sie mich wollte. Ich kann ihre Lippen noch immer um meinen Schwanz fühlen, wenn ich die Augen schließe und an diesen Tag denke. Joe Reynolds wollte mich, und nur mich – ohne Hintergedanken.

Bis zu diesem Augenblick war ich davon ausgegangen, dass ich ihr einen Gefallen tun würde, indem ich ihr in dieser schweren Zeit Trost spende und ihr beistehe. Ich kann gar nicht in Worte fassen, wie sehr es mich verwirrt hat, zu erkennen, dass es sich genau andersherum verhielt.

»Interessant. Warum hast du nichts gesagt?«, will Rory wissen.

»Ich war mir nicht sicher und ich habe es einfach nicht wahrhaben wollen. Okay?« Ja, Scheiße, Joe hat mich kalt erwischt. Ich meine ernsthaft, ich verknalle mich nicht sonderlich schnell. Okay, ich verknalle mich gern und oft, aber das hier ist eben mehr, und von mehr, dachte ich, hätte ich die Nase voll.

Joe jedenfalls ist nicht sonderlich amüsiert über die Wendung dieses Gesprächs. Meine Aussage bezüglich des Blowjobs ist es wohl, die sie auf die Palme bringt. »Wie kannst du ihm das mit dem BJ erzählen?« Das ist typisch Joe. Sie pfeift mich voll an, und mein erster Impuls ist zu sagen: Weißt du eigentlich, wer ich bin? Und dann fahre ich meinem verkackten Ego über den Mund und sage ihm, dass es die Klappe zu halten hat, denn es ist großartig, dass sie so mit mir redet. Genau das ist es, was ich will und an Joe schätze. Für sie ist es nun einmal nicht von Bedeutung, dass andere Leute mich für einen Surfgott und eine lebende Legende halten. Joe ist Joe, und es interessiert sie einen feuchten Dreck, dass ich eine Berühmtheit bin. Ich betrachte Joe und sehe ihr an, wie sehr sie sich über das, was ich gesagt habe, aufregt.

Daher erwidere ich lässig: »Das wusste er doch schon! Ich habe ihm sofort ein Foto davon geschickt.«

Rory kichert belustigt, als Joe entsetzt »Du hast was?« kreischt. Ich muss lachen. Sie traut mir aber auch echt alles zu.

»Das war ein Witz, stimmt's?«, fragt Joe beunruhigt.

Ich zucke mit den Schultern. »Wer weiß?«, erwidere ich und lächle sie sanft an, woraufhin sie sich zu Rory umdreht und ihn hilfesuchend anschaut. Ich kann ihren Hundeblick regelrecht vor mir sehen.

»Rory, sag, dass es ein dummer Witz war!«, fleht sie ihn an, und Rory kippt wider Erwarten nicht um, sondern zieht mit. Er seufzt gedehnt und antwortet tonlos: »Es war ein dummer Witz, Joe.« Ich kann nicht länger an mich halten und pruste los. Rory beginnt ebenfalls zu lachen, nur Joe findet es alles andere als komisch.

»Es ist toll, dass ihr so viel Spaß auf meine Kosten habt, ihr Hübschen!«, stößt sie hervor und steht auf, um beleidigt abzuziehen, doch da hat sie nicht mit Rory gerechnet. Er schnappt sie sich am Handgelenk und zieht sie auf seinen Schoß. »Hör auf zu schmollen, Joe! Wir lieben dich, alle beide«, sagt er und reibt sein Gesicht an ihrem Hals. Joe seufzt leise. Sie fangen an rumzuknutschen, und ich bin ziemlich begeistert. Yep, sie ist so weit, denke ich zufrieden. Mission erfüllt und … Plötzlich beginnt Joe zu würgen, ich reiche ihr geistesgegenwärtig die leere Salatschüssel, und sie übergibt sich hinein.

Okay, die Frau weiß, wie man die Stimmung killt, denke ich, während ich die beschissenen Tropfen hole. Irgendwie ist das der Auftakt zu einem katastrophalen Abend, und als wir eineinhalb Stunden später wild diskutieren, bin ich extrem angefressen. Ich bin sauer auf Rory, der Joe zu sehr unter Druck gesetzt hat, was dazu führt, dass sie sich von uns bedrängt fühlt. Mit seinem kindischen Verhalten hat Rory dafür gesorgt, dass sie sich von uns beiden zurückzieht. Aber vielleicht bin ich es auch, der es versaut. Ja, sicherlich bin ich es. Joe sagt voller Verzweiflung: »Weil ich nicht kann, versteht das doch!«, woraufhin Rory antwortet: »Nein, du willst nur nicht!« Statt meine blöde Klappe zu halten, gebe ich meinen Senf dazu. »Eigentlich will sie schon«, korrigiere ich ihn, denn so ist es. Sie will ihn so sehr. Es tut beinahe weh, den beiden zuzuschauen, weil sie es sich so schwer machen.

Joe faucht mich an. Sie erhebt sich blitzschnell und bringt das im Raum stehende Sofa zwischen sich und uns. »Ganz schmaler Grat!«, giftet sie und verschränkt abwehrend die Arme vor der Brust. In diesem Moment kommt mir zum ersten Mal der Verdacht, dass sie ähnliche Erfahrungen wie ich gemacht haben könnte. Mir wird übel, allein bei dem Gedanken daran, dass jemand ihr das angetan haben könnte, wird mir schlecht.

»So war das nicht gemeint, Joe!«, beruhige ich sie rasch. Ein Nein ist ein Nein – immer und jederzeit. Sie will nicht, und das ist okay.

»Es war keine Sie-sagt-nein-und-meint-eigentlich-ja-Scheiße!«, blafft sie mich an.

Ich schlucke trocken. »Etwas Derartiges würde mir nie über die Lippen kommen, Joe! Wenn du es so verstanden hast, dann tut es mir aufrichtig leid.« Und sie hat nicht die leiseste Ahnung, wie sehr ich es bedauere. Klar, ich bin gekränkt, dass sie mir etwas Derartiges zutrauen würde, keine Frage. Doch das ist nicht der springende Punkt. Der springende Punkt ist, dass Joe Angst vor mir hatte. Sie hat sich in meiner Gegenwart unwohl gefühlt, und das darf nicht sein – niemals!

Ich stehe auf, gehe zu ihr und schließe sie in die Arme. Sie ist total angespannt. »Keiner von uns wird etwas tun, was du nicht willst«, versichere ich ihr nachdrücklich. »Niemals! Wir wissen alle, dass du es willst, aber wir akzeptieren, dass du es auch gleichzeitig nicht willst. Okay?«

Sie beginnt zu weinen, was mir fast das Herz zerreißt. Wir bauen zu viel Druck auf, wird mir klar. Wir wollen sie so sehr und nötigen sie dazu, wir …

»Es tut mir so leid!«, flüstert sie und schaut Rory flehend an, was dazu führt, dass ich mich noch beschissener fühle. Joe sollte sich nicht dafür entschuldigen, dass sie diese Sache nicht durchziehen will. Es ist ihr gutes Recht, dazu Nein zu sagen.

»Ich weiß, Joe! Aber das macht es nicht besser. Bitte sag mir, dass es sich lohnt zu warten«, bettelt Rory verzweifelt.

Das ist so übel, es ist so unnötig und … Joe seufzt niedergeschlagen und schüttelt den Kopf. »Ich will nicht, dass du auf mich wartest. Das Leben ist zu kurz, und was ist, wenn ich mich niemals dazu bereit fühle? Bitte vergeude deine Zeit nicht wegen mir!«

Rory atmet tief durch, steht auf und verschwindet, ohne sich noch einmal umzudrehen. »Bis später!«, höre ich ihn sagen, ehe die Tür hinter ihm ins Schloss fällt.

Joe klammert sich an mich und beginnt, hemmungslos zu weinen. Wir wissen beide ganz genau, was er jetzt tun wird. Er wird sich irgendein Groupie suchen und sich Erleichterung verschaffen. Es wird nichts zu bedeuten haben, aber für Joe geht in diesem Moment die Welt unter. Ich sehe den Schmerz in ihren Augen, aber es war ihre Wahl. Sie hat sich so entschieden, und nun muss sie mit den Konsequenzen leben – und ich auch.

Ich halte sie, dabei ist mir danach, zu schreien und zu toben, denn mein toller Plan ist gescheitert. Ich dachte wirklich, es wäre machbar, aber ich habe mich geirrt. Ich habe mir eingebildet, dass Joe wilder und wagemutiger wäre. Irgendwie bin ich enttäuscht von ihr. Als ob ausgerechnet ich das Recht dazu hätte! Ich atme tief durch und umarme sie fester. Keine Ahnung, was ich jetzt tun soll und wie es weitergehen wird.

Deans ätzende Worte »Das mit euch hat doch keine Zukunft« hallen durch meinen Kopf. Und dann ist da auch noch Joes energisches »Es muss auch keine Zukunft haben! Es ist gut, wie es ist. Im Moment ist es perfekt«. Ich erinnere mich noch genau daran, dass ich es gut fand, dass sie es so sieht. Wie sich die Dinge ändern können. Ich halte sie ganz fest und küsse ihren Scheitel. In diesem Moment habe ich eine Scheißangst, dass bald alles vorbei sein könnte. Verdammt, ich will eine Zukunft mit ihr.

Auch in dieser Nacht komme ich nicht zur Ruhe. Joes Kotzerei ist mir allerdings – so leid mir das für sie tut – lieber als meine beschissenen Albträume. Auch wenn sie sich mit Händen und Füßen dagegen wehrt, schaffe ich sie noch am frühen Morgen ins Krankenhaus nach Honolulu. Joe ist mega unvernünftig, was ihr gar nicht ähnlich sieht, aber vermutlich ist sie so übellaunig, weil es ihr schlechtgeht und sie übernächtigt ist. Das Baby in ihrem Bauch bekommt auf der Fahrt in die Stadt den klangvollen Namen »Alienparasit« verpasst. Irgendwann schläft Joe an die Scheibe gelehnt ein, und ich habe Zeit, meinen Gedanken nachzuhängen.

Wie immer kreisen sie nur um ein Thema, um Joe. Und darum, dass ich sie nicht verlieren möchte. Ich kann und will sie mit niemandem außer Rory teilen. Er geht für mich klar, weil sie sich so lieben. Ich betrachte sie von der Seite. Sie sieht so viel jünger aus, wenn sie schläft, und ich bekomme ein schlechtes Gewissen, weil wir sind, wie wir sind. Rory und ich, wir sind erfolgsverwöhnt, und das gilt auch für das Thema Frauen. Joe würde es mit irgendeinem netten Typen besser haben als mit uns. Aber allein sie mir mit irgendeinem netten, langweiligen Kerl vorzustellen bringt mich schier um den Verstand.

Ich kann nicht auf sie verzichten. Es ist egoistisch und gemein, das weiß ich, aber ich bin nicht bereit, mein Glück aufzugeben oder mir selbst im Weg zu stehen. Vielleicht hat Dr. Goldmann recht, vielleicht habe ich das früher getan, aber diese Zeiten sind vorbei. Das erste Mal seit etlichen Jahren bin ich glücklich, und ich schätze diesen Zustand. Ich liebe dieses leichte Gefühl, das ich in Joes Nähe bekomme und verspüre, wenn sie ihre Arme um meinen Hals schlingt und mich küsst. Ich liebe es, dass mein Herz wie verrückt zu klopfen beginnt, wenn sie meinen Namen sagt oder mich anlächelt. Noch immer habe ich keinen Schimmer, wie sie das anstellt. Wie sie macht, dass diese erdrückende Schwärze sich lichtet, sobald sie mich anfasst. Gott, ich liebe ihre Berührungen. Ich bin regelrecht süchtig danach.

Auch das ist so anders mit ihr. Ich habe vorher nie so viel geschmust, doch ich möchte Joe nahe sein – ununterbrochen, die ganze Zeit. Ich will, dass sie mich streichelt. Mit ihren Händen und ihrem Atem.

Ich taste nach ihrer Hand, die in ihrem Schoß liegt, und halte sie, während ich den Wagen durch den dichten Stadtverkehr zum Krankenhaus lenke.

Dort bekommen wir beide wenige Stunden später einen gewaltigen Dämpfer verpasst. Die Ärzte bestehen darauf, Joe dortzubehalten. Die Übelkeit ist, kaum dass Joe aufwacht, wieder da. Irgendwann bekommt sie eine Infusion mit einem Mittel verpasst, das sie regelrecht ausknockt. Ich bleibe unschlüssig bei ihr, bis eine Krankenschwester mir sagt, dass ich wohl noch einige Stunden werde warten müssen.

Also fahre ich zurück an die North Shore und passe Rory nach seinem erfolgreichen Heat ab. Wir fahren zu mir und essen zusammen, und ich bringe ihn auf den aktuellen Stand. Ich erzähle ihm natürlich auch von Joes Vermutung, dass er gestern irgendein Groupie flachgelegt hat. »Was? Habe ich nicht.« Ich ziehe erstaunt eine Augenbraue hoch. What the fuck, frage ich mich, und dann ringen auch schon sehr widersprüchliche Gefühle miteinander. Ich bewundere Rory dafür, dass er es scheinbar nicht mal in Erwägung gezogen hat. Ich gebe zu, einerseits bin ich beeindruckt, andererseits hasse ich ihn ein wenig dafür, denn er ist ganz eindeutig der bessere Mann von uns beiden. Obwohl Joe ihn zurückgewiesen hat, schafft Rory es, seinen Schwanz in der Hose zu behalten. Ich für meinen

Teil hätte jemanden gebraucht, der mein Ego stärkt und mir über die Kränkung hinweghilft. Und auch aus diesem Grund wird es nur zu dritt funktionieren. Wenn die Dunkelheit wiederkommt – und das wird sie, denn sie kommt immer wieder –, dann wird Rory für Joe da sein. Er wird ihr Fels in der Brandung sein, wenn ich schwach bin. Ich seufze und sage: »Gut.« Denn es ist gut.

Rory macht während des Essens einen erschöpften Eindruck. Er hat – genau wie ich – fiese Schatten unter den Augen, und man sieht ihm an, dass er nächtelang nicht geschlafen hat. Er gähnt herzhaft, als wir den Tisch abräumen. »Sorry, ich bin ziemlich platt, Mann«, lässt er mich wissen und verkrümelt sich kurz darauf nach oben.

Ich bleibe zurück, spiele erst Klavier und zocke dann auf der PS4, Hauptsache nicht denken. Gerade als ich überlege, ob ich nun doch ins Bett gehe oder noch ein Bier trinke, bekomme ich eine SMS rein. Drei Uhr nachts, es kann nur Joe sein. Ich flanke über das Sofa, lasse mich in die Polster der Couch fallen und greife nach dem Handy auf dem Sofatisch. Ich grinse, als ich ihre Nachricht lese. *Hi, Hübscher. Bin aufgewacht!*

Hübscher … ich liebe es, wenn sie mich so nennt. Ja, ich bin ein eingebildeter Kerl. Mein gutes Aussehen ist mir wichtig, und ich war noch nie mit einer Frau, die nicht auch als Model hätte durchgehen können, zusammen. Denn mal ehrlich: Warum auch? Warum sollte ich mich mit weniger begnügen?

Ich weiß, wie oberflächlich das rüberkommt, aber es ist mir egal. Natürlich kenne ich den Spruch »Never judge a book by its cover«, aber ich tue es immer wieder, und über mangelhaften Inhalt rege ich mich schon lange nicht mehr auf. Schöne Frauen gehören zu meinen Privilegien, sie entschädigen einen für all den anderen Mist. Da es nicht an Nachschub mangelt, kann es mir egal sein, dass sie langweilig und oberflächlich sind.

Doch auch in diesem Punkt ist Joe anders. Denn sie ist eines gewiss nicht: banal! Sie ist wunderschön, viel schöner als eine Menge anderer dieser Weiber, vielleicht gerade deshalb, weil sie ihre weiblichen Reize nicht gezielt einsetzt, sondern so natürlich ist. Aber da ist noch mehr. Joe besitzt eine Tiefe, die grenzenlos scheint.

Ich würde so gern ihre Stimme hören, aber ich weiß, dass es nicht geht, daher texte ich ihr zurück: Du hast fast 24 Stunden geschlafen. Das Zeug gegen die Übelkeit hat dich komplett ausgeknockt. Wie geht es dir? Nein, ich glaube vierundzwanzig Stunden waren es nicht, aber neunzehn vielleicht, wer weiß das schon so genau. Fuck, ich bin echt total hinüber. Ich sollte einfach mal am Stück ein paar Stunden schlafen – ohne Albträume und am liebsten in Joes Armen.

Es geht, antwortet sie. Klingt nicht so berauschend. Ich hatte gehofft, sie wieder mitnehmen zu können, wenn ich am Morgen dort bin.

Ich komme morgen früh vorbei. Okay? Ruh dich aus. Ich liebe dich. Morgen? Nee, eigentlich schon heute. Ach Mist, ich schreibe nur Scheiß – also abgesehen von dem Ich liebe dich, denn das stimmt. Und wie ich sie liebe.

Ich dich auch, textet sie zurück, und ich seufze wohlig auf. Sie liebt mich. Ja klar, sie hat es gesagt, und das mehr als einmal, aber es zu lesen – schwarz auf weiß – ist noch mal etwas völlig anderes. Es fühlt sich großartig an. Meine Joe … aber nicht nur meine. Kurz ringe ich mit mir, dann beschließe ich, Rory mitzuteilen, dass Joe aufgewacht ist und es ihr einigermaßen gutgeht . Ich gehe nach oben und klopfe an die Tür. »Ja!«, meint er verschlafen. Ich strecke meinen Kopf ins Gästezimmer hinein und gebe ihm ein kurzes Update, ehe ich wieder runtergehe.

Eine Weile später, ich habe mich noch mal vor die PS4 gehockt und kille Aliens, kommt er die Treppe heruntergeschlurft. Der Anblick seines tätowierten Oberkörpers, der immer dafür sorgt, dass ich mich ziemlich alt fühle, bleibt mir erspart, denn Rory trägt ein Mad-Crush-T-Shirt und Boxershorts. Ich unterdrücke ein Stöhnen, denn es ist frustrierend, wie jung sowohl Joe als auch er sind. Selbst schuld, ich weiß. Wäre ich nicht so ein oberflächlicher Schwanz, dann hätte ich mit dem Älterwerden wohl nicht so Probleme, aber die Zwanziger hinter mir zu lassen schmerzt.

»Sie hat gefragt, ob es gut war«, meint Rory.

Ich metzle ein Alien nieder und frage: »Was? Der Contest?«

»Der Fick, von dem sie glaubt, dass ich ihn hatte«, erwidert Rory und klingt angepisst. Ist doch nicht meine Schuld, dass sie das glaubt. Abgesehen davon hat es ihr gezeigt, dass sie ihn wirklich will und es ihr nicht egal ist, was er so treibt.

»Und was hast du geantwortet?«, will ich wissen.

Ich höre, wie er schluckt. »Dass ich auf meine Kosten gekommen sei und sie nicht drüber nachdenken solle.« Er seufzt gequält auf. »Ich hasse es zu lügen. Wir manipulieren sie. Wir spielen mit ihr.«

Ich blicke auf und schaue ihn wütend an. »Das tun wir nicht!«, widerspreche ich energisch. Rory hat doch manchmal echt keinen Plan … das ist eine White Lie. Wenn Joe dadurch endlich geschnallt hat, dass zwischen ihr und Rory etwas ist, dann war es das wert. Ja, vielleicht ist es nicht fair, sie in dem Glauben zu lassen, dass er sich anderweitig vergnügt hat, doch Joe brauchte diesen Schubs. Manchmal muss man Leuten ein wenig auf die Sprünge helfen und sie zu ihrem Glück zwingen.

Ich für meinen Teil bin absolut davon überzeugt, dass diese Sache mit uns dreien funktionieren kann – sonst würde ich mich nicht so dafür einsetzen.

Rory haut sich auf das Sofa und beobachtet mein Spiel, während er nebenbei mit Joe hin und her schreibt. »Verdammt, wo ist dieses Drecksding hin?« Ich drehe mich einmal im Kreis, kann das Alien jedoch nicht ausmachen, und dann attackiert mich das Scheißvieh urplötzlich von oben. Ich versuche noch, die Waffe hochzureißen, aber im Prinzip ist mir klar, dass ich erledigt bin.

Ich schalte gerade alles aus, als Rorys Telefon klingelt. Er schaut es an und zögert ranzugehen. Ob sie ihn anruft, weil sie über seinen vermeintlichen Fick gesimst haben? Recht atemlos haucht er ihren Namen in sein Handy, und ich muss an mich halten, nicht laut loszulachen. Allein der Gedanke daran, dass ich vermutlich ebenso idiotisch verknallt klingen würde, wenn sie mich angerufen hätte, hält mich davon ab. Was macht diese Frau bloß mit uns?

Ich erhebe mich und räume in der offenen Küche auf, als ich meinen Namen höre: »Ich würde dich fest an mich drücken und dir zeigen, dass du mir gehörst. Mir allein, na ja und vielleicht ein wenig Brad.« Er schaut zu mir und grinst sich einen, er sieht sehr selbstzufrieden aus, wie er da auf dem Sofa abhängt und seine nackten Füße auf dem Couchtisch abstützt. Ich lache und zeige ihm einen Vogel. »Ein wenig mir?« Das ist ja wohl nicht sein Ernst! Joe gehört mir, und wenn er mich lieb drum bittet, dann teile ich sie vielleicht mit ihm. Ich schiebe ein kaum hörbares »Fuck you!« hinterher und gehe zu ihm rüber. Die Lippenbewegung für sein »Fuck you too!« entgeht mir dennoch nicht.

Ich hocke mich zu ihm und sage: »Stell es laut!«

Rory ahnt, was ich vorhabe, denn er instruiert Joe mit den Worten: »Schließ die Augen, Engel!«

»Stell dir vor, du bist an mein Bett gefesselt. Kannst du die Leashes fühlen, Joe?« Allein bei dem Gedanken, sie noch einmal so aufgebockt in meinem Bett liegen zu haben, werde ich ganz hart. Mein Schwanz steht augenblicklich stramm und ist zu allen Schandtaten bereit.

Und nicht nur mir geht es so. »Die Leashes? Fuck! Ist das geil«, entfährt es Rory, und ich grinse ihn dreckig an. Er hat ja keine Ahnung, wie geil das wirklich ist. »Allein bei dem Gedanken werde ich ganz hart«, informiert er Joe über seinen Zustand. Ich lache. Warum sollte es ihm besser gehen als mir.

Joe kichert, und ich flüstere: »Es ist schön, deine Stimme zu hören, mein Engel.« Keine Ahnung, ob sie es gehört hat, meine nächsten Wort sage ich lauter: »Also, Joe, du kniest auf dem Bett, und Rory und ich verwöhnen dich, bis du darum bettelst, gefickt zu werden.«

»Wir würden deine Brüste küssen und kneten. Stell dir vor, wie es wäre. Mach deine Augen zu. Brad saugt an deinen Nippeln, während ich dich lecke und zwei meiner Finger in dich schiebe. Ich würde dich mit meinen Fingern und meiner Zunge ficken, bis du meinen Namen schreist«, fantasiert Rory.

»Und weil er das so gut gemacht hat, Engel, revanchierst du dich bei ihm. Du nimmst Rorys Schwanz in den Mund und gibst ihm einen wirklich guten Blowjob. Wenn er abspritzt, schluckst du brav, während ich dich von hinten vögle. Spürst du, wie ich dich hart ficke?«, frage ich Joe. Ein Stöhnen ist die Antwort, die ich bekomme … Ja, der Gedanke macht sie auch geil. »Wir werden dich den ganzen Tag lang durchnehmen. In allen möglichen Stellungen, bis keiner von uns mehr dazu in der Lage ist zu laufen«, fahre ich fort.

Rory übernimmt wieder und sagt: »Während Brad dich in deinen geilen Arsch bumst, vögle ich dich in deine Muschi, und dabei küsse ich dich, dass dir Hören und Sehen vergeht.«

Wie gerne ich ihren Arsch ficken würde. Joe zwischen uns, und wir beide in ihr – der Hammer! Das Bild allein sorgt dafür, dass ich augenblicklich kommen könnte.

Auch damit bin ich nicht allein. Rory macht die Ich-schrubb-mir-einen-Geste, schaltet den Lautsprecher aus und verschwindet nach oben. Ich atme einmal tief durch und gehe dann auch hoch, um in meinem Schlafzimmer zu verschwinden – ehrlich, mir bleibt nichts anders übrig, als das Gleiche zu tun. Mit der Latte kann ich nicht ins Bett, denn an Schlaf ist mit einem Ständer dieser Art überhaupt nicht zu denken.

Danach liege ich im Dunkeln und grüble in ganz anderer Hinsicht über uns nach. Ich hatte echt angenommen, die Sache sei gelaufen, doch dann haben wir megaheißen Telefonsex mit Joe. Und ich weiß, dass es ihr gefallen hat. Ich konnte es an ihrer Stimme hören. Ich erinnere mich an meine eigenen Worte. »Sie braucht nur Zeit«, habe ich vor einer gefühlten Ewigkeit zu Rory gesagt. Ja, es ist alles eine Frage der Zeit. Sie muss sich an den Gedanken gewöhnen, das ist alles.

Ich schlafe ein, und keine drei Stunden später weckt Rory mich. Ich blinzle verwirrt. »Ich fahre zu Joe«, lässt er mich wissen. Was? Spätestens heute Mittag hat er einen Heat. Ich recke und strecke mich, gähne wie ein Löwe, ehe ich mich dazu in der Lage fühle, an seine Vernunft zu appellieren, indem ich ihn genau darauf hinweise. Sein Gesichtsausdruck ist verschlossen, er hat die Arme vor der Brust verschränkt und starrt mich mürrisch an. Okay, er wird das so oder so durchziehen, da kann ich ihn auch begleiten.

»Gib mir fünf Minuten«, grummle ich. Ich bin ein Morgenmuffel, dennoch stehe ich auf und gehe ins Bad. Wir ignorieren beide, dass ich splitterfasernackt bin. Kurze Zeit später sitzen wir im Wagen.

»Wir bleiben nicht lange. Du hast maximal eine halbe Stunde mit ihr«, lasse ich ihn wissen, woraufhin er aufs Gas tritt. Joe würde nicht wollen, dass er seinen Heat ihretwegen versaut.

Bis wir in Honolulu sind, sind meine Haare trocken und ich ein wenig wacher. Ich gehe ohne Umwege auf Joes Zimmer zu, klopfe und trete, ohne eine Antwort abzuwarten, ein. Joe wacht gerade auf, als wir hereinkommen. Sie sieht verwirrt und müde aus, doch als sie mich erblickt, beginnt sie zu strahlen, und mir geht das Herz auf. Ich bleibe stehen und schaue sie einfach nur an, denn sie zu sehen tut so unglaublich gut.

Rory schiebt sich an mir vorbei und sitzt Sekunden später auf der Kante ihres Bettes. »Hey, was machst du hier?«, fragt sie ihn. Rory beugt sich über sie und küsst sie. Dass sie vor meinen Augen miteinander rumzuknutschen beginnen, macht mich zwar einerseits an, andererseits hat Joe noch kein Wort mit mir geredet und im Moment nur Augen für ihn, also bin ich auch eifersüchtig. Die Art, wie sie ihn berührt, wie sie sein Gesicht zärtlich in beide Hände nimmt und ihn liebevoll betrachtet, geht mir durch und durch. Ich höre, wie sie an seinem Mund stöhnt, als Rory mehr Leidenschaft an den Tag legt. Joe gräbt ihre Hand in seine blonden Locken und zieht ihn enger an sich. Ihr Kuss wird intensiver, und ich werde hart.

Ich schaffe es, mich aus meiner Starre zu lösen, und gehe auf die beiden zu. Ich setze mich auf die andere Seite von Joes Bett und schaue ihnen beim Knutschen zu.

»Wie geht es dir, meine Hübsche?«, will Rory von Joe wissen, als er es endlich über sich bringt, sich von ihr zu lösen.

»Es geht«, erwidert sie und gähnt. Danach küsst er sie doch glatt erneut.

»Hallo, darf ich endlich auch mal meine Freundin begrüßen?«, frage ich in die Runde. Wenn er sie beim Sex auch so vereinnahmt, dann darf er keinen mit ihr haben. Punkt. Ich glaube, ich muss mal klarstellen, wer hier das Sagen hat. Ich gebe Joe einen innigen Begrüßungskuss und schiebe dabei meine Hand unter ihr T-Shirt. Sie seufzt wohlig in meinen Mund, doch sie ist Joe, und wie so oft ist ihr Verstand stärker als ihre Lust.

»Nicht hier«, weist sie mich zurecht.

»Wo sonst, mein Engel?«, frage ich und knabbere an ihrem Hals, was sie zum Lachen bringt.

»Was, wenn eine Schwester reinkommt?«, gibt sie zu bedenken.

»Dann sieht sie nur meinen Rücken. Sie kann nicht sehen, was ich mit meinen Händen mache.«

»Du bist unmöglich«, raunt sie mir zu und schmunzelt. Ich lasse meine Daumen über ihre harten Nippel streifen und küsse sie hungrig. Ich würde sie so gerne jetzt und hier vögeln. Sie macht mich verrückt.

»Rory, sag doch auch mal was dazu!«, seufzt Joe leise.

»Darf ich mitmachen?«, fragt er belustigt und zwinkert mir verschwörerisch zu.

Doch ich weiß, dass sie fürs Erste genug hat, weshalb ich meine Hand unter ihrem Shirt herausziehe und mich in mein Schicksal füge. Joe zeigt Rory einen Vogel. »Ihr seid unmöglich, alle beide. Wisst ihr das eigentlich?«, schimpft sie mit uns. An mir prallt ihre Rüge ab. Ja, wir sind unmöglich, aber sie steht auf uns, und das ist alles, was zählt.

Rory berichtet ihr von seinem Wettkampftag gestern und

seinem unfassbar geilen und wohlverdienten Zehn-Punkte-Ritt. Ich habe ihn ja nicht live gesehen, sondern nur in der Zusammenfassung. Ich hole mein Handy raus und zeige Joe das Video.

»Er war echt gut. Du wärst stolz auf ihn gewesen«, sage ich.

»Ich bin immer stolz auf euch«, wispert Joe und führt meinen Handrücken an ihre Lippen. Ich ertragees nicht, dass sie hier ist. Sie fehlt mir schrecklich. Ich beuge mich vor, um sie zu küssen, und diesmal küsst sie mich so hemmungslos, wie sie es bei Rory zur Begrüßung getan hat.

Ich kann nicht anders, ich muss sie schmecken und anfassen, und daher flüstere ich: »Entspann dich, Joe!« Meine Hand gleitet unter die Decke zur ihren Brüsten, und ich beginne erneut damit, ihre Nippel zwischen meinen Fingern zu rollen. Diesmal protestiert Joe nicht, sondern stöhnt leise in meinen Rachen hinein. Erst als ihr ein kaum hörbares »Oh, Gott, Rory!« entfährt, schnalle ich, dass er sich zwischen ihren Beinen zu schaffen macht. Ich küsse sie härter und leidenschaftlicher. Ihr Stöhnen wird ein wenig lauter, und ich dämpfe es mit meinem Mund. Ich kriege kaum mit, wie sie kommt, denn es geschieht ganz leise und sanft. Eigentlich merke ich es nur daran, dass sie die Augen öffnet und mich mit einem verklärten Blick ansieht, ehe sie sie wieder schließt und den Kopf zur Seite dreht.

»Alles ist gut, Joe. Ich bin bei dir«, flüstere ich ihr zu.

»Wir lieben dich«, sagt Rory und küsst sie auf die Stirn.

»Ich euch auch«, murmelt Joe. Rory steht auf und geht ins angrenzende Bad. Ich höre den Wasserhahn laufen und streiche Joe eine Haarsträhne aus dem Gesicht. Ihre Lider flattern wieder. Sie gibt sich alle Mühe wachzubleiben,, aber es will ihr nicht gelingen.

»Ich bin so müde«, brummelt sie schläfrig.

»Das liegt an dem Medikament«, beruhige ich sie. Ich streichle ihre Wange und füge hinzu: »Ruh dich einfach ein wenig aus, mein Engel, dann geht es dir bald besser.«

Ich spüre Rorys Anwesenheit hinter mir und muss mich stark zusammenreißen, mich nicht umzudrehen. Blöde Paranoia. Ich atme tief durch und versuche mein rasendes Herz zu beruhigen. Ich hasse es, Leute in meinem Rücken zu haben – auch wenn es solche sind, die ihn mir immer stärken. »Ihr seid so scheißjung«, sage ich leise, um mich abzulenken, aber auch, weil es einfach stimmt.

»Du tust immer so, als wärst du fünfzig«, erwidert Rory belustigt. Er hat keine Ahnung, dass ich mich an den meisten Tagen noch viel, viel älter fühle. Ich schlucke trocken. »Was ist das mit dir und Ü30?«, will er von mir wissen.

»Wir müssen gehen«, erwidere ich und ignoriere seine Frage.

Ich streichle Joes Wange ein letztes Mal. Sie lächelt im Schlaf und sieht glücklich aus. Wir verlassen den Raum, doch bevor Rory hinausgeht, wirft er einen sehnsüchtigen Blick zurück.

Mir geht es ebenso. Ich will sie nicht allein zurücklassen. Ich weiß, dass die Ärzte sich gut um sie kümmern, doch ich möchte sie bei mir haben. Wir schweigen, während wir uns durch den dichten Stadtverkehr quälen und nur mühsam vorankommen. Ich spüre Rorys Unmut, seine Ungeduld. Rory weiß, dass etwas mit mir nicht stimmt. Er weiß nur nicht, was, und das macht ihn wahnsinnig, denn auch wenn er immer behauptet, Joe sei scheißneugierig, er ist es auch.

Am liebsten würde ich ihm entgegenschreien »Einfach alles stimmt an mir nicht«, denn so ist es. Seit diesem Tag, der nun schon so viele Jahre her ist, stimmt nichts mehr mit mir. Was passiert ist, hat mich von Grund auf verändert. Ich bin kaputt, beschädigte Ware, und es gibt niemanden auf der Welt, dem ich davon erzählen könnte. Niemanden, von dem ich hoffen kann, dass er mich versteht, und niemanden, dem ich so sehr vertraue, dass ich ihn an diesem dunklen, alles verschlingenden Geheimnis teilhaben lassen könnte.

Es ist so ironisch und auf so bizarre Weise unfassbar geil, dass die Surfmagazine aus mir diese lebende Legende gemacht haben. Es gibt da dieses eine Cover, das nach meinem Beinahe-Tod geschossen wurde. Ich mit verschränkten Armen vor der Brust, meine Kiefer fest aufeinandergepresst, der Oberkörper frei. Ich starre in die Kamera und sehe perfekt aus. Das Licht lässt mein Haar golden leuchten, und selbst ich kann nicht umhin zu finden, dass ich wie ein Held wirke.

Aber ich weiß ja, wie es wirklich ist. Es ist alles nur Fassade. Mein Ken-mäßiges Aussehen blendet alle, und niemand sieht, was für ein Krüppel ich eigentlich bin – und das bin ich. Ich bin verkrüppelt. Joe und Rory spüren vielleicht, dass da etwas ist. Sie können die Dunkelheit, in der ich Tag für Tag wandele und aus der es scheinbar keinen Weg hinausgibt, fühlen, aber sie haben keine Ahnung, wie schlimm es wirklich um mich steht. Niemand hat das, und es ist manchmal so schwer zu ertragen. Es ist zermürbend, und an Tagen wie diesen liegen meine Nerven blank. Ich bin übernächtigt und am Limit. Ich weiß, dass ich gerade dabei bin, in eine Depression zu rutschen – womit ich eigentlich nicht gerechnet habe. Nicht nachdem Joe in mein Leben geplatzt ist. Ich nahm an, sie könnte es aufhalten, doch damit lag ich falsch. Je länger ich darüber nachdenke und mit meinem Schicksal hadere, desto mehr ballt sich die Dunkelheit um mich zusammen. Ich wünschte, ich könnte sie einfach hinter mir lassen. Meine Vergangenheit abstreifen, mich häuten wie eine Schlange und von vorn anfangen, doch das geht nicht. Sie verfolgt mich. Egal, wohin ich gehe oder wie schnell ich vor ihr davonrenne, sie ist immer da. Immer!

Dass dieses Erlebnis mich nie loslassen wird, ist so sicher wie willige Groupies am Strand von Pipe. »Ich wäre gern weiter«, sage ich laut. Ja, ich wünschte wirklich, ich würde es irgendwie geregelt bekommen, das alles zu verwinden, aber es klappt nicht.

»Wie weiter? In welchen Punkten?«, bohrt Rory missmutig nach.

»In allen«, erwidere ich. Es ist keine Option, mit ihm darüber zu reden. Er ist mein bester Freund, aber ich kann das nicht. Ich kann seine Frustration spüren, und deshalb überraschen mich seine Worte völlig.

»Wir sind jetzt vollkommen«, sagt er.

Ich schaue ihn erstaunt von der Seite her an und frage: »Woher kommt das?« Es berührt mich. Dieser Satz berührt mich tief, und ich muss an Joes Tattoo denken. Was auf ihrer Schulter steht stimmt. Ich bin in der Tat ziemlich fertig, ziemlich kaputt, aber wir beide passen zusammen. Ich bin richtig für sie. Dieser Gedanke gibt mir Hoffnung.

»Von Zoe!«, beantwortet Rory meine Frage.

»Kanes Zoe?«, frage ich und wiederhole leise: »Wir sind jetzt vollkommen.« Ich lehne mich im Sitz zurück und denke darüber nach. In Gedanken wiederhole ich die Worte noch ein Dutzend Mal, denn sie fühlen sich gut an. Richtig, so wie Joe sich richtig anfühlt.

Joe … allein der Gedanke an sie ist wie ein Licht in der Dunkelheit. Ich muss lächeln. »Du denkst an sie«, stellt Rory fest.

Ich schlucke und erwidere ein wenig verlegen: »Ja, stimmt. Nahezu ununterbrochen. Sie ist der Wahnsinn!«

»Ich liebe dich, weil du du bist«, hallen ihre Worte durch meinen Kopf. Wenn sie wüsste, wie ich wirklich bin. Wie kaputt und …

»Das eben im Krankenhaus war toll«, murmelt Rory, und seine Stimme klingt von jetzt auf gleich ziemlich lüstern.

»Es wird«, stimme ich ihm zu. Langsam, aber sicher wird es.

Kapitel 07

Oder auch nicht, denn als ich am nächsten Tag ins Krankenhaus komme, platze ich überraschend in eine Unterhaltung zwischen Dean und Joe. Ich bin erleichtert, als ich höre, wie Dean sagt: »Du bist meine kleine Schwester, und ich habe dich lieb.«

»Das haben Brad und Rory auch«, erwidert Joe. »Sie werden mir nicht wehtun.«

»Brad und Rory?«, wiederholt Dean.

»Ja, ich ... wir sind ... haben ...«, beginnt Joe, doch er fährt ihr über den Mund und faucht: »Ich sag dir jetzt mal ganz genau, was du für die beiden bist, Joe. Du bist nur ein williges Spielzeug. Rory und Brad haben ihren Spaß mit dir, und danach werfen sie dich weg. Ich meine das ernst, Joe. Welcher Kerl will schon mit einer Schlampe zusammen sein? Wenn du wirklich denkst, die beiden lieben dich, dann bist du dümmer, als ich dachte.«

Seine Worte müssen Joe sehr viel härter treffen als mich, doch auch mich schmerzen sie. Wie kommt ein Hurenbock wie er dazu, sie eine Schlampe und dumm zu nennen? »Raus!«, fährt Joe ihn an. Dean steht auf, schaut auf sie hinab und rotzt ihr ein »Die Wahrheit tut weh, was Joe?« hin, ehe er hinterherschiebt: »Mach die Augen auf! Alles was die beiden brauchen, ist ein Fick, mehr nicht! Du bist nichts Besonderes, du bist absolut austauschbar. Du bist für sie nur irgendeine Schlampe von vielen.«

Er hat es schon wieder getan, und diesmal schaffe ich es, mich aus meiner Erstarrung zu lösen. »Nein, das ist sie nicht!«, knurre ich und gehe direkt auf ihn zu. Ich will ihm seine verfickte Nase noch mal brechen, diesem blöden Mistkerl.

»Lüg doch nicht rum, Brad!«, meint Dean herablassend und schnaubt belustigt.

»Warum, Dean, sollte ich das tun? Warum?«, frage ich ihn.

»Du liebst sie doch nicht ernsthaft, oder?«

Und ob ich sie liebe. Von ganzem Herzen, und ich bin mir auch nicht zu fein, ihn das wissen zu lassen. »Doch, ich liebe sie. Sie ist ein wundervoller Mensch, und wage es nie wieder, ihr etwas anderes zu sagen.«

Dean wendet sich an Joe und ignoriert mich. »Tu, was du nicht lassen kannst, aber komm dann nicht angekrochen, wenn sie dich satthaben«, blafft dieser Pisser und zieht ab.

Joes Anblick ist herzzerreißend. Sie sitzt in dem großen Bett und sieht entsetzlich blass aus. Tränen laufen über ihre Wangen, und ich ertrage es nicht, wie verletzt sie aussieht. Ich überbrücke die Distanz zwischen uns und schließe sie in die Arme.

»Glaub ihm nicht, Joe«, raune ich und küsse ihren Scheitel, während sie sich in meinen Armen ausweint. Und dann nehme ich all meinen Mut zusammen, atme tief durch und mache Joe eine Liebeserklärung. Ich lasse sie wissen, weshalb ich sie liebe und was sie mir bedeutet. »Joe«, beginne ich vorsichtig, »du bist mein Engel. Es kommt mir so vor, als wärst du zu mir geschickt worden, um mich zu erlösen.« Fuck, ausgesprochen klingt das megakitschig und superuncool, doch für einen Rückzieher ist es zu spät, also fahre ich nach einem leisen Seufzer fort: »Wenn ich dich ansehe, dann ist es so, als würde ich in den Spiegel schauen. Ich habe mich niemals zuvor in meinem Leben einem Menschen so nah und verbunden gefühlt wie dir. Du bist für mich alles, was gut und richtig ist.« Ich muss schlucken, doch der Ausdruck in ihren Augen macht mir Mut. Ihr scheint zu gefallen, was ich sage, und sie starrt mich gebannt an. »Du bist mein Licht in der Dunkelheit«, lasse ich sie wissen und gestehe dann: »Bevor du in mein Leben getreten bist, kam es mir vor, als wäre ich verflucht. Du hast keine Ahnung, wie einsam ich war, wie unverstanden ich mich gefühlt habe. Du vervollständigst mich auf so vielerlei Weise. Du bist ein Vorbild für mich. Eine Kämpferin. Ich sehe deinen ungeheuren Schmerz, und ich bewundere deine Stärke. Es gibt nichts, was du nicht schaffen könntest. Mit dir an meiner Seite bin ich unschlagbar, nein, unzerstörbar. Und dieses Wissen gibt mir Kraft, mich meinem eigenen Schmerz und den Geistern der Vergangenheit zu stellen. Du verleihst mir den Mut, in meine Abgründe zu blicken, weil du an mich glaubst. Weil du auch meine finsteren Seiten liebst, weil du mich annimmst, so wie ich bin. Glaube bitte nicht eine Sekunde lang, dass das nur ein Spiel für mich ist, denn das ist es nicht.«

Ich habe keine Ahnung, ob ich sie überzeugen konnte, denn im nächsten Moment ist die Ärztin da. Sie ist eine dumme Kuh, die Joe Angst macht. Mich behandelt sie von oben herab, so als sei sie etwas Besseres. Meiner Meinung nach ist sie ein frigides Miststück, aber vielleicht hat sie auch bloß ihre Periode. Sie schafft es jedenfalls, Joe zu verunsichern, indem sie ihr etwas von einer möglichen Schädigung des Embryos durch die Medikamente, die Joe genommen hat, bevor sie von der Schwangerschaft wusste, erzählt. Das ist reine Spekulation, und dennoch hält sie es für nötig, Joe darüber zu informieren, was mich wütend macht.

Die Stimmung ist also gedrückt, nachdem diese blöde Ärztin das Zimmer verlassen hat. Keine Ahnung, warum Joe nicht schnallt, was da gerade los war. Joe ist bildhübsch, und diese

Tussi war es nicht. Sie ist ganz eindeutig neidisch auf Joe gewesen und hat ihr deshalb so zugesetzt. Ich ärgere mich, dass ich nichts dazu gesagt habe, und auch über Joe, weil sie dieses Spielchen, das hier gerade lief, nicht gecheckt hat.

Diese Tussi hatte eine geradezu sadistische Freude, Joe in Angst zu versetzen. Ich frage mich, ob Joe einfach nur zu müde und erschöpft war, um es zu bemerken, oder ob ihr dieses Verhalten einfach gänzlich fremd ist. Ich tippe beinahe auf Letzteres. Joe ist direkt, ehrlich und authentisch. Sie ist kein neidischer oder missgünstiger Mensch, hat keine Hintergedanken und ist nicht berechnend – sie ist in der Tat ein Engel. Nein, sie ist mein Engel.

Ich ziehe los, um ihr etwas zu trinken zu besorgen, nachdem diese unsägliche Ärztin weg ist, und treffe erneut auf Dean. Er hockt im Wartezimmer und starrt die Tür an – vermutlich hat er nur darauf gewartet, dass ich verschwinde, damit er sich Joe noch mal vorknöpfen kann.

Allerdings habe ich nicht vor, das zuzulassen. »Dean, was machst du noch hier?«, frage ich.

Er war gerade mit seinem Handy beschäftigt und schaut auf. Ich weise ihn nicht darauf hin, dass an jeder verdammten Wand Schilder sind, die besagen, dass man keine Mobiltelefone benutzen darf, denn das ist mir letztendlich egal. Nicht egal ist mir, dass er hier rumlungert, um Joe allein zu erwischen und ihr die Sache mit Rory und mir auszureden.

Ich setze mich neben ihn. »Eigentlich kannst du verschwinden, denn ich bin hier und passe auf Joe auf, weißt du?«

Er schnaubt abfällig. »Wie lange wirst du denn für sie da sein? Du bist nicht gerade für dein Stehvermögen bekannt«, ätzt er. Mich bei meiner Männlichkeit zu packen ist leicht, doch was mein Stehvermögen anbelangt, mache ich mir keinen großen Kopf – damit stimmt alles. »Keine Ahnung, wie viele Frauen es in deinem Leben gab, in die du ach so verliebt warst – wer sagt mir, dass meine Schwester nicht plötzlich auch einfach so passé ist. Und ich wette, dass Joe nichts von dir und Sam weiß.« Er mustert mich eingehend. »Vielleicht sollte ich ihr davon erzählen.«

Mein Mund wird ganz trocken. Mir bleibt im wahrsten Sinne des Wortes die Spucke weg – zum einen wegen seiner Drohung, zum anderen weil die Erinnerung an jene Nacht mit Sam wie ein Schlag in den Magen ist. Was diese Sache anbelangt, fühle ich mich entsetzlich schuldig. »Mach das nicht, Dean«, bitte ich ihn.

Sein Gesichtsausdruck wird eisig. »Warum sollte ich das nicht tun, Brad?«

»Weil du keine Ahnung hast, was in dieser Nacht geschehen ist.«

»Du und Sam habt es miteinander getrieben. Mehr muss ich nicht wissen.«

»Nein!«, widerspreche ich energisch. »Nein, Dean, das haben wir nicht! Ich schwöre es.« Fuck, ich hasse es, mit ihm darüber zu sprechen. Ich bin so heilfroh, dass Sam niemals ein Wort darüber verloren und mir Vorwürfe gemacht hat. »Hör zu«, beginne ich vorsichtig. »Sam hatte in dieser Nacht irgendwas genommen. Sie war nicht sie selbst, Dean! Ich habe es zu spät gecheckt.«

»Was meinst du damit?«

»Sie war auf Drogen, Dean. Und ich schwöre, ich habe sofort aufgehört, als es mir klar geworden ist. Nachdem ich es geschnallt habe, habe ich meine Finger von ihr gelassen, das musst du mir glauben«, flehe ich ihn an. Deans Augen verengen sich zu schmalen Schlitzen, während er mich interessiert mustert.

»Bitte sag Joe davon nichts. Ich wollte Sams Situation nicht ausnutzen. Ich dachte anfangs, sie sei lediglich etwas angetrunken. Sie war lustig und etwas überdreht, erst als sie sich übergeben musste und apathisch wurde, habe ich geschnallt, dass da gerade etwas entsetzlich schiefläuft. Bei allem, was mir heilig ist, Dean, ich hatte keinen Sex mit ihr. Ich habe die Party beendet und mich den Rest der Nacht um sie gekümmert. Ihr ging es schrecklich.«

Er schüttelt den Kopf, und es kommt mir so vor, als würde er es machen, um meine Erklärung abzutun, doch es ist die Wahrheit. Nie hätte ich etwas mit Sam angefangen, wenn ich gewusst hätte, dass sie total drauf ist.

»Egal«, murmelt er und fügt dann hinzu: »Ich weiß aus Erfahrung, dass man sich auf dich nicht verlassen kann und du dazu in der Lage bist, von heute auf morgen andere Menschen aus deinem Leben zu streichen.«

Ich glotze ihn an, denn ganz plötzlich kapiere ich es. »Fuck! Dean, so war das damals doch gar nicht!«

»Nicht? Nachdem du behauptet hast, du wärst mein Bruder, hast du dich nie wieder blicken lassen. Jahrelang bist du bei uns ein- und ausgegangen, und als du plötzlich verschwunden bist, da hast du nicht nur mir wehgetan. Joe hat ständig nach dir gefragt. Sie konnte einfach nicht verstehen, warum du auf einmal nicht mehr da warst. Sie war erst vier Jahre alt, Brad. Ich werde nicht zulassen, dass so was noch mal passiert.« Er steht auf und geht, und über mich bricht ein Schwall Erinnerungen herein.

18 Jahre vorher

Als ich den Mann sehe, wie er Dean anquatscht, habe ich ein Scheißgefühl. Der Typ ist nicht in Ordnung, das weiß ich genau. Ich beobachte die beiden, und schließlich sehe ich, wie sie zusammen in Richtung Parkplatz aufbrechen.

Ich jogge hinterher, schnappe mir Dean und wuschle mit der Hand über seinen Kopf. »Wo willst du hin, Deany?«, frage ich ihn.

Der Mann dreht sich zu mir um, und ich kann sehen, dass er genervt von meinem Auftauchen ist. »Roger hat kleine Hündchen, und ich darf sie mir angucken«, meint Dean freudestrahlend. Er ist neun und groß für sein Alter, aber eben noch nicht besonders schlau.

»Wir dürfen nicht mit Fremden mitgehen, hast du das vergessen?«, frage ich ihn. Er will protestieren, doch ich schüttle den Kopf.

»Ist das dein Bruder?«, fragt Roger und fährt ohne eine Antwort abzuwarten fort: »Ich habe auch einen älteren Bruder, der hängt sich genauso immer in alles rein und behandelt mich wie ein kleines Kind.«

»Ja, er ist mein kleiner Bruder, und ich passe auf ihn auf«, warne ich den Typen.

»Na dann, wer nicht will, der hat schon. Bis irgendwann mal«, meint der Kerl und verschwindet zu einem Lieferwagen.

Ich packe Dean und schleife ihn mit mir zurück zum Strand. »Mein Bruder?«, fragt er ungläubig.

»Ja«, murmele ich. Auf einmal sind meine Knie ganz weich, und mein Herz rast. Ich bekomme kaum Luft und muss mich setzen.

»Geht es dir nicht gut?«, fragt Dean, doch ich höre ihn

kaum. Urplötzlich sehe ich alles ganz genau vor mir. Ich habe keine Ahnung, wo das alles herkommt, aber ich weiß, dass es stimmt. Das, was ich sehe, ist eine Erinnerung. Nein, es sind meine Erinnerungen. Und in diesem Augenblick wird mir klar, warum ich wusste, dass mit diesem Roger etwas nicht stimmt. Er ist ein böser Mann, einer dieser Männer, die kleinen Jungs wehtun.

Ich erinnere mich an den Vorfall, der Jahre zurückliegt. Nie habe ich danach daran gedacht, doch jetzt sprudelt alles an die Oberfläche, und ich beginne zu würgen. Ich übergebe mich heftig und weine. Dean ist besorgt, doch ich schicke ihn nach Hause und ermahne ihn nachdrücklich, nicht mit fremden Männern mitzugehen. Irgendwie schaffe ich es nach Hause, wo ich mich die nächsten Tage einigle und jede Nacht bete, dass ich am Morgen nicht wieder aufwachen muss.

Nachdem ich mich an diesen Tag am Strand erinnert habe, ist mir unglaublich schlecht. Ich habe das Gefühl, mich auf der Stelle übergeben zu müssen. Ich schmecke den Ekel auf meiner Zunge. Mühsam beherrscht erhebe ich mich, gehe auf die Toilette und wasche mein Gesicht und meine Arme mit kaltem Wasser ab. Ich spüle meinen Mund aus, doch der bittere Geschmack der Erinnerungen will nicht weichen. Mein Herz holpert in meiner Brust, und obwohl es so wild und hektisch schlägt, habe ich gleichzeitig das Gefühl, es wäre in einen Schraubstock eingespannt. Am liebsten würde ich nach Hause fahren und mich verkriechen. Mir ist auch jetzt übel, und ich bekomme – wieder einmal – kaum Luft zum Atmen.

Vergiss es, Brad, sage ich mir. Du musst Joe was zu trinken besorgen und dich um sie kümmern. Ich straffe meine Schultern, gehe raus und versorge Joe. Ich versuche, mich abzulenken und nicht daran zu denken, was damals fast passiert wäre und was mir passiert ist. Dieser Flashback damals ist der Grund, weshalb ich Dean danach aus dem Weg gegangen bin. Er kann nichts dafür, aber durch ihn ist alles wieder hochgekommen.

Ich liege neben Joe auf dem Bett und halte sie in meinen Armen. »Mach dir keine Sorgen, mein Engel. Alles ist gut«, versichere ich ihr – oder vielleicht auch mir selbst. Sie seufzt und kuschelt sich an mich. Es dauert nicht lange, da ist sie eingeschlafen.

Ich betrachte sie, und in diesem Moment wird mir bewusst, dass ich alles für sie tun würde. Doch so sehr ich sie liebe, so sehr ich sie beschützen möchte – vor Dean und all dem Übel dieser Welt und auch ein Stückweit vor mir selbst –, was ihren Zustand anbelangt, bin ich machtlos. Joe geht es mit jedem Tag schlechter, und sie bekommt ständig diese heftigen Medikamente, die sie weitestgehend ausknocken. Ich mache mir Sorgen um sie, habe jedoch zugleich keine Ahnung, wie das mit mir weitergehen soll. Ich merke, dass ich mich bereits wieder in einer depressiven Phase befinde, und weiß nicht, wie ich da herauskommen soll. Ich vergrabe mein Gesicht an Joes Hals und atme ihren Geruch ein.

Kapitel 08

Die nächsten Tage sind in vielerlei Hinsicht die reinste Qual. Rory surft wie ein junger Gott und kann sich berechtigte Hoffnung auf den Titel machen, doch das ist das einzig Positive.

Ich verschweige unserem Ausnahmetalent Joes momentane Situation, denn ich will ihn nicht beunruhigen. Er ist sowieso tierisch gereizt, und ich gehe ihm aus dem Weg, denn wenn ich ehrlich bin, ist es nicht nur Joe, der es schlechter geht. Meine Albträume nehmen nach dem Flashback im Krankenhaus zu. Ich habe sie häufiger, und sie sind viel intensiver. Mich aus ihnen zu befreien will mir nicht gelingen, und sie verfolgen mich nun selbst im Wachzustand.

Anfangs geht es mir richtig mies, und mein Sein erscheint mir unerträglich. Die ersten paar Tagen schaffe ich es kaum aus dem Bett. Ich habe das Gefühl, nur noch aus Schmerz und Traurigkeit zu bestehen, doch schon bald sind diese Emotionen verklungen und zurück bleibt eine leere, leblose Hülle. Ich bin gar nicht mehr ich selbst. Ich bin gar nichts mehr.

Das Allerschlimmste ist jedoch, wie schnell ich mich nicht einmal mehr daran erinnern kann, dass ich mich je anders gefühlt habe. Ich vergesse, dass ich eigentlich kraftvoll und energiegeladen bin. Mir entfällt, dass ich ein Kämpfer bin, der sich nicht unterkriegen lässt, und nach ein paar Tagen fühle ich gar nichts mehr. Ich verkomme zu einem seelenlosen Stück Fleisch.

Ich bin ein Wrack, was ich wie immer zu verbergen versuche. Das gelingt mir auch verdammt gut. Es gibt jedoch einen Menschen, den ich nicht täuschen kann. »Babe, was hast du«, murmelt Joe schläfrig, als ich mich wieder dazu aufraffen kann, sie zu besuchen. Ich schmunzle, weil sie mich so nennt. Das hat sie jetzt schon ein paar Mal gemacht. Wer von uns das Babe ist, ist ja wohl mal klar …, aber ich mag es. Irgendwie gefällt es mir, und wie gesagt, dieser Ausdruck zaubert ein Lächeln auf mein Gesicht. Allein deshalb war es die Mühe wert, hierherzukommen.

Es ist anstrengend, in die Stadt zu fahren, denn all die Eindrücke nagen an mir. Die Geräusche sind zu laut und zu schrill, es ist zu hell, und die Gerüche sind zu intensiv. Das alles stört mich gewaltig und erschöpft mich binnen kürzester Zeit maßlos.

Joe streichelt meine Hand. Ich habe einen Moment erwischt, indem sie halbwegs wach ist. Ihre Miene drückt Besorgnis aus. »Alles ist gut, mein Engel«, versuche ich sie zu beruhigen, doch sie weiß, dass ich sie belüge.

»Sag mir einfach, was du hast, damit ich mir keine Sorgen machen muss«, bittet sie und führt meine Hand zu ihren Lippen, um meinen Handrücken zu küssen.

»Mir geht es nicht sonderlich gut«, vertraue ich ihr an.

»Hast du wieder Albträume?«, fragt sie – ich sagte ja, dass sie schlau ist. Ich seufze leise und ringe mich zu einem knappen Nicken durch.

»Was kann ich tun?«, will sie wissen. Ich würde ihr gern sagen, dass ich sie bei mir haben will, denn ich weiß, mit ihr an meiner Seite würde es mir besser gehen, aber es geht nicht, und daher halte ich den Mund.

Ich beuge mich zu ihr und küsse ihre Stirn. »Im Moment kannst du gar nichts tun, mein Engel. Werde einfach gesund, damit wir bald wieder zusammensein können, okay?«

»Ich arbeite dran«, behauptet sie. Wir reden noch etwas, und kurze Zeit später dämmert sie weg.

Am gleichen Tag habe ich einen Termin bei Dr. Goldmann. Hinter seinem Schreibtisch hängt ein neues Poster. Er tauscht sie regelmäßig aus, und ich habe das Gefühl, sie sollen seinen Patienten als Denkanstoß dienen.

Auf dem neuen steht ein chinesisches Sprichwort: Achte auf deine Gedanken, denn sie werden zu Worten. Achte auf deine Worte, denn sie werden zu Taten. Achte auf deine Taten, denn sie bestimmen deinen Charakter. Achte auf deinen Charakter, denn er bestimmt dein Leben.

»Gefällt es Ihnen?«, fragt der Doc, und ich bekomme den Eindruck, als ob er es nur für mich aufgehängt hätte.

»Ja, ich glaube, da ist etwas dran.« Das spüre ich intuitiv.

»Und was denken Sie über sich, Brad?«

Wow, heute will er es echt wissen und vergeudet keine Minute mit Vorgeplänkel. Was denke ich über mich? Dass ich kaputt bin, geschädigt und beschmutzt. Und ich weiß, dass es nie wieder gut wird.

»Dass ich müde bin und keine Ahnung habe, wie ich die Depressionen in den Griff bekommen soll. Sie sind wieder einmal einfach so über mich hereingebrochen«, antworte ich ihm stattdessen. »Ich habe es nicht kommen sehen, nicht wirklich. Ich dachte, weil ich mich verliebt habe, könnte ich es irgendwie übergehen.«

»Aber es hat nicht geklappt? Wie fühlen Sie sich?«

»Ich fühle schon gar nichts mehr. Ich würde mich am liebsten den ganzen Tag verkriechen. Ich ertrage es nicht, jemanden um mich herum zu haben.«

»Umso wichtiger, Brad, dass Sie den Weg heute hergefunden haben. Das war richtig«, lobt er mich. Ich weiß es selbst, doch es tut gut, das von ihm zu hören, denn gerade jetzt kommt es mir so vor, als würde ich einfach alles falsch machen. Ich bin nie genug. Nie gut genug – kann es gar nicht sein, nicht so, wie ich bin.

»Und wie geht es Ihrer Freundin? Wie kommt sie mit der momentanen Situation zurecht?«

Ich berichte ihm von Joes Zustand, und wie schwer es für mich ist, nicht in alte Muster zu verfallen. Ich weiß genau, was mich aufbauen könnte. Was ich bräuchte, um mich einen Moment lang gut zu fühlen … Nackte Haut auf meiner, und es müsste nicht Joes sein, aber es wäre nicht fair, und ich will sie nicht verlieren, also gebe ich dem Bedürfnis nicht nach. Was meinen Zustand allerdings nicht besser macht.

»Geht es Ihnen denn dadurch wirklich besser?«, will Dr. Goldmann von mir wissen. Ich nicke, und er fragt: »Warum?«

»Aus einer Vielzahl von Gründen«, antworte ich unverfänglich.

Er seufzt, was mich vom Hocker haut, denn er hat noch nie geseufzt. »Langweile ich Sie?«, frage ich ihn. Ich klinge mit Sicherheit angepisst. Er hat sich nicht zu langweilen, schließlich zahle ich ihm ein Vermögen. Als ob du nie gelangweilt wärst, Surferboy, ermahne ich mich und atme einmal tief durch.

Dr. Goldmann beugt sich nach vorn und schaut mir direkt in die Augen. »Brad, auch meine Geduld ist begrenzt, und Sie kommen seit zwei Jahren nicht auf den Punkt. Ob Sie es glauben oder nicht. Ich verstehe etwas von meinem Beruf. Seelenklempner aus Leidenschaft, wenn Sie so wollen. Ich bin gut in dem, was ich tue. Und ich weiß, dass es etwas in Ihrem Leben gibt, was Sie sehr belastet, über das Sie jedoch nicht sprechen wollen.«

Ich beiße stumm auf meiner Unterlippe herum. »Brad, ich kann Sie nicht zwingen, mit mir darüber zu reden, aber ich sehe mich auch außerstande, Ihnen zu helfen, wenn Sie nicht aufrichtig zu mir sind.«

Ich verschränke die Arme vor der Brust und funkle ihn gereizt an. Ja, er kann mich nicht dazu zwingen, verdammt richtig!

»Bei unserem letzten Treffen haben Sie über Joe gesagt«, er blättert in seinem Block und zitiert dann, »da ist so viel Schmerz. Sie wirkt so verloren und so entsetzlich einsam, als würde die ganze Last der Welt auf ihren Schultern ruhen. Ich kann ihre Niedergeschlagenheit spüren, und ich will ihr beistehen.«

Ich nicke. Ja, das habe ich wohl gesagt. »Und vorher meinten Sie, dass Sie sich in Joe wiedererkennen.« Fuck, war das so? Sind das wirklich meine Worte? Shit, da passt man einen Moment lang nicht auf und schon … »Brad, Sie müssen nicht die ganze Last der Welt auf Ihren Schultern tragen.«

Nun bin ich es, der einen lauten Seufzer ausstößt. »Nichts für ungut, Doc«, sage ich. »Aber Sie haben keine Ahnung.« Die hat er wirklich nicht. Wenn jemals bekannt werden würde, was mir passiert ist, dann bin ich Geschichte. Ich muss dieses Geheimnis um jeden Preis wahren, auch wenn es mich umbringt.

In meiner Welt, in der Welt der lebenden Legenden und echten Helden, ist kein Platz für so etwas. Ich weiß, dass ich nur ein Kind war. Ich weiß, dass das, was passiert ist, nicht meine Schuld ist. Ich konnte mich nicht gegen diesen Mann wehren, doch das würde nicht zählen. Sie würden es nicht gelten lassen. Sollte diese Sache ans Licht kommen, dann bin ich

Haifischfutter. Mit diesem Makel bin ich das gefundene Fressen. Die Wölfe würden mich zerfetzen.

»Brad, ich mache das schon eine ganze Weile. Ich habe schon mehr gesehen und gehört, als Sie sich vorstellen können. Aber Sie müssen nicht mit mir darüber sprechen. Allerdings rate ich Ihnen dringend, sich irgendwem zu öffnen. Vielleicht jemandem, der im gleichen Boot sitzt. Jemand, der Sie versteht und Ihre Ängste und Ihre Selbstzweifel teilt. Jemand, der eine ähnliche Erfahrung wie Sie gemacht hat.«

Er schaut mich durchdringend an, und ich nicke stumm. Zum Glück klingelt der Wecker, und ich bin erlöst. Dr. Goldmann schenkt mir ein aufrichtiges Lächeln. »Wir sehen uns dann im neuen Jahr, Brad. Soll ich Ihnen etwas wegen der Depressionen verschreiben? Zur Sicherheit?« Ich nicke erneut. Ich weiß zwar, dass noch eine Menge passieren muss, bevor ich die kleinen Glückspillen einwerfe, aber es ist gut, sie in der Hinterhand zu haben.

Er macht mir das Rezept fertig und reicht mir die Hand. »Dann ein schönes Weihnachtsfest und einen guten Rutsch ins neue Jahr!«

»Ja, Ihnen auch.«

Ich bin froh, als ich die Praxis hinter mir lassen kann. Ich kann mich niemandem anvertrauen, es geht einfach nicht. Zu groß ist die Gefahr, dass mein Geheimnis in die Welt hinausgetragen wird und mir endgültig zum Verhängnis werden würde.

Zwei Tage später schaue ich dabei zu, wie Rory sich Kane geschlagen geben muss. Kane Slade ist die einzig wahre Legende unter uns Legenden. Er ist von einem anderen Stern, und niemand kann ihm die Stirn bieten – wobei Rory eindeutig das Potenzial hat. Er kann es schaffen, an ihn ranzukommen, wenn es ihm endlich gelingt, sich zu fokussieren. Witzig, dass ausgerechnet ich mir darüber ein Urteil erlaube, denn all das hat man vor ein paar Jahren auch über mich behauptet. Doch die Zeiten sind vorbei, und ich bin einfach nur müde. Ich schaffe es nicht mehr, stark zu sein und zu kämpfen. In diesem Moment wünsche ich mir nichts sehnlicher, als in Joes Armen zu liegen und zu vergessen.

Nach der Siegerehrung hängen Rory und ich auf der Terrasse des Mad-Crush-Hauses rum und blicken auf den Strand und Pipe hinaus, während wir Bier trinken. Schweren Herzens beichte ich Rory, wie es um unsere Frau steht, denn er hat keinen blassen Schimmer – ich habe das alles von ihm ferngehalten. Er sieht aus, als würde er mir am liebsten an die Gurgel gehen. »Was heißt, sie war kaum bei Bewusstsein?«, blafft er mich an.

»Das heißt, dass diese extreme Schwangerschaftsübelkeit solche Ausmaße angenommen hat, dass sie Joe vorsichtshalber ruhiggestellt haben«, erläutere ich. Ich bin nur halb so cool, wie ich wirke, denn nachdem ich Joe heute Morgen gesehen habe, mache ich mir schreckliche Sorgen. Sie sieht entsetzlich dünn aus und wirkt maßlos erschöpft. Doch das behalte ich lieber für mich. Rory ist, was Joe anbelangt, ziemlich überfürsorglich, und ich will ihn nicht noch mehr beunruhigen. Ich versuche, ihm klarzumachen, dass die Ärzte schon wissen, was sie tun, aber er ist auf diesem Ohr taub. Joe ist in guten Händen. Sie ist im Krankenhaus, und dort sorgt man für sie nach bestem Wissen und Gewissen.

Wir sprechen noch kurz über Dean und darüber, was er Joe alles an den Kopf geworfen hat. Rory sieht wieder rot, und ich rede mit Engelszungen, um ihn wieder runterzuholen. »Er ist so ein kranker Mistkerl!«, presst Rory wütend hervor.

»Ganz ruhig, Brauner! Das ist er nicht.« Und das stimmt. Ich kenne Dean schon so lange, und er war nicht immer so. Es liegt an dem verdammten Koks. Klar, das macht es nicht besser, nicht für Joe oder Sam jedenfalls, aber er ist einfach nicht er. Er ist nicht so ein großkotziger, selbstgerechter Mistkerl, wie es den Anschein hat. Davon bin ich überzeugt, und das lasse ich Rory wissen.

»Es ist, wie du gesagt hast, Rory! Er liebt sie. Sie ist seine kleine Schwester, und er meint es nicht böse. Er kann es nur nicht zeigen«, erinnere ich ihn, und Rory stößt einen leisen Seufzer aus. Ich weiß, dass er stinksauer auf Dean ist und ihn nur allzu gern in der Luft zerreißen würde. Ich kann es an der pulsierenden Zornesader sehen, die sich auf seiner Stirn abzeichnet.

Als er mich darüber informiert, dass er heute Nacht im Krankenhaus sein wird, frage ich nicht, wie er das anzustellen gedenkt. Er wird einen Weg finden, die Nacht bei Joe verbringen zu können. Rory ist ein Dickkopf, und wenn er sich einmal etwas vorgenommen hat, dann zieht er das auch durch.

Was diesen Punkt anbelangt, sind wir uns sehr ähnlich, auch wenn wir sonst grundlegend unterschiedliche Charaktere sind. Ich schätze seine humorvolle Art. Dass er das Leben nicht so ernst nimmt und über sich selbst lachen kann, färbt auf mich ab. In seiner Gegenwart bin auch ich lockerer und entspannter, und mein Dasein erscheint mir weniger schwer. Ja, dieser Clown bringt nicht nur Witz in mein Leben, sondern auch einen Hauch von Leichtigkeit.

Kurz darauf muss Rory zu einem Interview, und ich kehre Pipe und all dem Trubel den Rücken. Ich bin froh, als ich nach Hause komme und Tiger sich auf mich stürzt. Ich füttere meinen Kater und sehe dann, dass der Anrufbeantworter wie verrückt blinkt. Mein erster Gedanke gilt, ich gebe es zu, Joe. Doch es ist Nat, die versucht hat, mich wieder und wieder zu erreichen. Ich ziehe mein Handy aus der Hosentasche und starre ein schwarzes Display an. Fuck! Mir wird übel, und mit zitternden Fingern wähle ich die Nummer meiner Ex.

Ich versuche, mich zu beruhigen, doch während ich darauf warte, dass Nat rangeht, sterbe ich fast vor Angst um Taylor.

»Endlich!«, begrüßt Nat mich gereizt. »Wo hast du bloß gesteckt?«

»Die Pipemasters laufen«, informiere ich sie.

»Du bist doch gar nicht dabei gewesen«, meint sie abfällig. Nat hasst mich, weil ich mich letztendlich doch für Sky und gegen sie entschieden habe. Das war nicht gut für ihr Ego.

»Was kann ich für dich tun?«, frage ich, denn inzwischen ist mir klar, dass es Taylor gutgeht . Selbst ein Miststück wie Nat hätte bei einem Notfall anders reagiert. Obwohl, es geht vermutlich um Geld, und in Nats Augen ist das mit Sicherheit ein Notfall.

»Nat, wie viel willst du und wofür?«

»Taylor und ich wollen Urlaub machen«, säuselt sie. Klar, meiner zweijährigen Tochter steht der Sinn nach nichts anderem – seit Wochen liegt sie mir damit in den Ohren. Okay, das ist sarkastisch und nicht sonderlich hilfreich, aber Kontakt mit meiner Ex hat mir gerade noch gefehlt.

»Wo soll es hingehen?«

»Europa. Rom soll schön sein, ebenso Venedig und Paris.«

»Ein Städtetrip ist genau das Richtige für ein Kleinkind«, murre ich.

»Brad, Liebling, das hatten wir doch schon. Du willst Taylor doch regelmäßig sehen, oder?« Ja, ja, ich weiß, sie wollte schon immer in einer Blockhütte in den Wäldern Kanadas leben.

Ich seufze und erwidere dann: »Nat, ich mache dir einen Vorschlag. Europa ist wirklich toll. Dort gibt es schöne Clubs, und du weißt ja, was man über die Italiener und die Franzosen behauptet. Sicherlich hättest du mehr Spaß, wenn du allein reist und Ty bei mir lässt.«

»Was hältst du davon, wenn du uns begleitest, Brad?«

Ich schnaube freudlos. Sie hat es also noch immer nicht aufgegeben. »Du willst doch bei Taylor sein, oder?«

Ja, ich will meine Tochter sehen und Zeit mit ihr verbringen, aber ich will unter keinen Umständen in Nats Nähe sein – nicht mehr. »Lass uns heute Abend essen gehen und das Ganze in Ruhe besprechen, Brad.«

Habe ich eine Wahl? Irgendwie nicht, denn sonst sehe ich Taylor wieder wochenlang nicht. »Unter einer Bedingung«, bringe ich heraus. »Ich komme eine Stunde früher und verbringe sie mit Ty.«

»In Ordnung«, stimmt sie geschäftsmäßig zu.

Ich gehe schwimmen, und danach muss ich mich beeilen. Ich kleide mich leger und trage zu meiner schwarzen Anzughose ein enges T-Shirt und ein sportliches Sakko. Ein Blick in den Spiegel bestätigt mir, dass ich gut aussehe, doch ich weiß, Nat wird meinen Look nicht mögen, und das ist durchaus beabsichtigt.

Taylor begrüßt mich stürmisch, und ich genieße es, wie sie ihre kleinen, speckigen Ärmchen um meinen Nacken schlingt und fröhlich »Daddy« kräht. Sie sieht Nat unglaublich ähnlich, hat ihre dunklen Haare und die gleichen blauen Augen. Meine anderen Kinder sind blond wie Sky und ich und haben meine Augenfarbe geerbt.

»Hallo, mein Schatz«, sage ich und küsse sie auf die Nase.

»Hallo, Brad«, meint Nat missbilligend. Stimmt, sie hatte

bisher zu wenig Beachtung – unglaublich, dass sie meine Aufmerksamkeit nicht einmal mit unserer Tochter zu teilen bereit ist.

»Nat«, entgegne ich kühl und will an ihr vorbeigehen, doch sie versperrt mir den Weg in ihre teure Wohnung, die ich Monat für Monat bezahle.

»Begrüßt man so eine alte Freundin?«, fragt sie. Ich beuge mich zu ihr und küsse sie flüchtig auf die Wange, doch das ist ihr nicht genug, und sie versucht, mich richtig zu küssen. Damit habe ich zwar gerechnet, nur eben nicht in diesem Moment. Mir war klar, dass sie versuchen würde, mich im Laufe des Abends zu verführen, doch ich hatte vergessen, wie aggressiv sie sein kann. Ihre Lippen berühren meine, und es fühlt sich grundlegend falsch an. Der Ekel wallt in mir hoch, und ich ziehe mich augenblicklich zurück. Ihr Kuss verletzt mich, denn er ist widernatürlich. Ihre Lippen gehören nicht auf meine – nicht mehr!

»Nat! Lass das!« meine Stimme ist ganz leise, aber diesmal meine ich es ernst, und das scheint sie zu spüren. Ich bin oft umgekippt, habe mich oft von ihr erpressen lassen. Das letzte Mal, als ich mit ihr geschlafen habe, ist nur ein paar Wochen her – dafür habe ich Ty ein Wochenende lang bekommen.

Das klingt jetzt alles schlimmer, als es ist. Sex mit Nat ist toll. Nur Nat ist eben nicht toll, aber darüber konnte ich bisher immer hinwegsehen. »Die Dinge haben sich geändert«, lasse ich sie wissen.

»Wie bedauerlich für dich«, entgegnet sie kalt. »Und ich dachte, du würdest vielleicht doch noch vernünftig werden.«

Hat sie das tatsächlich angenommen? Ich schaue ihr prüfend ins Gesicht. Ja, ich glaube, sie meint es wirklich ernst. »Was, Brad? Was glaubst du, warum ich mich von dir ficken lasse?«

Ich zucke mit den Schultern. Keine Ahnung. Ich weiß es echt nicht. Ich ging davon aus, um mir zu demonstrieren, wer hier das Sagen hat.

»Ist ja nicht so, als wäre ich über dich hergefallen«, grummele ich. Was stimmt. Ich habe nie Begeisterung geheuchelt, ich habe es einfach durchgezogen. Ich war nie leidenschaftlich und habe sie auch nie dabei geküsst – nicht seitdem wir kein Paar mehr waren.

Sie wirft mir einen biestigen Blick zu. »Tja, Brad. Tut mir schrecklich leid, dass du umsonst hergekommen bist, aber Taylor muss jetzt ganz dringend ins Bett.«

»Lass den Scheiß, Nat! Das kannst du unserer Tochter nicht antun.« Doch da knallt sie mir auch schon die Tür vor der Nase zu. Es dauert nicht lange, dann höre ich Ty weinen. Sie weint nach mir, und es zerreißt mir das Herz. Ich stehe vor der Tür, meinen Kopf dagegengelehnt und höre dem Drama drinnen zu. Ich schließe die Augen und bin wirklich versucht, Nat nachzugeben, denn ich weiß nicht, was ich sonst tun soll. Ich will nicht, dass Ty unter der Situation leidet, doch das geschieht. Nat setzt sie systematisch als Druckmittel ein. Es ist krank!

Nat will mich nicht einmal, nicht wirklich jedenfalls. Sie will mich nur, weil ich sie nicht will – aus keinem anderen Grund. Sie liebt mich nicht. Ich klingle, und sie reißt die Tür wenige Augenblicke später regelrecht auf. »Was willst du noch, Brad?«

»Ich will meine Tochter sehen, Nat. Wie wir es besprochen haben.«

»Tja, Brad! Wenn du mit mir zusammen wärst, dann könntest du sie jederzeit sehen. Immer«, wispert sie und legt ihre Hand auf meine Brust.

»Liebst du mich, Nat?«, frage ich unvermittelt. Damit hat sie nicht gerechnet. Ihre Augen weiten sich und ihr »Natürlich!« klingt in meinen Ohren völlig unglaubwürdig – regelrecht verlogen. »Von ganzem Herzen«, schiebt sie rasch hinterher.

»Dann gib mich frei«, verlange ich. Sie keucht erschrocken auf. Im Hintergrund weint Taylor noch immer.

»Niemals, ich werde um dich kämpfen, Brad.« Tränen sammeln sich in ihren Augen, doch ich kaufe ihr weder diese noch den verzweifelten Gesichtsausdruck ab, den sie aufsetzt.

»Nat, ich bin sicher, wir finden eine andere Lösung, denn ich bin überzeugt davon, dass du mich nicht wirklich willst. Verdammt, du kennst mich nicht einmal.«

»Ich kenne dich besser als jeder andere Mensch auf der Welt«, versichert sie mir, und ich muss an mich halten, um nicht laut loszulachen. Es gibt kaum einen Menschen, der weniger über mich weiß. »Tu nichts, Brad, was du später bereuen würdest«, warnt sie mich.

»Mach dir Gedanken über das Geld, Nat.« Ich zücke mein Scheckbuch und stelle ihr einen Scheck aus. Ich reiche ihn ihr. »Eine Stunde, Nat!« Sie tritt zur Seite und lässt mich ein. Wäre ich mit Nat schick essen gegangen, hätte es mich weniger gekostet, doch die Zeit mit meiner Tochter ist mir die tausend Dollar wert.

Es folgt eine weitere Nacht, in der ich kaum Schlaf finde, diesmal ist es jedoch nicht meine Vergangenheit, die ihre Krallen nach mir ausstreckt, sondern Nat. Keine Ahnung, wie ich mit der Situation umgehen soll. Mit Sky ist es – obwohl ich mich so unmöglich ihr gegenüber verhalten habe – nie ein Problem. Allerdings waren wir auch verheiratet, und diese Kinder sind laut Gesetz meine Kinder. Wir haben das Sorgerechtsverhältnis bei der Scheidung geklärt. Ich frage mich, was ich machen werde, wenn Joe über Weihnachten im Krankenhaus bleiben muss. Ich wollte eigentlich auf Maui bei meinen Mädchen sein, aber ich kann Joe nicht alleinlassen. Ich beschließe, mit Rory darüber zu sprechen. Er könnte bei ihr bleiben.

Es dämmert bereits, als ich doch wieder in den Schlaf finde. Diesmal sind meine Träume wunderbar, denn ich träume von Joe.

Ich fühle Joes Hand in meiner, schaue zu ihr hinüber und sehe sie lächeln. Sie sieht glücklich aus. Die Sonne scheint, und ich sehe die goldenen Sprenkel in ihren grünen Augen nur allzu deutlich. Sie ist so schön.

Plötzlich weiß ich, wo wir sind und wo Joe hinwill, denn sie ist es, die mich hinter sich herzieht. »Nein!«, protestiere ich. »Niemals, mein Engel, da bekommen mich keine zehn Pferde rauf.«

Joe dreht sich zu mir, legt ihre Hand auf meine Wange, und eigentlich hat sie mich in dem Moment schon rumgekriegt. »Sei kein Spielverderber, Brad«, rügt sie mich.

Ich lege den Kopf in den Nacken und schaue nach oben. »Ich kann das nicht verantworten«, sage ich zu ihr.

Sie lacht. »Ach, und wieso nicht?«, fragt sie und zieht eine Augenbraue hoch.

»Weil du, wie diese Frau, einen Rock trägst, und ich kann ihre Mandeln sehen, verstehst du?«

»Ich persönlich sehe nur ihre nackte Muschi, aber …« Ich werfe ihr einen strengen Blick zu – immer muss sie das letzte Wort haben. »Außerdem trage ich im Gegensatz zu ihr Unterwäsche«, fügt sie hinzu.

Ich sehe sie erstaunt an. »Seit wann das denn?«, frage ich gespielt überrascht, woraufhin sie mich auf den Oberarm boxt. Wie ich sie liebe. Wie verrückt!

»Hast du Angst?«, fragt sie mich.

»Wie hoch ist dieses Ding?«, will ich wissen.

»Die dritte Etage befindet sich auf 276,13 Metern«, informiert Joe mich nach einem Blick in den Paris-Reiseführer. Ich beuge mich hinab und flüstere ihr etwas ins Ohr. »Höhenangst?«, fragt sie erstaunt. Ich nicke. Es gibt nicht viel, wovor ich Angst habe, aber das gehört dazu. »Ich bin doch bei dir«, verspricht sie und küsst mich.

»Mmh«, brumme ich und füge hinzu: »Also dann!«

Jeder Schritt ist beschwerlich, und ich habe ab der zweiten Plattform furchtbare Angst, doch Joe ist da und hält meine Hand. Sie bewältigt den mühsamen Aufstieg mit mir Seite an Seite, und als wir oben stehen, atme ich das erste Mal seit einer gefühlten Ewigkeit tief durch. Plötzlich habe ich gar keine Angst mehr – dabei war der letzte Abschnitt der reinste Horror. Ich genieße die Aussicht, fühle mich frei und, als ich in Joes Augen blicke, unendlich geliebt. Ich verliere mich darin, und die Szenerie ändert sich. Keine Ahnung, wie wir auf das Boot kommen, aber wir befinden uns auf einmal dort.

Es ist nicht mein Boot, wie ich verwundert feststelle. Ich besitze eine Sunseeker Manhattan 64, doch das Boot, auf dem wir uns befinden, ist eine Segeljacht. Ich weiß es, denn ich kann durch die Luke die weißen, sich aufblähenden Segel über uns sehen. Joe und ich liegen eng umschlungen zusammen in dem geräumigen Bett im Bug des Schiffes.

Ich starre in den blauen Himmel und fühle mich einfach nur glücklich und zufrieden. Ihr nackter Körper ist dicht an meinen geschmiegt und nur mit einem dünnen Laken bedeckt.

Diese intime Enge in der kleinen Kajüte; niemals zuvor wollte ich einem Menschen so nah sein. Ich habe immer alle auf Abstand gehalten, doch mit Joe ist es anders. Wenn ich könnte, würde ich die ganze Zeit mit ihr Sex haben, nur um ihr so nah wie möglich sein zu können.

»Wohin segeln wir eigentlich?«, fragt sie mich.

»Bis ans Ende der Welt«, lautet meine Antwort, und ich meine es auch so. »Ich möchte bei dir sein und nur bei dir. In diesem Leben und in einer Million weiterer.« Wir küssen uns, …

… und ich erwache. In einem Bett ohne Joe und mit einer ungeheuren Leere in meinem Herzen. Dort, wo wir eben waren, war mein Glück vollkommen. Witzigerweise ganz ohne Sex und ganz ohne Rory. Nur Joe und ich.

Nachdem ich wirklich im Hier und Jetzt angekommen bin, schreibe ich Rory eine SMS. Und wie war die Nacht mit unserem Mädchen? Ich schaffe es heute nicht. Komme aber morgen runter, texte ich ihm. Zurück kommt ein knappes Gut. Ich weiß Bescheid. Klingt ja nicht so erbaulich. Ob es zwischen ihm und Joe Stress gab? Die zwei sind schon eine explosive Mischung. Ich erinnere mich an eine Unterhaltung, als sie noch Kinder waren. Sie waren vielleicht acht Jahre alt. Rory hatte Rus irgendetwas geschenkt, und Joe war deshalb beleidigt gewesen.

»Immer machst du Rus irgendwelche Geschenke!«, warf sie ihm vor.

»Es hat mir gehört, ich kann es schenken, wem ich will, und da hast du nix zu wollen und nix zu meckern, Josephine Reynolds.«

»Ich meckere gar nicht!«, hatte Joe protestiert.

»Nicht? Klingt aber so.«

»Nee, mache ich nicht! Ist nur einfach unfair. Immer bevorzugst du Russel!«

»Schnall es endlich, Joe! Was ich mit meinem Kram mache, ist allein meine Sache«, hatte Rory kaltschnäuzig erwidert. Ganze drei Tage lang hatte Joe daraufhin nicht mehr mit ihm geredet. Ich nehme an, wenn er sich nicht bei ihr entschuldigt hätte, dann würde sie es heute noch nicht tun.

Ich stehe auf, mache mir zum Frühstück einen Eiweißshake und breche dann zum BOP-Haus auf, wo ich mit den Jungs ein wenig trainiere. Zwei Stunden später dusche ich zu Hause das Salzwasser ab. Ich kriege fast einen Herzinfarkt, als ich ins Wohnzimmer komme und Rory dort vorfinde. Mit ihm habe ich ehrlich gesagt nicht gerechnet.

»Wie geht es ihr?«, frage ich ihn statt einer Begrüßung.

Er grinst bis über beide Ohren, und ich weiß, dass zwischen ihnen was gelaufen ist. »Gut, es geht ihr wirklich gut. Ihr war zwar etwas schlecht heute Morgen, aber es war okay.«

Er bedient sich an der Kaffeemaschine und reicht mir eine Tasse, genau so, wie ich ihn mag. Schwarz mit zwei Stück Zucker.

»Komm schon«, murre ich. »Was war die Nacht los bei euch? Habt ihr …«

Er schüttelt den Kopf. »Nein, so weit ging es nicht, aber wir haben ziemlich heftig rumgeknutscht, und sie hat mir einen runtergeholt.« Er klingt bei dem Gedanken daran total angetörnt. »Es war geil!«, fügt er hinzu. »Ich weiß echt nicht, was sie mit mir macht. Ich verstehe die Welt nicht mehr. Ist ja nicht so, als wäre sie meine Erste.«

Ich muss lachen, denn wenn sie Glück hat, ist sie eine von hundert. Nicht, dass ich meine Eroberungen zählen würde.

Das habe ich schon lange aufgegeben, aber es waren bei mir verdammt viele und bei Rory sicherlich auch. Keine Ahnung, wie viele genau. Mehr als hundert auf jeden Fall. Ich kann es wirklich nicht sagen, aber grob hochrechnen kann ich es, und das ist eine exorbitante Zahl.

»Ich hatte in meinem Leben so viele Frauen«, sagt Rory in diesem Moment nachdenklich.

»Wie viele gab es denn?«, frage ich ihn neugierig.

»Zu viele«, erwidert er und klingt betrübt. Ein wenig so, als würde er seine Vergangenheit bereuen. »Ich kann mich nur an eine Handvoll davon erinnern. Also wirklich erinnern meine ich, mit einem Namen und einem Gesicht dazu. Der Rest …« Er macht eine wegwerfende Geste.

Ich beschließe, das Thema zu wechseln, und meine: »Ihr habt also rumgemacht?«

»Yep«, erwidert er breit grinsend.

»Und sie sagte, sie liebt dich?« Er grinst noch breiter und sieht scheißglücklich aus. Ich gebe ihm ein High five.

»Na also, es wird doch!«, spreche ich uns beiden Mut zu.

»Ja, ja, du hattest wieder einmal sooo recht!«

Nun bin ich es, der sich ein Lächeln nicht verkneifen kann. Stimmt! Hatte ich! »Endlich hast du das auch kapiert, da können wir uns ja in Zukunft die Diskussionen sparen«, necke ich ihn. Ich bin einfach diese zehn Jahre älter. Ich wünschte, es wäre nicht so, aber ich bin es nun mal und ich war bereits da, wo er jetzt ist. Er muss nicht meine Fehler machen, und ich bin froh, dass er sich an mich wendet, wenn wichtige Entscheidungen anstehen.

Den ganzen Tag versuche ich, meinen Kram erledigt zu bekommen, doch ich muss ständig an Ty denken. Das kann so einfach nicht weitergehen, weshalb ich schließlich zum Telefon greife und meinen Anwalt anrufe. Was er sagt, gefällt mir nicht. Ich scheue mich davor, Nat den Krieg zu erklären, denn ich habe Angst, dass Ty darunter leiden würde. Am Abend spreche ich mit Rory darüber. Er hört mir aufmerksam zu, und es tut gut, sich einfach mal diesen ganzen Scheiß von der Seele zu quatschen.

»Was wäre der Unterschied zu jetzt?«, fragt er interessiert. »Nach allem, was du gesagt hast, leidet deine Tochter bereits unter der Situation.« Diese Worte begleiten mich den Rest des Abends und die halbe Nacht hindurch.

Kapitel 09

Ich bin überglücklich, als ich am nächsten Mittag Joe endlich wiedersehen kann. Auch wenn ich nach wie vor völlig erschöpft bin, tut mir ihre Nähe unglaublich gut. Die Anspannung der letzten Tage ist jedoch noch da, und mir gelingt es nicht, sie vor Joe zu verbergen. Während des Mittagessens spricht sie mich darauf an. Ihre Gedanken sind in die völlig falsche Richtung gegangen, merke ich, denn sie fragt: »Ist es wegen der Sache mit Rory im Krankenhaus?«

»Nein«, widerspreche ich schnell. »Ich bin froh, dass du langsam vernünftig wirst.«

Sie boxt mir in die Rippen, woraufhin ich sie an mich ziehe und sie auf die Stirn küsse. »Ich freue mich schon sehr darauf, wenn du nach Hause kommst und wir endlich zusammen sein können. Allein der Gedanke macht mich ganz hart.« Ich greife nach ihrer Hand und lege sie auf meinen Schwanz. Joe knetet ihn einen Moment lang, ehe sie hörbar schluckt und ihre Hand von meinem besten Stück wegzieht.

Später gehen wir am Strand spazieren, und ich erzähle ihr von meinem Traum. Sie lacht. »Auf den Eiffelturm? Bist du wahnsinnig? Ich habe entsetzliche Höhenangst. Aber wir können gern segeln gehen. Dad leiht uns bestimmt sein Boot.«

»Ja, das hört sich gut an«, erwidere ich. »Oder wir fahren mit der Eternal Flame raus.«

»Deine Jacht?«, fragt sie.

Ich nicke, und wir unterhalten uns kurz über das Boot. »Nur wir drei. Was hältst du davon?«

»Das klingt gut«, wispert sie kaum hörbar.

»Es heißt ja nicht, dass du …«

Sie nickt verstehend und lächelt mich an. »In einer Woche hast du Geburtstag, Babe! Was wünschst du dir?«

»Weltfrieden«, schlage ich vor.

Sie lacht. Es ist dieses wunderschöne, glockenhelle Lachen, das aus ihrem tiefsten Herzen kommt und meines weit macht. »Im Ernst«, mault sie, bleibt stehen und schlingt ihre Arme um meine Hüften.

»Keine Ahnung. Ich bin relativ wunschlos glücklich.«

Sie lacht erneut. »Relativ wunschlos glücklich? Soso.« Als sie merkt, wie ernst ich bin, fragt sie besorgt: »Was ist los?«

Ich vertraue ihr an, was mir auf dem Herzen liegt. Ich erwähne nicht, dass ich immer mal wieder mit Nat ins Bett gegangen bin, sondern nur, dass sie mir wegen Ty Schwierigkeiten macht. Joe muss nicht alles wissen, und diese Sache ist einfach auch sehr strange. Ich verabscheue Nat wirklich, und dennoch habe ich sie gefickt … wieder und wieder. Was sagt das über mich aus? Ich habe immer behauptet, ich würde es tun, damit ich Ty sehen kann, aber vielleicht wusste ich auch irgendwie, dass ich Nat damit verletzen kann. Möglicherweise habe ich es auch deshalb gemacht. Wobei, die Vorstellung, Nat dadurch wehtun zu können, erscheint mir lächerlich. Sie ist so ein eiskaltes Miststück. Nein, wenn überhaupt habe ich eher mich dadurch erniedrigt – was es zugegebenermaßen auch nicht besser macht.

»Und ich mache mir Gedanken über dich, über uns«, gestehe ich Joe. Nun bin ich es, der stehen bleibt und sie an sich zieht. Ich küsse sie hungrig und wie von Sinnen – mitten am Strand und in aller Öffentlichkeit. In Phasen wie diesen bin ich sehr emotional und impulsiv. Irgendwie fehlt mir die Kraft, zurückzuhalten, was ich normalerweise verbergen würde. Es ist mir egal, dass ich Joe Hoffnung mache, denn gerade zählt nur, dass sie weiß, wie ich für sie empfinde.

»Ich liebe dich, und ich will dich nicht allein lassen … nicht über Weihnachten, aber auch in Zukunft nicht.« Ich atme tief durch. »Und wenn das Baby Mitte Juli auf die Welt kommt, sind Rory und ich nicht da, um dich zu unterstützen.«

»Ich komme schon klar.«

Ich werfe ihr einen vielsagenden Blick zu.

»Hey! Ich kann alles und so. Ich brauche euch nicht«, begehrt sie auf. Süß, aber sie hat keine Ahnung, worauf sie sich da eingelassen hat.

»Ja, klar! So eine Geburt ist auf alle Fälle der ideale Zeitpunkt, um allein zu sein«, meine ich sarkastisch.

»Warst du dabei?«, fragt sie.

»Ja, bei allen.«

»Und wie war es?«, will sie wissen.

»Hart, und das, obwohl es letztendlich Kaiserschnitte waren.« Joe scheint das Thema Geburt nicht sonderlich gut zu bekommen, denn nur Sekunden später übergibt sie sich. Ich sehe zu, dass ich sie auf direktem Weg ins Krankenhaus schaffe, doch bis dorthin muss sie noch dreimal brechen. Es ist im wahrsten Sinne des Wortes zum Kotzen!

Zum Glück wirkt die Infusion rasch, und Joe schläft kurze Zeit später ein. Das ist vermutlich in ihrem Zustand wirklich das Beste, denn sie wirkt inzwischen sehr erschöpft und kraftlos.

Ich muss den ganzen Abend über an sie denken. Ich schmeiße eine Grillparty für die Aussies und die Neuseeländer, mit denen ich kaum Kontakt hatte, während sie hier waren. Ich bin ein mieser Gastgeber, aber die Jungs sind Kummer gewohnt. Mein schlechtes Gewissen jedenfalls hält sich in Grenzen. Ich habe im Moment andere Probleme, und keiner beschwert sich – was auch besser ist, denn ich bin so dünnhäutig und reizbar wie seit einer Ewigkeit nicht mehr.

Am nächsten Tag zwinge ich mich dazu, surfen zu gehen. Rory, dieser madige Arsch, fährt direkt zu Joe. Ich werde beinahe schwach und bin kurz davor, mich an ihn dranzuhängen, als er aufbricht. Doch ich reiße mich zusammen. Ich war eine paar Tage lang nicht im Wasser, und dann verschlechtert sich mein Zustand immer. Surfen und Sex sind das Einzige, was mir in diesen Zeiten hilft. Keine Ahnung, warum das so ist – aber da Sex keine Option ist, bleibt mir nur das Surfen.

Und es hilft. Ich habe ein halbes Dutzend guter Wellen und einen richtigen Hammerritt, der meinen Tag rettet. Ich schlage also ein paar Stunden später gut gelaunt im Krankenhaus auf und treffe auf die bezaubernde Gabriella Espinosa.

»Gabriella Espinosa! Ich dachte, du machst Australien unsicher!«, sage ich, nachdem ich sie kurz abgecheckt habe. Gab ist Rorys Ex und … nun ja, sie ist echt ziemlich heiß.

»Bradley Hoover, was machst du hier?«, fragt sie unsicher, was mich dazu veranlasst, mir deutlich vor Augen zu führen, weshalb ich hier bin. Ich gehe zu Joe hinüber und gebe ihr einen Begrüßungskuss. Sie ist ziemlich gehemmt.

»Ich besuche Joe«, sage ich zu Gab. »Du doch auch, oder?«

Sie lacht. Joe scheucht mich mehr oder weniger aus dem Zimmer und meint, ich solle Sam und Rory suchen, was ich natürlich auch tue. Ich finde die beiden in der Schlange vor dem Getränkeautomaten. Es dauert eine Weile, bis wir haben, was wir brauchen, und zu Joe und Gab zurückkehren können.

Die Stimmung im Zimmer ist sonderbar. Überhaupt nicht mehr angespannt. Joe und Rory beginnen, sich zu küssen, und dann küsst sie mich – vor ihren Freundinnen wohlgemerkt! Es ist wunderbar. Ich gebe zu, dass ich von der Veränderung ziemlich überrascht bin. Ich checke nicht, was Gab Joe in den letzten fünf Minuten gesagt hat, aber ich werde sie danach fragen und ihr einen Orden verleihen.

Joe knutscht mit uns beiden rum, und die sexuelle Spannung, die in der Luft liegt, ist nicht zu ignorieren. Doch wie immer wird es Joe bald schon zu viel, und sie wirft Rory und mich regelrecht hinaus.

Allerdings sehen wir sie bereits kurze Zeit später wieder, und sie fragt uns, ob wir sie zu ihrem Ultraschalltermin begleiten wollen. Die Krankenschwester wirft uns zwar einen sonderbaren Blick zu, doch wie Joe ignorieren wir diesen. Kaum hat die Schwester das Untersuchungszimmer verlassen, kommt Joe ihrer Aufforderung nach, sich »untenrum« frei zu machen. Sie trägt ein Kleid, und wir sehen nichts, aber Rory und auch mich macht allein der Gedanke, dass sie nichts darunter trägt, entsetzlich scharf.

Mit unseren sehr expliziten Vorstellungen, was man mit ihr auf dem Behandlungsstuhl anfangen könnte, halten wir nicht hinter dem Berg. »Keine Ahnung, warum, aber das ist unglaublich antörnend, Engel«, sage ich. Joe zeigt mir einen Vogel.

»Ja, klar! Genauso habe ich diese Art von Untersuchung schon immer empfunden«, entgegnet sie sarkastisch.

»Er hat recht«, mischt Rory sich ein.

»War ja klar, dass ihr Perverslinge das so seht«, meint Joe und verdreht die Augen.

»Fuck, mir fällt eine ganze Menge ein, was man hier mit dir anstellen könnte«, raunt Rory ihr zu.

»Ihr spinnt doch!«, schimpft Joe, und ich sehe, dass ihr das Ganze über den Kopf wächst. Diese Idee ist ihr nicht geheuer.

Gleich wird sie wieder das Doggy Door nehmen – vermutlich, indem sie uns erneut hochkant rauswirft.

»Dieses Ding eröffnet ganz neue Möglichkeiten«, beginne ich dennoch, und Rory stimmt mir sogleich zu.

»Ja, wenn sie da so aufgebockt vor uns liegen würde …«

»… und ich sie ficken würde«, unterbreche ich ihn krächzend. Meine Stimme klingt ganz markig. Der Gedanke daran, sie jetzt und hier zu nehmen, ist megaantörnend – er macht mich so heiß, dass ich kaum dazu in der Lage bin, zu sprechen. Flammende Röte überzieht Joes Wangen. Sie schüttelt den Kopf.

»Stell dir das doch mal vor, Joe. Du liegst da, und ich stehe zwischen deinen Beinen, meine Hose auf Halbmast und vögle dich richtig hart. Und wenn ich fertig bin, dann übernimmt Rory meinen Platz. Er dringt in dich ein, nimmt dich richtig ran und bringt dich dazu, seinen Namen zu schreien.«

Ich kann sehen, wie sie schluckt. Sie will es ebenso sehr wie wir. Rory küsst ihren Hals. »Du könntest doch schon mal die Beine hochlegen«, flüstert er ihr zu, woraufhin sie ihm ihren Ellbogen in die Rippen stößt. »Wenn du brav bist und mir deine nackte Muschi zeigst, vögle ich dich vielleicht sogar«, verspricht Rory ihr. Sie lacht amüsiert auf, doch ehe sie ihm einen Vogel zeigen kann, wie sie es bei mir zuvor schon getan hat, sage ich: »Tu es, Joe!«

Sie wirft mir einen stinkigen Blick zu, kommt meinem Befehl jedoch nach. In ihren Augen kann ich sehen, wie sehr sie die Vorstellung, es zu tun, anmacht. Um Rory und mich ist es nach einem Blick auf ihre feuchtglänzende, bereite Pussy geschehen. In den nächsten Minuten überschlagen sich die Ereignisse, und wir machen das mit ihr, was eben noch lediglich Fantasie war. Während ich Stellung an der Tür beziehe und dafür sorge, dass niemand hereinplatzt, vögelt Rory Joe. Ihm dabei zuzuschauen, wie er Joe – unsere Joe – fickt, törnt mich unglaublich an. Ich beobachte die beiden und wage kaum zu atmen. Nachdem Rory fertig ist und meinen Platz an der Tür eingenommen hat, mache ich mich über Joe her. Ich bin furchtbar geil und nagle sie haltlos. Joe zittert, und hätte sie nicht meinen Namen gekeucht, wäre ich vermutlich in ihr gekommen, was sicherlich bei der Untersuchung peinlich geworden wäre. Im letzten Moment ziehe ich mich aus ihr raus und spritze in meine Hand. Das war knapp, denke ich schwer atmend. Ich greife nach einem der Papiertücher und säubere meine Hände. Dann schaue ich zu Joe rüber, und in dem Moment setzt mein Verstand wieder ein. Sie hat den Kopf in den Nacken gelegt und die Augen geschlossen. Ihre Hände sind fest um die Haltegriffe gekrallt, und ich begreife, was für einen furchtbaren Fehler Rory und ich gerade gemacht haben, doch bevor ich mich bei ihr entschuldigen kann, höre ich Rorys Stimme.

»Sie kommt!«, warnt er Joe und mich vor, und keine Sekunde später werden wir von der Ärztin begrüßt.

»Miss Reynolds«, sagt sie an Joe gewandt. »Na, Ihnen scheint es ja besser zu gehen. Sie haben heute sogar richtig Farbe im Gesicht.« Das ist die Untertreibung schlechthin, Joes Wangen sind dunkelrot vor Verlegenheit.

»Ja, ich war die letzten Tage hin und wieder draußen an der frischen Luft«, meint sie, und ich nehme mir vor, niemals mit ihr zu pokern, denn nichts in ihrer Miene oder ihrer Stimme deutet darauf hin, was hier eben noch abging. Allerdings ist ihre Anspannung beinahe greifbar. Ich kraule ihren Nacken, doch sie steht völlig unter Strom. Fuck, wir sind solche Idioten. Rory steht etwas abseits und schielt auf den Monitor.

»Sind Sie bereit?«, will die Ärztin von Joe wissen, ehe sie den Ultraschallkopf in Joe einführt. Joe nickt, doch ihr ganzer Körper ist völlig verkrampft, weshalb ich mich zu ihr beuge und für die anderen unhörbar in ihr Ohr hauche: »Und sorgfältig vorgedehnt.« Joe quittiert meine Worte mit einem Schmunzeln, atmet zittrig aus, aber entspannt sich merklich. Ich schiebe meine Finger zwischen ihre, sie führt meine Hand zu den Lippen und drückt einen Kuss auf meinen Handrücken.

Bei der Untersuchung kommt raus, dass das Baby sehr klein ist und Joe weiterhin im Krankenhaus bleiben muss. Als wir sie in ihr Zimmer begleiten, ist die Stimmung extrem gedrückt. Ich lege ihr den Arm um die Schultern und küsse ihren Hals, während Rory ihr ein wenig Raum gibt. Keine Ahnung, wer von uns sich richtig verhält. Eine Minute später ist es mir klar, denn in ihrem Zimmer angekommen treffen wir auf Gab und Sam, und Joe meint: »Ich brauche etwas Ruhe.« All ihre Enttäuschung schwingt in diesem Satz mit, und mein schlechtes Gewissen nagt an mir.

Ich bin echt ein Riesenarsch! Aber fuck … es … sie … war so geil! Arghhhhh! Ich könnte meinen Kopf gegen die Wand schlagen. Wie kann man es nach all dem, was wir durchgemacht haben, nur so gründlich versauen? Wir haben knapp drei Wochen auf dieses Ziel hingearbeitet, und dann verbocken wir es auf den letzten Metern. Am liebsten würde ich mich vor ihr in den Staub werfen und zu Kreuze kriechen, aber ich will ihr wenigstens den Wunsch nach Ruhe erfüllen.

Ich schnappe mir Gab und Rory unter dem Vorwand, dass wir etwas zu essen besorgen. Zum Glück muss Gab ein Telefonat führen, und ich habe kurz Zeit, mit Rory über die ganze

Situation zu sprechen. Wir sind uns absolut einig darüber, dass wir Idioten sind, die nur mit ihren Schwänzen denken.

Das bekommen wir zurück in Joes Zimmer auch noch mal von Sammy gesagt. Sie verpasst uns einen echten Einlauf und beschimpft uns wüst als selbstsüchtige, ignorante Scheißkerle, womit sie den Nagel wohl auf den Kopf trifft.

»Sie hat geweint, was kein Wunder ist, wenn du dich an die Sache mit Travor erinnerst, Rory. Wie konntet ihr sie bloß so schäbig behandeln? Ich dachte, ihr liebt sie und sie sei für euch mehr als nur ein Fick«, fährt sie uns an.

»Das ist sie auch«, knurrt Rory erbost.

»Ach ja, Rory? So sieht es nämlich gerade nicht aus!«

»Sie hätte jederzeit Nein sagen können«, meint er kleinlaut.

»Klar! Ihr seid zu zweit! Sich gegen einen von euch Machos zu stellen, ist schwer genug, aber gegen euch zwei … Ihr habt sie überfahren. Sie war völlig überfordert mit der Situation, und ihr seid die, die mit solchen Sachen Erfahrung haben. Ihr wart rücksichtslos und selbstsüchtig.« All ihre Vorwürfe sind gerechtfertigt. Doch ihre Standpauke ist mir reichlich egal. Ich will wissen, wo Joe ist und wie es ihr geht. Ich will mich entschuldigen und es wiedergutmachen. Ich verschränke meine Arme vor der Brust und betrachte den Boden zu meinen Füßen. Ob sie uns noch will? Kann Joe uns das verzeihen? Ich wollte auf sie aufpassen und sie beschützen, doch was mache ich stattdessen? Ich verletze sie. Fuck! Ich will zu ihr. Jetzt!

»Du hast recht, Sam«, stimme ich Sammy zu. »In allen Punkten. Was wir getan haben, war echt großer Mist.«

Sam stemmt ihre Hände in die Hüfte und funkelt uns beide zornig an. »Ja, und ich will, dass ihr das wirklich begreift. Angeblich liebt ihr sie, und dann behandelt ihr sie genau so, wie Dean es ihr immer prophezeit hat.«

»Ich wusste schon drei Sekunden, nachdem die Sache durch war, dass es falsch war«, räume ich ein.

»Hättet ihr mal eure Köpfe benutzt, dann …«

»Haben wir aber nicht«, unterbreche ich sie energisch. Man kann die Dinge nicht ändern. Was passiert ist, ist passiert. Wir haben einen Fehler gemacht.

»Wo ist Joe?«, will Rory wissen.

»Ich habe euch ein Hotelzimmer um die Ecke organisiert«, sagt Sam, woraufhin Rory aufspringt und sie in die Arme schließt.

»Danke, danke, danke!«

Ich erhebe mich, schiebe ihn zur Seite und umarme Joes beste Freundin ebenfalls. »Ja, danke, Sam!«, meine ich und küsse ihren Scheitel.

Sie lacht. »Aber versaut es nicht wieder. Ich meine es ernst, Männer! Das nächste Mal, wenn ihr Joe wehtut, kommt ihr nicht so glimpflich davon«, warnt sie uns und drückt mir die Schlüsselkarte zu dem Hotelzimmer in die Hand.

»Dann viel Spaß, und lasst euch was einfallen, um es wiedergutzumachen«, sagt sie zweideutig.

»Das werden wir bestimmt«, erwidere ich und zwinkere ihr zu.

Kapitel 10

Auf dem Weg ins Hotel denke ich jedoch nur über eine Sache nach. Ganz zu Anfang ihrer Tirade sagte Sammy etwas von einem Travor, und ich habe eine ungute Ahnung. Ich glaube, ich weiß genau, wer gemeint ist, und ich will diesen Punkt geklärt wissen – sonst wird es mir keine Ruhe lassen. »Sie hat geweint, was kein Wunder ist, wenn du dich an die Sache mit Travor erinnerst, Rory«, hat Sam gemeint. Über den Travor, an den ich denke, hört man so einiges. Ich fürchte, Joe wird mir Rede und Antwort stehen müssen, ob sie will oder nicht.

Ich vergesse es jedoch, denn als wir ins Hotel kommen, erwartet Joe uns in der Badewanne. Nachdem wir uns entschuldigt und ihr versichert haben, wie leid uns der ganze Vorfall tut, steigen wir zu Joe in die Wanne und stoßen mit Champagner an – also Rory und ich. Für Joe gibt es O-Saft. Zu meiner Erleichterung ist sie nicht wütend auf uns. Sie macht deutlich, dass sie enttäuscht von uns ist, aber wie es aussieht, hat sie uns bereits vergeben, denn wir blödeln ausgelassen herum – jedenfalls so lange, bis erneut der Name Travor fällt. Ich kann meine Neugier nicht länger zügeln. Ich muss wissen, was passiert ist.

Travor hat einen gewissen Ruf und … Der Gedanke, er könnte mit Joe etwas in dieser Art gemacht haben, bringt mich beinahe um. »Was war da, und ihr meint doch nicht etwa Travor Hall, oder?«

Ich habe eine Scheißangst vor ihrer Antwort. Ich sehe, wie sie anfängt zu zittern, und ich ertrage es nicht, sie so zu sehen – ganz verletzlich und … Ich kann nicht fassen, dass ihr das

Gleiche widerfahren ist. Ausgerechnet ihr … sie ist so scheiß-perfekt, so ein Engel.

»Darüber möchte ich eigentlich nicht reden«, antwortet sie kaum hörbar.

Ich weiß das nur zu gut, und dennoch brauche ich Gewissheit. Ich muss es wissen. »Hat er dich vergewaltigt, Joe?«, frage ich sie direkt. Erst da scheint Rory zu schnallen, worum es geht. In meinem Kopf setzen sich die Puzzleteile zusammen. Ich verstehe, warum sie uns damals so angeschnauzt hat, als wir sie bedrängt haben, und zu mir meinte: »Es war keine Sie-sagt-nein-und-meint-eigentlich-ja-Scheiße.« Ich verstehe ihre Überreaktion, als sie gefesselt auf meinem Bett lag und ich ihr vorschlug, Rory dazu zu holen. Dass sie mir überhaupt so weit vertraut hat, das mit sich machen zu lassen, grenzt an ein Wunder.

»Nein, er war nur nicht besonders nett.«

»Hast du gesagt, dass du das so nicht willst? Hast du ihn gebeten, aufzuhören?« Ich weiß, ich habe kein Recht dazu, Antworten zu verlangen, aber ich muss es wissen. Ich schwöre es, wenn er sich an ihr vergangen hat, dann wird er dafür bluten.

»Lass gut sein, Brad. Joe hat gesagt, dass sie darüber nicht reden will«, interveniert Rory, aber er kann mich nicht aufhalten. Wenn sie es mir nicht sagt, dann wird mich die Vorstellung wahnsinnig machen, und deshalb MUSS ich es wissen.

Sie greift nach meinen Händen und schaut mir fest in die Augen. »Alles okay, Babe«, sagt sie, doch ich glaube ihr kein Wort. Wenn etwas Derartiges mit dir passiert, dann ist nichts okay … nie wieder. Das weiß ich aus Erfahrung. Gott, ich will nicht, dass sie diesen Scheiß durchmachen muss … ich …

»Wirklich?«, presse ich hervor, denn es ist unmöglich, egal, was sie sagt.

»Es war furchtbar, aber es ist vorbei«, beteuert sie. Doch ich weiß es besser. Es ist niemals vorbei. Nie!

»Joe, ich muss wissen, was passiert ist«, bettle ich. Nur das wird mir helfen. Ich bin außer mir und würde diesen Scheißkerl am liebsten jetzt sofort für das, was er mit ihr gemacht hat, zur Rechenschaft ziehen.

»Du hast deine Geheimnisse und ich meine!«, erwidert Joe energisch.

»Hat Travor dein Nein nicht akzeptiert?«, hake ich nach. »Sag es, Joe! Bitte sag es mir.« Meine Fantasie geht mit mir durch, und ich sehe furchtbare Szenen vor mir, wie er sie erniedrigt und ihr …

Joes nächster Satz holt mich in die Realität zurück. »Ich habe nie Nein gesagt«, lässt sie mich wissen. Sie klingt aufgebracht, schreit die Worte beinahe. Ich merke, wie wütend sie auf mich ist, und es tut mir leid, dass ich sie dazu zwinge, mit mir darüber zu reden. Alles in mir wehrt sich, über meine Vergangenheit zu sprechen, und ich weiß, ich hätte diese Grenze akzeptieren sollen, doch ich kann nicht anders. Joe gehört zu mir. Sie ist wie ein Teil von mir, und wenn es da etwas Derartiges gab, dann will ich das wissen, dann habe ich ein Recht darauf, es zu erfahren.

»Warum nicht? Wenn es so furchtbar war, warum hast du dann nicht …«, hake ich nach, doch ich kann es mir bereits denken.

Joe funkelt mich verärgert an. »Er hätte nicht aufgehört. Und deshalb habe ich nicht Nein gesagt, verdammt. Mein Nein wird offensichtlich sowieso nicht akzeptiert.« Ihr Vorwurf trifft mich, denn ich weiß, dass sie allen Grund hat, sauer auf mich zu sein. Ja, ich zwinge sie, über diese verhasste Sache zu sprechen, und ich bedauere es wirklich, aber ich musste es wissen. »Er ist ein Arschloch, okay! Er hat mir vorgelogen, dass er sich in mich verliebt hat, und nachdem ich mich auf ihn eingelassen hatte, hat er mich gefickt. Nachdem er fertig war, hat er zu mir gesagt, dass es mies gewesen wäre. Er hätte einfach nur mal wieder Lust gehabt, eine Jungfrau zu knallen, aber das sei einfach nicht sein Ding, und ich solle aufhören zu flennen und verschwinden. Zufrieden?«

Zufrieden? Nein, gewiss nicht! Ich werde ihn töten, ich werde ihm jeden verdammten Knochen brechen, ich … Während ich tobe und wüste Verwünschungen ausspreche, nimmt Rory Joe von hinten in die Arme. Sie unterhalten sich leise. Ich versuche runterzukommen, doch das ist nicht so einfach. Mir geht eine ganze Menge durch den Kopf. Manches davon ist klar und greifbar – anderes nicht.

Ich betrachte Joe, die innerlich und äußerlich einem Engel gleicht. Sie ist bezaubernd süß und unschuldig, auch wenn sie gerade in den Armen eines Teufels liegt und sich von ihm küssen lässt. Warum habe ich es nicht gesehen? Warum habe ich es nicht früher verstanden? Die Antwort kenne ich: Ich war wieder einmal völlig in meiner Welt gefangen und habe einfach nicht genau hingeschaut. Ich mache mir Vorwürfe, weil ich so selbstbezogen war beziehungsweise bin.

Joe sieht mich an, löst sich von Rory und fährt mit ihren Händen in meine Haare, um meinen Kopf zu sich zu ziehen. Unsere Blicke begegnen sich, und ich sehe die Angst darin, die Angst, nicht mehr von mir gewollt zu werden, jetzt da ich ihr Geheimnis kenne.

Ich erwidere ihren Kuss, und sie drängt ihren nackten Körper gegen meinen. Ich reagiere sofort auf sie. Meine Hände gleiten automatisch über ihren Rücken. Unser Küsse werden tiefer, leidenschaftlicher, doch erst in dem Moment, da sich ihre Hand um meinen steifen Schwanz legt und an ihm auf und ab reibt, lande ich wieder im Hier und Jetzt, und das Hier und Jetzt gefällt mir ausgesprochen gut.

Kurz bevor ich es nicht mehr aushalte und etwas in der Art wie »Bett! Jetzt!« sage, stelle ich fest, dass das Wasser inzwischen reichlich kalt ist und Joe bereits Gänsehaut hat. Ich erhebe mich, schlinge mir ein Handtuch um die Hüfte und helfe ihr heraus. Ich wickle sie ebenfalls in eines der Badelaken. Sie lacht überrascht auf, als ich sie hochhebe und zum Bett trage. Ich liebe dieses Geräusch, das mich bei anderen Frauen tierisch nervt, so sehr. Ich lege Joe ab und muss mich schwer beherrschen, nicht sofort über sie herzufallen. Rory reicht mir ein volles Glas Champagner, und wir stoßen an. Joe schüttelt den Kopf über uns, aber ich stimme Rory zu: Wir haben allen Grund zu feiern. Für uns ist ein Traum in Erfüllung gegangen.

»Auf unsere wundervolle, mutige Frau!«, sagt er, und ich sehe Joe an, wie sehr seine Worte sie berühren.

»Ja, auf dich, mein Engel!«, füge ich hinzu.

Joe braucht jedoch erst mal eine Stärkung, bevor wir weitermachen, und danach tun sich Abgründe auf. Okay, vielleicht dramatisiere ich das Ganze gerade ein wenig, aber: Sie will mit Rory, und nur mit ihm, schlafen. Unfassbar!

»Darf ich zusehen, oder muss ich mich in Luft auflösen?«, frage ich, worüber Rory unverschämterweise auch noch lacht.

»Du darfst dich da drüben in den Sessel setzen«, meint Joe doch glatt. Der Sessel? Der steht bestimmt fünf Meter weit weg am Fenster.

»Was? Willst du mich verarschen, Joe? Das ist Lichtjahre entfernt!«, grolle ich.

»Hey, du hattest mich die ganze Zeit für dich. Rory hat ein wenig Nachholbedarf. Also, ab auf deinen Sessel und kein Kommentar von den billigen Plätzen.«

Seit wann bitte schön hat sie denn das Kommando? Ich glaube es nicht! »Ein Kuss!«, verlange ich und erhebe mich. Sie kommt über das Bett auf mich zugekrochen. Sie auf allen vieren zu sehen, wie sie sich mir nähert, macht mich hart. Als sie mich erreicht und Anstalten macht, sich zu erheben, ziehe ich das Handtuch weg und lasse sie einen Blick auf meinen erigierten Penis werfen. Sie schaut zu mir hoch, und ich nicke ihr zu. Sie ziert sich ein wenig, keine Ahnung, ob es wegen Rory ist oder um mich zu ärgern, doch schließlich tippe ich mit meiner Eichel gegen ihre geschlossenen Lippen, und sie öffnet bereitwillig den Mund für mich. Ich schiebe ihr meinen Schwanz tief rein, und Joe beginnt damit, ihn mir zu lutschen. Sie bringt es nicht zu Ende, was völlig okay ist, denn ich kann es nicht erwarten, sie gleich zu ficken.

»Ich liebe dich!«, versichert sie mir. Ich weiß das, doch sie hat scheinbar Bedenken, denn sie meint noch einmal nachdrücklich: »Du weißt, dass ich dich liebe, oder?« Ich seufze leise und nicke dann knapp. Ja, ich weiß, und dennoch will ich mich nicht an das Scheißfenster setzen und tatenlos zusehen, wie Rory sie gleich durchnimmt.

Doch das tut er nicht, was mich maßlos erstaunt, denn so kenne ich ihn nicht. Er ist normalerweise noch wilder als ich, und wenn wir uns eine Frau teilen, dann war es immer eher eine hemmungslose Fickerei wie eben im Krankenhaus. Die beiden turteln eine ganze Weile miteinander rum, bevor Rory Joe leckt, bis sie an seinem Mund kommt. Anschließend schiebt er sich behutsam über sie und liebt sie zärtlich. Joes Seufzer, als Rory in sie eindringt, erschüttert mich. Einen Moment lang möchte ich aufspringen und ihn von ihr runterzerren. Denn ich kann dabei zusehen, wie sie ihm mit jedem Kuss und jedem Stoß mehr und mehr verfällt. Es ist eine Qual, ihnen zuzuschauen. Ich kann mir nach allem, was ich sehe, nicht vorstellen, dass sie mich danach noch will. Sie sieht scheißglücklich aus, und das gönne ich ihr auch, aber es zerreißt mich innerlich. Ihr Liebesspiel dauert mehr als eine Stunde. Danach kuscheln sie eine gefühlte Ewigkeit miteinander, ehe Rory mich auffordert, dazuzukommen.

Ich bin unsicher und froh, als Joe mich in ihre Arme zieht und mir ihr Becken entgegenschiebt. Sie will mich noch immer. Ich weiß aber auch, dass ich mich zurückhalten sollte, daher versuche ich, mich nicht gehenzulassen, obwohl ich das am liebsten tun würde. Ihre Lippen gleiten über mein Gesicht und meinen Hals. Sie streichelt mich zärtlich, und ich beiße sie leicht in die Schulter, während ich in sie stoße. Joe unter mir genießt es, und viel wichtiger, sie honoriert, was ich gerade für sie tue. »Ich mache es wieder gut«, wispert sie zwischen zwei Küssen.

»Alles okay«, entgegne ich, und es stimmt. Es ist alles in Ordnung. Ich kann auch mal zurückstecken – wenn auch nicht mehr lange. Mit jedem Stoß komme ich meinem Höhepunkt näher, und das, obwohl ich kaum Reibung verspüre. Das Wissen, dass Rory eben noch in ihr war, dass er in ihr gekommen ist und sie deshalb so klatschnass ist, macht mich an, und es kostet mich unglaublich viel Mühe, meine Geilheit zu zügeln. Es wird auch nicht besser, als er beginnt, sie zu küssen und sie ihn beinahe verschlingt. Er lässt seine Hand über ihren Körper gleiten und zwirbelt ihre Nippel.

Joe hebt mir als Reaktion darauf ihr Becken entgegen und verlangt nach mehr. Ich schiebe kraftvoller in sie und versenke mich tiefer in ihr. Schließlich gelingt es mir doch noch, uns beide ans Ziel zu bringen. Mit ein paar schnellen Zügen stoße ich Joe über die Kante und folge ihr einen Herzschlag später.

»Mein Engel«, presse ich hervor, als ich mich schwer atmend auf sie lege. Ich küsse sie tief und innig, und sie seufzt leise. Ich ziehe mich aus ihr zurück, und Joe kuschelt sich zwischen mir und Rory in die Kissen. Sie küsst erst ihn und dann mich, und wir streicheln sie, während wir die Eindrücke der vergangenen Stunden auf uns wirken lassen.

Rory umarmt Joe, und sie vergräbt ihr Gesicht an seinem Hals. Ich rücke nach und schmiege mich von hinten an sie. Sie greift nach meiner Hand, die auf ihrer Hüfte liegt.

Wir liegen dicht beisammen, und ich bewundere ihren Mut und ihre Stärke. Sie versteht mich wie kein anderer Mensch auf dieser Welt, und ich liebe sie so sehr, dass es mich schmerzt. Joe seufzt leise und sagt dann: »Warum haben wir das eigentlich nicht schon viel früher gemacht? Das war toll!« Ach so, und Humor hat sie auch noch.

Ich schaue sie gespielt fassungslos an. »Bitte?«, stoße ich hervor, und sie lacht mich aus. Es ist ein freches Lachen. So ein gemeines kleines Biest. Mir genügt ein Blickwechsel mit Rory, und wir sind uns einig, dass so viel Dreistigkeit bestraft gehört. Joe fiept überrascht auf, als wir uns gemeinschaftlich auf sie stürzen. Wir kitzeln sie durch, bis sie uns um Gnade anfleht, doch selbst als sie beteuert, sich gleich in die nicht vorhandene Hose zu pinkeln, lassen wir nicht von ihr ab. Mit einem gemeinen Trick gelingt diesem Miststück schließlich die Flucht.

Ich lasse mich zurück in die Kissen sinken und schaue zu der Tür, durch die eben gerade eine nackte Joe geflitzt ist. Keine Ahnung, wie sie es anstellt, dass ich so verrückt nach ihr bin, aber ich bin es. Sie ist das Beste, was mir je passiert ist. Ich liebe sie wahnsinnig. Ich habe mich noch nie so geliebt und angenommen gefühlt, und niemals zuvor hat mich ein anderer Mensch so verstanden wie sie.

»Kann ich mit ihr unter die Dusche?«, frage ich Rory, als ich höre, dass Joe sie angemacht hat. Er nickt, streckt sich gähnend und kuschelt sich in die Kissen. Er hat Ähnlichkeit mit meinem verdammten Kater, wenn er satt und zufrieden ist.

Im Badezimmer beobachte ich Joe einen Augenblick lang. Ich schaue ihr zu, wie sie ihr Gesicht dem Wasser entgegenreckt und versucht runterzukommen. Ich weiß, dass das, was heute passiert ist, sie ein wenig überfordert. Ich bete sie dafür an, dass sie sich getraut hat und dieses Risiko, das sie allein trägt, eingegangen ist. Sie hat all ihren Mut zusammengenommen und ist über ihren Schatten gesprungen.

Ich atme tief durch, straffe meine Schultern und trete zu ihr unter die Dusche. Sie begrüßt mich mit einem Lächeln und offenen Armen. Ich schnappe sie mir und presse mich eng an sie. Das Wasser rauscht über meinen Körper, und ich genieße das Gefühl von ihrem an meiner nackten Haut. »Geht es dir gut?«, will ich von ihr wissen, und irgendwie hoffe ich, dass sie Nein sagt, damit ich ein Doggy Door bekomme. Doch sie nickt, und an ihrem Blick sehe ich, dass sie bereits weiß, dass das bei mir nicht der Fall ist. Jetzt oder nie, sage ich mir.

»Ich liebe dich«, flüstert sie mir zu und küsst meinen Hals. Noch, denke ich und frage: »Kannst du mir die lange Version geben, weshalb?«

Ich schinde Zeit, denn ich habe entsetzliche Angst davor, mit ihr zu reden. Muss ich das überhaupt? Ich meine ernsthaft, niemand kann mich dazu zwingen. Es ist meine Sache und …

»Nee, das geht leider nicht«, meint Joe und fügt knallhart hinzu: »Ich habe damals gelogen. Ich steh auch eigentlich gar nicht auf dich. Mir war nur mal danach, mit einer lebenden Legende zu ficken.« Einen Moment lang schaue ich sie fassungslos an, dann beginne ich schallend zu lachen. Sie ist unmöglich! Einfach der Hammer!

Sie zwinkert mir zu und lässt ihre Hände über meinen Rücken gleiten. »Ich liebe dich, weil du meinen miesen Humor erträgst und ich dich so einfach zum Lachen bringen kann.« So ein Quatsch. Ihr Humor ist einsame Spitze! Echt super! Ich ziehe sie enger an mich und küsse sie hemmungslos.

»Du bist so eine Spinnerin!«

»Ahhh, siehst du, ich liebe dich, weil du noch verrückter bist als ich, und hey, wir wissen beide, dass ich nur schwer zu toppen bin.«

»Das stimmt allerdings!«

Sie knufft mich spielerisch in die Seite. »Das ist die Stelle, an der du sagen musst: ›Ach was, Engel, du doch nicht!‹ Aber egal, ich liebe dich trotzdem, und zwar unter anderem, weil unsere Herzen für die gleichen Dinge schlagen. Ich liebe, dass deine Stärke und dein Mut auf mich abfärben.«

Meine Stärke und mein Mut? Ich bin vieles, aber weder stark noch mutig. Ich kann meine Schwäche nur gut überspielen. »Ich liebe, dass du nicht aufgibst und nicht aufgegeben hast. Ich weiß nicht, was oder wer dich so verletzt hat oder wie.« Ich schlucke mühsam und habe Probleme zu atmen. Ich hatte keine Ahnung, wie viel sie sieht und was sie alles weiß. Wie aufmerksam sie mich betrachtet – das bin ich nicht gewohnt. Es ist überwältigend, und ich liebe sie in diesem Augenblick noch mehr als zuvor.

»Aber ich sehe jemanden, der durch die Hölle gegangen ist und vom Feuer gestählt wurde.«

Doch es sind nicht diese Worte, die mir die Kraft geben, den entscheidenden Schritt zu gehen. Es sind die, die sie vor einer gefühlten Ewigkeit in meinem Bett zu mir gesagt hat. »Du wirst immer mein Held bleiben! Egal, was du tust«, meinte sie. Ich hauche einen letzten Kuss auf ihre Lippen und verharre, meine Stirn gegen ihre gedrückt.

Ich muss darauf vertrauen, dass es stimmt und dass das, was ich ihr nun sagen werde, nichts zwischen uns ändert. Innerlich wehre ich mich. Ich will den Scheiß am liebsten lassen und das verfickte Doggy Door nehmen, doch ich ignoriere es und sage: »Darüber wollte ich mit dir reden, deshalb bin ich zu dir unter die Dusche gekommen.« Ich verstumme und hole tief Luft. Ich muss mich einen Moment lang sammeln.

»Brad?« Joe weiß, dass jetzt etwas Schlimmes kommt. Sie klingt unsicher und nervös und drückt meine Hand unbewusst ganz fest.

»Können wir uns setzen?«, frage ich und rutsche mit dem Rücken an der Wand hinab. Ich ziehe sie auf meinen Schoß. Ich will sie ganz dicht bei mir haben, und auch das scheint sie zu spüren. Mein Atem geht stoßweise, und mir ist unglaublich schlecht. Ich habe das Gefühl, dass ich gleich kotzen muss oder heulen, und ich weiß nicht, was schlimmer wäre.

»Du musst mir zuhören und darfst mich nicht unterbrechen. Ich habe das noch nie jemandem erzählt, Joe. Noch nie! Nicht meiner Mutter, nicht meiner Exfrau, nicht meinem Therapeuten, niemandem!« Sie nickt ernst, nimmt mein Gesicht in ihre Hände und gibt mir einen Kuss. Alles wird gut, sage ich mir, doch ich glaube nicht daran. Ich glaube kein Stück daran, und dennoch beginne ich, ihr von meinem ersten Sommer in Kalifornien zu erzählen. »Das Anwesen meiner Großeltern ist riesig. Es gab eigene Stallungen, und da habe ich immer gern gespielt. Ich habe mich auf dem Heuboden oder in den Boxen versteckt. Irgendwann tauchte dann dieser Typ auf ...« Meine Stimme bricht, und ich balle meine Hände zu Fäusten. Ich hasse es, so schwach zu sein. Ich hasse es, dass mich nach all den Jahren noch immer Panik überkommt und mir den Atem raubt.

»Ich habe ihn gefragt, was er dort macht. Ich dachte, er sucht meinen Großvater. Ich war damals acht Jahre alt. Ich hatte keine Ahnung, dass es ...« Ich unterbreche mich wieder. Es ist so schwer, darüber zu sprechen. So unendlich schwer, denn ich bin in diesem Moment wieder dort. Ich sehe ihn genau vor mir. Diesen verfickten Scheißkerl. Joe bewegt sich über mir, sie klammert sich fester an mich und hält mich. Ihre Hände gleiten über meinen Rücken, und sie küsst meinen Hals. Sie holt mich zurück, und ich versuche wirklich, die Worte hervorzuwürgen, doch irgendwie schaffe ich es nicht, diese Sache beim Namen zu nennen.

»... Leute gibt, die ...«, stammle ich. Fuck! Wie soll ich das nennen? Ich komme mir so hilflos vor – verzweifelt und unfassbar verletzlich. Ich verabscheue diesen Moment von ganzem Herzen. Joe streicht mir eine widerspenstige Strähne aus dem Gesicht, und ich schaue auf. Unsere Blicke treffen sich, und ich erkenne, dass sie es längst weiß, und dennoch ringe ich gedanklich und sprachlich um den einen passenden Ausdruck.

»... Männer, die ...« Ich schließe die Augen und versuche, das Rumoren meines Magens und die Panik zu ignorieren. Irgendwie gelingt es mir, mich von der ganzen Situation zu distanzieren – wenn auch nur für ein paar Sekunden. »Er hat sich an mir vergangen«, stoße ich mit einer Stimme und Worten, die nicht nach mir klingen, hervor. Joe auf meinem Schoß keucht erschrocken auf, als ich ihr berichte, was er mit mir getan hat.

Ich schließe meine Augen erneut und lasse meinen Tränen freien Lauf. Ich spüre Joes Lippen auf meinem Gesicht. Ihre Küsse auf meiner Stirn, meinen Wangen, meiner Nase, die sie so liebt, meinem Kinn. Ich fühle ihre Tränen. Joe weint um mich.

»Was siehst du, wenn du mich jetzt anschaust?«, will ich nach einer Weile wissen.

»Dich«, haucht Joe mir zu und senkt ihre Lippen auf meinen Hals. Die Erleichterung, die ich in Anbetracht von Joes Antwort empfinde, ist unvorstellbar. All meine Ängste waren unbegründet, denn Joe ist es egal. Nein, das stimmt nicht. Ich weiß, sie leidet mit mir und sie will nicht, dass es mir schlecht geht, aber ich bin für sie noch immer der Mann, der ich vorher war. Ich bin in ihren Augen nicht weniger oder schlechter.

Dass sie genau weiß, was ich denke und wie ich ticke, merke ich an ihren nächsten Worten: »Und du bist nicht kaputt oder fehlerhaft. Du bist perfekt, so wie du bist, und ich liebe dich von ganzem Herzen.«

»Dein Tat«, flüstere ich und fahre mit meinen Fingern über die Buchstaben auf ihrer Schulter.

»Ja, wir sind nicht geschädigt, Brad! Oder ja, vielleicht sind wir das, aber wir sind wie füreinander geschaffen. Es macht mich traurig zu sehen, dass du den tollen Mann nicht sehen kannst, den ich sehe.« Sie küsst mich behutsam auf die Lippen, und ich kann mein Glück, sie zu haben, nicht fassen. … Wieder einmal kommt sie mir wie meine Rettung vor, wie mein Engel.

Ich seufze, und eine tonnenschwere Last entweicht mit diesem Ausatmen. Ich fühle mich befreit und so erschöpft wie noch nie in meinem Leben. Joe fragt, wie es mir geht, und ich antworte ihr ehrlich. »Wie ausgekotzt.« Ich weiß, dass ich vor ihr nicht den starken Macker markieren muss, und das tut mir gut – gerade in diesem Augenblick hätte ich dazu auch gar nicht die Kraft.

»Liebst du mich?« Ich muss es einfach noch einmal hören.

»Oh Gott, ja! Wie verrückt! Brad, ich liebe dich so sehr, du kannst dir gar nicht vorstellen, wie sehr!« Sie schmiegt sich enger an mich und bedeckt meinen Hals und mein Gesicht erneut mit unzähligen Küssen, in denen ich bade und die mich gegen die Realität wappnen. Wenn es nach mir ginge, würden wir zwei nie wieder aus dieser Kabine treten. Doch nach und nach, unaufhaltsam, sickert das echte Leben in mein Bewusstsein. »Es tut mir auch leid für dich«, lasse ich sie wissen. »Niemand sollte etwas Derartiges erleben. Der Gedanke daran, was Travor dir angetan hat, macht mich ganz krank.«

Joe schüttelt ihren Kopf, legt ihre Hand auf meine Wange und sagt dann etwas unglaublich Schlaues, was mich nachhaltig berührt. »Gemessen an unserem gesamten Leben sind diese fünfzehn Minuten, oder wie lange es auch gedauert hat, ein Wimpernschlag. Es ist ein Fingerschnippen in unserer Lebenszeit. Ich habe beschlossen, dass diese Viertelstunde nicht mein Leben bestimmen soll.« Sie lächelt mich zaghaft an und küsst mich flüchtig. »Es war furchtbar«, gibt sie zu, »aber ich werde Travor nicht die Macht geben, auch den Rest meines Lebens zu ruinieren. Ich will nicht, dass dieses Gefühl von damals mich noch heute beherrscht. Ja, ich habe mich ausgeliefert, wertlos und klein gefühlt, aber ich bin es nicht. Ich bin kein Opfer. Ich definiere mich nicht über diese Viertelstunde.«

Ich denke über diese Worte nach. Sie rütteln an mir. Zerren an meinem Innersten, und ich weiß, dass sie wahr sind. Ich erkenne ihre Bedeutung, auch wenn ich selbst noch nicht so weit bin. »Ich bewundere dich dafür, wie du die Dinge siehst«, gestehe ich ihr. »Ich kann das nicht.«

»Ich weiß, aber du warst auch viel, viel jünger. Ganze zehn Jahre jünger, Babe. Das macht einen Unterschied, und ich habe auch schlechte Tage, wo ich es nicht so sehen kann. Und es sind nicht wenige.« Bestimmt weniger als bei mir. Ich streichle über ihre Arme. »Für mich ändert das, was dir passiert ist, nichts, Brad«, sagt Joe nachdrücklich. Sie weiß, was ich hören muss, denn sie kennt mich. »Es ändert meine Gefühle für dich nicht. Für mich bist du nach wie vor ein Gott!«

Sie sagt es mit solchem Ernst in der Stimme, dass ich nicht anders kann und einfach lachen muss. »Doch. Definitiv! Sex-, Surf- und Pianogott. Nicht unbedingt in der Reihenfolge. Ich befürchte, der Sexgott kommt erst an dritter Stelle«, neckt sie mich. Sie grinst fies, und obwohl es mein wunder Punkt ist, mache ich mir darüber keine Gedanken. Sie liebt meinen verdammten Schwanz. »Brad Hoover sprachlos? Na, dass ich das noch mal erleben darf«, fährt sie fort, weil ich nicht reagiere.

»Ich würde den Mund nicht so voll nehmen, sonst zwingst du mich dazu, dir zu zeigen, dass ich an erster Stelle ein Sexgott bin«, plustere ich mich auf, und wie gerne ich ihr das zeigen würde – sie hat ja keine Ahnung.

»Pah, als ob das im Rahmen deiner Möglichkeiten läge!«

Ich packe sie und erhebe mich mit ihr. Mein Hintern ist eingeschlafen und prickelt unangenehm. Joe presst ihre Fersen gegen ihn, als ich uns herumdrehe und sie an die Wand drücke. Meine Zunge taucht in ihren Mund, und sie erwidert meinen Kuss stürmisch. »Du bist so ein Biest!«, keuche ich schwer atmend nach einigen Küssen.

Sie kichert amüsiert. »Na, dann zeig mal, was du kannst, Surferboy«, meint sie grinsend, und ich beeile mich, sie ins Bett zu bugsieren, wo ich hemmungslos über sie herfalle. Ich lasse sie Rorys Schwanz lutschen, während ich sie von hinten nehme. Diesmal halte ich mich nicht zurück, aber ich weiß, dass das für Joe okay ist und ich mir nehmen kann, was ich brauche – dazu hat sie mich mehr oder weniger herausgefordert. Ich betrachte, wie sie Rory mit dem Mund verwöhnt. Gott, macht mich dieser Anblick geil! Ich fasse fest in ihre Haare und gebe ihr den Rhythmus vor.

Nachdem ich mit ihr fertig bin, nimmt Rory sich Joe erneut vor. Er ist wieder unglaublich sanft mit ihr, und ich frage mich, was mit ihm los ist. Erst sehr viel später, als Joe bereits schläft, wird mir klar, dass er unglaublich verliebt in sie ist. Er schwebt auf Wolke sieben oder in anderen Sphären – echt sehr lustig. Wie ein totaler Trottel schaut er ihr beim Schlafen zu und himmelt sie an.

»Hör auf, mich anzustarren«, murre ich, obwohl mir durchaus klar ist, dass sie das Objekt seiner Begierde ist.

»Sorry, ich dachte, ihr schlaft.«

»Ich habe auch geschlafen. Ich bin nur aufgewacht, weil du mich beobachtet hast«, murmele ich, und ich muss wirklich kurz eingenickt gewesen sein, denn ein Blick auf meine Sir Bouncer sagt mir, dass es schon reichlich spät ist.

»Eigentlich habe ich Joe beobachtet. Du liegst nur zufällig zu dicht an sie rangeklatscht, sodass du automatisch in meinem Blickfeld bist.«

Rangeklatscht? So, so! »Wenn es nach mir ginge, wäre ich die ganze Zeit in ihr«, verrate ich ihm, was ihn zum Lachen bringt.

»Ich weiß, was du meinst.« Er bekommt wieder diesen verklärten Blick, als er auf sie hinabschaut und ihr eine blonde Strähne aus dem Gesicht streicht. »Scheiße, ich liebe sie so sehr, dass es wehtut!« Er verstummt kurz und meint dann: »Brad, ich weiß, dass du sie auch liebst, aber …«

Ich blicke zu ihm auf und frage: »Ja?«

»Ich will Joe heiraten«, verkündet Rory. Es ist ein Schock, obwohl es auch das ist, was ich mir für sie wünsche. Sie soll eine Familie haben, genau aus diesem Grund wollte ich Rory schließlich mit im Boot haben. Allerdings sehe ich einige Dinge nach heute anders. Mir ist erst unter der Dusche und während unseres Gesprächs bewusst geworden, wie stark Joe wirklich ist. Sie ist eine Frau, die damit klarkommen würde, diese Beziehung zu leben.

»Ich weiß«, meine ich.

»Ist das okay für dich?«

»Jein«, antworte ich.

»Präzise wie immer«, witzelt Rory. Aber es ist ein sehr unentschlossenes Jein, wie ich zugeben muss.

»Sie wird dann deine Frau sein. Ich habe einfach Angst davor, hinten runterzufallen«, gestehe ich ihm und frage nachdenklich: »Tja, und wer bin ich dann, wenn sie ›dein‹ ist?«

»Der Gleiche, der du jetzt bist«, erwidert er.

Über die Frage grübelnd, wer ich bin, schlafe ich einige Zeit später ein. In dieser Nacht habe ich keine Albträume – soweit ich mich erinnern kann, habe ich überhaupt nichts geträumt.

Kapitel 11

Moment brauche ich, um mich zu orientieren und richtig zu mir zu kommen, als Rory sagt: »Wach auf, du Penner! Hast du eine Ahnung, wo Joe ist?«

Ich schaue mich suchend um, zucke mit den Schultern und ignoriere Rory, der mir meine Boardshorts vor die Brust pfeffert. Keine Ahnung, was sein Problem ist. Ich gehe ins Bad, und nachdem ich mit meiner Morgenhygiene durch bin, bin ich bereit, mich ihm und seiner Übellaunigkeit zu stellen.

»Hi, du Morgenmuffel!«, begrüße ich ihn. Woraufhin er mir den Finger zeigt.

»Joe ist im Krankenhaus«, informiert er mich genervt.

»Hör auf zu schmollen. Dann gehen wir und holen sie eben wieder hierher«, meine ich.

»Hast du eine Ahnung, wie scheiße es ist, nackt neben dir aufzuwachen?«

Er klingt so empört, dass ich einfach lachen muss. »Glaubst du, ich bin scharf darauf, nackt neben dir wach zu werden?«, frage ich ihn. Er brummt etwas Unverständliches, und ich boxe ihn spielerisch auf den Oberarm. »Komm, wir fangen sie wieder ein.«

»Yep, und dann reiten wir sie ein«, scherzt er.

»Lass sie das bloß nicht hören, du Knalltüte!«, ermahne ich ihn. Joe würde ihm den Arsch aufreißen, wenn sie wüsste, was für einen Schwachsinn er hin und wieder von sich gibt.

Eine halbe Stunde später sind wir mit Joe zurück im Hotel und in unserem neuen Zimmer, denn sowohl Rory als auch ich legen keinen gesteigerten Wert darauf, uns ein Bett zu teilen, wenn Joe nicht mit uns drinliegt.

Die Suite verfügt über zwei Schlafzimmer, und in dem Bett, in dem wir schließlich mit Joe landen, werde ich schlafen. Ich kann nicht genug von Joes Geruch bekommen. An diesem Tag lassen wir es langsam angehen, denn Joe ist nach gestern erschöpft. Wir liegen zusammen und kuscheln. Irgendwie kommen wir auf Joes Studium zu sprechen, und ich frage, ob sie uns ein paar Fotos, die sie gemacht hat, zeigen kann. Sie lässt sich nicht lange bitten, und ich bin ehrlich gesagt überrascht von der Qualität ihrer Arbeit. Joe ist eine verdammt gute Fotografin. Ich stand oft genug vor der Kamera, um das beurteilen zu können, und auf den meisten Fotos finde ich mich scheußlich. Mir gefällt nicht, wie man mich inszeniert, was ich erwähne. Joe lacht. »Ich mag auch die meisten Fotos von dir nicht«, gesteht sie und wirkt dabei etwas verlegen.

»Warum?«

»Die zeigen nicht dich, sondern nur das Bild, das man von dir hat. Ich weiß, warum sie oft diese Perspektive wählen und dich von unterhalb der Augenhöhe porträtieren, aber ich finde es unpassend. Du wirkst darauf scheißarrogant, und das bist du nicht.«

»Nicht?«

Joe schüttelt den Kopf und beugt sich vor, um mich zu küssen. »Nein, so bist du nicht! Ich hasse es, dass sie dich so zeigen und dich auf deinen Lebende-Legende-Status reduzieren. Rory fotografieren sie immer ganz anders.« Es stimmt, aber das wird sich ändern. Im Moment ist er einfach noch zu jung, und genau das zeigen die Aufnahmen von ihm oft. Einen jungen, unschuldigen, verspielten Typen, obwohl sich die Dinge geändert haben, seit er das Tattoo hat. Plötzlich wacht die Industrie auf und merkt, dass er mehr zu bieten hat als dieses Klischee, doch noch steckt er in der Bubi-Schublade fest.

»Ich würde euch ganz anders fotografieren«, meint Joe.

»Darfst du alles, wenn es dir besser geht«, raune ich ihr zu und küsse sie. »Warte! Blätter mal zurück. Was war das denn?«

»Oh, das ist meine Abschlussarbeit.«

»Worum geht es?«

»Um obdachlose Kids in L.A.« Sie winkt ab und behauptet: »Die wollt ihr gar nicht sehen.«

»Doch, will ich!«, beharre ich. Keine Ahnung, warum sie sich so ziert. Keine drei Minuten später weiß ich es. Was ich sehe, schockiert und beeindruckt mich gleichermaßen, als ich jedoch höre, dass Joe wegen ihres Projekts acht Wochen auf der Straße gelebt hat, werde ich wütend. Ich starre sie an und knurre: »Mach so einen Scheiß nie wieder!«

Sie besitzt die Frechheit zu lachen und küsst meinen Hals, aber sie hat keinen Schimmer, wie ernst mir diese Sache ist. Unfassbar. Diese Frau ist doch wirklich von allen guten Geistern verlassen! »Es war nicht gefährlich«, behauptet sie und fügt nach einem bohrenden Blick meinerseits hinzu: »Na ja, nicht sehr.«

Beim Anblick eines Fotos zieht sich mein Herz schmerzhaft zusammen. Es zeigt einen Jungen, der seinen toten Hund in den Armen hält. »Das ist Mitch«, erklärt Joe mit ruhiger Stimme. Ihre Augen ruhen auf mir, und ich versuche zu verbergen, wie sehr mich dieses Bild aufwühlt. Es ist unglaublich berührend und sehr intensiv. Ich erkenne mich in Mitch wieder. Man sagt, die Augen seien der Spiegel der Seele. Seine sind ganz tot und leer – genau wie meine, genau wie ich. Joe sieht meinen Schmerz, legt ihre Hand auf meinen Unterarm und drückt sanft zu.

Danach rückt sie mit ein paar Geschichten aus ihrer Zeit auf der Straße raus, und ich mache meinen Standpunkt verdammt deutlich, nachdem ich erfahre, dass sie beinahe Opfer einer Gruppenvergewaltigung geworden wäre, der sie sich gerade so durch eine Flucht über den Highway entziehen konnte. Auch Rory ging eben der Arsch auf Grundeis. Er ist ziemlich kopflos.

»Rory, es ist nichts passiert«, beteuert Joe.

»Schwöre es!«, verlangt er.

»Ich schwöre es, Baby!«, sagt Joe und streichelt seine Wange. »Doch allein bei dem Gedanken, was hätte passieren können …«, sie lässt den Satz offen. Ja, bei dem Gedanken, was hätte passieren können, wird mir ganz übel. Rory zieht Joe an sich und küsst sie stürmisch – so als müsse er sich versichern, dass sie hier heil und wohlbehalten vor ihm sitzt. Ich kann seinen Wunsch durchaus nachvollziehen. Mein Herz rast immer noch wie verrückt – fast so, als wäre ich zusammen bei ihrer Flucht über den Highway dabei gewesen.

»Alles ist gut, Babe«, wispert Joe an Rorys Lippen.

»Gar nichts ist gut! Ich meine es ernst, Joe!«, mische ich mich ein. »Du machst so etwas Gefährliches nie wieder.«

»Ähm, sagt der Big-Wave-Surfer, der fast ertrunken wäre?«, fragt sie provozierend.

»Das ist etwas anderes«, grolle ich.

Joe zuckt gleichgültig mit den Schultern. »Ist es nicht«, widerspricht sie mir, und ich schnaube empört. Kann sie nicht einmal ihre vorlaute Klappe halten? Muss sie immer das letzte Wort haben?

»Joe, reiz mich nicht!«, fauche ich und bin mit einer schnellen Bewegung dicht an ihr dran. Ich schnappe sie mir und werfe sie auf den Rücken.

»Sonst?«, fragt sie herausfordernd. Ihr Atem streift meine Lippen. Ich presse ihre Handgelenke auf die Matratze und senke meinen Mund auf ihren. Mein Kuss fällt leidenschaftlicher aus als beabsichtigt, denn Joe bäumt sich mir lustvoll entgegen. Ich bin nicht dazu in der Lage, ihrem lockenden Ruf zu widerstehen. »Kette ich dich ans Bett und lass dich nie wieder raus! Verstanden?«, stoße ich atemlos hervor, nachdem es mir doch gelingt, von ihren Lippen abzulassen. Ich gebe ihre Hände frei, und Joe grinst frech.

»Du Macho«, meint sie, fasst grob in meine Haare und zieht meinen Kopf zu sich. Fuck ja, ich bin ein Macho. Scheiß drauf! Ihre Küsse sind nicht minder leidenschaftlich als meine, und am liebsten würde ich ihr »Lass das!« entgegenknurren. Diese Nummer ist schließlich mein Part, doch ich will heute mal nicht so sein und erwidere Joes Küsse stattdessen hitzig.

»Ich will nicht, dass dir etwas passiert! Ist das so schwer zu begreifen?«, stoße ich irgendwann aufgebracht und atemlos hervor – fast hätte sie es geschafft, mich vom eigentlichen Thema abzulenken. Verflixte Joe, mit ihren verfluchten Reizen!

Allein der Gedanke, dass ihr etwas geschehen könnte, bringt mich beinahe um, aber das verrate ich ihr nicht. Vielleicht denkt Rory darüber nach, Joe zu heiraten, aber sie ist meine Frau – und ich werde sie beschützen. Wenn es sein muss auch vor sich selbst.

Wir knutschen stürmisch. Ich schiebe mich über sie und lege mich auf sie. Ihr Becken drängt sich begierig gegen meins. Ich spüre Rorys Blick auf uns, und auch Joe hat ihn nicht vergessen, denn sie streckt verlangend ihre Hand nach ihm aus und fordert ihn dadurch auf, sich zu beteiligen.

Rory kommt ihrer unausgesprochenen Bitte augenblicklich nach. Ich ziehe mich von ihren Lippen zurück, damit er sie küssen kann, und er tut es. Joes Finger wandern über meinen Körper hin zu seinem, und sie vergräbt sie in seinen Locken.

Ich genieße den Anblick, der sich mir bietet, und spüre Joes wachsende Erregung, während sie mit uns beiden rummacht.

»Ich will dich, Babe«, wispert Joe in mein Ohr. Ich schiebe meine Hose runter und ihren Slip zur Seite. Mit einem langen Stoß schiebe ich mich in sie. Sie ist eng und feucht – eine wunderbare Mischung. Ich ficke sie hart, während Rory sie entkleidet und ihre wunderschönen Brüste freilegt.

Er beginnt damit, ihre Nippel zu verwöhnen. »Dich will ich auch«, keucht sie gierig.

»Sollen wir uns abwechseln?«, fragt Rory, während ich sie vögle. Ich sehe in ihren Augen, wie geil sie dieser Gedanke macht, und ziehe mich aus ihr zurück, um Rory das Feld zu überlassen. Er hebt Joe hoch und trägt sie zum Esstisch. Eine verdammt gute Idee. Ich schaue ihnen beim Sex zu und reibe dabei über meinen Ständer. Als sie meinen Namen keucht, macht Rory mir Platz, und ich nehme sie. Wir wechseln uns ab, wie wir es ihr versprochen haben. Sie liegt mit geschlossenen Augen da und lässt uns machen. Ich bin tierisch erregt, schaffe es jedoch, mich zu beherrschen.

Irgendwann stöhnt Joe lautstark meinen Namen, als sie kommt, doch es ist Rory, der gerade in ihr ist. Er versichert ihr zwar, dass alles okay ist, allerdings benimmt er sich den restlichen Tag über verdammt sonderbar, und ich nehme mir vor, später ein klärendes Gespräch mit ihm zu führen. Schließlich hat Joe auch schon seinen Namen gekeucht, als sie mit mir zugange war.

Bevor ich jedoch mit ihm darüber sprechen kann, quatscht Joe ihn darauf an. Sie wirkt furchtbar zerknirscht, und es ist ihr ganz offensichtlich tierisch peinlich. Aber mal ehrlich, was soll's? Rory beteuert noch einmal, dass alles okay ist, aber ich weiß es besser. Er hat was, doch er will es entweder nicht vor mir oder nicht vor ihr zur Sprache bringen.

Nach einem ausgiebigen Bad streben Rory und ich eine zweite Runde an, doch Joe ist der Meinung, dass sie fürs Erste genug hat. Wir setzen alles dran, sie davon zu überzeugen, dass dem nicht so ist. Inzwischen wissen wir, wie sehr sie es liebt, von uns geleckt zu werden, und genau das tun wir – lange und ausgiebig. Doch wir lassen sie nicht kommen. Sie fleht uns an, es endlich zu Ende zu bringen. »Fick mich, Rory! Bitte fick mich!«, bettelt sie ihn an.

»Dreh dich rum!« Seine Stimme klingt rau und heiser, und Joe erschauert bei seinen Worten.

Er drückt sie auf mich, und ich ziehe sie eng an mich heran. Ihr scharfes Keuchen verrät mir, dass er sich in sie gebohrt hat. Ich halte sie in meinen Armen und küsse sie, während Rory sie von hinten nimmt. Ich fasse in ihre Haare, woraufhin sie lautstark aufstöhnt, und zwinge sie dazu, den Kopf anzuheben. Ich streife mit meinen Lippen über ihr Kinn zu ihrem Hals und liebkose ihn, küsse ihr Dekolleté, ihr Schlüsselbein und ihre Schulter. Joe seufzt und stöhnt unter unseren Berührungen, und ich kann gar nicht in Worte fassen, was ihr Anblick und all diese Geräusche, die sie von sich gibt, bei mir auslösen. Das hier ist perfekt, und ich bin unfassbar glücklich.

Ich verzichte darauf, auch zum Zuge zu kommen, denn Joe wirkt wirklich erschöpft, und so begnüge ich mich damit, sie, nachdem Rory mit ihr fertig ist, weiterhin im Arm zu halten. »Und du?«, fragt sie nach einer Weile. Ich zucke mit den Schultern und küsse ihre Stirn.

»Habe ich euch schon mal gesagt, dass ich es liebe, wenn ihr mich leckt?«, meint sie irgendwann schläfrig.

Rory beugt sich von hinten über sie und küsst ihren Hals.

»Ein, zwei Mal vielleicht«, entgegnet er und tut so, als müsste er ernsthaft nachdenken, um sich daran zu erinnern – dabei sagt sie es uns ständig.

»Man könnte echt meinen, das hätte noch nie vorher jemand bei dir gemacht«, ziehe ich sie auf und kann nicht fassen, als sie daraufhin sagt: »Äh, ja, du warst der Erste.«

Später, als ich allein mit ihr in der Badewanne liege, erfahre ich, dass ich auch der Erste war, der sie zum Orgasmus gebracht hat. Ich glaube, ich brauche nicht zu erwähnen, was diese Worte in mir auslösen – es fühlt sich großartig an.

Ich mache mir Gedanken um Rory, während wir im Wasser liegen, denn er ist noch immer strange drauf. Ich habe keine Ahnung, was er hat, doch vermutlich weiß er das selbst nicht. Joe hat die ganze Situation nicht besser gemacht, als sie sagte: »Eifersucht ist eine Entscheidung blablabla …« Der Satz, wie sie ihn von sich gegeben hat, klang sarkastisch. Rory gab lediglich ein frustriertes Geräusch von sich, woraufhin ich nachdrücklich sagte: »Ist sie auch.«

»Dann ist jedes Gefühl eine Entscheidung«, belehrte Joe mich, und ich warf ihr einen warnenden Blick zu. Mir war sofort klar, worauf sie hinauswollte, doch ich hatte nicht vor, ihre Anspielungen vor Rory zu dulden.

Ich bin froh, jetzt hier mit ihr allein im warmen Wasser zu liegen, aber ich verabscheue das Gespräch, das wir gleich führen werden, schon jetzt. Vielleicht weil ich weiß, dass Joe recht hat. Auch Glück zu empfinden ist eine Entscheidung, die Frage ist nur, ob ich zu dieser Entscheidung in der Lage bin. Joe küsst zärtlich meinen Mundwinkel und streicht das nasse Haar aus meiner Stirn zurück. »Ein Penny für deine Gedanken«, murmelt sie und greift nach meiner Hand.

»Mehr sind sie dir nicht wert?«, scherze ich und versuche,

vom Thema abzulenken. Joe reagiert gar nicht darauf, sondern schiebt ihre Finger zwischen meine und streichelt mit dem Daumen über meinen Handrücken. Ich seufze leise und sage dann: »Dann wäre Glück auch eine Entscheidung, aber ich sehe mich außerstande, sie für mich zu treffen.«

Sie küsst mich erneut und antwortet: »Ich glaube, dass das auch ein Schritt zu weit ist, weißt du? Ich glaube, du musst erst einmal deine Sicht auf dich selbst ändern.«

»So?«

»Ja, denn du siehst nur deine Unzulänglichkeiten. Du redest dir ein, gebrochen zu sein, aber das bist du nicht.« Ich schnaube nicht im Mindesten amüsiert über ihre Worte. Vielleicht kennt sie mich doch nicht so gut, wie ich angenommen habe. Sie scheint keinen blassen Schimmer zu haben, wie es in mir aussieht. Ich bin so kaputt und fertig und müde. Jeden Tag hocherhobenen Hauptes hinauszugehen und mir nicht anmerken zu lassen, was mit mir nicht stimmt, zehrt an meinen Kräften und übersteigt sie schon seit geraumer Zeit.

Und dann sagt Joe es. »Weißt du, dass es vor dir noch kein Mann geschafft hat, mich zum Höhepunkt zu bringen …, also nicht beim Sex, meine ich.« Sie wäre nicht Joe, wenn sie bei diesen Worten nicht etwas erröten würde, doch für meine Seele sind sie Balsam, und eine Sekunde später zweifle ich an ihrer Richtigkeit.

»Es ist so leicht, dich kommen zu lassen«, stoße ich hervor.

»Ja, für dich und inzwischen auch für Rory ist es leicht, aber zuvor hat es nie geklappt.« Sie scheint den Ausdruck in meinen Augen richtig zu deuten, denn nachdrücklich meint sie: »Ich schwöre es, du bist der erste Mann, mit dem ich beim Sex einen Orgasmus hatte.«

Und ja, auch wenn es mir irgendwie für sie leidtut, fühlt es sich gut an – verdammt gut. So als sei ich ein echter Kerl und verstünde etwas von meinem Job. Joe schaut mich an. »Gott, kannst du selbstgefällig aussehen«, meint sie kichernd und boxt mich. »Alter Chauvi!«

»Sorry«, brumme ich, bedauere es jedoch nicht wirklich.

»Und gerade wollte ich dir sagen, dass nach dem heutigen Tag die Rangfolge ganz klar ist. Aber da du jetzt schon so abhebst, geht das wohl doch nicht.«

»Welche Rangfolge?«, frage ich. Gerade stehe ich etwas auf dem Schlauch.

»Du bist an erster Stelle ein Sexgott und an zweiter Stelle …« Ich unterbreche sie mit einem stürmischen Kuss. Ist mir gerade echt egal, was sie höher bewertet. Surf- oder Pianogott? Das ist mir im Moment nicht wichtig.

»Sag es noch mal«, knurre ich heiser.

»Du bist ein Sexgott, Brad!« Sie seufzt, und ich drehe uns so, dass ich auf ihr liege. Ihre Hände gleiten über meinen Rücken zu meinem Hintern, der vom Wasser nur halb bedeckt ist. Sie legt ihre Beine auf den Wannenrand, und ich greife zwischen uns nach meinem Schwanz, um ihn in sie zu schieben, während ich sie hingebungsvoll küsse.

Als es anstrengend wird, lasse ich von ihren Lippen ab und senke meine Stirn gegen ihre. Joe schlingt ihre endlos langen Beine um meine Hüfte und kreuzt sie über meinem Arsch, um mich tiefer in sich zu drücken. »Brad«, stöhnt sie leise, »ich kann nicht genug von dir bekommen.«

»Von uns, Engel. Du kannst nicht genug von uns bekommen«, verbessere ich sie.

»Ja«, gibt sie zu. »Aber es ist nicht, weil du mir nicht reichst oder so.«

»Joe, das weiß ich doch. Du liebst uns beide, und das ist okay, denn wir lieben dich. Wir lieben dich wie verrückt!«

Sie schmunzelt. »Ich merke es«, neckt sie mich. Ihre Hände fahren meinen Rücken hinauf, und sie klammert sich an meinen Schultern fest, während ich energischer in sie treibe. Meine Stöße sind nun schneller, und Joe sucht meine Lippen mit ihrem Mund. Sie taucht mit ihrer Zunge hinein und leckt über meine. Sie schmeckt wunderbar. Wir gelangen gemeinsam zum Höhepunkt, und sie beißt mich in die Schulter, um nicht laut aufzuschreien. »Mehr!«, verlangt sie, als ich mich aus ihr zurückziehen will, und solange ich noch halbwegs hart bin, bumse ich sie weiter.

»Du bist unersättlich«, meine ich lachend.

»Das sagt der Richtige.«

Ich liege noch immer auf ihr, und sie streichelt mich, während ich erneut anfange, sie zu küssen.

»Sag mal«, beginnt sie. »Dir ist schon klar, dass Rorys Schwanz eben noch in meinem Mund war, oder?«

»Musstest du das jetzt sagen?«, frage ich vorwurfsvoll.

»Na ja, ich will eben wissen, ob es dir was ausmacht.«

»Jein. Theoretisch weiß ich es, aber ich kann es ganz gut ignorieren. Außer eben du weist mich direkt darauf hin, dann fällt mir das schwer.«

»Es macht dir also doch was aus?«

Ich seufze. »Lass es mich so sagen, ich will mir um Rorys Schwanz keine Gedanken machen und auf keinen Fall über ihn reden. Aber sei dir gewiss, was auch immer du und dieser Schwanz miteinander treiben, geht für mich klar. Es macht mich geil, dabei zuzusehen – immer und jederzeit.«

»Bist du überhaupt nicht eifersüchtig? Und bitte sag jetzt

nicht, dass Eifersucht ein Gefühl ist, an dem man arbeiten kann.« Ich lache, weil sie so ungläubig klingt.

»Hin und wieder ein wenig, aber es hält sich in Grenzen.« Joe sieht beinahe ein wenig enttäuscht aus, weshalb ich ihr versichere: »Und es ist nicht, weil du mir egal wärst, falls du das denkst. Das bist du ganz und gar nicht. Du bist für mich etwas Besonderes, mein Engel.«

»Weil ich mit dir und Rory schlafe?«

Ich schüttle den Kopf. »Nein, das haben viele andere Frauen vor dir auch getan. Nein, abgesehen davon, dass ich es liebe, dass dir egal ist, wer ich bin und wie viel ich auf dem Konto habe, ist da diese Verbindung zwischen uns.«

»Diese Verbindung?«

»Ja, irgendwie erkenne ich mich in dir wieder.«

»Wow«, flüstert Joe und küsst mich. »Ich glaube, das ist die schönste Liebeserklärung, die mir je ein Kerl gemacht hat, denn ich liebe dich wirklich sehr. Du bist ein wundervoller Mensch, auch wenn du das selbst nicht sehen kannst oder willst. Und wenn du dich in mir wiedererkennst, bedeutet es wohl, dass ich ein wenig so bin wie du.«

Das Wasser wird langsam kalt, doch statt heißes nachlaufen zu lassen, steigen wir aus der Wanne und gehen zu Rory. Wir kuscheln noch eine Weile, ehe es Zeit wird, Joe zurück ins Krankenhaus zu bringen. Sie küsst uns beide leidenschaftlich und sehnsüchtig, bevor wir sie allein lassen. »Ich vermisse dich jetzt schon«, flüstere ich in ihr Ohr.

»Das macht es nicht besser, Brad«, rügt sie mich.

Rory fällt der Abschied noch schwerer. Ganze dreimal erreicht er die Tür, um dann für einen letzten Kuss an Joes Bett zurückzueilen.

»Verschwinde endlich, du Spinner!«, scheucht sie Rory fort,

doch das Lächeln, das wegen seiner Albernheiten ihr Gesicht ziert, straft ihre Worte Lügen.

An diesem Tag ist unser Glück noch perfekt, doch es ist ein flüchtiger und leicht zerbrechlicher Zustand, wie mir bereits kurze Zeit später klar wird. Am Montag lässt die Übelkeit nach, und wir sind ziemlich happy. Ich bin erleichtert, dass es meinem Engel endlich besser geht. Natürlich begleite ich Joe zu der Untersuchung am Dienstag, und es trifft uns beide hart, als die Ärztin keine Herztöne feststellen kann. Joe ist am Boden zerstört und völlig geschockt. Bei mir kommen unangenehme Erinnerungen an Skys Fehlgeburt zwischen meinen Töchtern hoch. Dennoch bleibe ich cool, denn man kann die Situation nicht ändern. Mit Joe zu leiden bringt nichts, also bemühe ich mich darum, alles zu organisieren. Ich informiere Rory, der förmlich von der North Shore in die Stadt fliegt. Ich hoffe, das hat ihn nicht seinen Führerschein gekostet. Dann telefoniere ich mit Dean – ein Gespräch, auf das ich gar keinen Bock habe, und natürlich zoffen wir uns.

Ich gehe raus, um ihm meine Meinung zu sagen, als er doch glatt meint: »Puh, was ein Glück!«

»Für wen?«, knurre ich verärgert, als ich draußen im Aufenthaltsraum stehe. Dean ist die Erleichterung anzuhören, aber hat er sich einmal gefragt, wie Joe sich dabei fühlt? Wohl kaum, denn sonst würde er nicht so einen Mist von sich geben.

»Für Joe natürlich! Mal ehrlich, sie ist erst zweiundzwanzig, und das mit dir und Rory ist doch nichts auf Dauer. Joe ist kein Mädchen, das euch auf lange Sicht genügt«, sagt er kühl. Ich muss schwer an mich halten, um ihm diese Behauptung durchgehen zu lassen. Er hat keine Ahnung, wovon er redet, und das ist auch gut so. Und weil er ihr Bruder ist – und nur deshalb –, verkneife ich es mir, ihn darauf hinzuweisen, dass Joe ein sehr emotionaler und daher auch sehr leidenschaftlicher Mensch ist. Sie hat mir und Rory eine ganze Menge zu bieten, und es wird uns bestimmt nicht langweilig werden.

»Dean, ich will, dass du zu ihr nie etwas Derartiges sagst, haben wir uns verstanden? Denn deine Schwester liegt in ihrem Bett und weint bitterlich. Sie hat sich auf dieses Kind gefreut, ob du es glaubst oder nicht, und sie leidet darunter, dass sie es verloren hat. Ich schwöre dir, höre ich auch nur eine Andeutung in diese Richtung, dann breche ich dir mehr als nur deine beschissene Nase, ist das klar?«

Ich höre, wie er am anderen Ende der Leitung hart schluckt, dann jedoch ein »Okay« von sich gibt. Ich seufze leise. »Sie wird morgen früh operiert. Ich denke, sie würde sich freuen, wenn du und euer Vater da wärt. Bekommst du das hin?«

»Ja, das lässt sich einrichten«, erwidert er deutlich weniger kühl.

»Okay, dann noch eine letzte Sache. Ich will nicht, dass er erfährt, von wem Joe schwanger war. Ich nehme das auf meine Kappe. Ich verlange nicht, dass du ihn anlügst oder so. Ich will einfach nur, dass du dein Maul hältst. Geht das klar?«

»Ja. Danke, Brad.« Im ersten Augenblick glaube ich, ich hätte mich verhört, doch Dean fügt hinzu: »Ich schulde dir was.«

Mehr als du ahnst, denke ich, denn ich habe ihm im wahrsten Sinne des Wortes seinen Arsch gerettet – auch wenn das schon ein paar Jahre zurückliegt und er sich vermutlich nicht mal mehr daran erinnern kann.

Wenn ich schon dabei bin, unangenehme Telefonate zu führen, die ich nicht führen will, dann kann ich auch gleich Sky anrufen und mit ihr sprechen, beschließe ich. Und natürlich ist sie nicht begeistert, dass ich Weihnachten nicht wie versprochen rüberkomme. »Was soll ich deinen Töchtern sagen, Brad?«, fragt sie mich aufgebracht.

»Dass es ein Notfall ist?«

»Ja, klar«, giftet sie. »Soll ich sagen: ›Hört mal, Mädels. Daddy kann nicht kommen, um Weihnachten mit euch zu feiern. Er hat mal wieder eine Frau geschwängert, die er kaum kannte und die nun seine neue Freundin ist‹, oder was?«

Ich habe zwar nie gesagt, dass das Kind von mir ist, aber Sky ist Seans Nachbarin, also kläre ich die Sache nicht auf. »Lass den Mist, Sky. So ist es nicht. Übrigens kennst du sie auch.«

»So?«, fragt sie mäßig interessiert.

»Ja, Joe Reynolds.«

»Das Nachbarmädchen. Gott, Brad, das wird ja immer schöner. Wie alt ist sie? Neunzehn?«

»Zweiundzwanzig«, erwidere ich. Sie stöhnt leise auf. »Sky, komm mal runter. Es sind nur zehn Jahre.«

»Verdammt, Brad! Was ist nur los mit dir? Hast du eine Midlife-Crisis oder was? Und seit wann geht das mit euch schon?«

»Noch nicht so lange«, erwidere ich vage und ignoriere den Rest. »Ich bin Silvester bei euch, okay? Bis dahin hat Joe alles überstanden.«

»Okay«, entgegnet sie mürrisch. Ich beende das Gespräch und denke über ihre Worte nach. Habe ich eine Midlife-Crisis? Keine Ahnung, möglicherweise … Nach meinem Beinahe-Tod kam die Frage auf, ob das schon alles gewesen sein kann. Alles, was ich mir jedoch um Mitternacht zu meinem Geburtstag wünsche, ist, dass Joe die OP gut übersteht und bald gesund wird. Ich hoffe, dass sie mit der Fehlgeburt gut zurechtkommt und diese Sache bald verwindet. Mir ist klar, dass die Geschichte übel für sie ist, aber sie ist Joe und sie hat viel schlimmere Dinge erlebt.

Am nächsten Morgen küsse ich sie sanft, bevor sie auf einer Trage Richtung OP geschoben wird. Keine drei Sekunden später macht Sean mir klar, was er davon hält, dass ich sein kleines Mädchen geschwängert habe, doch irgendwie schaffe ich es, ihn zu beruhigen. Obwohl, vermutlich ist es eher Rory. Er drückt ihm nämlich, dass wir alle Joe nach Russels Tod haben hängenlassen. Niemand von uns war für sie da – wir hatten alle unsere Gründe dafür, aber das macht es nicht besser.

Auch ich bin nicht unschuldig daran, dass sie abgestürzt ist und sich auf die Sache mit diesem Hagen eingelassen hat. Dabei ist Joe so gar nicht der Typ für One-Night-Stands, aber ich kann verstehen, dass sie Halt gesucht hat, und wie ich das verstehen kann. Besser als jeder andere. Manchmal ist diese Art der Zuneigung das Einzige, was man bekommen kann, und dann ist es eben besser als nichts.

Die OP dauert etwas mehr als dreißig Minuten, und wir alle sprechen in dieser Zeit kaum, sondern brüten vor uns hin. Dean und Sam halten Händchen, was mich überrascht, aber ich habe beschlossen, mich da nicht reinzuhängen. Soll Sammy machen, was sie will – sie ist schließlich erwachsen. Mir ist das echt Latte, alles, was ich will, ist, dass Joe wieder fit wird. Nur das zählt.

Und ich bin maßlos erleichtert, als der Arzt kommt und Sean mitteilt, dass Joe die OP gut überstanden hat. Mir war gar nicht klar, wie verkrampft ich gewesen war. Doch als ich auf seine Worte hin ausatme und mich entspanne, merke ich, wie groß der Druck gewesen ist.

Dieser Zustand hält allerdings nicht lange an, denn keine halbe Minute später bricht die Hölle los. Ich verstehe nicht gleich, dass es Joe ist, deren Herz aufgehört hat zu schlagen. Und selbst als diese Information an mich herangetragen wird, kann ich sie nicht verarbeiten. Sie dringt nicht wirklich zu mir durch. Ich glaube, ich bin der Letzte, der es schnallt, denn ich sage mir ununterbrochen, dass das gar nicht sein kann.

Joe ist gesund und jung, und sie ist stark und gehört zu mir, und sie kann unmöglich sterben, weil es einfach nicht geht. Es ist keine Option. Ich bekomme mit, wie alle um mich herum durchdrehen. Wie Rory versucht, zu ihr zu gelangen, und ich es letztendlich bin, der ihn festhält. Er kann da nicht rein, denn die Ärzte, die er wüst beschimpft und denen er droht, sie umzubringen, sollten sie Joe nicht zurückholen, müssen ihren Job machen. Und ihr Job ist es, Joe zu retten, also sorge ich dafür, dass sie ihre Arbeit erledigen können, indem ich Rory aus dem Weg schaffe.

Er ist völlig panisch, regelrecht hysterisch und schreit immer wieder Joes Namen. Tränen laufen über seine Wangen, und er gebärdet sich so wild, dass ich ihn irgendwann loslassen muss. Niemals hätte ich gedacht, dass er so eine Wahnsinnskraft hat. Er tobt sich im Wartebereich aus und zerschlägt die Scheibe eines Getränkeautomaten.

Dann geht alles ganz schnell. Rory wird von zwei Pflegern überwältigt, und man verpasst ihm irgendein Beruhigungsmittel, was ihn nicht völlig wegschießt, ihn jedoch innerhalb kurzer Zeit in einen lethargischen Zustand versetzt. »Ich will sie nicht verlieren«, murmelt er wieder und wieder. »Sie ist mein Leben! Ich will sie nicht verlieren!«

Ich lege ihm den Arm um die Schulter und sage: »Ich weiß, Rory. Ich weiß das.«

Und ob ich das weiß. Mir ist absolut klar, was er meint. Ich kann mir auch nicht vorstellen, sie zu verlieren. Dean hält seinen weinenden Vater in den Armen, und langsam bekomme ich Angst. Richtig schreckliche Angst, denn mir dämmert, dass Joe sehr wohl doch sterben könnte.

Das darf nicht passieren, also bete ich das allererste Mal seit etlichen Jahren. Genau genommen seit damals, als ich Gott angefleht habe, mich vor diesem Mann zu retten, es ihn jedoch nicht die Bohne interessiert hat. Diesmal bettle ich allerdings nicht um mein Leben, sondern um das der Frau, die ich von ganzem Herzen liebe.

»Bitte, lieber Gott, wenn es dich gibt, dann verschone Joes Leben. Ich werde alles tun, wenn du sie nur verschonst. Bitte lass sie nicht sterben. Ich werde nie wieder eine andere Frau anschauen, wenn es sein muss. Ich mache, was auch immer du willst, oder nimm mich stattdessen. Doch bitte, bitte lass mich nicht ohne sie zurück«, flehe ich voller Verzweiflung. Ich habe meine Augen geschlossen und versuche, mich zwischen all dem Trubel auf mein Gebet zu konzentrieren.

Daher bekomme ich gar nicht mit, dass ein Arzt zu uns kommt. Erst als ich eine Hand auf meiner Schulter spüre, schaue ich auf. Sammy geht vor mir in die Hocke und umarmt mich. »Hast du gehört, Brad? Sie lebt. Ihr Herz schlägt wieder, und sie lebt. Sie kommt durch.« Ich schließe meine Augen erneut und bin einfach nur dankbar, während ich Joes beste Freundin im Arm halte. Sammy weint und klammert sich an mich.

Bis Joe erwacht, vergehen qualvolle Stunden, in denen ich sie nicht aus den Augen lasse. Rory wirkt, als wäre er Tausende von Meilen entfernt. Er ist nur rein körperlich anwesend und steht sichtlich unter Schock.

Auch Joe befindet sich in einem merkwürdigen Zustand, als sie schließlich die Augen aufschlägt. Nachdem man den Tubus entfernt hat, erzählt sie sonderbare Sachen, und wir alle umringen sie. Ihre Stimme klingt, als hätte sie drei Tage lang nur geraucht und gesoffen. Ihr Hals muss höllisch wund sein und furchtbar schmerzen. Es war schlimm, sie so verletzlich zu sehen, angeschlossen an Maschinen, die sie beatmen und somit am Leben erhalten.

Ich stehe ganz dicht bei ihr und sauge jedes Wort auf, egal wie heiser und rau es klingt. Ich bin erleichtert und heilfroh, dass es ihr gut geht. Am liebsten würde ich mich zu ihr legen und sie ganz fest halten, nur um mich zu versichern, dass sie auch wirklich atmet und es ihr gut geht. Als würde sie meine Angst und Unsicherheit spüren, greift sie nach meiner Hand und küsst meinen Handrücken. Ich blinzle die Tränen weg und mache auf harten Kerl, während alles in mir danach schreit, sie zu berühren. Rory hingegen verhält sich abweisend und kalt, und es beunruhigt mich. Er steht abseits und würdigt Joe keines Blickes. Es ist, als wäre sie für ihn tot.

Ich will ihn packen und schütteln und ihn anschreien, dass sie noch da ist und wir allen Grund haben zu feiern, zu lachen und zu tanzen, doch dazu müsste ich mich von Joe entfernen, und das kommt nicht in die Tüte.

Ich bin allerdings kurz davor, ihn mir doch zu schnappen, als Joe ihn schließlich bittet zu bleiben. Laut der Schwester darf nur einer bei ihr sein, und sie wählt ihn. Ihn und nicht mich, und er – dieser Riesenidiot – lehnt es ab. Ich kann es nicht fassen, und natürlich nehme ich seinen Platz ein. Natürlich bleibe ich bei ihr.

»Das wird schon wieder, Joe!«, versichere ich ihr – vermutlich würde ich glaubwürdiger klingen, wenn ich wirklich dieser Meinung wäre, doch ich ahne bereits in diesem Moment, was in Rory vorgeht und was er plant.

Dennoch trifft mich fast der Schlag, als Joe und ich am frühen Nachmittag des nächsten Tages unser Hotelzimmer betreten und ihn und Gab beim Vögeln überraschen.

»Das ist nicht dein Ernst, Rory!«, brülle ich. Ich stürme vorwärts, würde ihn am liebsten von Gab, die nackt und mit weit gespreizten Beinen unter ihm liegt, runterreißen. »Wie kannst du Joe das antun? Du bist ein solcher Idiot! Ist dir klar, Rory, dass du alles kaputt gemacht hast?« Er öffnet den Mund, um etwas zu sagen, doch in diesem Augenblick fällt mir auf, dass Joe weg ist. Sie ist abgehauen. Fuck! Ich wirble herum, werfe die Tür hinter mir ins Schloss und renne zu den Aufzügen. Die Tür schließt sich gerade, als ich dort ankomme. Ich schreie Joes Namen laut hinaus, und ihr Kopf ruckt hoch. Unsere Blicke treffen sich, und die Türen gehen gänzlich zu. Ich habe jedoch alles gesehen, was ich sehen musste. Es ist vorbei.

Für Joe ist es ein für alle Mal aus. Nicht nur die Sache mit Rory. Sie hat mich gleich mit abgeschossen, aber so leicht gebe ich nicht auf. Sie kann mich nicht einfach aus ihrem Leben streichen – das werde ich nicht zulassen. Ich haste durch das Treppenhaus nach unten, stolpere in die Lobby und renne nach draußen, wo ich ein Taxi wegfahren sehe. Ich schnappe mir das nächste, würge ein »Folgen Sie dem Taxi« hervor und versuche, zu Atem zu kommen, während ich mit zitternden Fingern Joes Nummer wähle. Sie drückt meinen Anruf weg. Ich versuche es noch einmal mit demselben Effekt. Danach schaltet sie ihr Handy aus, denn die Mailbox springt sofort an. »Scheiße, Joe!«, keuche ich verzweifelt in den Hörer. »Es tut mir so leid! Ich liebe dich, mein Engel!«

Ich atme tief durch und versuche, mir einen Schlachtplan zu überlegen, gleichzeitig wähle ich erneut ihre Nummer und lande wieder auf der Mailbox. Die ich zutexte. »Joe, ich bin es noch mal. Ich kann verstehen, dass du abgehauen bist, aber so muss es nicht enden. Was passiert ist, ändert nichts zwischen uns. Gib mir eine Chance, Joe!«, flehe ich sie an. Sie wird mich verlassen. Ich weiß es. Nein, eigentlich hat sie es schon getan.

Scheiße! Scheiße! Scheiße! Am liebsten würde ich laut brüllen und meiner Panik Luft machen, doch ich reiße mich zusammen und wage stattdessen einen weiteren verzweifelten Versuch, Joe zu erreichen. In dem Moment, in dem die Stimme sagt: »Sie können eine Nachricht nach dem Signalton hinterlassen«, fragt der Taxifahrer: »Sind Sie nicht Bradley Hoover?« Er weiß genau, wer ich bin. Normalerweise wurmt es mich, wenn die Leute so tun, als wüssten sie es nicht. Doch ich habe mit einem Mal eine Idee.

»Ja, der bin ich. Sagen Sie mal, können Sie mir einen Gefallen tun? In dem Taxi da vorn sitzt meine Freundin, und es gab ein Missverständnis zwischen uns. Ich muss unbedingt mit ihr sprechen, aber sie will mir nicht zuhören.« Unsere Blicke treffen sich im Rückspiegel, und ich sehe, dass der Mann meinen Schilderungen aufmerksam lauscht. »Können Sie Ihren Kollegen überreden, anzuhalten? Er soll meiner Freundin erzählen, dass es eine Panne gab oder so.« Der Fahrer schaut mich skeptisch an. »Bitte! Es ist echt lebenswichtig.«

Keine zehn Minuten später setze ich mich zu Joe auf die Rückbank des anderen Taxis. Ich bin dreihundert Dollar ärmer, aber das ist mir egal. Es ist nur Geld, und für die Möglichkeit, mit Joe zu sprechen, hätte ich auch das Hundertfache bezahlt.

»Hi!«, raune ich ihr zu, und ehe ich noch etwas anderes sagen kann, ist sie bereits im Begriff auszusteigen. Sie hat mich nicht mal eines Blicks gewürdigt. In diesem Moment schlägt die Verzweiflung komplett durch. Alles erscheint mir hoffnungslos, doch dann packt mich die Wut, und ich schnappe mir Joes Handgelenk, ehe sie wieder entwischen kann.

Es ist ihr nicht klar, und ich werde es ihr nicht auf die Nase binden, doch sie macht exakt das Gleiche wie er. Sie haut ab, weil sie Schiss hat, genau wie Rory. Die beiden sind sich so verdammt ähnlich, und ich würde sie am liebsten mit den Köpfen zusammenschlagen, damit sie endlich zur Besinnung kommen.

»Lass mich los!«, zischt Joe, und ein Blick in ihre Augen genügt, um meinen Groll abzumildern. Sie sieht übel aus. So verletzt. Mein Herz fliegt ihr zu, und einen Augenblick lang empfinde ich nichts als grenzenloses Mitleid für sie.

»Nein, noch nicht«, flüstere ich, nehme ihre Hand und küsse sie zärtlich. Erst muss sie mir zuhören, und wenn sie danach immer noch gehen möchte, soll sie das tun, aber ich will erst mit ihr reden.

»Wie kommst du hierher?«, fragt sie mich.

Als ob das wichtig ist, denke ich, erwidere jedoch: »Lebende-Legenden-Bonus.« Ich atme tief durch und weise Joe auf das Offensichtliche hin. »Es ist nicht meine Schuld, Joe! Nimm mich nicht in Sippenhaft, mein Engel, bitte nicht!« Ich bemühe mich um ein Lächeln, aber es fällt mir schwer, denn ich habe schreckliche Angst, dass sie auch mich abschießt. Ich weiß, dass Rory es versaut hat und sie ihn nie wieder an sich ranlassen wird. Der Gedanke bricht mir das Herz. Die Vorstellung, dass sie auch mit mir durch sein könnte, bringt mich allerdings beinahe um den Verstand.

»Kannst du mir einen Gefallen tun? Lass diese Kindergartenkacke. Okay? Setze es von mir aus auf die Murtaugh-Liste, aber ich bin zu alt für den Scheiß.« Ich klinge viel cooler, als ich eigentlich bin.

»Hast du gerade gesehen, was ich gesehen habe? Kannst du meine Reaktion nicht verstehen?«, wimmert sie, und Tränen rinnen über ihre Wangen.

»Ich verstehe, dass du sauer auf Rory bist, aber ich habe nichts damit zu tun.«

»Noch nicht! Du kannst doch deinen Schwanz auch nicht in der Hose behalten«, wirft sie mir vor, und ich muss hörbar schlucken.

Ich werde nie wieder eine andere Frau anfassen, das habe ich geschworen. »In deiner Nähe bestimmt nicht«, entgegne ich. Mir ist wichtig, dass sie weiß, wie sehr ich sie begehre, denn mir ist völlig klar, was sie denkt. Sie versteht die Situation komplett falsch. Sie nimmt an, dass Rory ihr Gab vorgezogen hat – was absoluter Schwachsinn ist. Er hat bloß das verdammte Doggy Door genommen, weil ihm bewusst geworden ist, dass er ohne Joe nicht leben kann. Genau das gleiche Doggy Door, durch das sie nun verschwinden will – doch dazu besteht kein Grund. Ich werde nicht zumachen, nicht solange ich sie als einen Teil von mir betrachte. Es wird keinen krassen Wipeout geben, das habe ich versprochen, und daran werde ich mich halten.

Joe schnaubt abfällig und sieht mich durch zusammengekniffene Augen, in denen all ihr Abscheu liegt, an. »In der Nähe von keiner gut aussehenden, volljährigen Tussi, wenn man den Gerüchten Glauben schenken darf«, ätzt sie auf meine Aussage hin, dass ich in ihrer Nähe meine Hose nicht anbehalten kann.

»Manchmal sind Gerüchte auch einfach nur Gerüchte«, zische ich durch zusammengebissene Zähne. Ich bin ja selbst schuld daran, dass sie es annimmt. Schließlich habe ich vorher immer behauptet, ich könnte ihr nicht treu sein beziehungsweise ich würde es nicht sein wollen.

»Wo Rauch ist, ist auch Feuer.«

»Alte Pfadfinderweisheit, was?« Ich atme tief durch und schließe die Augen. Das hier führt zu nichts, es ist nur ein Nebenschauplatz, rufe ich mir ins Bewusstsein. »Joe, für mich gibt es im Moment nur dich!«, gestehe ich ihr und erkenne keine Sekunde später, dass ich weder das gesagt habe, was ich wirklich empfinde, noch dass es die richtigen Worte waren.

»Ja, und die verkackte Betonung, Brad, liegt auf ›im Moment‹! Wann tauschst du mich aus?«, fragt sie laut und voller Verzweiflung. Die Tränen fließen wieder. Ich versuche zu ihr durchzudringen, doch sie scheint mein »Niemals« nicht einmal zu hören. Ich werde vehementer, denn wenn ich eines über Joe Reynolds gelernt habe, dann dass sie zurückschlägt, wenn man sie provoziert.

»Dafür, dass du studiert hast, Joe, bist du manchmal ganz schön beschränkt«, brülle ich sie an, packe sie und ziehe sie eng an mich. Ich küsse sie und schiebe meine Zunge brachial in ihren Mund, der sich gerade zum Protest öffnet. Sie beißt mich kräftig, und ich kann das Blut schmecken, doch ich höre nicht auf, sie zu küssen. Mit der Zeit flaut die verzweifelte Leidenschaft, mit der ich von ihrem Mund Besitz genommen habe, ab, und der Kuss wird zärtlich. Joe weint noch immer, doch ihre Hand legt sich auf meine Wange, und sie erwidert meine Bemühungen schließlich hingebungsvoll. Sie schiebt ihr Bein über meins, und ich streichle die samtige Haut ihres Oberschenkels. »Brad«, seufzt Joe leise, während ich meine Finger über ihren Rücken hinauf zu ihren Haaren wandern lasse.

»Ich liebe dich, Joe«, raune ich ihr zu.

»Das Taxi hat keine Panne, oder?« Ich schüttle den Kopf. »Können wir ins Krankenhaus fahren? Ich will da raus.«

»Alles, was du willst, Joe. Ich tue alles für dich!«

Kapitel 12

Die nächsten Tage sind unglaublich schwierig. Joe leidet unter dem Verlust des Babys und unter Rorys Betrug. Er sitzt im gleichen Flugzeug wie wir, als wir nach Maui fliegen – zusammen mit Gab. Ich beobachte ihn aus dem Augenwinkel. Er starrt finster vor sich hin. Joe hat ihn komplett ignoriert. Es ist, als wäre er für sie gestorben. Sam verhält sich sowohl Gab als auch Rory gegenüber ebenso. Sie beachtet die beiden kein Stück, und all ihre Aufmerksamkeit gilt Joe und Dean.

Ich fahre direkt zu Sky und den Kindern. Sienna und Amy begrüßen mich stürmisch. Sienna fragt nach, wie es meiner Freundin geht und warum sie im Krankenhaus war. Sie ist fast vier Jahre alt. »Es geht ihr besser. Sie musste operiert werden, aber sie durfte schon nach Hause.«

»Wo wohnt sie?«

Ich gehe mit ihr auf die Terrasse und deute auf das gegenüberliegende Haus. »Dort drüben.«

»Heißt deine Freundin Joe, Daddy?«

Ich nicke. »Ja, so heißt sie. Kennst du Joe?«

»Ja, sie hat Fotos von uns gemacht.«

Später frage ich Sky danach, und sie zeigt mir die Bilder. »Wir haben sie am Strand getroffen, und sie hat spontan drei Aufnahmen von mir und den Mädchen gemacht. Sie ist nett.« Sie seufzt leise.

»Zu nett für mich, Sky?«, will ich wissen.

Sie lacht leise. »Das habe ich nicht gesagt, Brad.«

»Nein, aber gedacht«, necke ich sie, und sie nickt, wobei sie errötet.

»Tut mir leid«, meint sie zerknirscht.

»Du bist immer noch sauer, und ich kann das verstehen. Ich habe damals echt Mist gebaut, und es tut mir leid.«

Ihr Lächeln wirkt gezwungen, aber was soll ich machen. Ich kann die Zeit nicht zurückdrehen, und selbst wenn, würde ich wirklich etwas ändern wollen? Den Lauf der Zeit ändern und möglicherweise nicht bei Joe, die mich so glücklich macht, landen?

»Dir scheint es gut zu gehen«, stellt Sky fest. »Um genau zu sein, habe ich dich noch nie so entspannt und so … ich weiß gar nicht, wie ich es nennen soll, erfüllt …« Sie macht eine Pause und sieht mich fragend an, woraufhin ich knapp nicke. »… erlebt.«

»Ja, es geht mir in der Tat gut.«

»Das freut mich«, versichert sie mir. »Wegen Joe, sie ist wirklich nett. Sie hat viel durchgemacht, es wäre nicht fair …« In diesem Moment erinnere ich mich, was ich an Sky damals mochte, weshalb ich mich in sie verliebt habe. Wie gesagt, sie ist ein guter Mensch, sehr mitfühlend, und dennoch kotzt es mich an, dass sie meint, mich ermahnen zu müssen. So als wäre ich ein kleiner Junge, dem man sagen muss »Vorsicht an der Straße, hier fahren Autos«. Sky verstummt, denn sie deutet meinen Gesichtsausdruck richtig. »Entschuldige«, murmelt sie. »Du wirst schon wissen, was du tust.«

Vielleicht weiß ich es, vielleicht weiß ich das nicht. Bei mir ist das erschreckenderweise sehr tagesformabhängig, doch was Joe betrifft, habe ich nicht vor, ihr wehzutun. Ich werde dem Drang nicht nachgeben, sondern ihr treu sein. Diesmal versaue ich es nicht.

Eine Stunde später bin ich endlich wieder bei Joe und genieße es, sie auf dem Sofa in meinen Armen zu halten. Sie versucht, tapfer zu sein. Allerdings will ich das gar nicht, denn ich weiß schließlich, wie furchtbar es ist, wenn man das ständig sein muss. Wenn man sich keine Schwäche erlauben kann und seine Gefühle in den hintersten Winkel seines Bewusstseins verbannt, weil man ihnen nicht gewachsen ist.

Zu meiner Überraschung ist es Sean, der Joe von ihrem Kummer ablenkt, indem er die alte Aufnahme von mir und den restlichen Reynolds hervorholt. Joe braucht einen Moment, um zu begreifen, warum Sean mir dieses Bild zeigt.

Irgendwann checkt sie es doch. »Das bist du.« Sie schaut mich mit großen Augen an. Ich nicke grinsend.

»Das wusstest du nicht?«, fragen Sean und Dean unisono.

»Nein. Woher denn auch?«

»Es gibt noch mehr Bilder. Wartet, ich hole sie«, sagt Sean. Er verschwindet, und Dean kann es nicht lassen, einen Seitenhieb zu landen.

»Irgendwann fand er es interessanter, mit Mädchen abzuhängen als mit mir«, behauptet Dean. Vielleicht misstraut er mir deshalb. Vielleicht denkt er, ich würde seine Schwester ebenso fallenlassen wie ihn damals. Doch so war es nicht. Nachdem ich Dean vor dem Mann gerettet hatte, da kam alles wieder hoch, meine ganzen Erinnerungen waren plötzlich wieder da. Ich war verwirrt und verängstigt. Ich habe Dean seit diesem Tag gemieden, denn er war dabei, als ich meinen Zusammenbruch hatte. Fuck, er hat ihn sogar irgendwie ausgelöst. Und ja, danach musste ich mir etwas beweisen und habe kurz nach der Sache am Strand meine Unschuld verloren. Obwohl, nein, eigentlich war sie mir zu dem Zeitpunkt, als ich das erste Mal mit einer Frau geschlafen habe, schon lange abhandengekommen.

»Da bist du vier Jahre alt geworden«, sage ich zu Joe, um

mich abzulenken. Sie berührt mein Gesicht auf dem Foto und starrt es ungläubig an.

»Du warst verrückt nach ihm«, behauptet Dean.

»Sie hat ihn geliebt!«, wirft Sean ein, und ich habe ein scheißschlechtes Gewissen, dass ich diese wunderbare Familie damals einfach so – ohne ein Wort des Abschieds oder eine Erklärung – verlassen habe.

»Nein«, widerspricht Joe und kuschelt sich an mich. »Ich bin verrückt nach ihm und ich liebe ihn.« Das ist alles, was ich im Moment hören muss. Ich küsse ihre Stirn und greife nach ihrer Hand.

Später liegen wir zusammen in ihrem Bett. Sex gibt es natürlich keinen, aber wir schmusen und reden darüber. Und plötzlich ist der Moment, um es Joe zu sagen, da. Nachdem es raus ist und sie weiß, dass wir nicht verhüten müssen, weil ich ihr keine Kinder machen kann, passiert das, wovor ich mich gefürchtet habe. Mit einem Mal ist eine Distanz zwischen uns.

»Sag was, Joe!«, bitte ich sie und küsse sie auf ihre nackte Schulter.

»Ich liebe dich, weil du du bist! Ich liebe dich so, wie du bist«, leiert sie herunter, aber sie meint es nicht so. Sie … ich sehe sie an, doch sie schließt die Augen. Sie atmet tief durch, und als sie so weit ist, treffen sich unsere Blicke, und sie sagt sehr langsam und sehr eindringlich: »Ich liebe dich, weil du du bist! Ich liebe dich so, wie du bist.« Und nun meint sie es auch so. Ich kann die Aufrichtigkeit, die Wahrhaftigkeit hinter ihren Worten spüren. Sie lächelt, und alles ist gut. Ich schiebe mein Bein über ihren Körper und halte sie fest an mich gepresst. Sie ist nicht sauer auf mich oder enttäuscht. Ja, einen kurzen Moment war sie es, aber … Fuck, ich bin es selbst. Ich hätte nie gedacht, dass ich in die Situation kommen könnte, in der ich noch mal Kinder würde haben wollen, aber mit Joe ist das vorstellbar.

Vorstellbar wird an diesem Abend auch noch etwas anderes. Joe ist, nachdem ich ihr von meiner Vasektomie erzählt habe, sehr still. Sie streichelt und küsst mich unentwegt, aber sie denkt auch nach, was mich anfangs erneut beunruhigt. Doch sie zieht sich nicht zurück und errichtet keine Mauer zwischen uns. Sie denkt nach, und irgendwann lässt sie mich an ihren Gedanken teilhaben.

»Wärst du sauer, wenn ich um ihn kämpfe?«, will sie wissen. Rory? Fuck! Sie redet von ihm. Ich setze mich auf und schaue sie lange an. Es ist ihr ernst damit. Sie will ihn wieder in ihr Leben lassen. Vorhin hatten wir kurz darüber gesprochen, dass sie die Zeit mit uns nicht bereut und wie sehr sie ihn vermisst, doch mit diesem Sinneswandel habe ich nicht gerechnet.

»Nein!«, stoße ich hervor. »Ich würde auch wollen, dass du um mich kämpfst! Verdammt, ich bestehe sogar darauf, dass du Rory klarmachst, wie schwachsinnig sein Verhalten ist.«

Joe lacht dieses grandiose Lachen, das ohne Umwege mein Herz erobert. Ich beuge mich über sie und küsse sie leidenschaftlich. »Wie soll das funktionieren?«, fragt sie unsicher.

Oh, Baby, denke ich, das wird ganz einfach. Du brauchst nur zu schnippen, und er wird alles stehen und liegen lassen … Nein, wobei, er ist ein Idiot. Bei mir bräuchte sie bloß schnippen. Bei diesem panischen Dickkopf wird sie sich schon mehr Mühe geben müssen, aber wir bekommen das hin – da bin ich zuversichtlich. »Wir lassen ihm Zeit. So haben wir dich schließlich auch rumgekriegt«, ziehe ich sie auf, woraufhin sie mich boxt.

»Ihr habt mich nicht rumgekriegt«, mault sie. Ich grinse in mich hinein. Doch, haben wir, und wir haben hart daran arbeiten müssen. Sie ist unsere Frau, und genau das werden wir Rory, diesem Esel, auch klarmachen.

Mein Plan sieht vor, dass Joe ihm einen Silvesterkuss gibt und ihn wissen lässt, dass es nicht vorbei ist. Ich stehe in einiger Entfernung, während dies geschieht, und schaue ihnen dabei zu. Rory verliert alle Hemmungen, als Joes Lippen auf seine treffen. Er erwidert ihren Kuss inbrünstig und voller Verlangen. Gab steht daneben, verschränkt die Arme und kommt sich in diesem Moment vermutlich ziemlich bescheuert vor. Aber sie gehört schon lange nicht mehr zu ihm, das sollte sie eigentlich wissen.

Joe und ich haben nicht darüber gesprochen, was sie zu ihm sagt, doch nachdem sie den Kuss beendet hat – und es war ein langer und intensiver Kuss –, redet sie mit ihm. Rory verschränkt nun ebenfalls die Arme vor der Brust und hebt sein Kinn ein wenig. Er schaut Joe von oben herab an und alles an ihm drückt du-kannst-mich-mal aus. Ich gehe hin, bevor er etwas erwidern und sie verletzen kann.

Ich ziehe Joe in meinen Arm und meine gutgelaunt : »Hey, wo warst du?« Ich senke meinen Mund auf ihren und küsse sie erst einmal, denn sie zittert vor Anspannung, und ich weiß, dass ich ihr dadurch Zeit gebe, sich zu beruhigen. Mir ist auch klar, dass ihr das hier gerade wehtut. Und ein Blick auf Rory verrät mir, dass er ebenfalls unter dem Moment leidet. Selbst schuld, denke ich.

»Ich habe dich gesucht«, antwortet Joe. »Schau mal, wen ich getroffen habe.«

»Hey, schön dich zu sehen, Mann«, sage ich. Ich bin immer noch sauer auf ihn, versuche es aber zu überspielen. Was soll ich auch sagen? Inzwischen und spätestens nach dem Kuss eben müsste ihm dämmern, dass er Mist gebaut hat.

»Geht es dir gut, Joe?«, fragt Rory und fährt sich verlegen mit der Hand durch seine Locken. Er schaut so unglücklich und betreten drein, dass ich kurz davor bin, doch meine Meinung kundzutun.

»Den Umständen entsprechend. Danke der Nachfrage.« Sie seufzt, schaut kurz auf den Boden, und als sie ihren Blick hebt, zerreißt es mich innerlich. Tränen schimmern in Joes Augen, als sie hinzufügt: »Ich hätte nur nie gedacht, dass du mir das Herz brechen würdest, Rory. Ich kann nicht fassen, wie weh es tut.« Dann löst sie sich von mir und stürmt davon.

Ich brauche einen Augenblick, um mich zu fangen, denn ich will Rory einen Schubs geben und ihm sagen, dass er verdammt noch mal hinter ihr hergehen soll. Wann lernt dieser Dummkopf das endlich? Wenn eine Frau einen dramatischen Abgang hinlegt und abhaut, dann geht man ihr gefälligst nach. Doch da er keine Anstalten macht, ihr zu folgen, tue ich es. Ich lasse den Vollpfosten stehen und laufe Joe hinterher.

Der Abend ist damit gelaufen, und als wir später zusammen im Bett liegen, weint sie sich in den Schlaf, und ich habe wirklich gute Lust, Rory den Arsch aufzureißen. Das mache ich zwei Tage später mit Travor, der mir am Strand über den Weg läuft. Ich bin gerade dabei, ihm die Scheiße aus dem Leib zu prügeln und ihn für das bluten zu lassen, was er Joe angetan hat, als Rory plötzlich auftaucht und mir unter die Arme greift. Wir reagieren beide unseren Frust an dem Arschloch ab und lassen ihn wissen, wofür er gerade die Zeche zahlt. Danach gehen Rory und ich unserer Wege, ohne ein Wort miteinander geredet zu haben. Es war ziemlich absurd, aber ich bin auf gewisse Weise befriedigt. Travor aufzumischen hat verdammt gutgetan.

Eine dieser Erinnerungen, die sich auf ewig in meinem Gedächtnis festbrennen wird, ist der Moment, als Joe und ich das erste Mal nach der Fehlgeburt miteinander schlafen. Es sind zwölf Tage – die mir wie eine Ewigkeit vorkamen – geworden, denn Joe hatte hin und wieder noch Schmerzen, und wir wollten nichts riskieren.

Wir sind zurück auf OahuO, und nachdem ich den ganzen Mittag über surfen war, finde ich eine friedlich schlafende Joe im Bett vor. Ihr Anblick, wie sie dort nackt in die Kissen gekuschelt liegt, treibt mir die Tränen in die Augen. Fuck! Ich hätte sie fast verloren. Mein Herz krampft sich zusammen, ich atme tief durch und versuche die Verzweiflung und Panik, die mich urplötzlich zu überrollen drohen, zu verdrängen. Joe liegt hier. Sie liegt schlafend in meinem Haus, sie lebt und atmet, und alles ist gut.

Ich verscheuche Tiger, der erst protestierend maunzt, sich dann jedoch beleidigt trollt, und lege mich hinter Joe. Meine Hände können es nicht lassen und gleiten über ihren nackten, wunderschönen Körper. Joe räkelt sich genüsslich und reibt ihren Po an meinem Schwanz, der es bereits kaum erwarten kann, in ihr zu sein.

Ich fasse ihre Haare zusammen, lege ihren Nacken frei und küsse ihn. Joe erschauert unter meinen Lippen, so wie damals auf dem Parkplatz. »Alles okay?«, murmelt sie verschlafen.

Ich gebe ein knappes Ja von mir – doch wie ich bereits sagte, Joe kann ich nicht täuschen. Sie dreht sich in meinen Armen. Ihre Fingerspitzen streifen über meine Wange, und ihre Lippen pressen sich verlangend auf meinen Hals. Sie knabbert sich hoch zu meinem Ohr und beißt mich in mein Ohrläppchen. »Was hast du, Babe?«, wispert sie.

Ich atme seufzend aus und lasse all die negative Energie mit diesem Atemzug entweichen. Ich schlinge meine Arme fest um sie und halte sie eng an mich gepresst. Ich gebe mich ganz dem Moment hin, schließe meine Augen und atme ganz bewusst Joe ein. Ihren Duft, ihre Energie, ihre Lebenskraft. Ja, sie ist da, und es ist alles gut, doch mir ist es nicht genug. Ich schiebe mein Bein über sie und klammere mich regelrecht an sie.

»Occupied by an Octopus«, scherzt sie und bringt mich zum Lachen.

»Du bist unmöglich«, seufze ich und dränge mich noch dichter an sie. Ein heiseres Stöhnen entringt sich ihrer Kehle, und ich frage: »Darf ich?«

»Du fragst doch sonst nie«, raunt sie mir zu und küsst meine Schulter. Ich nehme das als ein Ja, drehe sie auf den Rücken und rutsche zwischen ihre Beine, um mich abwärtszuschlängeln und sie mit meinem Mund zu verwöhnen. Joe greift nach meiner Hand, während ich sie lecke. Kurze Zeit später liege ich auf ihr und liebe sie langsam.

»Wenn du Schmerzen hast …«, beginne ich, als sie unter mir aufkeucht.

»Nein! Keine Schmerzen«, presst sie mit lustvoller Stimme hervor. »Und ich erinnere mich an mein Safeword.«

»Als ob du bei mir jemals ein Safeword bräuchtest«, grolle ich ein wenig verärgert und schiebe mich unablässig in sie. Joes Hände wandern über meinen Rücken zu meinem Hintern, und sie packt ihn fest, um mich tiefer in sich zu ziehen. Ich mache ein paar Minuten lang so weiter, dann verändere ich meine Position, richte mich zwischen ihren Beinen auf und lege mir die ihren über meine Arme. Ich fasse unter ihren Kniekehlen hindurch und packe ihre Oberschenkel, um sie auf meinen Schwanz zu ziehen. Ich beobachte, wie er in sie gleitet. Joe packt mit beiden Händen die Stangen am Kopfende des Bettes und bäumt mir ihren Unterleib entgegen. Ich ficke sie nun richtig hart, und sie stöhnt vor Lust lautstark auf. Ich liebe es, wenn sie dabei meinen Namen sagt. Ich liebe es, mit ihr Sex zu haben. In ihr zu sein fühlt sich so gut an, dennoch halte ich das hier nicht mehr lange aus, und ich will nicht, dass sie auf der Strecke bleibt. Noch habe ich das Krampfen ihrer Pussy nicht um meinen Ständer gespürt, was bedeutet, dass Joe noch nicht gekommen ist. Ich will jedoch, dass sie für mich kommt.

Um es noch hinauszuzögern, rolle ich mich auf die Seite und ziehe Joe mit mir. Nun kann ich sie auch wieder küssen. Ich spiele mit ihren Brüsten, was sie immer ganz wild macht, und ich genieße den Anblick in ihr lustvoll verzerrtes Gesicht, als sie kommt. Erst dann gebe ich mich auch dem Moment hin. Ich ergieße mich in sie und klammere mich schwer atmend an sie. »Ich liebe dich, mein Engel!«, seufze ich.

Joe küsst meine Stirn, schlingt ihre Beine fester um mich und raunt mir zu: »Ich dich auch, Babe. Und ich bin hier, Brad!«

Ich seufze erneut. Bin ich so durchschaubar? Wie macht sie das? Ich meine … Fuck! Joe nimmt mein Gesicht in beide Hände und zwingt mich, sie anzusehen. »Ich bin da, und ich gehe nicht weg, außer du willst mich nicht mehr«, verspricht sie.

»Gott, Joe«, bringe ich mühsam beherrscht hervor. »Wie könnte ich dich nicht mehr wollen? Du bist mein Leben!«

»Das hat Rory auch gesagt«, wispert sie.

»Aber ich bin nicht Rory«, entgegne ich und küsse sie eilig, um sie von ihrem Kummer abzulenken. Nein, heute, in diesem Augenblick, hat er hier nichts verloren.

Joe hält ihr Versprechen. In den nächsten Wochen begleitet sie mich überallhin, und ich bin darüber unfassbar glücklich. Denn ja, ich will sie ständig in meiner Nähe haben. Manchmal wache ich nachts auf und muss mich versichern, dass sie neben mir liegt und atmet. Wir surfen viel zusammen, lachen und albern herum. Ich fühle mich leicht und lebendig, und mein Leben erscheint mir vollkommen. Joe hält Wort. Sie fotografiert mich oft, und ich mag, dass sie mein Gesicht liebt und davon nicht genug bekommen kann. Ich finde es cool, dass sie sich Gedanken um einen Brad-Film macht, und bin sprachlos, als ich die ersten Szenen sehe. Die Aufnahmen an sich sind schon klasse, doch die Präsentation ist richtig gut. Ich mag ihre Songauswahl, und ich mag die Mischung aus Text und Bildern. Joe arbeitet viel mit Zitaten, und mehr als einmal muss ich fragen: »Habe ich das wirklich so gesagt?«, woraufhin sie lacht. Ich mag das Bild, das sie von mir zeichnet.

Was ich in dieser Zeit nicht mag, ist ihr Liebeskummer. Obwohl es zwischen uns wirklich unglaublich gut läuft und sie meine absolute Traumfrau ist, trauert sie um Rory. Was okay ist, aber es schmerzt mich, sie so zu sehen. Ich liebe sie, und ich will, dass es ihr gut geht. Joe ist maßlos enttäuscht, als sie mitbekommt, dass die Sache mit Gab zu Ende ist, er jedoch keine Anstalten macht, zurückzukommen.

»Ich habe ihm damals gesagt, dass er Gab ficken oder reihenweise Groupies knallen kann, es jedoch nichts zwischen uns ändert«, murmelt sie eines Abends niedergeschlagen. »Ich hätte bloß nicht gedacht, dass er das dann auch macht.«

»Das hast du nicht wirklich geglaubt, oder?« Denn dann würde sie ihn verdammt schlecht kennen. Er ist so ein elender Sturkopf, doch Joe zum Glück auch, weshalb sie ihn immer noch nicht aufgegeben hat. Ich streichle über ihr Haar und küsse sie auf die Stirn. »Sie haben keine Bedeutung, Joe«, erwidere ich.

»Ich weiß.« Sie seufzt herzzerreißend. »Und nein, natürlich war mir klar, dass er das Ganze bis über die Schmerzgrenze hinaus zelebrieren wird. Erst wenn er mit dem Rücken zur Wand steht und es keinen anderen Ausweg mehr gibt, wird er sich seinen Ängsten stellen.« Sie schnaubt frustriert. »Meinst du, er wird jemals zu mir zurückkommen?«

»Ja, Joe. Er wäre der größte Idiot auf der ganzen Welt, wenn er es nicht machen würde, mein Engel. Er verpasst etwas, nicht du!«

Und es stimmt. Sie ist so großartig, so perfekt. Keine Ahnung, was ich ohne sie machen würde. Sie lächelt schwach. »Doch, auch ich verpasse etwas. Er war immer in meinem Leben, Brad. Er fehlt mir schrecklich.«

»Er ist dein bester Freund«, erwidere ich, und diese Tatsache schmerzt überraschenderweise.

Joe dreht sich auf den Bauch, um mir ins Gesicht schauen zu können. »Nein, nicht mehr. Das bist inzwischen du.«

Ich muss schlucken und brauche einen Moment, um mit dem Gefühl, das die Eifersucht beiseitewischt, klarzukommen. »Du bist für mich so viel mehr als nur der heiße Kerl, mit dem ich es treibe«, murmelt sie.

Ich lache. »Du bist echt anders als andere Frauen, mein Engel.« Denn das war eine Liebeserklärung, die von einem Mann stammen könnte – typisch Joe eben.

»Ich liebe dich nun einmal, und nicht nur in romantischer Hinsicht«, meint sie und fragt dann: »Ist das gut oder schlecht?«

Ich beuge mich zu ihr, ziehe sie eng an mich und flüstere: »Das ist perfekt! Du bist perfekt!«

Am 11. Februar jährt sich Russels Todestag das erste Mal, und ich bin unglaublich wütend auf Rory, weil er sich nicht meldet. Joe und ich verbringen den Tag zusammen mit Sean, Dean und Sam auf Maui. Wir denken an Rus, was bedeutet, dass wir weinen und lachen und uns jede Menge Geschichten über ihn erzählen. Wir teilen unsere Erinnerungen miteinander, und wieder einmal wird uns allen klar, dass er nie wieder da sein wird. Ich bin definitiv der, der mit ihm am wenigsten verbunden war, allerdings ist es selbst für mich schwer zu begreifen, dass Russel für immer weg ist.

Doch nicht nur er fehlt uns an diesem Tag sehr, auch seinen besten Freund vermissen wir schmerzlich. Später im Bett weint Joe sich in den Schlaf. Sie weint um ihren Zwillingsbruder und um den Mann, mit dem sie aufgewachsen ist und den sie liebt. An diesem Abend versuche ich, Rory das erste Mal seit Wochen anzurufen, doch ich erreiche nur die Mailbox. Das »Wichser«, das mir auf der Zunge liegt, schlucke ich hinunter und lege stattdessen auf.

Die Zeit, die Joe und ich zu zweit verbringen, tut uns unendlich gut, und zwischen uns wächst etwas Großartiges heran. Die innige Verbundenheit, die schon immer da war, dehnt sich in jeden Lebensbereich aus und bereichert ihn.

Was Sex anbelangt, ist Joe super aufgeschlossen, und wir probieren viel aus – zumal sie Regel zwei aufgehoben hat. Auch an dieser Spielart hat sie Gefallen gefunden. Leider war ich beim letzten Mal nicht vorsichtig genug und habe ihr wehgetan – weshalb wir diesbezüglich erst mal eine Pause eingelegt haben. Doch das ist okay, wir haben schließlich Zeit.

Ich mag es, dass wir regelrecht unzertrennlich sind. Was nicht heißt, dass wir ausschließlich miteinander rumhängen würden, denn so ist es nicht. Sie lässt mir meine Freiräume und ich ihr die ihren. Sie liest viel und ist ein echtes Arbeitstier. Trotzdem ist Joe immer für mich da, wenn ich sie brauche, und ich versuche umgekehrt mein Möglichstes, um es ebenso zu halten.

Wir erleben eine wunderbare Zeit zusammen. Eines Tages sind wir stundenlang zusammen im Wasser, weil Joe mich mit ihrer Epic-M RED Dragon filmt. Ja, ohne Scheiß, sie hat eine verdammte RED, ist das nicht krass? Das Ding kostet 50.000 Bucks, aber es ist jeden Penny wert. Die Auflösung ist genial.

An diesem Tag klaut Joe, das freche Ding, mir mein Board und schnappt sich eine richtig fette Welle. Und irgendwie gelingt es mir, mit der RED draufzuhalten. Die Aufnahme ist fantastisch. Mein Bikini-Babe, wie sie eine richtig krasse Welle abreitet. Ich bin stolz auf sie.

Ich finde sie geht das Surfen, aber auch das Leben an sich mutiger an – völlig ungehemmt. Sie ist froh, noch hier zu sein, und genießt jeden Tag – das merkt man deutlich. Und sie zieht mich ordentlich mit. Natürlich hängt ihr die Sache mit dem Baby und mit Rus nach, und klar vermisst sie Rory wie verrückt, doch sie macht das Beste aus jeder Sekunde, die verstreicht – dafür bewundere ich sie unglaublich.

Wir sprechen oft über Rus und Rory, der – während ich eine unglaublich gute Saison surfe – total abkackt. Er ist nicht bei der Sache, aber es scheint ihm egal zu sein – was mir Hoffnung macht.

Dennoch dauert es Monate, bis Rory das mit uns endlich auf die Reihe bekommt. Ich bin mit ein paar Jungs angeln, und zurück im Hafen empfange ich eine Nachricht von Joe. Ich öffne das Handy und sehe eine Aufnahme von ihrem Hintern in einem extrem knappen Höschen. Joe fragt: Weißt du, was wir schon lange nicht mehr gemacht haben?

Ich texte zurück: Nein, was denn?

Schwing deinen Arsch hier rüber, sonst gilt für meinen ab sofort wieder Regel 2.

Bin in fünfzehn Minuten da. Nicht weglaufen! Ich verabschiede mich von den Jungs und bin keine Viertelstunde später am Bungalow, wo ich Rory und Joe im Bett erwische. Was, denke ich verwirrt, ehe mir ein »You've made my day, Bro!« entfährt und ich mir die Klamotten vom Leib reiße.

Anfangs herrscht etwas Unsicherheit zwischen uns dreien. Rory ist extrem vorsichtig und versucht auszuloten, ob die ganze Sache für mich in Ordnung geht. Er schnallt nicht, dass Joe und ich nur auf ihn gewartet haben. Ich für meinen Teil brauche einen Augenblick, um zu checken, dass Joe an diesem Tag bereit ist, einen Schritt weiterzugehen. Doch letztendlich liegt sie auf Rory und unter mir – genauso, wie er und ich es immer geplant hatten.

Sie reitet ihn, während ich sie in ihren süßen Po vögle. Ich fasse in ihre Haare und biege ihren Kopf zur Seite, sodass ich ihren Hals mit meinen Zähnen bearbeiten kann. Unablässig murmelt Joe »Fuck!« vor sich hin. Sie wirkt ein wenig weggetreten, und es ist zugegeben auch wirklich ziemlich intensiv. Die Enge ist überwältigend. Joe ist derart jenseits von Gut und Böse, dass sie »Brory« keucht, als sie schließlich kommt. Mir geht es jedoch nicht viel besser, als ich mich kurz darauf in sie ergieße. Mein Kopf ist wie leer gefegt, und ich bin berauscht von dem hemmungslosen und wilden Sex, den wir gerade hatten. Dennoch gelingt es mir, Rory zu ermahnen, vorsichtig zu sein, als er sich zusammen mit ihr dreht, um sie auf die gleiche Weise nehmen zu können wie ich zuvor.

Geil ist der Moment, als Rory beim Abendessen plötzlich einfällt, dass er und Joe überhaupt nicht verhütet haben. Ehrlich, trotz dieser großartigen Erfahrung im Bett ist das mein eigentliches Highlight des Tages. Ich hatte bis dato angenommen, sie hätten vorher darüber gequatscht, doch das haben sie scheinbar nicht. Er hat sie einfach gefickt, ohne darüber nachzudenken. Ich nehme ihn ein bisschen auf den Arm, einfach weil er das verdient hat, der Idiot.

»Fällt dir ja früh ein«, meine ich grinsend.

»Wie verhütet ihr denn?«, will er wissen.

»Ich bin sterilisiert.« Auch das hat er vergessen. Denkt er überhaupt jemals nach?

»Oh!«, entfährt es ihm ziemlich schuldbewusst.

Joe schlägt mit dem Küchenhandtuch nach mir. »Du bist so gemein zu ihm!«

Ich pruste laut los. Ich? Das ist ja wohl ein schlechter Scherz. »Was kann ich dafür, wenn er sich wie ein Trottel benimmt und nur mit seinem Schwanz denkt?«

Joe steht auf, geht zu Rory und setzt sich auf seinen Schoß. »Ich habe mir vor ein paar Monaten eine Spirale einsetzen lassen, Rory«, beruhigt sie den kleinen Casanova.

»Warum?«, stammelt er verwirrt.

Ja, warum, wenn ich doch sterilisiert bin? Ich weiß genau, in welche Richtung seine Gedanken laufen, und meine daher trocken: »Wegen des anderen Kerls, mit dem ich mir Joe hin und wieder teile, Rory!«

»Wie …«, stößt er verwirrt hervor, und ich kann mir nicht verkneifen, schallend loszulachen. Wenn Joe checkt, was er gerade denkt, dann geht es hier richtig rund … Es dauert keine Sekunde, da ist Joe klar, was er annimmt. Der Trottel denkt doch echt, da gäbe es einen anderen außer ihm. Joe funkelt ihn wütend an, während ich inzwischen Tränen lache. Sie boxt Rory fest auf den Oberarm.

»Autsch!«, entfährt es ihm.

»Du Mistkerl. Ich fasse es nicht, dass du glaubst, es könnte einen anderen geben!«, ereifert sie sich und wirbelt dann zu mir herum: »Und du bist keinen Deut besser. Ihr seid solche

Idioten! Alle beide! Kann mir mal einer sagen, warum ich mit so Trotteln wie euch zusammen bin?«

Ich krümme mich vor Lachen, und ihre Tirade zieht ungehört an mir vorbei. »Musste das sein?«, fragt sie, nachdem ich mich langsam wieder beruhigt habe.

»Ja, das musste sein«, gebe ich atemlos von mir. »Du hättest Rorys Gesichtsausdruck sehen sollen, mein Engel. Der Hammer!«

Später sitzen Rory und ich zusammen auf der Terrasse. Wir reden nur kurz über die Zeit seiner Abwesenheit, denn was gibt es dazu zu sagen? Er hat Scheiß gebaut, und Joe hat ihm verziehen. Es ist nicht so, als würde es ihr nicht wehtun, doch sie hat beschlossen, dass er ihr wichtiger ist. Dennoch ermahne ich ihn, so eine Nummer nie wieder abzuziehen. Ja, es ist cool, dass er wieder da ist, und ich mag ihn nach wie vor, aber wenn er Joe noch mal wehtut, kann er sich auf was gefasst machen. Die lange Standpauke, die ich ihm ursprünglich mal drücken wollte, erspare ich ihm, als ich sehe, wie fertig ihn die Erinnerung an ihren Beinahe-Tod auch jetzt noch macht. Dieses Erlebnis hat ihn zutiefst schockiert, und in seiner Panik hat er einen Fehler begangen, den er inzwischen schrecklich bereut. Wie könnte ich ihn dafür verurteilen? Joe gesellt sich zu uns, kuschelt sich an mich, und als wir später zu dritt im Bett liegen, da ist es wieder einmal perfekt. Momente wie diese machen das Leben lebenswert.

Der Hammer ist auch, wie sich die kommenden Monate entwickeln. Zu dritt funktionieren wir unglaublich gut. Rory und Joe zusammen zu sehen, wie glücklich sie miteinander sind, erfüllt auch mich mit Freude. Und, wie ich zugeben muss, mit Erleichterung, denn es nimmt den Druck raus.

Ich neige dazu, Joe zu bevormunden, aber den Zahn zieht

sie mir eines Abends vor versammelter Mannschaft. Wir sind auf Tahiti und zum Essen mit einem ganzen Haufen Leute unterwegs, als ich mitbekomme, dass Joe am nächsten Tag – trotz des Monsterswells, der angekündigt ist – filmen will. »Bestimmt nicht!«, platze ich heraus. Glaubt sie ernsthaft, ich lasse sie unter den Bedingungen ins Wasser? Chopes ist auch so schon gefährlich und …

»Ich glaube, Brad, wir müssen mal eine Sache klarstellen«, meint Joe freundlich, aber bestimmt. »Nur weil du im Bett das Sagen hast, heißt das nicht, dass du über mein ganzes Leben bestimmen kannst.«

Der komplette Tisch grölt – einschließlich Rory, diesem Sack –, und ich bin echt angepisst, wie sie mit mir umspringt. In unserer Unterkunft angekommen, stelle ich sie zur Rede. »Was bildest du dir eigentlich ein, Joe? Glaubst du, dass du vor den Jungs so mit mir reden kannst?«, grolle ich verärgert.

»Ich? Was bildest du dir ein, Babe? Ich gehöre dir nicht! Ich bin nicht dein Besitz oder eine von deinen hirnlosen Schlampen, die zu allem Ja und Amen sagen, was du so absonderst!«

Nein, das ist sie wirklich nicht. Zum Valentinstag habe ich ihr rote Unterwäsche geschenkt, in der sie bestimmt scharf ausgesehen hätte. Joe jedoch fand sie billig, was sie mir genauso gesagt hat. Im ersten Moment war ich tierisch angepisst, doch dann fand ich es gut. Sie lässt sich nicht von mir verbiegen. Sie wahrt ihre Interessen, ihre Würde, ihre Bedürfnisse, wenn ich es nicht tue – so wie jetzt.

»Du kannst da nicht raus«, versuche ich dennoch erneut, sie umzustimmen. Schließlich geht es nicht um dämliche Dessous, sondern um ihre Gesundheit. »Shit, Joe, du hast zu wenig Erfahrung.«

»Ja, Brad«, stimmt sie mir zu und legt eine Hand auf meine

Wange. »Was diese Bedingungen anbelangt, hast du recht. Ich habe zu wenig Erfahrung, aber ich werde nie welche erlangen, wenn ich da morgen nicht rausgehe, verstehst du?«

Ich lecke mir über die Lippen. Ja, ich weiß, dass es stimmt, was sie sagt, aber … Rory, der sich die ganze Zeit zurückgehalten hat, umarmt Joe von hinten und schiebt seine Hände unter ihr Oberteil, hinauf zu ihren Brüsten. Er liebkost sie und flüstert in ihr Ohr: »Ich will auch nicht, dass du morgen da rausgehst.«

Netter Versuch, denke ich, weiß jedoch, dass er sie nicht wird umstimmen können – vermutlich ist ihm das ebenfalls klar.

»Mir Latte, was ihr wollt, Jungs! Morgen macht jeder seinen Job, und wir werden alle im Wasser sein«, presst sie schwer atmend hervor.

Ich ziehe Joe an mich und küsse sie. »Versprich mir wenigstens, vorsichtig zu sein«, ermahne ich sie. Fuck, ich will nicht, dass ihr was passiert.

»Versprochen«, keucht Joe an meinem Mund. Sowohl Rorys als auch meine Bedenken und Sorgen brechen sich in Form unserer Leidenschaft Bahn, und irgendwann meint Joe: »Wenn ihr nicht wollt, dass mir was passiert, dann lasst mich jetzt lieber schlafen, ihr lebenden Legenden.« Ihr Spott perlt an mir ab, und ich ziehe sie an mich.

Der nächste Tag verläuft ohne Zwischenfälle, denn Joe versteht ihren Job. Allerdings werden die kommenden Wochen extrem steinig, denn Nat und ich führen nun doch Krieg. Ich zahle ihr nichts mehr, nicht weil ich das nicht will, sondern weil ich sie dazu zwingen möchte, einer gemeinsamen Sorgerechtsvereinbarung zuzustimmen, um Ty regelmäßig sehen zu dürfen. Nat habe ich damit offensichtlich schockiert, und bisher zeigt sie sich uneinsichtig und bockig. Ich leide unter der Situation, doch Joe und Rory versichern mir immer wieder, dass ich das Richtige tue.

Aber es ist nicht nur Nat. Nach Frankreich, wo unsere Ménage-à-trois auffliegt und die Hetzjagd auf Joe beginnt, wird alles komplizierter. Joe muss eine private Enttäuschung wegstecken, denn eine »Freundin«, Lisa, die Aktuelle von Felix Marlon, hat sich über Joe aufs Übelste das Maul zerrissen. Nat versucht Rorys und meine Beziehung zu Joe zu ihren Gunsten auszuschlachten. Mir ist seit einer geraumen Weile klar, dass es meiner Ex nur ums Geld geht, mir war nur nicht bewusst, mit welch harten Bandagen sie darum kämpfen würde. Zum Glück sägt mich mein Sponsor ab, und das sage ich Nat auch. In dieser Zeit überrede ich Nat, in ein gemeinsames Sorgerecht einzuwilligen – vermutlich sieht sie gerade ihre Felle davonschwimmen. Zwei Tage später unterschreibe ich meinen Vertrag bei Mad Crush, die auch Rory sponsern. Nat tobt, aber das ist mir egal – ich bin mit ihr durch und habe das, was ich will. Oder jedenfalls denke ich das. Denn obwohl ich im siebten Himmel schwebe, nachdem ich endlich einen klar geregelten Anspruch erwirken konnte, Ty bei mir zu haben, macht Nat es mir in den kommenden Jahren nicht wirklich einfacher, meine Tochter zu sehen.

Vielleicht ahne ich auch unterbewusst, dass die ganze Sache noch nicht vom Tisch ist, möglicherweise fordert diese stressige Zeit aber auch einfach nur ihren Tribut. Kurz darauf falle ich wieder in mein dunkles Loch. Ich bemerke die Depression erst viel zu spät. Wie so oft verwechsle ich sie mit bloßer Erschöpfung, und hatte ich vor Portugal reelle Chancen auf den Weltmeistertitel, habe ich sie danach nicht mehr. Ich stehe mir selbst im Weg, weil ich unter dem Druck zusammenbreche.

Joe ist für mich da, und wir verlängern unseren Aufenthalt in Portugal um ganze zwei Wochen, um uns zu entspannen und zur Ruhe zu kommen.

Rory hat im Anschluss an das Event ein Haus in einem abgelegenen Tal organisiert, und die Tage, die wir dort, abgeschnitten von der Außenwelt, verbringen, sind Erholung pur.

Auf dem Rückflug kuschelt Joe sich an mich. Sie streichelt meine Brust und küsst meinen Hals. Ich bekomme es nur am Rande mit, denn ich starre aus dem Fenster und beobachte das Wolkenmeer, das von der Abendsonne erhellt wird. »Bist du eigentlich im Mile High Club?«, will Joe wissen. Ich drehe meinen Kopf zu ihr und mustere sie prüfend.

»Ja, aber es ist verdammt lange her, dass ich dort aufgenommen wurde. Keine Ahnung, ob meine Mitgliedschaft noch gültig ist.«

Joe grinst breit. »Ich würde mich gern von einem erfahrenen Mitglied wie dir dort einführen lassen«, entgegnet sie lasziv, und ihre Hand wandert in meinen Schritt.

»Ist das so?«, ziere ich mich, doch diesmal überrascht Rory mich, nicht weil er sich einmischt, sondern weil er sagt: »Mach es mit mir, Joe. Ich bin nämlich auch noch nicht in diesem elitären Club.« Joe dreht sich zu ihm herum, hört jedoch nicht auf, mich zu befummeln. Ihre Hand knetet meine Latte, und ich lehne mich entspannt in meinem Sitz zurück, schließe die Augen und lausche ihrem Gespräch.

»Ich wäre mal bei irgendwas die Erste?«, fragt sie misstrauisch.

»Ja«, stößt Rory hervor, und ich erkenne an seiner Stimme, wie allein der Gedanke an diese Sache ihn geil macht. »Und ich wäre auch bei irgendwas mal der Erste, Joe!«

Sie neigt den Kopf zu Seite und fixiert Rory. »Keine Angst um deinen untadeligen Ruf, Goldlöckchen?«, neckt sie ihn.

»Der ist doch sowieso ruiniert, weil ich eine männerfressende Nymphomanin wie dich date«, kontert er. Joe lacht hell auf.

»Nein, im Ernst, Joe, was meinst du? Interesse?«

Ich öffne die Augen, beuge mich zu Joe hinüber und schließe sie in die Arme. »Ich halte euch den Rücken frei«, flüstere ich ihnen zu. »Wenn ihr fertig seid, dann klopft ihr leise gegen die Tür. Wenn niemand bei mir steht, klopfe ich zweimal zurück, wenn ihr nichts hört, dann bleibt ihr drin. Okay?«

Später, als es ruhiger geworden ist und der Großteil der Passagiere schläft, machen wir uns auf den Weg zur Toilette. Die beiden verschwinden ungesehen in der Kabine, und wenn ich nicht wüsste, was sie darin treiben, würde ich es anhand der nach außen dringenden Geräusche nicht vermuten. Sie sind extrem leise.

Keine fünf Minuten später schiebt Rory sich raus und an mir vorbei. Er raunt mir zu: »Du bist am Zug. Viel Spaß.«

»Du bleibst aber hier, oder?« Er nickt. Ich betrete die enge Kabine und werde von unserer Frau breit angegrinst. Joe sitzt auf der Kante des Waschtisches und schaut mich herausfordernd an. Ich stelle mich zwischen ihre Beine, greife in ihre Haare und beginne, ihren Hals zu küssen. »Hattet ihr Spaß, mein Engel?«

»Gerade eher Teufel, oder? Ich kann nicht fassen, dass ich das hier mache«, keucht Joe leise. »Zu was ihr zwei mich immer überredet.«

Ich lache in mich hinein. Wir sie … Ja, ist klar! »Tut mir leid, dass ich dich mit dieser Mile-High-Club-Sache so furchtbar unter Druck gesetzt habe«, raune ich ihr zu und schiebe meine

Linke unter ihr Shirt und hinauf zu ihren Brüsten. Ich zwicke sie neckend in den Nippel, was Joes Kichern in ein wohliges Stöhnen verwandelt. Sie macht sich an meinem Gürtel zu schaffen und kann es kaum erwarten, mich endlich in sich zu haben. Ihre Hände umfassen meinen Ständer, sie rückt noch ein Stück näher an die Kante heran, denn ich bin nun mal kleiner als Rory, und platziert meinen Schwanz zwischen ihren Beinen. »Brad«, seufzt sie, als ich mich in ihr versenke.

Ihr Atem tanzt auf meinem Gesicht, und mit jedem Stoß vergesse ich mehr, wo wir sind. Obwohl wir uns in einem lärmenden Flugzeug und auf einer stinkenden Toilette befinden, gibt es in diesem Augenblick nur Joe und mich. Ich streiche ihr eine Strähne ihres sonnengebleichten Haares hinters Ohr und lehne meine Stirn gegen ihre. Wir schauen uns tief in die Augen, und Joes Hände wandern über meinen Rücken hinunter zu meinem nackten Arsch. Sie packt mich bei den Pobacken und zieht mich tiefer in sich hinein.

»Küss mich, Babe!«, presst sie atemlos hervor. Ich lasse mich nicht lange bitten, fahre mit meiner Zunge in ihren Mund und lecke hingebungsvoll über ihre. Ihre Worte, die sie mir erst heute Morgen zugeraunt hat, erklingen in meinem Kopf: »Du schmeckst so gut! Ich kann nicht genug von deinen Küssen bekommen.« Ja, ich weiß genau, was sie meint.

Ich pumpe immer rascher in sie hinein, merke jedoch, dass sie auf der Strecke bleibt. »Komm für mich, Engel«, hauche ich ihr zu, doch Joe schüttelt den Kopf. Ich gleite aus ihr heraus, ziehe sie vom Waschtisch und drehe sie herum. Mein Schwanz ist keine Sekunde später wieder tief in ihr. Ich umfange ihren zierlichen, weichen Körper und halte sie. Im Spiegel kann ich ihr Gesicht sehen, das ich so liebe. Joe hat die Augen geschlossen und gibt sich mir voller Vergnügen hin. Ich beobachte, wie sie sich genüsslich über die Lippen leckt, als ich eine Hand in ihren Schritt gleiten lasse, um ihren Kitzler zu stimulieren. Ich werde alles daransetzen, dass sie auch etwas von diesem Akt hat. Sie wird kommen. Meine Linke gleitet wieder unter ihr Shirt hoch zu ihren Brüsten.

Gott, ich liebe Joes Titten. Sie sind perfekt! Sie sind wirklich groß, und ich mag ihre Form, was daran liegt, dass sie echt sind. Sie fühlen sich ganz anders an als künstliche Brüste – viel weicher. Ich beiße Joe sanft in den Nacken, während ich mit ihren Nippeln spiele und sie bumse. Erst als sie erschauert und ich das rhythmische Krampfen ihrer Pussy um meinen Penis spüre, lasse ich mich gehen und ergieße mich in sie.

Als ich meine Augen öffne, begegnet mir Joes Blick im Spiegel. »Du siehst schön aus, wenn du kommst«, meint sie.

»Nur wenn ich komme?«, frage ich. Ich weiß, dass ich gut aussehe. Ich höre es dennoch gern.

»Fishing for compliments, Mister Hoover?« Ertappt. Aber ich befinde mich in dieser Phase nach dem Tief, und da brauche ich immer etwas mehr Zuspruch. Ich ziehe mich aus Joe zurück. Sie greift nach einem Papiertuch und trocknet sich zwischen den Beinen ab. Dann dreht sie sich in meinen Armen, legt die ihren um meinen Hals und küsst mich lange und langsam. »Nur für den Fall, dass du es nicht weißt: Für mich bist du der schönste Mann auf der ganzen Welt. Ich liebe dein Gesicht, jede einzelne Narbe dort.« Sie küsst die unter meinem Kinn, die, die meine rechte Augenbraue teilt, und auch die an meinem Haaransatz oberhalb meines linken Auges. »Aber, ob du es glaubst oder nicht, das ist nicht wichtig für mich. Ich werde dich auch in fünfzig Jahren noch lieben, wenn du alt und runzlig bist.« Sie greift nach meinen Händen und hält sie fest, starrt darauf, seufzt leise und sagt dann: »Gott, Brad, wann wirst du endlich begreifen, dass du so viel mehr bist als dein Aussehen, dein Vermögen, dein Talent …« Sie schaut auf, und ich sehe in ihren Augen, dass es ihr mit ihren Worten völlig ernst ist, aber was ich nicht verstehe, ist, was sie damit meint. Denn was bleibt, wenn ihr all das nicht wichtig ist? Während ich versuche zu sehen, was sie in mir sieht, und zu verstehen, was genau sie an mir liebt, höre ich Rory draußen sagen: »Nee, da tut sich seit einer Ewigkeit nix. Wer weiß, vielleicht vögelt darin gerade ein Typ seine Tussi. Mir wäre das ja viel zu eng, aber so Leute soll es doch wirklich geben.«

Joes Augen werden riesig, als sie versucht, nicht loszuprusten. Rory klopft an und fragt: »Alles klar?«

Ich bedeute Joe still zu sein und erwidere: »Ja, habe nur den Kaffee nicht vertragen. Kann noch etwas dauern, aber im vorderen Teil gibt es auch Klos.«

»Dann versuche ich es lieber da«, meint eine Frau. Kurz darauf klopft es zweimal, und wir schleichen hinaus. Rory grinst über beide Ohren und sieht furchtbar belustigt aus. Wegen seines bubenhaften Charmes und seiner goldenen Locken halten ihn die meisten Leute für einen Engel, aber der Kerl ist der wahre Teufel in unserem Trio. Er beugt sich vor und flüstert Joe etwas ins Ohr, woraufhin sie ihn auf den Arm boxt und sich auf die Unterlippe beißt. Sie schaut sexy aus, wenn sie wütend ist, und das ist sie. »Immerhin hat Brad mich zum Orgasmus gebracht, was man von dir nicht behaupten kann«, teilt sie aus. Wow, der Spruch war mal echt unter der Gürtellinie, aber scheinbar hat Rory ihn sich verdient.

»Sorry!«, murmelt er. »Sollte ein Scherz sein.«

Joe nickt und streichelt seine Wange. »Ich glaube, ich bin, was das betrifft, im Moment etwas empfindlich.«

Rory zieht sie an sich und küsst sie. »Sieh es positiv, du bist unser Luder, Joe!«

Sie errötet, seufzt leise und schiebt sich an ihm vorbei, um zu unseren Sitzplätzen zu gehen. Ich halte Rory zurück. »Sag so was nicht zu ihr«, rüge ich ihn. Wenig später, als Joe ans Fenster gekuschelt schläft, spreche ich mit ihm über die aktuelle Situation. »Die gemeinen Sachen, die die Leute über sie sagen, nehmen sie mehr mit, als sie uns zeigt.«

»Ich wollte witzig sein«, verteidigt Rory sich.

»Ich weiß, aber Joe leidet im Moment wirklich darunter.«

»Gerade deshalb wollte ich, dass sie darüber lacht. Ist doch egal, was die Leute über uns denken.«

Ich schnaube belustigt. So ein Spruch ausgerechnet von ihm? Rory ist sehr darauf bedacht, seinen Ruf oder besser den Schein zu wahren, und die Meinung anderer ist ihm extrem wichtig.

»Ja, ja, ich weiß, was du denkst, aber ich habe in den letzten Monaten viel darüber nachgedacht, was du zu mir gesagt hast, und bin zu dem Schluss gekommen, dass du einmal mehr mit deinen Altersweisheiten recht hattest. Ja, die Leute tratschen so oder so. Man kann sie nicht davon abhalten. Das kann man nicht ändern, und man kann es nicht allen recht machen, man muss einfach bei sich bleiben und so leben, wie man selbst es für richtig hält.«

»Ich bin beeindruckt, junger Padawan«, lasse ich ihn wissen.

»Danke, weiser Sensei! Mir ist es aber nicht egal, was die Leute von Joe denken. Es tut noch immer weh, wenn sie sie als Schlampe bezeichnen.« Ich nicke bestätigend, denn ja, es tut weh.

Kapitel 13

Doch es wird leichter. In den kommenden Jahren lässt der Gegenwind nach. Manchmal kommen Leute zu uns, die meinen, sie hätten nicht gedacht, dass diese Beziehung halten und funktionieren könnte, und sie räumen ein, sich geirrt zu haben. Das ist gut, und es gibt uns Hoffnung.

Ich liebe Joe noch immer von ganzem Herzen. Sie ist ein Engel, und ich habe großes Glück, dass sie der unsere geworden ist. Mit fünfundzwanzig Jahren ist sie schöner als jemals zuvor. Ihre Stärke und ihr Mut sind die Quelle meiner Kraft. Es gibt sie noch, die schlimmen Phasen, aber sie sind im Laufe der vergangenen Monate weniger geworden, und ich habe die Hoffnung, mich irgendwann aus diesem Erinnerungsnetz und diesen Seelenqualen befreien zu können. Einfach alle Fäden der Vergangenheit zu durchtrennen und frei zu sein.

Im Moment geht es mir gut, und ich bin unendlich glücklich, weshalb ich aus allen Wolken falle, als Joe mich eines Tages aus heiterem Himmel angeht. Wie es dazu kommt, weiß ich selbst nicht genau. Sie möchte nach dem Contest in Kalifornien einen Segeltörn machen und hat bereits alles geplant. Freudestrahlend zeigt sie mir das Boot, welches wir chartern, und die Tour, die wir segeln könnten. Sie ist Feuer und Flamme, doch ich habe Bedenken, denn für mich steht viel auf dem Spiel. 2017 ist mein Jahr! Der Weltmeistertitel ist in greifbare Nähe gerückt, und ich würde so einen Trip lieber zu einem späteren Zeitpunkt machen – eben dann, wenn alles vorbei und der Druck weg ist. Und das sage ich Joe auch, woraufhin sie blafft: »Können wir einmal das machen, was ich will? Ein einziges Mal?« Ihr Vorwurf trifft mich hart und schmerzt. Denn zum einen hatte ich keine Ahnung, dass sie so denkt, zum anderen meint sie es ernst. Das sehe ich in ihren Augen. Sie ist … keine Ahnung, aber als ich sie betrachte, sehe ich, wie unglücklich Joe ist – etwas, das weder Rory noch ich will.

»Entschuldige, ich wusste nicht, dass etwas nicht stimmt oder dass du die ganze Sache so siehst«, stammle ich. Joe kämpft gegen die aufsteigenden Tränen an, und jetzt bekomme ich wirklich Angst. Was ist in unserer Beziehung denn nicht in Ordnung? Weshalb …

»Ich habe meine Periode bekommen«, bricht es aus Joe hervor, und sie wirft sich schluchzend in meine Arme. Ich schließe die Augen und bin im ersten Moment unglaublich erleichtert, dass ihre Worte nichts mit uns zu tun hatten, sondern nur Ausdruck ihrer Trauer und Enttäuschung waren. Im nächsten Augenblick mache ich mir klar, dass Joe sich nichts sehnlicher als ein Baby wünscht. Ihr Zyklus ist jedoch die Hölle – manchmal hat sie wochenlang gar keine Regelblutung. In diesem Fall war es so, und obwohl die zahlreichen Schwangerschaftstests, die sie in den letzten Wochen verjubelt hat, immer negativ waren, bestand letztendlich doch die Hoffnung, es könnte geklappt haben.

Rory und sie versuchen nun schon seit Ende letzten Jahres ihr Glück, doch bisher ohne Erfolg. Unabhängig voneinander haben sie beide mit mir über ihre Ängste gesprochen. Rory ist kurz davor, die Qualität seines Spermas checken zu lassen.

»Sonst musst du den Eingriff eben rückgängig und ihr ein Baby machen«, hat er erst kürzlich gemeint. »Vielleicht hat Sams Tritt in meine Eier damals doch bleibenden Schaden hinterlassen.« Es klang flapsig, aber ich weiß, dass er Schiss hat.

Ich kraule Joes Nacken, küsse ihren Hals und lasse meine Hände unter ihr T-Shirt gleiten. Dass Joes Körper verrücktspielt, ist nicht weiter verwunderlich. Die ständigen langen Flüge, die Zeitverschiebung, der Jetlag … Joes Biorhythmus ist einfach außer Kontrolle. Sie meinte, das hätte nach Russels Tod angefangen, aber bisher hat es sich nicht wieder eingespielt. Ihre Frauenärztin hat ihr damals – nach der Fehlgeburt – vorgeschlagen, zur Stabilisierung erst einmal die Pille zu nehmen, doch Joe hatte sich für eine Kupferspirale entschieden. Was ich immer gut fand, denn ich glaube, dass Joes Libido so hoch ist, weil sie keine Hormone nimmt. Sie erwähnte außerdem mal, dass sie sich mit der Pille nicht wohl und vor allem unweiblich fühle. So jedenfalls ist es perfekt. Joe ist perfekt, wie sie ist – und ihr »Appetit« ist es ebenfalls. Joe sagt so gut wie nie Nein zum Sex, und zwar nicht, weil sie es nicht könnte oder Rory und mir einen Gefallen tun will, sondern weil ihr Hunger beinahe ebenso groß ist wie der unsere.

Das merke ich auch in diesem Moment, denn ihre Hände gleiten unter mein Shirt und meinen Rücken hinauf. Ihr Mund sucht den meinen, und ich schaffe es gerade noch, ihr ein »Meinst du, Engel, ich könnte dich ein wenig trösten?« zuzuraunen, ehe ihre Zunge in ihn eintaucht. Joe nickt kaum merklich, während sie mich gierig küsst.

Sie verlangt nach jeder Zelle meines Körpers – so war es von Anfang an zwischen uns. Die Aufmerksamkeit, die sie mir schenkt, ist echt und tief, und sie erstreckt sich in alle Lebenslagen hinein. Ich glaube, aus diesem Grund habe ich mich letztendlich dazu entschieden, meinen Gefühlen für sie nachzugeben. Mit ihr zusammen zu sein fühlt sich unglaublich gut an. Ich komme mir jünger, lebendiger und freier vor – manchmal, so wie jetzt, als ob ich Flügel hätte. Nie zuvor war ich glücklicher. Mit Joe an meiner Seite ist mein Leben kein ständiger Kampf mehr. »Wenn du diesen Segeltrip machen willst, dann tun wir es. Ich rede mit Rory«, verspreche ich ihr.

Direkt nach dem Event in Kalifornien jetten wir zusammen nach Portugal und haben dort fast drei Wochen, ehe wir in Frankreich sein müssen. Wir essen in heruntergekommenen Hafenkneipen fangfrischen Fisch für nicht mal fünf Euro pro Person, ankern in Häfen und Buchten, sind den ganzen Tag im Wasser oder an Deck. Wir lesen, schlafen und ruhen uns aus, während wir die Algarve entlangsegeln. Sonne, Wasser, Wellen, Wind … was will man mehr? Es ist eine wunderbare Zeit und eine der besten Ideen, die Joe jemals hatte.

Wir reden viel, erzählen uns, was uns bewegt und wovon wir träumen. Eines Nachts liegen wir an Deck in einer kleinen, abgeschiedenen Bucht. Der Himmel über uns ist tiefschwarz und voller Sterne. In dieser Nacht rauschen zahlreiche Sternschnuppen durch die Dunkelheit, und ich vernehme Joes geflüsterten Wunsch laut und deutlich. »Ich wünsche mir ein Baby!«

Ich will verdammt sein, aber ich wette, in dieser Nacht passiert es. Ich jedenfalls träume später von Russel. Ich halte ihn auf dem Arm. Er ist noch ein Baby, aber ich bin nicht der zehnjährige Junge, sondern erwachsen.

Ich wache kurze Zeit später auf, weil Rory und Joe sich ein weiteres Mal lieben und sie seinen Namen seufzt. Ich drehe mich auf die Seite, schiebe meinen rechten Arm unter meinen Kopf und schaue den beiden zu, während sie miteinander schlafen.

Der Mondschein fällt durch das Oberlicht der Kabine im Bug und lässt Rorys Haar fast weiß erstrahlen. Er liegt auf Joe, die ihre Beine um seine Hüfte geschlungen hat. Wenn sie es ohne mich tun, dann ist es immer viel ruhiger und zärtlicher.

Sie küssen sich unablässig, und Joe sieht in ihrer Hingabe so unglaublich hübsch aus, dass es beinahe wehtut, sie anzuschauen. Sie klammert sich an seine breiten Schultern, doch bevor sie kommt, greift sie nach mir, und ich halte ihre Hand. Anschließend kuschelt sie sich an mich, und wir liegen zusammen unter dem dünnen Laken in der engen Koje.

Die Erinnerung an unsere Zeit auf dem Boot gibt mir die Kraft, die nächsten stressigen Wochen zu überstehen. Rory entscheidet Frankreich für sich, und die Aussicht auf den Titel rückt, obwohl ich neben ihm an zweiter Stelle auf dem Podest stehe, etwas in die Ferne. Doch ich gönne ihm seinen Sieg. In dieser Saison bin ich nämlich deutlich besser als er. Der Kleine ist aber auch ein echter Unglücksrabe. Er bekommt nicht die Wellen, die er braucht, zerbricht ein Board nach dem anderen und zieht sich außerdem noch eine schmerzhafte Bänderzerrung zu.

Den Titel in Portugal schnappe ich mir jedoch und kann es auch Wochen später kaum fassen, denn ich bezwinge Kane im Finale. Es ist das erste Mal, dass ich mich gegen ihn behaupten kann, und ich bin total stoked. Im Dezember bei den Pipemasters auf Oahu gibt es für mich kein Halten mehr. Anders als in der Vergangenheit breche ich nicht unter dem Druck zusammen, sondern lasse es richtig krachen. Joe und Rory stehen am Strand und jubeln mir wie die Verrückten zu, während ich mir den Weltmeistertitel schnappe.

Eine Woche lang bin ich nicht zu bremsen und ticke völlig aus. Wir machen nur Party, und ich kann mein Glück nicht fassen. Ich bin ausgelassen und total happy, dann erwischt es mich doch noch. Ziemlich schnell und ziemlich unvorhersehbar beginne ich zu fallen. Ich glaube, es liegt an der Erschöpfung, die sich langsam Bahn bricht. Ich schlafe viel und gehe kaum raus. Da ich annehme, dass es lediglich die Anstrengung ist und ich eine Auszeit benötige, gebe ich dem Bedürfnis nach, statt dagegen zu arbeiten.

Die Albträume, die ein paar Tage später wieder einsetzen, sind jedoch ein eindeutiges Zeichen dafür, dass mehr dahintersteckt. Joe ist wie immer für mich da und nicht weiter überrascht. »Du hast gestern Demons von Imagine Dragons gespielt«, meint sie, als sei das eine Erklärung.

An Gabs und Tims Hochzeit bin ich bereits ziemlich down. Es ist der Abend vor meinem fünfunddreißigsten Geburtstag. Ich gebe zu, dass die fünfunddreißig mir zu schaffen macht. Nein, ich hasse die fünfunddreißig! Ich fühle mich alt und irgendwie … keine Ahnung, so als wären meine besten Zeiten nun endgültig vorbei.

Dabei läuft soweit alles gut. Joe hat sich schon vor einer Ewigkeit mit Gab ausgesöhnt, und sie und Tim sind gute Freunde geworden. Tim ist noch einmal zehn Jahre älter als ich und ein netter Kerl, allerdings ist er viel unterwegs und … na ja, ich finde, Gab und er passen nicht wirklich gut zusammen. Joe ist ähnlicher Meinung, doch sie möchte Gab nicht reinreden. Nach der Sache mit Rory haben die beiden mehr als ein Jahr lang nicht miteinander gesprochen. Es war Gab, die den Kontakt gesucht und sich bei Joe entschuldigt hat, und Joe ist nun einmal Joe. Sie hat ihr verziehen, wie sie damals Rory verziehen hat. Heute verstehen sie sich besser als jemals zuvor, und Joe ist sogar Gabs Trauzeugin.

Der Abend an sich ist für mich wegen der Depression extrem anstrengend. Ich wäre lieber zu Hause im Bett, stattdessen sitze ich am Piano auf der Bühne und singe zusammen mit Joe für das Brautpaar. Ich bin in ziemlich grüblerischer Stimmung und versuche herauszufinden, wo die genaue Ursache liegt und was ich hätte tun können, um sie abzuwenden. Irgendwie habe ich jedes Mal das Gefühl, versagt zu haben. Es kommt mir vor, als würde ich mich nicht genug anstrengen, um den Zusammenbruch zu vermeiden, als wäre ich einfach nicht hart genug. Ich hasse es, mich so schwach zu fühlen. Erst kürzlich habe ich von meiner Mutter erfahren, dass sie ebenfalls unter Depressionen leidet. Sie hat sogar einmal versucht, sich das Leben zu nehmen. Ich habe Megan nie so gesehen. Für mich wirkte sie immer stark, unabhängig und ein wenig selbstbezogen. Der Umstand, dass wir uns viel ähnlicher sind, als ich dachte, gibt mir zu denken und macht mir Angst. Was, wenn ich diesen Mist an meine Mädchen weitervererbt habe?

Sienna ist jetzt fast sieben, und die Kleinen sind vier und fünf Jahre alt. Weihnachten werden wir alle auf Maui bei Sean sein, und ich werde meine Mädchen in greifbarer Nähe haben – darauf freue ich mich. Im nächsten Jahr möchte ich versuchen, mehr Zeit mit ihnen zu verbringen, denn die rast nur so dahin. Joe hat irgendwo gelesen, dass die gefühlte Lebenszeit mit achtzehn Jahren zur Hälfte vorbei ist. Ja, so empfinde ich es auch. Es kommt mir vor wie gestern, dass ich Joe damals Zuflucht vor dem Orkan in meinem Pick-up angeboten habe, dabei ist es zwanzig Jahre her. Zwanzig! Wie kann das sein, und wo ist diese Zeit geblieben?

Kurz vor Mitternacht fängt meine Traumfrau mich ein und zieht mich auf die Terrasse, um mir zum Geburtstag zu gratulieren. Rory folgt uns und schließt die Tür hinter uns. Drinnen wird die Hochzeitstorte angeschnitten, weshalb wir allein draußen stehen. Ich bemerke, dass Joe fröstelt, ziehe mein Jackett aus und lege es ihr um die Schultern. »Danke, Babe!«, meint sie und küsst mich. »Happy Birthday!« Sie zieht etwas aus ihrer Handtasche und reicht es mir. Es ist eine He-Man-

Actionfigur. »Weil du immer mein Held sein wirst und ich dich immer lieben werde, auch wenn du jetzt alt und gebrechlich bist«, meint sie und zwinkert mir zu.

Ich muss unwillkürlich lächeln. Dieses Biest – verdammt, sie ist so süß und auch so frech. Wahrhaftig meine Traumfrau, denn sie weiß immer, was ich brauche. Joe Reynolds ist stark, selbstständig und doch unglaublich sensibel und einfühlsam. Sie nimmt mein Gesicht in beide Hände und küsst mich verlangend. Es ist ein inniger Kuss, der alles, was ich über mein Alter und mich als Mann denke, aus meinem Kopf löscht – jedenfalls in diesem Moment.

Rory umarmt mich knapp und drückt mir einen Schlüssel in die Hand, auf dessen Anhänger Battle Cat abgebildet ist. »Was ist das?«, frage ich ihn.

Rory zuckt mit den Schultern. »Wirst du schon sehen«, meint er, um mich im nächsten Augenblick aufzuziehen, indem er sagt: »Du bist übrigens nicht mein Held – ganz egal, wie alt du wirst!«

Joe kramt in ihrer Tasche. »Das war noch nicht alles«, meint sie mit einem Nicken in Richtung der Actionfigur. Sie reicht mir ein gerahmtes Bild, das ich sofort als das identifiziere, was es ist. Rory neben mir braucht einen Augenblick länger. Die Erleichterung, die ihn dann jedoch ergreift, ist deutlich spürbar. »Herzlichen Glückwunsch!«, sage ich zu ihm. Er hat Tränen in den Augen und starrt noch immer völlig ungläubig auf das gerahmte Ultraschallbild in meinen Händen. Ich übergebe es ihm und gehe dann auf Joe zu, um sie zu umarmen. Ich freue mich für die beiden, und gleichzeitig ist da auch eine Spur Wehmut, denn meine Joe, meine Frau, bekommt ein Baby von einem anderen. Es ist ein bittersüßer Moment, in dem Hoffnung, Veränderung, Freude und Bedauern liegen.

Joe schluchzt auf, und ich küsse sie zärtlich. Tränen laufen über ihre Wange. Sie schmiegt ihr Gesicht gegen meinen Hals. Sie benötigt etwas Zeit, um sich zu fangen. »Ich freue mich«, versichere ich ihr. Ich freue mich wirklich. Sie hat es verdient. Sie haben es verdient, dennoch wünschte ich, es wäre mein Kind.

Sie schaut unsicher zu Rory. »Ich weiß, das kommt total überraschend«, beginnt sie. Rory grinst wie ein Bandit – ganz breit und völlig gelöst. Er hatte inzwischen echt Schiss, dass es nicht klappt. Er überbrückt die Distanz zwischen uns mit einem raschen Schritt, zieht Joe in seine Arme und wirbelt sie herum. Als er sie absetzt, fragt er: »Wir drei bekommen wirklich ein Baby?«

»Ja!«, meint Joe freudestrahlend, und dann küsst auch Rory sie. Mir hat er mit seinen Worten jegliche Angst genommen. Ja, wir drei bekommen ein Baby.

»Und du hast den ganzen Abend über nichts gesagt«, grollt er vorwurfsvoll.

Joe lacht. »Sonst wäre es doch keine Überraschung gewesen.«

»Wie weit bist du?«, will ich von Joe wissen.

»In der vierzehnten Woche.«

»So weit schon?«, entfährt es Rory. »Aber du weißt es …«

Joe schüttelt den Kopf. »Ich weiß es erst seit gestern«, beruhigt sie uns, denn alles andere würde nicht nur Rory extrem aufstoßen, sondern auch mir – wir haben schließlich das Recht dazu, Dinge dieser Größenordnung zu erfahren.

Ich rechne zurück und sage: »Unser Boat-Trip hat sich so was von gelohnt!«

Joe hatte sich scheinbar keine Gedanken darüber gemacht,

wann es passiert ist, denn sie sieht zuerst einmal sehr verdutzt aus, ehe sie überrascht auflacht.

In den nächsten Monaten versuche ich, Joe und Rory darauf vorzubereiten, dass sich mit dem Baby alles ändern wird, und ich will ehrlich sein, ich habe Angst. Kinder sind eine Belastung für eine Partnerschaft, und schließlich ist meine Ehe in jener ersten, sehr anstrengenden Zeit gescheitert. Natürlich kam da einiges zusammen: mein Beinahe-Tod, das Gefühl, dass es da noch mehr »Leben« geben muss und dass das nicht alles gewesen sein kann, aber sicherlich auch die Tatsache, dass Sky und ich nicht viel Zeit füreinander hatten.

Die Geburt von Russel ist toll, und ich bewundere Joe nach diesem Tag noch mehr. Ich war niemals zuvor bei einer spontanen Geburt dabei, und dass Rory im Kreissaal umgekippt ist, kann ich verdammt gut verstehen.

Noch während Joe im Wochenbett liegt, bin ich wieder auf Tour. Südafrika steht an, und ich surfe eine geile Saison, während die zwei versuchen, den Alltag mit Baby zu meistern. Als ich im November zurück nach Oahu' komme, sind die beiden ziemlich fertig. Wie Joes Bruder damals schreit auch der kleine Russel ständig und wie in meiner Ehe, bleibt der Sex auf der Strecke – ein Umstand, der erfahrungsgemäß gefährlich für die Partnerschaft ist. Nachdem die Contests gelaufen sind, schenkt Rory mir und Joe eine Nacht im Hotel, in dem wir unser erstes Mal miteinander hatten. Ich revanchiere mich, denn die beiden brauchen eine solche Auszeit mehr als ich.

An dem Wochenende habe ich alle Kinder da und bin allein. Es ist eine echte Herausforderung, aber auch witzig. Als Joe und Rory am Sonntag gut ausgeruht wiederkommen, bin ich fertig, denn Sienna, Amy, Taylor und Russel haben mich ganz schön auf Trab gehalten.

Wir unterhalten uns gerade in der Küche, als Russel zu weinen beginnt. Er liegt zusammen mit Tiger auf seiner Spieldecke auf dem Boden. Sienna geht hin und hebt ihn hoch. »Sienna!«, ermahne ich sie scharf. Schon das ganze Wochenende versuche ich ihr klarzumachen, dass Russel keine Puppe ist.

Joe geht zu ihr und sagt: »Das machst du toll, Süße. Ja, genauso muss man das Köpfchen halten. Magst du dich mit ihm aufs Sofa setzen?« Sie nickt eifrig, und ihre Augen strahlen. Joe holt ihre Kamera und macht ein paar Fotos von den Kindern, denn schnell ist Sienna auch von Amy und Taylor umgeben. Meine drei Mädchen bestaunen den kleinen Russel wie ein Weltwunder, und ich entspanne mich etwas. »War anstrengend, was?«, fragt Rory.

»Du hast ja keine Ahnung«, gebe ich zurück und habe das erste Mal seit Freitagmittag das Gefühl, wieder durchatmen zu können. Ich liebe sie wirklich, aber sie überfordern mich. Das war von Anfang an so. »Wie war euer Wochenende?«, frage ich ihn und beobachte Joe, wie sie die Kinder fotografiert und mit ihnen Quatsch macht. Sie kann wunderbar albern sein, und die Kinder lachen sich über sie scheckig. Rory grinst amüsiert und meint: »Es war echt schön. Danke! Ich glaube, das war wirklich wichtig für uns als Paar, weißt du?«

Ich nicke. Ja, denn Sex ist schließlich mehr als nur Befriedigung, er ist Intimität und Nähe, Geborgenheit und Sehnsucht, Trost und Belohnung und vor allem ein Ausdruck der Liebe und Verbundenheit.

Und auch wenn der Sex im Moment zu kurz kommt, was vermutlich einfach in der Natur der Sache liegt, kann ich mir nicht vorstellen, Joe zu betrügen. Sky bin ich bereits vor Siennas Geburt einige Male untreu gewesen, aber ich hätte sie vermutlich nicht einmal geheiratet, wenn sie nicht schwanger geworden wäre.

Bei Joe sieht das anders aus. Ich habe seit Jahren keine andere Frau mehr angesehen und kann mir beim besten Willen nicht vorstellen, dass dieser Punkt, an dem ich meinen Schwanz in eine andere stecke, noch einmal eintritt.

Tut er aber irgendwann doch, und ich fühle mich entsetzlich – und das, obwohl Joe mir ihr Okay gegeben hat. Joe ist zum zweiten Mal schwanger, doch anders als ihre erste Schwangerschaft mit Russel verläuft diese übel. Joe muss bereits ab der sechzehnten Woche liegen, und Sex dürfen wir auch keinen haben. Das wäre sicherlich nicht schön, aber absolut verkraftbar, wenn ich nicht in eine depressive Phase rutschen würde.

Es geht mir schon seit ein paar Tagen ziemlich mies. Die Schlaflosigkeit ist heftig, doch viel schlimmer als die Albträume ist die Hoffnungslosigkeit, die von mir Besitz ergreift. Ich fühle mich schrecklich hohl und leer, doch ich versuche, Joe nicht damit zu belasten. Sie hat genug andere Probleme. Die Untätigkeit macht ihr zu schaffen. Ich kann sie völlig verstehen, und das, obwohl ich mich am liebsten wieder einmal verkriechen möchte.

Joe ist nach Russels Geburt regelrecht aufgeblüht. Wie hat Rory es so schön auf den Punkt gebracht? Sie ist wieder die Optimistin von früher. Es hat eine ganze Weile gedauert, bis sie sich vom Tod ihres Zwillingsbruders erholt hat. Es war ein krasser Schicksalsschlag, der ihr den Boden unter den Füßen weggezogen hat, doch letztendlich hat Joe zurück zu sich selbst gefunden. Ich bewundere sie sehr dafür.

Auch jetzt, da es ihr so schlecht geht, versucht sie die Situation anzunehmen und sich nicht unterkriegen zu lassen. Ich weiß, sie kann es nicht ausstehen, nicht für Rus, Rory oder mich da sein zu können, denn es widerspricht ihrem Naturell. Ich schaue zu ihr und Gab, die beisammen auf dem Sofa sitzen. »Magst du einen Tee, mein Engel?«, frage ich. Sie nickt bestätigend. »Gab? Du auch was?«

»Ja, gern«, erwidert sie.

»Wie immer?«

Sie nickt. Gab ist oft bei uns. Tim reist nach wie vor durch die Weltgeschichte, denn er ist nun einmal ein angesagter Starfotograf. Die Kinder spielen viel zusammen, und mehr als einmal habe ich Gab einen Cappuccino gemacht. Ich drehe mich zur Kaffeemaschine um und bin mit dem Aufschäumen der Milch beschäftigt, als sich von hinten Arme um mich schließen. Eine Sekunde lang denke ich, es sei Joe. Obwohl ich die Berührung genieße, soll sie doch liegen blieben und nicht rumturnen. Ich will ihr gerade den Marsch blasen, da checke ich, dass es Gab ist.

»Was wird das?«, frage ich unsicher und drehe mich zu ihr herum. Joe liegt auf dem Sofa und beobachtet das Geschehen.

»Etwas, worum mich Joe gebeten hat«, erwidert Gab. Ich zwinge mich dazu, meinen Blick von Joe abzuwenden und Gab anzusehen. Ich schüttle kurz den Kopf und will mich ihrer Berührung entziehen, doch Joes Worte lassen mich in der Bewegung erstarren. »Küss sie, Brad!«

Gab ist fast so groß wie ich. Ihre rehbraunen Augen sind voller Mitgefühl. Einen Moment lang frage ich mich, was Joe ihr erzählt hat, und kurz flackert die Angst in mir auf, dass Gab alles wissen könnte. Dann besinne ich mich und komme zur Ruhe. Joe würde mein Geheimnis niemals verraten. Ich sehe über Gab hinweg, die nach meiner Hand greift, zu Joe. »Es ist okay, Babe«, versichert sie mir. Fuck, Joe muss doch wissen, dass sie dieses Fass nicht einfach so aufmachen kann. Es wird nicht beim Küssen bleiben. Es …

Ich spüre Gabs linke Hand an meiner Wange. Sie dreht meinen Kopf zu sich, und kurz treffen sich unsere Blicke, ehe sie mich zärtlich küsst. Dieser erste Kuss zwischen zwei Menschen ist immer etwas ganz Besonderes – außer natürlich, man ist sturzbetrunken oder total high. Ich bin weder das eine noch das andere und genieße es, denn ich habe schon lange keine andere Frau als Joe geküsst. Gab ist sehr vorsichtig in dem, was sie tut. Ihr Kuss, den ich vorerst nicht erwidere, ist tastend und von Unsicherheit geprägt.

Erst als sie sich von mir lösen will, packe ich sie an der Hüfte und ziehe sie dicht an mich heran. Ich bin hart und bin mir sicher, jeder andere Kerl wäre es an meiner Stelle auch. Gab ist heiß. Fuck, sie war mal ein verdammtes Model und könnte es problemlos immer noch sein, wenn sie es wollte.

Sie keucht überrascht von meiner Hundertachtziggradwendung auf, wird jedoch einen Augenblick später ganz weich in meinen Armen. Ich nehme von ihrem Mund Besitz. Gab klammert sich an mich, drängt sich gegen meinen Körper, und ich spüre, dass sie mich will. Das war vorher nicht der Fall. Sie hat mich geküsst, um Joe einen Gefallen zu tun, und nicht meinetwegen. Nun sieht es jedoch anders aus, was mich erleichtert. Nein, ich weiß nicht genau, ob dieses Wort wirklich treffend ist. Aber auf jeden Fall tut es mir gut zu wissen, dass sie mich begehrt. Gab will mich, und dieses Wissen brauche ich.

Unser Kuss wird immer zügelloser und leidenschaftlicher. Ich verliere die Kontrolle und gebe mich dem Moment hin. Ich schiebe meine Hände unter Gabs Bluse und streichle über ihre weiche Haut. Sie legt nun auch die zweite Hand an meine Wange und hält mein Gesicht in beiden Händen. Hungrig erwidert sie die Berührungen meiner Zunge. Ihr Atem geht schnell, und sie ist so offensichtlich erregt, dass ich mich beherrschen muss, um nicht gleich hier an Ort und Stelle über sie herzufallen.

Mühsam rufe ich mir in Erinnerung, dass Joe uns zuschaut und ich Gab unmöglich hier vor ihren Augen in der Küche ficken kann. Es fällt mir schwer, unsere Knutscherei zu unterbrechen, denn ich will nicht, dass es aufhört. Das Gefühl, das ich in diesem Augenblick verspüre, ist gut … richtig, richtig gut. Ich löse mich dennoch von ihr.

»Wie habt ihr euch das vorgestellt? Oder was habt ihr euch vorgestellt, und was ist mit Tim?«, frage ich beide, nachdem ich wieder etwas zu Atem gekommen bin. Gabs Mann und ich kommen gut miteinander klar, und ich will da nichts kaputt machen. Gab sucht meinen Blick und erklärt: »Tim und ich führen eine offene Ehe.« Einen Moment lang fällt es mir schwer, das zu glauben, denn Gab ist nicht der Typ dafür. Tim – klar! Da habe ich keine Zweifel, denn er ist täglich von schönen Frauen umgeben, doch zu Gab passt das so gar nicht. Ich nehme ihre Hand, und wir gehen zu Joe hinüber.

»Joe fand, dass es vielleicht eine gute Idee wäre, wenn ich eine Zeitlang ein Auge auf dich hätte«, meint Gab.

Joe nickt. »Könnte man so sagen, ja. Man könnte aber auch sagen, dass ich Gab darum gebeten habe, dir das zu geben, was ich dir im Moment nicht geben kann.«

»Ich wüsste nicht, dass wir uns nicht küssen dürfen, Joe.« Wenn sie mir die Erlaubnis gibt, mit einer anderen Frau zu schlafen, dann will, nein, dann muss ich das aus ihrem Mund hören.

»Ich dachte da eher an Sex, Brad«, erwidert Joe und schaut mich aufmerksam an.

»Bist du sicher?«, frage ich, denn ich werde es machen. Wenn es für Joe okay ist, dann werde ich mir nehmen, was ich brauche. Alles ist besser als dieses Scheißgefühl, das mich zu erdrücken droht.

»Wenn es dir dadurch besser geht, Babe, dann geht das für mich klar.«

Ich drehe mich zu Gab. »Willst du das wirklich?«, frage ich sie, woraufhin sie nickt. Ich schaue noch einmal zu Joe, beuge mich über sie und schenke ihr einen Kuss. »Letzte Chance«, raune ich ihr zu.

»Amüsiere dich gut«, erwidert sie kaum hörbar und streichelt meine Wange.

»Ich meine es ernst, mein Engel.«

»Ich auch, Liebling. Ich liebe dich.«

Ich atme tief durch und schaue Joe noch einmal prüfend an. »Ich liebe dich auch. Ist es …«

»Ja, Brad, es ist wirklich in Ordnung«, versichert sie mir bestimmt.

Mit Gab an der Hand gehe ich nach oben in das kleine Gästezimmer, schließe die Tür, lehne mich mit dem Rücken daran und brauche einen Moment, um mich zu sammeln. Ist es wirklich in Ordnung? Ich mache mir Gedanken um Joe, darum, wie sich das hier auf uns auswirken könnte. Wenn ich es nicht so sehr bräuchte, dann … Aber Joe kennt mich und weiß, wie es zurzeit um mich steht.

Gabs Blick ruht auf mir. »Brad, wir müssen das nicht machen«, erinnert sie mich. »Es war nur … Joe dachte eben, dass es dir dadurch besser gehen würde.«

Ich nicke. »Ich weiß, und sie hat auch recht damit. Ich habe nur Angst, dass sie es bereuen wird, mir diesen … Keine Ahnung, Freifahrtschein, vielleicht?« Gab lacht leise auf. »… gegeben zu haben. Ich liebe sie, Gab. Ich liebe sie wirklich und will sie nicht verlieren.«

Gab kommt näher und steht nun direkt vor mir. »Sie liebt dich auch, Brad, und ihr ist es wichtig, dass es dir gut geht.«

»Und Tim?«

»Mir ist es scheißegal, was Tim davon hält«, lässt sie mich wissen. Die Bitterkeit in ihrer Stimme ist nicht zu überhören. »Ich habe bisher keinen Gebrauch von unserer Vereinbarung gemacht, wenn du es wissen willst. Ich hatte gehofft, dass das nur eine Phase ist und er …« Sie verstummt und sieht mich aus totunglücklichen Augen an. »Es macht mich fertig«, gesteht sie mir. »Es tut unfassbar weh.«

Ich will mich von ihr lösen, denn wie muss es Joe damit gehen? Ich mache doch gerade das Gleiche, bin keinen Deut besser als Tim. Ich will mich nicht auf Kosten von Joes Gefühlen amüsieren.

Gab schlingt ihre Arme um meinen Hals, zieht mich zu sich und küsst mich verzweifelt. »Ich kann das nicht, Gab«, erkläre ich.

»Das hier ist etwas anderes, Brad. Es war Joes Idee. Sie ist damit einverstanden«, raunt sie mir zu und leckt sich über ihre Lippen, was mein Augenmerk auf diese lenkt. Ich hadere noch mit mir, als sie einen weiteren Versuch startet. Gab küsst mich erneut, doch diesmal ist von Unsicherheit nichts zu spüren.

Sie schmeckt gut, und ich bin überrascht, wie leidenschaftlich sie sein kann – so habe ich sie nicht eingeschätzt. Dennoch beschließe ich, vorsichtig mit ihr zu sein. Bei Joe kann ich mich ausleben, bei ihr brauche ich nichts zurückzuhalten. Sie mag es härter, genau wie ich, und auch deshalb passen wir perfekt zusammen. Aber vor Joe habe ich mich immer zurückgehalten, und das werde ich auch bei Gab tun, denn Gab ist nicht so. Als wir später zusammen im Bett liegen, bin ich behutsam und gebe ihr das, was sie braucht, um das zu bekommen, was ich brauche.

»Wow!«, sagt sie, nachdem wir fertig sind.

Ich brumme zustimmend. Wirklich wow war es für mich nicht. Es war völlig okay, aber es war eben nicht meins.

»Das war der Hammer«, seufzt Gab.

»So?«, animiere ich sie.

»Ja, es war Mindblowing! Was du mit deiner Zunge …« Sie seufzt bei der Erinnerung daran. »… und deine Finger erst … Gott, es war, als könntest du meine Gedanken lesen.« Gab schwärmt weiter davon, wie gut sie es fand, und ich bin glücklich. Warum das so ist, ist mir nicht ganz klar, aber das war schon immer so. Ich bin glücklich, wenn sie es sind. Gab lechzt nach einer zweiten Runde, und ich gebe ihr erneut, wonach sie verlangt. Sie kommt an meinem Mund und keucht ekstatisch meinen Namen. Später, als sie schläft, gehe ich duschen, putze mir die Zähne und mache mich auf den Weg zu Joe. Ich will ehrlich sein – jetzt, wo das mit Gab gelaufen ist, habe ich Schiss. Mir geht der Arsch auf Grundeis, und ich fürchte, dass das alles ein riesengroßer Fehler war.

Joe ist nicht unten. Dafür treffe ich Rory in der Küche an und merke sofort, dass etwas nicht stimmt, als er auf die Frage, wo Joe steckt, meint: »Sie ist im Bett. Ihr ging es nicht gut.« Sein Blick sagt: Wegen dir, du Arschloch! Ich weiß, dass ich gerade nicht mit ihm reden kann, denn er sieht aus, als würde er mich am liebsten in der Luft zerreißen. Ich lasse ihn stehen und eile die Treppe zu Joe hinauf. Sie liegt in meinem Schlafzimmer und schläft. Ich krieche zu ihr, umarme sie von hinten und küsse ihren Nacken. »Es tut mir leid, mein Engel.« Joe drückt mir ihren Rücken entgegen und seufzt leise.

Mein schlechtes Gewissen frisst sich brennend durch meine Eingeweide. Ja, ich habe die Zeit mit Gab genossen. Ich habe mich wirklich gut gefühlt, aber ... das war es nicht wert. Nicht wenn Joe ...

»Hey, da bist du ja wieder«, murmelt Joe und gähnt herzhaft. Sie dreht sich in meinen Armen um, küsst mich zärtlich und schaut mich aufmerksam an. »Was ist los, Babe?«, fragt sie und streicht mir eine Haarsträhne aus dem Gesicht.

»Es tut mir leid«, wiederhole ich.

»Wieso? Was ist passiert?«

Ich hätte es nicht tun dürfen, nicht, wenn es Joe schlecht damit geht. Ich hätte auf mein Gefühl hören und Gab von der Bettkante stoßen müssen. Wie hatte ich bloß annehmen können, dass das wirklich okay für Joe sei.

»Brad?«, fragt sie unsicher. »Was ist los? Ich dachte, dir würde es danach besser gehen.«

»Wie kamst du bloß auf diese blödsinnige Idee, Joe?«, stoße ich vorwurfsvoll hervor.

»Was ist passiert?«

»Rory sagte, dir ginge es nicht gut ...«

»Ja, aber nicht deshalb«, beruhigt sie mich. »Ich musste mich schrecklich übergeben, aber jetzt – nachdem ich etwas geschlafen habe – ist es wieder gut.« Sie schaut mich mitfühlend an und legt eine Hand auf meine Wange. »Brad, entspann dich! Ich sagte, dass es für mich klargeht, und genauso ist es. Ich will, dass es dir gut geht, und ich weiß, dass du die Bestätigung brauchst. Ich weiß, dass du in diesen Phasen an dir als Mann zweifelst und nur Sex dir das Gefühl gibt, ein echter Kerl zu sein.«

Ich starre Joe überrascht und geschockt an, denn was sie sagt, ist wahr. Ich weiß es intuitiv. Vielleicht liegt es auch auf der Hand, keine Ahnung. Ich habe mir nie darüber Gedanken gemacht. Ich hatte keinen Schimmer, weshalb ich meine früheren Partnerinnen in diesen Phasen immer betrogen habe, doch was Joe sagt, ergibt Sinn – und ich fühle mich schrecklich. Ich bin so erbärmlich, so schwach, so …

Joe drängt sich gegen mich und küsst mich voller Leidenschaft. »Lass das«, wispert sie nach einer Weile.

»Was?«

»Diese Selbstgeißelung. Du bist toll, Brad! Du bist absolut wundervoll, genau so, wie du bist, und ich liebe dich von ganzem Herzen. Das mit Gab ändert daran nichts … Das ist nur Sex.«

»Nur Sex?«, echoe ich ungläubig. Das aus Joes Mund zu hören, macht mich baff.

»Ja, nur Sex, und ich weiß, dass du dich gut dabei fühlst. Wenn du durch diesen Akt dein Leiden und deinen Schmerz lindern kannst, dann mach das.« Erleichterung durchströmt mich, und meine Liebe zu Joe wächst ins Unermessliche, als sie meint: »Genieß es einfach, denn ich habe nicht vor, dich auf Dauer zu teilen.«

»Nicht?«, necke ich sie zaghaft, woraufhin sie mich – weitaus weniger zaghaft – auf den Oberarm boxt.

»Nein«, versichert Joe mir ernst, und ich bin froh darüber, denn eigentlich will ich keine andere. Ich will Joe, und im Moment brauche ich sie besonders – alles andere ist nur eine nicht wirklich befriedigende Notlösung. »Ich will dich geilen Hengst für mich allein«, frotzelt sie. Da es meine Schwachstelle ist, müsste es wehtun, aber ich habe Joe so oft meinen Namen stöhnen und sie darum betteln hören, sie zu nehmen, dass ich weiß, wie sehr sie mich begehrt. Selbst in diesem Moment will sie mich. Ich merke es an der Art, wie sie mich anschaut, wie sie mich küsst und ihre Hände über meinen Körper gleiten lässt. Sie streichelt über meine Schultern, schiebt ihre Hände in meine Haare und zieht meinen Kopf zu sich. Ihre Zunge tunkt tief in meinen Mund, und ich erwidere ihren Kuss nicht minder verlangend. »Ich liebe dich, und ich will, dass es dir gut geht«, wiederholt sie, und diesmal kommt ihre Botschaft auch wirklich an.

»Es geht mir mit dir gut«, erwidere ich. Sie reibt ihre Nase an meiner und nimmt mein Gesicht in ihre Hände.

»Ich weiß, Brad, und ich habe auch keine Angst, dass diese Sache mit Gab etwas zwischen uns ändert, sonst hätte ich es nicht in Erwägung gezogen.«

»Ich habe aber Angst«, gestehe ich ihr flüsternd.

Sie schaut mich aus ihren grünen Augen, die – wie so oft – vor Lebenslust sprühen, an. »Brauchst du nicht, Babe«, versichert sie mir und küsst mich erneut – diesmal sehr behutsam. Ich schmiege mich an sie, und wir kuscheln zusammen, bis wir eingeschlafen sind.

Die Albträume begleiten mich auch in den folgenden Nächten. Joe ist da und hält mich mehr als einmal davon ab, in meiner Panik das Haus zusammenzubrüllen. Es tut mir gut, wenn sie mich in die Arme nimmt, mich streichelt und mir versichert, dass sie da ist und er nicht, denn meine Träume sind schrecklich real.

Die Vergangenheit hat mich eingeholt, und im Moment scheint es aussichtslos, ihr zu entkommen. Bisher habe ich noch nicht herausgefunden, warum es Zeiten gibt, in denen es mir so furchtbar schlecht geht und alles wieder hochkommt, und andere, in denen ich überhaupt nicht daran denke.

Im Augenblick ist der Mann jedoch sehr präsent. Er ist da und hält mich mit aller Macht gefangen. Ich komme mir hilf-

und wehrlos vor, und der Ekel, den ich verspüre, durchdringt jede Faser meines Körpers. Ich kann diese widerliche Empfindung schmecken, riechen und sogar hören. Ich fühle mich besudelt, und mir fehlt jegliche Kraft, mich dem Leben als solches zu stellen.

Rory hasst mich. Er verachtet mich dafür, dass ich mit Gab schlafe, aber Joe hat recht: Ich brauche es. Ich brauche das Gefühl, begehrt zu werden und trotz allem ein Mann zu sein – und ehrlich, was gibt es männlicheres, als seinen Schwanz in eine Frau zu stecken?

Gab gibt mir Halt und Trost. Es tut mir gut, mit ihr zusammen zu sein. Ich mag den Ausdruck in ihren Augen, wenn sie mich betrachtet, und ich bin froh, dass sie nur sieht, was sie sehen soll. Obwohl Gab weiß, dass irgendwas mit mir nicht stimmt, ist sie nicht dazu in der Lage, zu erkennen, wie verunstaltet ich bin. Ich bekomme ein Gespräch zwischen ihr und Joe mit, bei dem es um eine Aufnahme geht, die Joe von mir gemacht hat. Gab meint, dass ich darauf aussehe wie ein junger Gott …

Sie hat keine Ahnung, wie alt ich mich fühle. Joe weiß es. Sie weiß um diese alles erdrückende Müdigkeit, die jeden heiteren Gedanken im Ansatz erstickt. Wobei das Wort Müdigkeit es nicht einmal im Ansatz trifft. Ja, ich fühle mich maßlos schlapp und ausgelaugt, aber dazu kommt eine unsägliche Hoffnungslosigkeit. In Phasen wie diesen habe ich das Gefühl, dass es niemals aufhört, dass da keine Chance auf Heilung besteht und ich für alle Zeiten dazu verdammt bin, zu sein, wie ich bin – und ja, dann ist es kaum zum Aushalten.

Mit Rory rassle ich nach rund eineinhalb Wochen so krass aneinander, dass ich später am Abend einen Zusammenbruch habe und vor ihm rumheule. In all der Zeit hat er mich nicht ein einziges Mal weinen sehen – auch damals nicht, als Joe beinahe gestorben wäre. Ja, er hat zweifelsohne viel mitbekommen. Ich konnte – so eng, wie wir zusammenleben – nicht alles vor ihm verbergen, aber das meiste eben schon. An diesem Abend jedenfalls – vielleicht liegt es auch daran, dass ich schon reichlich betrunken bin – breche ich zusammen. Danach hält Rory sich aus der Sache raus. Mir ist klar, dass er so wütend auf mich war, weil er dachte, dass ich Joe wehtue, und das wiederum erleichtert mich. Zu wissen, dass er sie liebt und sie beschützt, ist mir wichtig – auch wenn er meint, sie vor mir schützen zu müssen.

Nach einer Weile spricht er die ganze Sache noch mal an. »Hilft es dir wirklich, mit Gab zusammen zu sein?«

»Ich bin nicht mit ihr zusammen«, blaffe ich. Rory hat mich in die Enge getrieben. Wir sind mit dem Auto unterwegs, und er fährt. Ich kann mich dieser Unterhaltung nicht entziehen – auch wenn ich es gern tun würde.

»Sie ist ganz anders als Joe«, meint er.

»Ja, und ich würde ihr unsere Frau eine Million Mal vorziehen«, versichere ich ihm. Obwohl Gab unglaublich geheimnisvoll wirkt, während Joe, seit ich denken kann, ein offenes Buch für mich ist, turnt mich dieses Geheimnisvolle nicht an. Gabs kühle Art, mit der sie mich auf Abstand hält, erinnert mich ein wenig an Nat. Gab ist sicherlich nicht so berechnend, aber sie verbirgt ihr wahres Ich vor mir und lässt sich nicht völlig auf mich ein, aber das muss sie auch nicht. Nein, das soll sie gar nicht! Das wäre fatal! Es gibt einen Grund, weshalb ich bei Gab ein Kondom benutze, obwohl ich es nicht müsste, denn sie hat sich durchchecken lassen. Und ich schlafe auch nicht mit ihr in einem Bett oder nehme mir ihren Arsch vor. Es gibt viele Dinge, die ich nicht tue, weil sie eine Grenze überschreiten würden und doch nicht so wären, wie es mit Joe sein würde. Mir fehlt diese Intimität und Vertrautheit, die ich nur mit Joe habe, wirklich sehr.

»Ich bin aus Gab nie schlau geworden«, murmelt Rory. »Obwohl ich lange mit ihr zusammen war, immerhin fast ein ganzes Jahr.«

»Das ist nicht lange.«

»Wenn du sechzehn bist, ist es lange, Brad. Und wenn du ich bist, dann ist es richtig lange«. Ich lache über seinen altklugen Tonfall, aber ich weiß, was er meint, und ganz unrecht hat er nicht. »Wann hattest du eigentlich deine erste Freundin?«, fragt er unvermittelt.

»Sky war meine erste richtige Freundin, da war ich sechsundzwanzig. Davor hatte ich nur Affären und One-Night-Stands.«

»Wie alt warst du, als du …«

»Vierzehn«, unterbreche ich ihn. »Sie war ein gutes Stück älter als ich und hat mir gezeigt, wo es langgeht.«

»Wie alt?«

»Einundzwanzig.«

Rory keucht erschrocken. Wow, hätte nicht gedacht, dass dieser Typ, der schon so viel erlebt hat, noch zu schocken ist. »Krass« ist alles, was er dazu sagt. Ja, nach allen gängigen Maßstäben ist das krass, aber gängige Maßstäbe gelten für mich nicht. Ich kann nicht mal ansatzweise in Worte fassen, wie gut es mir getan hat, eine »echte« Frau zu vögeln. Ihre Nachfolgerinnen waren auch alle deutlich älter. Mit sechzehn hatte ich eine Liaison mit einer Frau, die doppelt so alt war wie ich. Aber irgendwann hat sich diese Vorliebe ins Gegenteil verkehrt. Heute genieße ich es, von jüngeren Frauen begehrt zu werden. Ich bin jetzt sechsunddreißig Jahre alt, und dass sowohl Gab als auch Joe Interesse an mir haben, schmeichelt mir.

»Das mit Gab …«, beginnt Rory.

Ja, eigentlich ist Gab nicht von Bedeutung. Dass sie mich gut findet, ist nur im Augenblick wichtig. Normalerweise ist es mir egal, aber leider haben wir gerade nicht normalerweise. Ich bin froh, dass Rory mich genötigt hat, mit zum Angeln rauszufahren.

»… wie lange willst du das noch durchziehen?« Ich zucke mit den Schultern, was bedeutet, keine Ahnung oder solange es mir beschissen geht. Ich weiß nicht, wie lange diese Phase diesmal andauert.

»Joe fehlt mir«, sage ich, statt seine Frage zu beantworten. Rory blickt mich mitfühlend an. »Dir nicht?«, will ich von ihm wissen.

»Klar, aber sie ist mit meinem Baby schwanger, und Scheiße, du hattest so recht, die sind echt das Allerallerbeste und jede Mühe wert.« Ja, Kinder sind fleischgewordene Hoffnung. Ohne meine hätte ich längst Schluss gemacht – vermutlich sogar trotz Joe. Obwohl mein Leben, seit sie hineingetreten ist, so viel besser und leichter geworden ist, fällt es mir im Moment schwer, mich daran zu erinnern. Hätte ich die Wahl, einfach tot umzufallen, ich würde es wollen.

Knapp zwei Wochen später sitzen wir zusammen auf der Terrasse. Ich habe Ty an diesem Wochenende, und zu meiner Überraschung hat Nat mir mal keine Steine in den Weg gelegt. Ty spielt mit Rus im Sandkasten. Sie macht einen entspannten Eindruck, ohne dabei jedoch glücklich zu wirken. Ich beobachte sie, während ich am Grill stehe und für uns alle das Essen zubereite.

»Hey«, meint Rory, »ihr wisst doch, was ich immer sage.«

»Kein Schwanz ist so hart wie das Leben?«, fragt Joe, die es sich auf dem XXL-Outdoor-Sofa bequem gemacht hat. Sie streichelt geistesabwesend ihren Bauch. Gab kichert und meint: »Keine Ahnung, was ich falsch mache, aber die Dummheiten finden mich irgendwie immer?«

»Nee, er sagt doch oft: Du musst nur jemanden finden, der dich besser fickt als das Leben«, wirft Sam ein, woraufhin Rory ein entrüstetes Gesicht macht.

»Eine starke Frau muss man sich nervlich erst mal leisten können?«, kommt es von Dean, woraufhin seine Schwester mault: »Du bist so ein Arsch!«

»Warum? Ich habe es ja nicht besser gemacht«, unkt er und bekommt von Sam einen gezielten Schlag auf den Oberarm verpasst. Niemals hätte ich es für möglich gehalten, dass die Sache mit Dean und Sam ein gutes Ende nimmt. Sie sind fast ebenso lange zusammen wie wir, doch ihr Weg war viel steiniger. Ich bin froh, dass sich alles gefügt hat und die beiden die Chance bekommen haben, die sie verdienen.

»Ich höre nur mimimi, Deany!«, zieht Sam ihn auf.

Er beugt sich zu ihr rüber und küsst sie. »Hey, ich bin super glücklich mit dir, Sonnenschein! Das war keine Beschwerde«, versichert er ihr schnell. »Wie ich damals sagte: Du bist mein Brad Hoover.«

»Was?«, echo ich. Was meint er mit Sam sei sein Brad Hoover? Ich habe scheinbar eine lange Leitung, denn sie lachen alle.

»›Der Bradley Hoover für jemanden sein‹ ist ein stehender Begriff. Kennst du den nicht, Brad?«, fragt Rory schließlich, nachdem er sich beruhigt hat. Ich schüttle den Kopf.

»Lass dir das am besten von Joe erklären.«

Joe rollt mit den Augen. »Ihr seid so scheiße!«, meint sie

genervt und errötet. »Ich weiß übrigens wieder, was du immer sagst, Babe«, meint sie zu Rory.

»So?«

»Nichts macht schöne Menschen hässlicher als Dummheit! Und ich kann dir nur aus vollem Herzen zustimmen, wenn ich so in die Runde schaue.« Ich schmunzle. Rory greift sich theatralisch ans Herz und tut so, als hätte sie ihm seins gebrochen.

»Hab dich nicht so! Sag es Brad schon! Als Namensgeber hat er ein Recht darauf zu erfahren, was es mit dieser Aussage auf sich hat«, ermuntert Gab sie. Joe zeigt ihr den Finger.

»Nicht vor den Kindern«, rügt Rory sie, woraufhin Joe sich umsieht, und – als sie feststellt, dass die Kinder spielen – die Geste in seine Richtung wiederholt. Ich schmunzle, denn schließlich ist sie es, die uns immer ermahnt, nicht zu fluchen und uns gegenseitig den Mittelfinger zu zeigen – aber manchmal reicht es eben nicht aus, einfach nur Arschloch zu denken.

»Mensch, ihr seid so doof!«, mault Joe. Ich schaue sie abwartend an und platze fast vor Neugier. Sie erwidert meinen Blick, seufzt schicksalsergeben und meint dann: »Keine Ahnung, Babe, ob du es weißt, aber es gab mal eine Phase, in der ich als Teenager ein wenig für dich geschwärmt habe.« Die anderen prusten los. Joe ignoriert ihr Gekicher und verdreht die Augen. »Möglicherweise habe ich gedacht, du wärst die Liebe meines Lebens, aber du weißt ja, wie das in dem Alter so ist … die ganzen Hormone und so …« Das Gelächter um uns herum wird lauter, und auch ich kann mir ein Grinsen nicht verkneifen.

»Ja, ist ein ganz übles Alter«, stimme ich ihr zu.

Sie beißt sich auf die Unterlippe, und ihre Augen funkeln belustigt.

»Ja, die vernebeln einem total das Gehirn. Ich dachte wirklich, du wärst der e.«

Ich lache leise in mich hinein.

»Was für ein Glück, dass du dich in diesem Punkt geirrt hast«, meint Rory, legt sich zu unserer Frau und küsst sie. Joe sieht ihn liebevoll an.

»Ja, was für ein Glück«, bekräftigt Joe, während Rory ihren gewölbten Bauch streichelt.

»Ja, was für ein Glück«, stimme ich ihnen zu und geselle mich zu ihnen, lege meine Hand ebenfalls auf Joes Bauch und küsse sie zärtlich.

»Keine Ahnung, wie ich mir einen Platz in deinem Herzen erobern konnte, wo du doch immer nur Augen für Brad hattest«, meint Rory.

»Blödsinn, du hattest immer schon einen Platz in meinem Herzen. Verdammt, du warst schließlich mein bester Freund.«

»Das ist mir schon klar, aber was ich immer noch nicht verstehe, ist, wie du dich in mich verlieben konntest.«

»Du«, meint Joe völlig ernst, »das verstehe ich an den meisten Tagen auch nicht.«

Rorys Augenbrauen ziehen sich besorgniserregend zusammen, er starrt sie gespielt verärgert an, und als Joe, frech, wie sie ist, hinzufügt, »muss wohl an deinem heißen Tattoo liegen, dass ich plötzlich total auf dich abfahre«, begräbt er sie unter sich. Joe quietscht lautstark auf. Er kitzelt und küsst sie, was das Zeug hält.

»Nicht so wild!«, rüge ich ihn. Joe soll liegen und Ruhe halten, dennoch überlasse ich sie ihrem Schicksal, nachdem ich mir sicher bin, dass Rory es nicht übertreiben wird – schließlich hat sie sich die Suppe selbst eingebrockt. Ich ziehe mich eilig zurück und nehme in einem der Sessel Platz. Ich bin ja nicht wahnsinnig und will ins Kreuzfeuer geraten.

Rus kommt herbeigelaufen, um zu sehen, was los ist, und Joe hetzt ihn auf Rory. Danach versucht sie mit allen möglichen Tricks, der Situation Herr zu werden, doch Rory denkt nicht dran, sie so einfach davonkommen zu lassen. Rus hängt auf ihm, während er Joe kitzelt – und sie ist verdammt kitzlig. Jede federleichte Berührung ist schon zu viel. Sie versucht es mit dem Ich-muss-aufs-Klo-sonst-mache-ich-mir-in-die-Hose-Trick, der Mir-wird-gerade-voll-schlecht-Masche und der Hör-auf-oder-wir-haben-nie-wieder-Sex-Drohung. Sie fleht mich an, ihr zu helfen, aber ich meine nur: »Die Suppe, mein Engel, hast du dir selbst eingebrockt.«

»Ja, und dafür wirst du fürchterlich bezahlen, du kleiner Teufel!«, grollt Rory. Er presst seine Lippen auf Joes Halsbeuge und stößt Luft aus. »Mummy hat gepupst! Hast du das gehört?«, fragt er seinen Sohn empört, nachdem das laute Geräusch verhallt ist.

Rus hält sich die Nase zu und verzieht angewidert das Gesicht, woraufhin wir alle lachen müssen, auch ich. Joe verschränkt die Arme vor der Brust und über ihrem leicht gerundeten Bauch. »Gar nicht wahr«, meint sie und schmollt. »Glaub Daddy kein Wort, Rus. Er hat gepupst. Mädchen machen so was nicht.«

»Nein. Nie!«, tue ich kund. Joe kneift die Augen zusammen, und wieder kommt – geschickt hinter Russels Rücken – der Mittelfinger ins Spiel. »Was? Ich habe dir nur zugestimmt!« Zugegeben, vielleicht habe ich ein wenig sarkastisch geklungen, das kann sein.

»Stinkt!«, lässt Russel verlauten, woraufhin unser Gelächter noch lauter wird. Joe schaut zu mir herüber, und unsere Blicke treffen sich. Sie streckt die Hand nach mir aus. »Ist es vorbei?«, frage ich Rory und Joe, sie schauen sich kurz an und dann wieder zu mir. Ich mustere sie prüfend aus zusammengekniffenen Augen, denn ich traue dem Frieden nicht. Sie nicken beide. »Sicher, ihr zwei?«

»Seit wann bist du so ein Feigling, Brad?«, will Rory wissen. Auch wieder wahr, und was soll mir schon passieren. Die Antwort erhalte ich keine Sekunde später. »Auf Brad!«, ertönt Joes Kampfschrei, diesmal ist es Rory, der sich eilig zurückzieht, während Russel und Joe sich auf mich stürzen. »Nicht so wild!«, zische ich ihr zu und schaffe es so, sie ein wenig zu bändigen. Allerdings gilt das nicht für Russel. Erst als wir vor lauter Übermut fast von der Liege fallen, beschließt Joe, dass wir genug Spaß für heute hatten. Tränen laufen mir über die Wangen, und ich bekomme vor lauter Lachen kaum noch Luft. Rus sabbert noch immer meine Wange an, während seine Mutter die andere zärtlich küsst. »Du lachst wieder – wie schön«, raunt sie mir ins Ohr.

Ich schließe die Augen und spüre in mich hinein. Ja, es ist vorbei. Ich habe es wieder einmal überstanden. Ich ziehe Joe enger an mich und küsse ihren Hals. Meine Bartstoppeln kitzeln sie, und sie kichert. »Ich liebe dich so sehr! Danke für alles, mein Engel«, flüstere ich ihr zu, ehe ich an ihrem Ohrläppchen zu knabbern beginne. Joe krallt ihre Finger in mein Shirt und ist augenblicklich total angetörnt – wie ich das liebe! Hoffentlich hört es niemals auf.

»Schön, dass es dir wieder besser geht«, sagt Gab zum Abschied und streichelt flüchtig meine Wange. »Es war toll mit dir«, meint sie und klingt etwas bedauernd. Ich schließe sie in meine Arme und bedanke mich auch bei ihr. Sie war in dieser schweren Zeit für mich da und hat mir Halt gegeben. Sie war zwar nur ein schwaches Glimmen in der Dunkelheit, aber ein wenig hat es die Schwärze verdrängt.

In der Nacht schlafen Rory und ich beide bei Joe im Bett. Anfangs habe ich nach solchen Phasen immer Angst, die Albträume würden vielleicht wiederkommen. Ich will nicht, dass Rory mein Geheimnis kennt, und ich weiß nicht, was ich dabei rede. Joe meint, ich würde manchmal um Hilfe rufen und laut Nein schreien. Nach all den Jahren macht es mir nichts mehr aus, dass Joe es weiß, denn ich glaube ihr, dass sie mich trotzdem liebt. Doch in dieser Nacht schlafe ich seelenruhig und fühle mich am Morgen wie neu geboren.

Ein paar Wochen vor Ash' Geburt meint Joe nach einer Untersuchung beim Frauenarzt, dass wir ein Go haben. Rus quartieren wir deshalb über Nacht spontan bei Sam und Dean ein und holen all das nach, auf das wir die letzten Wochen verzichten mussten. Eigentlich mag ich es nicht, mit einer Schwangeren zu schlafen. Ich finde es sonderbar. Es ist einfach ein stranges Gefühl, und ich mag Joes Körper lieber, wenn er nicht so extrem weiblich und gerundet ist – allerdings ist mir das nach all den Wochen der Enthaltsamkeit völlig egal.

Der Sex ist an diesem Tag sehr ausschweifend und intensiv. Rory und ich können nicht genug von Joe bekommen, und ihr geht es mit uns nicht anders. Meine Lippen und mein Schwanz brennen, als wir irgendwann spät in der Nacht fertig sind, und dennoch würde ich sofort in die nächste Runde gehen, wenn ich könnte. Ich schiebe ein Bein über Joes zierlichen Körper und das andere zwischen ihre und halte sie ganz fest. Rory umarmt sie von hinten, und wir schlafen dicht aneinandergedrängt ein. Wohl wissend, dass diese Zeit die Ruhe vor dem Sturm ist, genießen wir sie ausgiebig. Dreiundzwanzig Tage später wird Ash geboren, und das Chaos hält Einzug in unser

Haus. Verglichen mit seinem großen Bruder ist Ashley zwar pflegeleicht, aber ein Baby bleibt ein Baby, und es ist erneut eine Belastungsprobe für uns drei.

Schlimmer jedoch ist die Zeit ein Dreivierteljahr später. Die Dinge sind, wie sie sind, und wir haben keinen Nullachtfünfzehn-Job, bei dem man den ganzen Tag im Büro hockt und die größte Gefahr darin besteht, wegen der alltäglichen Routine an Langeweile zu versterben oder sich in den Finger zu tackern. Es erwischt Rory allerdings wirklich übel, und er muss wochenlang im Krankenhaus bleiben. Sein zertrümmerter Knöchel muss mehrfach operiert werden. Joe versucht alles zu meistern, sie kümmert sich um ihn und die Kids und übernimmt sich total. Irgendwann bricht sie erschöpft zusammen, und alles sprudelt nur so aus ihr heraus. Ich gebe zu, dass ich ein Idiot bin, denn ich habe nicht wirklich gut auf sie aufgepasst. Joe wirkt immer so stark – dabei weiß ich es doch eigentlich besser. Aber auch für mich war Rorys Unfall ein Schock. Da ich sowieso keine Aussichten auf den Titel habe, beschließe ich, die Tour abzubrechen, um Joe zu entlasten.

In dieser Zeit reift in mir der Wunsch heran, sie heiraten zu wollen. Sie ist jetzt achtundzwanzig. Seit sechs Jahren ist sie mein Leben. Sie unterstützt mich, wo sie nur kann, macht jeden Scheiß mit mir mit und ist mein Halt, wenn sich wieder der Boden unter meinen Füssen auftut, um mich zu verschlucken. Ich liebe sie mehr als mein eigenes Leben. Ohne sie war es trostlos und leer. Meine Seele war totes Land, eine lebensfeindliche Wüste, doch sie hat dieses Ödland in ein Paradies verwandelt.

Ich bin zwar noch lange nicht so weit, wie ich gern wäre, aber gemeinsam sind wir ein gutes Stück vorangekommen, und die Vergangenheit quält mich weitaus weniger als früher.

Joe ist meine Traumfrau und wird es immer bleiben. Gern würde ich dies für sie »sichtbar« machen. Ich möchte ihr das Versprechen geben, sie ewig zu lieben, denn das ist das, was ich will. Sie lieben, achten und ehren, jetzt und für alle Zeit.

Ausgerechnet in diesen schwierigen Wochen entscheidet Nat sich, dass sie unter Umständen bereit wäre, Ty bei mir leben zu lassen. Seit einer Ewigkeit versuche ich, das alleinige Sorgerecht für Ty zu bekommen, doch bisher hat Nat sich immer quergestellt. Ich checke meine Optionen und rede viel mit Joe darüber, die der Meinung ist, dass wir das hinbekommen. Sie hat zu meinen Mädchen einen besseren Draht als ich. Ich will ehrlich sein, ich verstehe sie oft nicht, und ich bin mir sicher, dass es daran liegt, dass sie weiblich sind. Mit Rus habe ich diese Probleme nicht. Doch gerade Amy ist eine furchtbare Zicke. Sie wird im Sommer neun. Joe nennt es präpubertär, mich treibt es in die Verzweiflung. Ich kann nichts sagen, ohne dass meine Tochter ausflippt und hysterisch wird. Sie ist scheißemotional, und egal, was ich mache, ich mache es nicht richtig. Und obwohl Amy und Taylor gut miteinander klarkommen, was – wenn man die Umstände bedenkt – an ein Wunder grenzt, fürchte ich mich davor, es Amy zu sagen. Bei Sienna bin ich mir sicher, sie hat dafür Verständnis, aber Amy? Ich zögere das Gespräch eine ganze Weile hinaus. Obwohl wir uns in dieser Zeit jeden Morgen zum Surfen sehen, schaffe ich es nicht, das Thema anzuschneiden.

Schließlich ist es Sienna, die nach einer Morning-Session beim Frühstück fragt: »Was ist los, Dad?« Ich schaue Joe an. »Oh, nein! Ihr trennt euch doch nicht etwa, oder?«

»Wer trennt sich?«, fragt Amy entsetzt und sieht von ihrem Essen auf.

»Niemand trennt sich«, beruhige ich sie.

»Ist was mit Rory?«, fragt Sienna. Sie schaut ängstlich drein.

»Nein, Rory geht es den Umständen entsprechend gut. Er wird mit etwas Glück sogar nächste Woche entlassen«, beruhigt Joe meine Mädchen.

Sienna wendet sich an Russel und sagt: »Hast du gehört? Dein Daddy kommt bald heim.«

»Vielleicht lasst ihr euren Dad einfach mal ausreden. Er macht sich nämlich Sorgen, wie ihr unsere Entscheidung aufnehmen könntet, und deshalb druckst er so rum.« Joe lächelt mich aufmunternd an. Bevor meine große Tochter sich noch mehr Horrorszenarien ausmalen kann, erkläre ich ihnen die Sachlage.

»Und? Was meint ihr? Wie würdet ihr es finden, wenn Ty hier bei mir leben würde?«

»Warum darf Ty bei dir leben und wir nicht?«

»Weil wir im Gegensatz zu ihr eine coole Mum haben, Amy«, weist Sienna ihre Schwester auf das Offensichtliche hin. »Außerdem wohnen wir ja in der Nähe und sehen Dad fast jeden Tag.«

Amy zuckt mit den Schultern. »Stimmt auch wieder«, meint sie lapidar. »Ich bin satt, können wir in den Pool gehen, Dad? Und dürfen wir Rus mitnehmen?«

Ich starre Amy verwirrt an, und Joe neben mir gluckst belustigt. »Ja, macht das, Schätzchen«, meint sie, denn mir fehlen die Worte. Meine Kinder erheben sich, und keine zwei Sekunden später hört man sie draußen im Wasser rumtoben.

»Was war das?«, frage ich verwirrt. »Und wo sind meine Kinder?«

»Außerirdische haben sie entführt?«, schlägt Joe vor und reicht mir Ash, damit sie selbst etwas essen kann. Ich starre Joe fassungslos an und versuche wieder einmal, die Frauen in meinem Leben zu verstehen. Am Abend frage ich meine Mädchen, wie sie es fänden, wenn ich Joe heirate, und zu meiner Überraschung ist das ein größeres Thema als Tys Einzug.

»Aber was ist dann mit Rory?«, fragt Amy.

»Joe hat ihn trotzdem lieb, und natürlich muss ich die beiden erst fragen, aber ich würde es gerne machen.«

»Und wenn wir nicht wollen, dass du sie fragst?«, will Sienna wissen.

»Warum solltest du es nicht wollen?«

»Spielt das eine Rolle?« Ich nicke. Sie legt den Kopf schief und überlegt: »Weil ich Joe hasse.« Das ist natürlich Quatsch. Sie testet mich nur.

»Wenn du sie wirklich hassen würdest, weil sie doof und gemein zu dir ist, dann würde ich sie nicht heiraten.«

»Deshalb hat Daddy auch Nat nicht geheiratet.«

Wohl wahr, aber ich schweige mich zu diesem Punkt lieber aus.

»Und wenn ich nur eifersüchtig auf sie wäre?«

»Warum solltest du das sein?«

»Weil du dann mit ihr eine neue Familie hast.«

»Habe ich doch jetzt auch schon.«

»Haben wir dann zwei Mamas?«, fragt Amy und zieht ihre Nase kraus.

»Keine Ahnung, wie ist das denn mit Rick? Habt ihr auch zwei Papas?« Rick ist Skys zweiter Mann.

»Nein«, meint Sienna entschieden. »Wir haben drei Väter.«

»Ja, wir haben auch Rory!«, kräht Amy. Die Mädchen sind verrückt nach ihm. Mindestens einmal die Woche müssen wir ihn im Krankenhaus besuchen.

»Darf ich Joe fragen oder nicht?«, will ich wissen.

»Klar! Warum nicht?« Sienna sieht mich verwirrt an, und ich unterdrücke den Impuls, den Kopf zu schütteln. Weiber!

Kaum ist Rory aus dem Krankenhaus wieder da, überfalle ich ihn mit meinem Wunsch, Joe zu heiraten. Er ist geschockt, und das wäre ich an seiner Stelle wohl auch. Joe und ich sind in seiner Abwesenheit sehr eng zusammengerückt, und die ersten Tage ist es hart für uns alle drei. Rory ist extrem eifersüchtig, und dann platze ich Trottel auch noch mit dieser Sache heraus. Er nimmt es allerdings besser auf, als ich es unter den gegebenen Umständen vermutet hätte. Rory versichert sich lediglich, dass es nicht nur ist, weil ich für Ty geordnete Familienverhältnisse schaffen muss.

Bei der Planung des Antrags ist er mit Feuereifer dabei. Ich wünschte, er würde einmal seine vorlaute Klappe halten können, denn ich habe entsetzlich Angst davor, dass Joe mir einen Korb geben könnte. Ich bin am Tag des Antrags so entsetzlich aufgeregt, dass ich keinen Bissen hinunterbekomme und total gereizt bin. Rory macht sich unentwegt darüber lustig. Er hat ja keine Ahnung, wie es mir geht.

Kapitel 14

Mit zittrigen Fingern beginne ich, Klavier zu spielen, als Rory unsere Frau auf die Terrasse führt. Er hält ihr die Augen zu, und als er seine Hände schließlich wegnimmt, kommt Joe aus dem Staunen nicht mehr raus. Wir tragen beide einen Anzug, und die Terrasse haben wir in ein Lichtermeer verwandelt. Im Pool flackern unzählige Schwimmkerzen, und Windlichter erleuchten die Szenerie. Ich beende mein Spiel von Marry me und sehe, wie Joe sich zu Rory, der hinter ihr steht, herumdreht. Natürlich denkt sie, er würde sie fragen. Rory fasst sie an den Schultern und dreht sie zurück in meine Richtung. Inzwischen knie ich vor ihr, und sie ist geschockt, als sie begreift, dass ich sie fragen werde. Mir ist vor lauter Aufregung total schlecht. Ich schaffe es echt nicht, einen geraden Satz herauszubringen, und Rory, dieser Mistkerl, grinst sich einen.

»Joe Reynolds, willst du – Liebe meines Lebens – meine Frau werden?«, stoße ich atemlos hervor.

Joe hat sich die Hand vor den Mund geschlagen, und ich kann sehen, wie sie sich freut, bemerke aber auch ihre Zerrissenheit. Vielleicht war es doch keine gute Idee, sie zu fragen, aber ich will, dass sie abgesichert ist. Ich bin zehn Jahre älter, ich habe diesen nicht ganz ungefährlichen Beruf, die Wahrscheinlichkeit, dass ich vor ihr sterbe, ist groß, und ich will, dass sie versorgt ist. Ja, ja, sie muss sich keine Gedanken ums Geld machen, aber … Fuck, ich bin der Kerl, und es ist mein Job, auf meine Frau aufzupassen. Ich weiß, Joe würde mir den Hals umdrehen, wenn sie in diesem Moment meine Gedanken lesen könnte, aber ich liebe sie nun einmal unglaublich und will nur das Beste für sie.

Ich kann hören, was sie denkt, und ihr erster Gedanke gilt den Jungs. Was passiert, wenn sie nicht den Vater ihrer Kinder heiratet? Der zweite dreht sich um Rory und die Sorge, ob sie meinen Antrag annehmen kann, ohne etwas zwischen ihnen kaputt zu machen. An das Gefühl kann ich mich nur zu gut erinnern, auch wenn die Sache mit Gab inzwischen fast schon verjährt ist.

Ich hoffe, sie fragt sich nicht, ob ich sie nur wegen Ty heiraten will. Ja, Ty spielt eine Rolle. Ich will eine Familie für dieses Kind. Eine echte Familie mit einer echten Mutter, die Ty liebt, sich um sie sorgt und sie nicht als Druckmittel missbraucht. Aber vor allem will ich Joe, und ich bin maßlos erleichtert, als sie nach einer gefühlten Unendlichkeit endlich Ja sagt.

Knapp einen Monat später stehen wir nebeneinander am Strand. Alle sind da. Ty habe ich auf den letzten Drücker hergeschafft bekommen. Nat hat wieder eines ihrer fucking Psychospielchen mit mir abgezogen, und das so kurz vor meiner Hochzeit. Diese Frau hasst mich und setzt alles daran, mir das Leben zur Hölle zu machen. Doch nun ist Ty bei mir, und ich werde sie nie wieder gehen lassen. Das Gleiche gilt für die Schönheit, die neben mir am Altar steht.

Joe sieht atemberaubend in ihrem wadenlangen Kleid aus. Ich hatte ein Prinzessinnenkleid erwartet – jede Menge Tüll und solches Zeug, doch das hätte nicht zu Joe gepasst. Joe ist sich wieder einmal treu geblieben. Ihr Kleid ist schlicht und elegant zugleich. Das Haar trägt sie offen, und es sieht etwas zerzaust aus, denn Rory hat sie scheinbar eben erst beglückt, weshalb ich sie etwas aufziehe. Ich befestige eine Blüte, die sie in ihrem Haar trägt, neu und küsse sie dann flüchtig auf die Wange, ehe ich ihre Hand ergreife und wir uns der Dame zuwenden, die uns verheiraten wird.

Unsere Traurednerin ist eine patente Frau mit kurzen grauen Haaren, die im Vorfeld ausführliche Gespräche mit Joe und mir geführt hat. Sie berücksichtigt all unsere Wünsche bei der Vermählung und auch unsere besondere Situation, denn weder Joe noch ich will, dass Rory heute zu kurz kommt. Nach einer kurzen Willkommensrede trägt Dean ein wunderschönes Gedicht mit dem Titel Was es ist vor, ehe es zur eigentlichen Trauung kommt.

»Ja, liebe Familie, liebe Freunde, liebes Brautpaar, dies ist eine ungewöhnliche Vermählung. Meistens gelobt sich das Paar die Treue vor der Gemeinschaft, zu der sie gehören, doch dies ist heute anders. Ausdrücklich wurde betont, dass nicht die Treue im klassischen Sinn, sondern die Liebe im Vordergrund der Trauung stehen soll. Ich gebe zu, dass ich mir lange darüber Gedanken gemacht habe, und ich finde, dass das bei jeder Hochzeit so sein sollte. Leider ist es mir nicht gestattet, S alle drei zu vermählen. Ich weiß, dass dies Ihr gemeinsamer Wunsch ist, denn Sie gehören nun einmal zu dritt zusammen. Nach der eigentlichen Zeremonie wird es jedoch einen weiteren Ringtausch geben. Wir weichen also etwas von der üblichen Routine ab. So, dann ist es nun an der Zeit, für Sie alle, sich zu erheben.«

Ich drücke Joes Hand und stehe auf. Meine Knie zittern wie verrückt. Ich räuspere mich, drehe mich zu Joe um und ergreife das Wort: »Joe Reynolds, Liebe meines Lebens, du bist für mich alles, was gut und richtig ist. Das warst du von Anfang an. Ich wusste in dem Moment, als ich dich auf dem Highway aufgegabelt habe, dass du mir nichts als Ärger machen würdest, denn mir war klar, dass du mein beschauliches Leben auf den Kopf stellen würdest, und das wollte ich nicht.« Ich sehe ihr fest in die Augen und fahre mit meiner Ansprache fort: »Zum Glück war ich jedoch absolut nicht dazu in der Lage, mich deinem Charme und deinem Wesen zu entziehen. Für mich war es, wie in den Spiegel zu schauen. Damals … das war nicht leicht für dich. Wir sind uns in einer schweren Zeit in deinem Leben begegnet. Du warst so einsam und verloren – so wie ich es schon mein ganzes Leben lang war. Aber ich bewundere auch nach all den Jahren noch, wie du den Kopf oben behältst und dich nicht unterkriegen lässt. Du bist stark und mutig. Du bist mein Leuchtfeuer in der Dunkelheit. Du bist der Ursprung meiner Kraft. Ich liebe, dass du so tough und zugleich so verletzlich bist. Ich liebe, dass du all meine Schutzmauern eingerissen hast und ich bei dir der sein kann, der ich wirklich bin. Du weißt nicht, was das für mich bedeutet – was du mir bedeutest. Ich liebe dich so sehr und bin jeden Tag dankbar dafür, dass du in meinem Leben bist. Mit dir ist es besser, hat es einen Sinn, und ich bin unendlich glücklich. Ich hoffe, dass ich dazu in der Lage bin, dir dieses Glück, oder zumindest einen Teil davon, zurückzugeben, und daher frage ich dich, Josephine Joe Reynolds, möchtest du mich, Bradley Brad Hoover zu deinem Mann nehmen?«

Joe leckt sich über die Lippe, atmet seufzend aus und sagt: »Ja, ich will.«

»Lauter!«, meint irgendein Scherzkeks aus der hintersten Reihe.

»Ja! Ich will!«, ruft Joe aus.

»Jetzt hat man es auch bis Honolulu gehört«, meint Rory schmunzelnd, und wir lachen.

Es dauert einen Moment, bis Joe sich gefangen hat und sich

an mich wendet. »Brad, du und Rory, ihr seid die Lieben meines Lebens … dieses Lebens und mit Sicherheit auch die vergangener und zukünftiger Leben. Ich werde dich …« Ihr Blick geht zu Rory. »… und auch dich bis in alle Ewigkeit lieben. Nicht dich, Bradley Hoover, den reichen, berühmten Kerl, sondern deine Seele. Wie du sagtest, es ist wie in den Spiegel schauen. Ich weiß, wer du wirklich bist, und ich liebe jedes bisschen an dir. Ich liebe dich mit all deinen Fehlern.« Sie setzt das Wort Fehler in Anführungszeichen und lacht dabei. Mein Herz flattert aufgeregt in meiner Brust, denn ihre Rede berührt es … sie berührt mich.

»Fehler, die für mich keine sind. Für mich bist du so, wie du bist, vollkommen. Für mich bist du absolut richtig. Ich liebe alles an dir, und doch gibt es Dinge, die ich besonders bewundere. Dazu gehört unter anderem, dass du nie aufgibst. Du bist ein Kämpfer, und das respektiere ich, dennoch wünsche ich mir, dass du die Waffen niederlegst und den Krieg hinter dir lässt.« Ich schlucke mühsam, denn ich weiß genau, was sie meint. »Ich wünsche mir, dass du Frieden findest, nicht nur in meinen Armen, sondern in deinem Herzen und deiner Seele.« Ihr Blick ruht liebevoll auf mir, und sie streichelt zärtlich meine Hände, die in ihren liegen.

»Ich wünsche mir das nicht für mich, aber von Herzen wünsche ich es mir für dich, Brad. Doch so oder so werde ich immer an deiner Seite sein – in diesem und in zukünftigen Leben, denn wir gehören zusammen. Du bist ein Teil von mir, und ich bin ein Teil von dir. Es gibt ein Zitat von Emily Brontë, das lautet: Er ist mehr ich selbst, als ich es bin. Woraus auch immer unsere Seelen bestehen, seine und meine sind aus dem gleichen Stoff. Genauso habe ich immer für dich empfunden, und daher frage ich dich, Bradley Brad Hoover, willst du mich, Josephine Joe Reynolds, zu deiner Frau nehmen?«

Auch mein Ja dürfte man auf Oahu gehört haben. Joe strahlt. Ich ziehe sie an mich und küsse sie leidenschaftlich. Unser Kuss ist geprägt von dem Sturm der Gefühle, der in uns tobt. Er ist erleichtert, glückselig und berauscht vom Augenblick. Ich löse mich von meiner Frau, beiße mir auf die Unterlippe und habe den Eindruck, in ihren funkelnden Augen zu ertrinken. Wir tauschen unsere Ringe, und danach wendet Joe sich Rory zu. Ich kann seine Zweifel sehen und bin sicher, dass er es in diesem Moment bereut, mir erlaubt zu haben, Joe zu heiraten. Ihre Liebeserklärung hat nicht nur mir den Boden unter den Füßen weggezogen, sondern auch ihm.

»Leider, Rory, ist es mir nicht möglich, auch dich zu heiraten. Glaub mir, ich würde es sofort tun. Ich liebe dich so sehr. Du bist die Sonne meines Lebens. Du bist Licht und Leichtigkeit und Liebe. Du wärmst mich immer dann, wenn sich Kälte auf meine Seele legt, und es vergeht kein Tag, an dem du mich nicht zum Lachen bringst. Ich kenne dich unglaubliche fünfundzwanzig Jahre lang. Ein Vierteljahrhundert, Rory! Das klingt lang, aber das ist es nicht. Das ist keine Größenordnung – nicht gemessen an dem, was ich für dich empfinde. Ich bin überglücklich, dass du der Vater meiner Kinder bist. Sie sind die Krönung unserer Liebe, und ich versichere dir, dass ich Brad zwar geheiratet habe, aber dass das nichts daran ändert, was zwischen uns ist. Ich liebe dich von ganzem Herzen und mit jeder Faser meines Seins.«

Rory schluckt hörbar und wischt sich verlegen über die Augen. »Du bist ein Teufel, Joe. Verdammt, da hast du es doch ernsthaft geschafft, mich vor versammelter Mannschaft zum Heulen zu bringen.« Er senkt den Kopf und schaut auf seine

Füße, um sich zu fangen. Nachdem er sich berappelt hat, blickt er auf und betrachtet Joe mit einem verträumten Gesichtsausdruck.

»Ich kann mich noch verdammt gut an den Tag erinnern, als wir uns kennengelernt haben. Eigentlich habe ich ja Rus zuerst kennengelernt. Du warst nur seine kleine Schwester. Ich glaube, anfangs war ich ganz schön fies zu dir, denn ich war auf meinem Jungs-sind-stark-Mädchen-sind-Quark-Trip. Verzeih mir Joe, aber ich war damals erst vier Jahre alt, und wie du weißt, bin ich auch heute manchmal ein echter Idiot.« Joe kichert, greift mit einer Hand nach seiner und hält sie. »Aber Rus hat nicht lange zugelassen, dass ich gemein zu dir war, und recht schnell wurde mir klar, dass du zwar ein Mädchen bist, aber auch stark sein kannst. Ich weiß noch, wie es mich geärgert hat, dass du immer so viel besser gesurft bist als ich.«

»Das ist verdammt lange her«, beruhigt sie ihn.

»Ja, das ist es. Aber du hast recht, verglichen mit dem, was ich für dich empfinde, kommen mir fünfundzwanzig Jahre nicht wirklich lang vor, denn auch ich liebe dich von ganzem Herzen.« Er macht einen Schritt vor und küsst sie auf die Stirn, anschließend tauschen sie die Ringe miteinander.

»Dies ist ein afrikanischer Segensspruch, und ich möchte, dass ihr drei euch nebeneinanderstellt«, sagt die Traurednerin im Anschluss. Rory umrundet Joe, sodass sie zwischen uns steht. Sie greift nach unseren Händen, und es fühlt sich perfekt an.

Der Herr segne eure Hände,
dass sie behutsam seien,
dass sie halten können, ohne zu Fesseln zu werden,
dass sie geben können ohne Berechnung,

dass ihnen innewohnt die Kraft, zu trösten und zu segnen.
Der Herr segne eure Augen,
dass sie Bedürftigkeit wahrnehmen,
dass sie das Unscheinbare nicht übersehen,
dass sie hindurchschauen durch das Vordergründige,
dass andere sich wohl fühlen können unter eurem Blick.
Der Herr segne eure Ohren,
dass sie eure Stimmen zu erhorchen vermögen,
dass sie hellhörig seien für die Stimme der Not, dass sie verschlossen seien für Lärm und Geschwätz,
dass sie das Unbequeme nicht überhören.
Der Herr segne eure Münder,
dass er euch bezeuge,
dass nichts von ihm ausgehe, was verletzt und zerstört,
dass er heilende Worte spreche,
dass er Anvertrautes bewahre.
Der Herr segne eure Herzen,
dass es Wohnstatt sei eurem Geist,
dass es Wärme schenken und bergen kann,
dass es reich sei an Verzeihung,
dass es Leid und Freude teilen kann.

Ich schließe die Augen, lausche dem anbrandenden Meer, spüre die Sonne und den Wind auf meiner Haut und lasse die Worte auf mich wirken. Genauso ist Joe. Und genauso möchte ich für sie sein.

Die Kinder übernachten bei Sean, den Ty schon seit einer Ewigkeit Opa Sean nennt. Es ist das erste Mal, dass sie in Joes Elternhaus übernachtet. Die Jungs bekommen Russels Zimmer und Ty das von Joe. Ich habe Bedenken, sie dort zu lassen, denn schließlich ist sie gerade erst angekommen, doch Ty freut sich wie verrückt darauf. Sie war einmal ein echter Wildfang, doch die Zeiten haben sich geändert. Inzwischen ist sie ein sehr stilles Kind, sehr nachdenklich und für eine beinahe Neunjährige viel zu ernst. »Du kannst mich jederzeit anrufen«, versichere ich ihr, nachdem ich sie ins Bett gebracht habe.

Ty lächelt mich an. »Schon gut, Brad.« Immer wenn sie mich Brad nennt, zieht sich mein Herz schmerzhaft zusammen. Sie sollte mich Dad nennen, denn das bin ich. Ich bin ihr Vater.

»Ich möchte, dass du dich wohl fühlst, Ty. Wenn das nicht so ist, dann ruf mich an und ich hole dich nach Hause, okay?« Sie nickt. Ich gehe aus dem Zimmer und treffe im Flur auf Joe, die gerade das Zimmer der Jungs verlässt. Sie sieht traurig aus. Ich nehme sie in die Arme und küsse ihren Hals. »Was hast du, Frau meiner Träume?«

»Rus«, seufzt sie, und ich muss nicht fragen, welchen sie meint. Ihr Bruder muss ihr heute, an diesem besonderen Tag, schrecklich fehlen.

Rory wartet mit Sean auf der Terrasse sitzend auf uns. »So, ihr zwei«, meint Joes Vater, umarmt uns und klopft uns auf die Schultern. »Da habt ihr also mein kleines Mädchen doch noch zu einer ehrbaren Frau gemacht.« Joe räuspert sich empört. Keine Ahnung, warum sie nie schnallt, wenn ihr alter Herr scherzt.

»Du hast uns ja mehr oder weniger dazu genötigt, Sean«, gebe ich zurück und ernte von Joe einen unsanften Stoß in die Rippen dafür.

»Noch so ein Ding, und die Hochzeitsnacht ist gestrichen«, knurrt sie. Ich ziehe sie an mich und küsse sie.

»Dann feiert schön«, meint Joes Dad. Nach dem anfänglichen Schock, den er damals bekam, als wir ihm offenbarten, dass wir eine Ménage-à-trois sind, hat er sich gut gefangen, und inzwischen macht es ihm – glaube ich – nichts mehr aus.

»Schade, dass du nicht dabei bist«, meint Joe bedauernd. Sean zuckt mit den Schultern. »Es ist schon fast Mitternacht, Joe. Die Nacht gehört euch jungen Leuten.«

»Perfekt, mein Engel!«, wirft Rory ein. »Wir hatten schon lange keinen Brad-freien Abend mehr.« Ich ignoriere seinen Seitenhieb gegen mein Alter. Joe hingegen kichert belustigt, stellt sich auf die Zehenspitzen und haucht ihm auch noch einen Kuss auf die Wange.

»Du bist unmöglich«, rügt sie ihn. »Er ist mein Mann, ich muss die Hochzeitsnacht mit ihm verbringen.«

Ich würde den beiden nur allzu gern den Finger zeigen, aber das traue ich mich vor Sean dann doch nicht. Wir machen uns auf den Weg zum Auto, als Rory plötzlich stehen bleibt, sich bückt und etwas aufhebt. Er reicht es Joe, und ich erkenne eine weiße Feder. »Ich nehme an, mein Engel, die ist für dich«, raunt Rory ihr zu. Seine Stimme ist in diesem Augenblick total emotionsgeladen, aber mir ist nicht klar, warum. Joe scheinbar schon, denn sie fährt mit ihren Fingern andächtig über sie. Ihre Berührung erscheint mir beinahe zärtlich, und eine einzelne Träne, die Rory sanft wegwischt, rollt über ihre Wange.

Die Trauer verflüchtigt sich schnell, denn unsere Hochzeitsparty ist der Hammer. Wir tanzen, lachen, singen und machen jede Menge Quatsch. Joe rockt die Bude, als sie gegen vier Uhr auf dem Tisch tanzt. Es ist wunderbar, und als wir im Morgengrauen zusammen ins Bett fallen, bin ich verdammt glücklich. Wir haben es gerade noch so unter die Dusche geschafft und liegen nun zusammengekuschelt in unserem Bett. Von wegen Hochzeitsnacht, denke ich noch und bin im nächsten Moment bereits eingeschlafen.

Am späten Nachmittag, als wir die Kinder holen, macht Sean uns ein Angebot, das wir nicht ablehnen können, und so kommt es, dass wir die Häuser tauschen, denn seines ist viel größer als Joes. Im ersten Moment denke ich, dass das verrückt ist, aber es ist sinnvoll, und ich wäre ganz in der Nähe von Sienna und Amy, eben in direkter Nachbarschaft. Also ziehen wir in den nächsten Wochen spontan um. Ty lebt sich gut ein, jedenfalls glaube ich das, bis ich ein Gespräch zwischen ihr und Joe mit anhöre.

»Joe, darf ich dich was fragen?«

»Klar, Schätzchen.«

»Wann, denkst du, hat Brad genug von mir?«

Ich bleibe wie versteinert stehen und schließe die Augen. Nat … ich hasse sie. Ich hasse sie in diesem Moment so sehr. Wie kann sie unserem Kind so etwas einreden?

»Niemals, Ty! Dein Dad liebt dich von ganzem Herzen. Er hat wie ein Löwe dafür gekämpft, dass du hier sein kannst. Du kannst dir nicht vorstellen, wie sehr er sich bemüht hat, bis es ihm endlich erlaubt war, für dich sorgen zu dürfen, Ty. Er wird immer für dich da sein, Liebes! Immer!«

In diesem Moment nehme ich mir vor, alles zu tun, damit Ty mir vertraut, dennoch dauert es Monate, bis sie mich Dad nennt. Ich gehe mit ihr surfen und reiten, ich versuche wirklich alles, um ihr zu beweisen, dass sie mir wichtig ist und dass ich sie liebe. Und im Jahr darauf schmeiße ich die Tour für sie. Ich beende meine Karriere für mein kleines Mädchen, denn ich will bei ihr sein und nicht die Hälfte des Jahres in der Weltgeschichte rumgondeln. Der Umstieg ist schwer. Ich habe das Leben auf Tour geliebt – ja, trotz aller Anstrengungen mochte ich es.

Ein paar Wochen vor meinem vierzigsten Geburtstag habe

ich so etwas wie eine weitere Midlife-Crisis. Weder kaufe ich mir ein neues Auto noch gehe ich fremd, doch ich bin in dieser Zeit extrem nachdenklich und frage mich, was meine persönlichen Ziele sind. Niemals hätte ich gedacht, dass ich mal so alt werde, oder hätte mir vorstellen können, wie es ist, so alt zu sein.

Die meiste Zeit über bin ich glücklich. Ich habe meine Kinder und liebe alle fünf wie verrückt. Ich habe Joe, die die wundervollste Frau auf diesem Planten ist, und ich habe den besten Freund, den man sich nur wünschen kann.

In den letzten Wochen und Monaten habe ich mich oft gefragt, was ich vom Leben will. Ich möchte frei sein. Ich möchte meine Vergangenheit hinter mir lassen und wegen meiner Depressionen nicht das Morgen fürchten müssen. Ich möchte im Jetzt leben, doch dafür muss ich die Fesseln, die mich seit jenem Tag vor zweiunddreißig Jahren gefangen halten, abstreifen. Joe ist nach wie vor mein Licht in der Dunkelheit, und ohne sie könnte ich mir nicht vorstellen, das zu tun, was wir dieses Wochenende vorhaben.

Sie hat keine Ahnung, wohin wir unterwegs sind. Sie sieht, dass es mir seit Tagen nicht gut geht, und wie immer ist sie für mich da, drängt mich jedoch zu nichts.

Ich atme lange aus, setze den Blinker und biege von der Straße auf das Privatgrundstück ein. Weißer Kies bedeckt den Weg. »Wohin bringst du mich?«, fragt Joe lachend und schaut mich an. Meine Kiefer sind fest aufeinandergepresst. Sie mahlen, um meine extreme Anspannung zu kompensieren. Joe genügt ein Blick, und sie wird ernst.

»Babe?«, fragt sie besorgt. Sie kennt mich einfach zu gut. Ihre Hand liegt einen Augenblick später auf meiner. Ich verlasse den Weg, der zum Haupthaus führen würde, und lenke den Wagen zu den Stallungen, wo ich parke.

Ich schalte den Motor aus und drehe mich zu Joe um. »Wirst du für mich da sein, Engel?«

Sie nimmt meine Hand und küsst den Handrücken, wie sie es in all den Jahren unzählige Male getan hat. »Immer«, erwidert sie.

Wir steigen aus, und Joe hakt sich bei mir ein. Seite an Seite schlendern wir auf das Gebäude zu. Ich habe es größer in Erinnerung. Die Tür zur Stallgasse ist offen, doch ich zögere hinzugehen. Die Angst schnürt mir die Kehle zu. Joe legt mir ihre Hand auf den Rücken und zwischen die Schulterblätter. Sie ist ganz warm und gibt mir, obwohl sie so viel kleiner ist als meine eigenen Hände, ein Gefühl von Sicherheit.

Ich schließe die Augen und atme den Geruch ein. Auch wenn es unmöglich sein kann, rieche ich ihn. Bier, Fisch und Zigaretten. Mir wird kotzübel, und ich muss die Augen öffnen, weil ich zu taumeln beginne.

Joe stützt mich, wofür ich ihr unendlich dankbar bin. »Wir müssen das nicht machen, Babe«, raunt sie mir zu.

»Doch!«, widerspreche ich. »Ich muss es tun.«

Sie sagt nichts dazu, steht einfach nur an meiner Seite und wartet. Als ich meine Schultern straffe und die Stallgasse betrete, ist sie dicht neben mir. Ich gehe bis in die Mitte und schaue mich um. Ich drehe mich einmal im Kreis und versuche, mich zu orientieren.

»Die da«, presse ich hervor und deute auf eine der Boxen. Mein Herz rast, und ich habe das Gefühl, es will mir gleich aus der Brust springen. Meine Hände sind schweißnass, und meine Knie zittern wie verrückt. Ich bin mir nicht sicher, ob ich mich wirklich auf den Beinen halten kann. Bevor mich der Mut verlässt, bewege ich mich zu der leeren Box, öffne sie und gehe hinein. Die Stallgasse liegt etwas höher. Er hat mich hineingestoßen, und ich bin ins Stroh gefallen, erinnere ich mich. Halt suchend stütze ich mich an der Futterkrippe ab, als eine Welle aus Erinnerungen über mich hereinbricht.

Ich zittere unkontrolliert, und meine Beine geben unter mir nach. Ich kauere mich zusammen und vergrabe mein Gesicht in den Händen. Irgendwer weint, während ich alles noch einmal erlebe. Ich erinnere mich auf mehreren Ebenen an das, was passiert ist. Ich habe unglaubliche Schmerzen. Sie sind so qualvoll, dass ich schreie – so wie damals. Und dann sind da diese gespenstischen, total surrealen Szenen in meinem Kopf. Was mein Körper fühlt und was ich sehe, passt aber nicht zusammen, denn die Bilder haben nichts mit mir zu tun. Sie fühlen sich völlig fremd und überhaupt nicht zu mir gehörig an, während der körperliche Schmerz in seiner Intensität nicht zum Aushalten ist. Ich habe wirklich das Gefühl, jemand rammt seinen Scheißschwanz in mich hinein. Es kommt mir wie eine Ewigkeit vor, dass ich ihm wehrlos ausgeliefert bin und bäuchlings im Stroh unter ihm liege.

Doch so schnell, wie es über mich hereingebrochen ist, ist es auch wieder vorbei. Der Erinnerungssturm klingt ab, und nur ich bleibe zurück, total entwurzelt und völlig aufgelöst. Ich fühle mich, als hätte mich jemand gehäutet, und Joes Stimme erscheint mir unnatürlich laut. Auch ihr Geruch ist furchtbar intensiv. Ich ertrage im Augenblick weder diesen noch ihre Berührungen und schiebe sie von mir.

»Gib mir Zeit!«, will ich sagen, stattdessen übergebe ich mich mitten im Satz. Sie will zu mir kommen und mir helfen, aber ich halte abwehrend eine Hand von mir gestreckt, und Joe setzt sich auf die andere Seite der Box. Nachdem ich fertig bin, reicht sie mir eine Wasserflasche aus ihrer Handtasche, und ich spüle meinen Mund aus. Sie verstaut die Flasche wieder und händigt mir wortlos ein Päckchen Kaugummis aus.

»Was siehst du, wenn du mich jetzt anschaust?«, will ich mit bebender Stimme von ihr wissen, denn auch nach all den Jahren ist die Unsicherheit noch da, und in diesem Augenblick ist sie schlimmer als jemals zuvor.

»Dich«, raunt Joe mir zu. »Ich sehe dich, und ich liebe dich von ganzem Herzen, Bradley Hoover.«

Ich habe keine Ahnung, wie ich aus der Stallung und ins Auto gekommen bin. »Du hast mir von diesem See erzählt, Brad. Erinnerst du dich? Der ist doch ganz in der Nähe. Wo muss ich lang?«, fragt Joe mich. Ich lotse sie dorthin, und sie parkt den Wagen am Ufer.

»Was hast du vor?«, frage ich müde. Ich fühle mich wie ausgekotzt – wirklich schrecklich.

»Wir gehen schwimmen. Das Wasser wird dir guttun. Du hast mir auch von der Insel erzählt, weißt du noch? Lass uns hinschwimmen«, schlägt sie vor und steigt aus. Ich schaue sie unschlüssig an, während sie sich entkleidet. Joe legt den Kopf schief und schaut mich fragend an. »Das ist eine gute Idee. Vertrau mir!«, sagt sie, kommt zurück zum Wagen und küsst mich.

Ja, ich vertraue ihr. Joe weiß, was gut für mich ist und was ich brauche. Sie ist schließlich meine Frau, meine bessere Hälfte. Ich kann das tiefe Mitgefühl in ihrem Blick sehen, und es ist schlimm, aber nicht unerträglich für mich. »Du bist mein Held«, raunt sie mir ins Ohr und beißt mich spielerisch in den Hals.

Ich lächle matt. Im Moment fühle ich mich gar nicht heldenhaft. Ich fühle mich noch immer, als würde meine Haut in

Fetzen von meinem Körper hängen, ganz roh und wund. Joe weiß das alles. Ich muss gar nicht darüber sprechen. Sie legt ihre Stirn gegen meine und umarmt mich. »Du brauchst das, Babe«, sagt sie, greift nach meiner Hand und zieht daran.

Ich seufze und gebe ihrem Drängen nach. Ich weiß tief in mir drin, dass das frische Wasser mir guttun wird. Ich werde mich weniger schmutzig und leichter fühlen, wenn es mich umgibt. Joes Blick ruht auf mir, während ich mich bis auf die Boxerbriefs ausziehe.

»Wer als Letzter bei der Insel ist, muss einen Monat lang die Kinder ins Bett bringen«, meint sie und sprintet Richtung See. Ich weiß, was sie gerade versucht, aber es funktioniert nicht. Ich folge ihr, mache aber nicht den Versuch, sie einzuholen. Sobald der See tiefer wird, tauche ich hinab und schreie unter Wasser so laut ich kann. Mein Atem entlädt sich und steigert blubbernd nach oben. Ich folge ihm mit schnellen Schwimmzügen und durchbreche japsend die Wasseroberfläche. Ich hole tief Luft und mache es erneut, denn nach wie vor geht es mir beschissen, und ich muss irgendwohin mit meiner Wut und dem ganzen anderen Kram, um nicht wahnsinnig zu werden. Meine lautlosen Schreie verhallen ungehört, und irgendwann bin ich bereit, Joe auf die Insel zu folgen.

Sie sitzt auf dem Bootssteg und wartet auf mich. Ich kann die Sorge in ihrem Gesicht erkennen, doch sie fragt mich nicht, wo ich mich rumgetrieben oder was ich getan habe.

»Ein schönes Fleckchen Erde ist das hier. Menschenleer …«, sagt sie, und ich muss unwillkürlich schmunzeln.

Ich steige die Leiter hinauf und wiederhole: »Menschenleer?«

Sie nickt. »Ja, niemand außer uns weit und breit«, lässt meine

Frau mich wissen. Doch nicht nur sie kennt mich gut, auch ich kenne sie ganz genau. Ich greife nach ihr und ziehe sie an mich.

»Brad?«

»Ja, Joe«, erwidere ich und küsse ihre Schulter und ihren Hals.

»Du kannst dir nehmen, was du brauchst, aber nicht hier. Hier sind wir faktisch auf dem Präsentierteller«, wispert sie in mein Ohr.

»Hast du die Lichtung schon gesehen?«

Sie nickt, nimmt meine Hand, und wir gehen in die Richtung, doch bereits unterwegs falle ich über Joe her. Ich hebe sie hoch und presse sie an einen Baum. Ihre Beine schlingen sich wie von selbst um meine Hüften, während ich sie stürmisch küsse. Joe vergräbt ihre Hände in meinen Haaren und stützt sich mit ihren Oberarmen auf meinen Schultern ab. Sie stöhnt in meinen Mund, den ich verzweifelt bearbeite.

»Ich brauche dich«, presse ich hervor.

»Dann nimm mich«, stöhnt sie mir atemlos entgegen.

Ich befreie meinen Schwanz, ziehe ihren Slip zur Seite und bin Sekunden später in ihr. Wir stöhnen beide laut auf. Ich fasse in ihre Kniekehlen und fange an, sie haltlos zu bumsen. Das geht auf diese Weise nicht lange gut, nimmt mir aber den ersten Druck. Keuchend landen wir im Gras. Joe will sich rumdrehen, damit ich sie von hinten nehmen kann, doch ich halte sie davon ab. Ich dränge mich zwischen ihre Beine und begrabe sie unter mir. Als ich mich in sie bohre, entfährt ihr ein leiser Aufschrei, und sie gräbt ihre Zähne in meiner Schulter. »Tue ich dir weh?«, frage ich.

»Nein! Nicht wirklich«, stößt sie hervor und bockt mir ihr Becken entgegen. Ich schiebe schnell, beinahe hektisch in sie und fange wieder an, sie wild zu küssen. Ich glaube, ich bin ziemlich unkoordiniert, doch ich kriege es in diesem Moment nicht besser hin. Ich meine, es ist ein Wunder, dass ich das hier überhaupt hinbekomme, nach all dem, was eben passiert ist. Allein der Gedanke daran reicht, dass es schlagartig vorbei ist. Fuck! Das darf doch nicht wahr sein.

»Was ist?«, wispert Joe und sieht mich irritiert an, als ich frustriert schnaube und mich von ihr runterrolle. Sie braucht einen Moment, um zu schnallen, dass mein Schwanz nicht mitspielt. Kein Wunder, denn in all den Jahren ist das noch nie vorgekommen. Ich fühle mich entsetzlich. Nicht mal das kriege ich mehr gebacken. Joe schmiegt sich an mich und küsst mich sanft. Ihre Lippen gleiten über mein Gesicht, meinen Hals, meine Brust, meinen Bauch, und dann nimmt sie meinen schlaffen Penis in den Mund.

Ich schaue ihr dabei zu, wie sie mich mit dem Mund verwöhnt, und auch nach all der Zeit, die wir mittlerweile ein Paar sind, genieße ich es. Ich liebe es, ihr dabei zuzuschauen, wie sie es mir mit dem Mund macht … so wie damals in Zimmer 512 am Tag nach der Verleihung des Wavehunter Awards.

Ihre samtweiche Zunge schnellt mit kräftigen Zügen über meine Eichel. Ich greife in ihre Haare, nicht um ihr den Rhythmus vorzugeben, wie sonst so oft, sondern um sie ihr aus dem Gesicht zu halten. Wir schauen uns in die Augen, während sie meinen inzwischen wieder harten Schwanz tief in ihren Rachen nimmt. Sie bearbeitet ihn intensiv und nachdrücklich, doch ehe ich in ihrem Mund kommen kann, kriecht sie auf mich. Mein Ständer gleitet in ihre feuchte Hitze, und ich lasse mich von ihr reiten.

Das Sonnenlicht, das in Streifen durch den dichten Baumwuchs bricht, lässt ihr blondes Haar golden erscheinen. Joe hat die Augen geschlossen, eine Hand ruht auf meiner Brust, ihre

Rechte auf meinem Oberschenkel. Sie genießt den Moment. Ich setzte mich auf, öffne ihren BH und streife ihn über ihre Schultern. Dann beginne ich damit, ihre Nippel mit meinem Mund zu liebkosen. Sie vergräbt ihre Hände nun in meinen Haaren und stöhnt ekstatisch. Ich liebe es, diese Laute von ihr zu hören. Joe ist so sinnlich und sexy – niemals werde ich genug von ihr bekommen können.

Kurze Zeit später kommt sie, wobei sie meinen Namen keucht. Ich ziehe sie an mich, drehe uns beide herum und nehme sie mit langen Stößen, um ihr zu folgen. Ich entlade mich mit einem heiseren Knurren in sie, pumpe jedoch immer weiter. Anfangs ist die Reizung extrem, beinahe schmerzhaft, dennoch will und kann ich nicht von ihr lassen. Wenn es nach mir ginge, würden wir die nächsten Stunden so vereint liegen bleiben. Ich beuge mich über Joe und küsse sie. Diesmal richtig, so wie sie es verdient hat. Meine Lippen streifen über ihren leicht geöffneten Mund. Meine Frau greift in meinen Nacken und zieht meinen Kopf zu sich hinunter. Der Kuss, den wir austauschen, ist lang und leidenschaftlich.

Ich unterbreche ihn Minuten später nur, weil ich das Geräusch eines Motors höre. »Wir bekommen Besuch«, raune ich Joe zu, ziehe mich aus ihr zurück und richte meine Kleidung. Ich schaue ihr zu, wie sie sich den BH schnappt und sich anzieht.

Hand in Hand laufen wir zum Steg zurück, wo gerade ein kleines Boot anlegt. Ich nehme, wie es üblich ist, die Leine entgegen und vertäue sie. Der Mann an Bord wirft mir auch die Achterleine zu, und auch die befestige ich. »Danke, Junge«, sagt er, und mir gefriert das Blut in den Adern. Diese Stimme würde ich überall auf der Welt wiedererkennen. Ich atme tief durch und balle meine Hände zu Fäusten, um das Zittern zu verbergen.

»Kann man hier gut angeln?«, frage ich ihn beiläufig, nachdem ich mir sicher bin, meine Stimme unter Kontrolle zu haben.

»Ja, ganz wunderbar. Der See ist der einzige Grund, weshalb ich hier noch lebe.«

Er hat also all die Jahre hier gewohnt – in unmittelbarer Nähe zum Anwesen meines Großvaters. Ich war nie sicher, wenn ich hier war … ich war überhaupt niemals sicher.

»Was für Köder benutzen Sie?«, will ich wissen und verwickle dieses Arschloch, das mir das alles angetan hat, in ein unverfängliches Gespräch. Ich muss Zeit gewinnen. Mein Verstand rast. Ich muss Joe hier wegschaffen. Ich sehe, wie sie fröstelt.

»Ist dir kalt?« Sie nickt. Ich schenke ihr ein Lächeln. »Schwimm doch schon mal rüber«, schlage ich vor. »Ich helfe beim Ausladen und komme gleich nach.« Sie zögert. »Ich hole dich doch sowieso ein, Babe«, meine ich lachend.

Sie kneift die Augen zusammen und gibt ein »Niemals!« von sich, ehe sie sich verabschiedet und ins Wasser springt. »Eine hübsche Frau haben Sie da«, meint er, und allein dafür, dass dieses perverse Schwein sie angeschaut hat, möchte ich ihn töten.

Er gibt mir seine Ausrüstung rüber, und ich reiche ihm die Hand, die er dankbar ergreift. »Man wird nicht jünger«, meint er bedauernd, als er den Steg betritt.

Nein, das wird man nicht, und ihm ist es ganz sicher nicht zu verdanken, dass ich so alt geworden bin. Wie oft habe ich mir wegen dieses Tages und wegen dem, was damals passiert ist, das Leben nehmen wollen, wie oft war ich kurz davor, aufzugeben und alles hinzuschmeißen. Nur wegen ihm.

Mein Hass züngelt hoch, doch ich schiebe ihn beiseite. Ja, ich bin impulsiv, aber jetzt darf ich mir keinen Fehler erlauben. Wenn ich meine Rache haben will, dann muss ich einen kühlen Kopf bewahren. Ich werfe einen Blick auf den See hinaus. Die Ruhe, die mich überkommt, bestärkt mich in meinem Vorhaben.

Nichts geschieht ohne Grund steht auf Joes Schulter. Was diese Sache damals betrifft, möchte alles in mir widersprechen, doch dass ich ihn – den Mann, der mich missbraucht hat – heute wiedertreffe, kommt mir wie Schicksal vor. Und wie es aussieht, gibt es doch einen Gott und so etwas wie Gerechtigkeit.

Ich folge ihm den Steg entlang. Kaum kann man uns vom See aus nicht mehr sehen, packe ich ihn von hinten und stoße ihn ins Schilf. Er schreit verwundert auf, als er bäuchlings ins Wasser fällt. Ich springe hinterher. Er versucht hochzukommen, und ich trete ihm mit voller Wucht in die Rippen. Adrenalin flutet meine Adern, und ich fühle mich wie ein Gott, während ich wieder und wieder auf ihn eintrete und schlage.

Es gelingt ihm, sein Messer zu ziehen, doch ich schaffe es, ihm die Waffe zu entwenden. Als ich es in den Händen halte, erkenne ich es wieder, und der Schock trifft mich unvermittelt. Es ist das Messer, dem ich die Narbe an meinem Hals zu verdanken habe. Diese aufwendig verzierten Backen. Es ist alt und schwer.

»Was wollen Sie von mir?«, stammelt er.

Ich lache auf. Kann er sich das wirklich nicht denken? Er starrt mich an. Wie er da im Wasser liegt, verletzt und blutend, könnte man Mitleid mit ihm haben, habe ich aber nicht. Er hatte es auch nicht mit mir. Mein Flehen und Betteln hat er ignoriert, während er sich an mir vergangen hat.

»Rache«, erwidere ich kalt, werfe das Messer weg und gehe auf ihn zu. Er hebt schützend die Arme vor sein Gesicht, doch ich will ihn gar nicht noch mal schlagen. Ich will es endlich zu Ende bringen. Ich will endlich frei sein. Ich packe ihn am Kragen und drücke ihn unter Wasser, mein Knie presse ich in seinen Rücken, und mit meinem Gewicht halte ich ihn unten. Er wehrt sich verzweifelt.

»Brad! Nicht!«, höre ich Joe hinter mir. Sie springt vom Steg ins Wasser und ist einen Moment später an meiner Seite.

»Geh weg!«, fahre ich sie an.

»Ich kann nicht! Du musst an unsere Kinder denken, Brad!«

Ich schließe die Augen und versuche, ihre Stimme auszublenden, während ich den Mann, der mir all das angetan hat, umbringe. Seine Gegenwehr wird schwächer, dafür ist es Joe, die eindringlich und verzweifelt auf mich einredet. »Willst du, dass jeder weiß, dass ihr Vater ein Mörder ist? Bitte, Brad. Das kannst du …«

Sie hat mich! Ich brülle wütend auf und reiße den Mann hoch. Taumelnd und nach Luft schnappend kommt er auf die Beine, und ich schleudere ihn zur Seite. Ich will nicht in seiner Nähe sein, er verliert den Halt und stürzt erneut. Innerlich rase und tobe ich. Ich will ihn töten, das will ich immer noch, aber Joe, meine verdammte Frau, musste mir das versauen – und deshalb hasse ich in diesem Augenblick auch sie. Ich funkle sie an und brauche es nicht zu sagen. Sie weiß es. Schwer atmend fahre ich mir mit beiden Händen durch die nassen Haare und versuche runterzukommen.

»Es tut mir leid«, stammelt der Mann.

»Es tut Ihnen leid?«, schreie ich ihn an. Er weint, und ich

kann es nicht fassen. Wie kann ihm das leidtun? Wie kann jemand so etwas machen und es dann bereuen? Ich bin kurz davor, mich wieder auf ihn zu stürzen, doch Joe hält mich zurück.

»Ich habe diese schlimmen Sachen nur getan, wenn ich getrunken hatte. Ich bin seit fünfundzwanzig Jahren trocken … ich …«, stammelt er.

»Sein Sie still«, fährt Joe ihn an. »Komm, Baby, lass uns von hier verschwinden«, bittet sie mich und zieht an meinem Handgelenk. Ich bin noch immer völlig außer mir, atme schnell und hektisch und bin grenzenlos verwirrt. »Komm mit mir, Brad«, sagt Joe und zupft erneut an mir. Ich schüttle verwirrt den Kopf und folge ihr schließlich zögerlich.

Auf dem Steg beginnt Joe zu rennen. Sie zieht mich mit sich, und ich folge ihr, doch als wir bei seinem Boot ankommen, bleibe ich stehen. Joe dreht sich zu mir um und schaut mich prüfend an, ehe sie mich in die Arme schließt.

»Wieso bist du zurückgekommen?«, frage ich vorwurfsvoll und schmiege mein tränennasses Gesicht an ihren Hals.

»Du hast mich Babe genannt. In all den Jahren seit ich dich gebeten hatte, mich nicht so zu nennen, hast du dich daran gehalten. Du hast mich immer Engel genannt, nur eben nicht.«

Ich habe es also selbst versaut. Das ist bitter. Ich spüre Joes Hände auf meinem Körper. Sie streichelt meinen Rücken und küsst meinen Hals. »Ich liebe dich, Brad! Ich liebe dich so sehr!«, wispert sie.

»Ja«, sage ich bloß, löse mich von ihr und springe ins Wasser.

Ich bin bereits angezogen, als sie ankommt. Meine aufgeplatzten Knöchel bluten noch immer. Joe schlüpft schweigend in ihre Kleidung. »Soll ich fahren?«, will sie wissen, doch ich schüttle lediglich den Kopf.

Wir fliegen noch am gleichen Abend zurück nach Maui. Das Schweigen lastet schwer zwischen uns. Ich liebe und ich hasse sie. Rory ist besorgt, er will wissen, was los ist, denn er merkt schnell, dass etwas nicht stimmt.

Ein paar Tage lang hält er sich raus, doch schließlich stellt er mich zur Rede. »Was ist in Kalifornien passiert?«, fragt er. Ich druckse rum und versuche mich rauszureden, doch Rory lässt mich nicht vom Haken. Irgendwann geht er mir so auf den Sack, dass ich ihm eine verpasse. Im nächsten Moment bin ich nicht nur scheißwütend, sondern auch voller Reue und Scham. Das hat Rory nicht verdient, er wollte mich nur davon abhalten, Joe weiter wehzutun, denn das habe ich in den letzten Tagen gemacht. Ich habe sie beim Sex benutzt, sonst aber keine zwei Wörter mit ihr geredet.

Rory starrt mich fassungslos an. Er ist enttäuscht und geschockt. Ich beginne, mich zu entschuldigen, doch er schüttelt den Kopf, dreht sich rum und geht.

Als ich ihm ins Haus folge, höre ich, wie er mit Joe über mich spricht. Er sitzt auf dem Küchentresen, kühlt sein bereits zugeschwollenes Auge und sagt gerade zu Joe: »So kann das nicht weitergehen. Ich will nicht, dass du dich von ihm so behandeln lässt.«

Joe entdeckt mich. Ihr Blick ist voller Mitgefühl, aber auch Schmerz. Sie strafft ihre Schultern und kommt dann auf mich zu. Sie greift nach meinen Händen und legt etwas hinein. Ich weiß, was es ist, ehe ich es sehen kann. Tränen laufen über ihre Wangen, und ich kann nicht fassen, dass … Fuck, das hat sie nicht wirklich getan. »Joe …«, stammle ich, doch sie dreht sich rum und geht. Rory sieht mich fragend an, folgt ihr dann jedoch nach oben, während ich Halt suchend nach dem Tresen greife, um mich daran festzuklammern.

Obwohl ich weiß, was sich da in meiner Hand befindet, bringe ich es nicht über mich, sie zu öffnen. Ich gerate in Panik und bekomme kaum noch Luft. Ich kämpfe gegen die Tränen an, beiße mir fest auf die Unterlippe, um sie zurückzuhalten, doch es gelingt mir nicht. Unaufhaltsam beginnen sie zu fließen. Ich lege Joes Ehering auf den Tresen und wische die Tränen ärgerlich fort, ehe ich mit brennenden Augen den Ring anstarre. Sie hat ihn mir zurückgegeben. Joe … Die Erkenntnis, dass ich sie vielleicht für immer verloren habe, trifft mich mit voller Wucht. Ich lege den Kopf in den Nacken und schaue zur Decke hinauf. Das Gefühl, das sich rasend schnell in mir ausbreitet, ist nicht zu kontrollieren. Ich stöhne gequält auf, als die Verzweiflung mich überwältigt.

Rory findet mich eine Stunde später reichlich betrunken und bekifft auf der Terrasse vor. Ich sehe bestimmt total verheult aus, und obwohl ich mir sonst die größte Mühe gebe, stark zu wirken, ist es mir in diesem Moment egal.

»Wie geht es ihr?«, frage ich ihn.

»Nicht gut«, meint er leise. »Brad, was um Himmels willen ist passiert? Ihr wart doch nur ein paar Tage weg. Was hat Joe getan, dass du sie so hasst?«

»Sie hat verhindert, dass ich jemanden umbringe«, erwidere ich. Wie gesagt, ich bin ziemlich breit.

»Okay«, meint er und zieht das Wort beim Sprechen extrem in die Länge.

»Wir sind einem bösen Mann begegnet, Rory, und er hat es verdient zu sterben, verstehst du?«

»Was hat er getan?«, fragt er erschrocken. »Hat er Joe …«

»Nein!«, beruhige ich ihn. »Mit Joe ist alles okay. Diesmal geht es nicht um Joe. Oder doch, weil sie mich zurückgehalten hat. Sie hat mich nicht machen lassen, was ich tun muss, weißt du?«, lalle ich.

»Nee, weiß ich nicht«, gibt Rory zurück.

»Habe ich dir aber doch erklärt, Bro! Weil er ein böser Mann ist, deshalb will ich ihn töten.«

»Was für ein böser Mann?«, hakt Rory nach. Manchmal ist er echt schwer von Begriff. Er ist eben nicht das schärfste Werkzeug in der Werkzeugkiste.

»Ein böser Mann, der kleinen Jungen wehtut«, erkläre ich ihm langsam und laut.

Als er fragt: »Hat er dir wehgetan?«, werde ich schlagartig nüchtern. Woher weiß er das? Hat Joe es ihm gesagt? Oder habe ich mich verquatscht? Oh, Fuck! Ich fürchte, ich habe mich echt verquatscht. Ich beantworte Rorys Frage nicht und tue einfach so, als sei sie nie gestellt worden.

»Will Joe die Scheidung?«, frage ich stattdessen.

Rory schluckt hörbar. »Nein, Brad, bestimmt nicht.«

»Glaubst du das, oder weißt du es?«

»Sie liebt dich von ganzem Herzen, sonst hätte sie nie zugelassen, dass du sie so mies behandelst. Sie wird dich nicht verlassen.«

»Hat sie schon getan«, entgegne ich matt und reiche ihm ihren Ring. Er stöhnt leise auf.

»Du musst das wieder in Ordnung bringen, Brad«, bittet er mich.

»Wie, Rory? Wie soll ich das wiedergutmachen?«

»Geh zu ihr und bitte sie um Entschuldigung«, schlägt er vor.

Ich weiß nicht, ob ich das kann. Ich bin so unglaublich wütend, weil ich noch immer den Drang nach Rache verspüre. Ich will diesen schrecklichen Mann tot sehen. »Ich will ihn immer noch umbringen«, gestehe ich Rory, und die Verzweiflung bricht sich Bahn. Ich kann meine Tränen nicht zurückhalten. Rory sieht mich hilflos an, wechselt dann den Platz und setzt sich mir gegenüber. Er greift nach mir, legt seine Hand in meinen Nacken und zieht meinen Kopf gegen seine Schulter. Ich spüre seine Wange an meiner und seine Stirn, die gegen mein Schlüsselbein drückt. Er hält mich eine ganze Weile lang auf diese Weise, und irgendwann presse ich hervor: »Es tut mir leid, dass ich dich geschlagen habe. Ich bin so unendlich frustriert … ich …«

»Schon gut«, unterbricht er mich.

»Ich bin nicht wie sie. Ich kann nicht … Damals als wir Travor eine Lektion erteilt haben …«

»Ja, Joe hat uns ganz schön die Hölle heißgemacht, als sie es irgendwann rausbekommen hat.«

»Monate später«, brumme ich.

»Frauen verstehen so was nicht«, erwidert Rory und fragt dann interessiert: »Hättest du ihn wirklich gekillt?«

»Ja! Er hat es verdient, Rory. Jemand wie er verdient es zu sterben.«

Ich erzähle ihm, was auf der Insel geschehen ist. Wie wunderbar ich mich dabei gefühlt habe, all meinen Hass und meine aufgestaute Wut endlich rauslassen zu können. »Und es hat so gut getan. Ich habe mich frei gefühlt, losgelöst von all dem Schlechten und den Erinnerungen. Unsere Rollen waren vertauscht, und ich hatte die Gewalt über ihn und nicht umgekehrt. Er hat mich angefleht, aufzuhören, und es war mir egal. Wenn Joe nicht gewesen wäre, dann hätte ich es ein für alle Mal zu Ende gebracht.«

»Glaubst du wirklich, es wäre dann zu Ende gewesen? Glaubst du ernsthaft, du könntest die Vergangenheit einfach beenden?« Er sieht mich lange an. »Ich habe nie mit dir darüber gesprochen, Brad, aber was wir erlebt haben, was uns widerfahren ist, macht uns zu den Menschen, die wir heute sind. Und um es an dieser Stelle mal ganz deutlich zu sagen: Du bist ein wunderbarer Mensch.« Er verstummt, macht eine theatralische Pause und fügt hinzu: »Mit einem fiesen rechten Haken, aber …« Ich muss schmunzeln. Er hat es wirklich geschafft, mir ein Lächeln zu entlocken.

»Wir können nicht vor der Vergangenheit weglaufen, Brad. Ich habe es versucht, damals als ich Joe mit Gab betrogen habe. Ich hatte Angst, dass sich die Geschichte wiederholt und dass ich sie verlieren würde. Die Frage war für mich nicht, ob, sondern, wann. Und dem wollte ich mich entziehen, aber, Brad, das ist unmöglich.«

»Das ist etwas völlig anderes, Rory.«

»Jein. Die Narben, die wir davongetragen haben, die sind da, Brad, und die bleiben. Es gibt Tage, da tun diese Narben unfassbar weh, und dann müssen wir da durch.«

Ich verschränke die Arme vor der Brust und blicke ihn finster an. Wann ist er so schlau geworden? Das muss binnen der letzten halben Stunde geschehen sein, oder vielleicht werde ich auch einfach langsam wirklich nüchtern.

»Ob dieser Mann lebt oder nicht, ändert rein gar nichts an deinem Schmerz. Er wird bleiben und dein Leben lang da sein, und du musst lernen, damit klarzukommen, Brad. Abgesehen davon, man hätte dich vermutlich erwischt. Dexter hin, Dexter her. Es ist nicht so einfach, eine Leiche verschwinden zu lassen, und du wärst in den Knast gewandert. Das wäre die ganze Sache doch nicht wert gewesen, oder?«

Ja, vermutlich wäre ich wegen diesem Dreckschwein in den Knast gewandert. Ich habe wegen ihm bereits zu viel verloren –

so viele Jahre, in denen ich glücklich hätte sein können, die ich hätte genießen können. Ich denke an Joe, die vor einer gefühlten Ewigkeit gesagt hat, dass sie ihr Lebensglück nicht von fünfzehn beschissenen Minuten abhängig machen möchte. Sie ist so stark, so … meine Joe.

»Meinst du, ich habe sie verloren?«

»Du hast dich ihr gegenüber wie ein Arschloch verhalten, Brad. Du hast den einzigen Menschen, der dich wirklich versteht, verletzt. In all den Jahren war Joe immer für dich da.« Er schließt die Augen und verbessert sich dann: »Für uns da. Sie ist immer für uns da und unterstützt uns in allem, was wir machen. Ich kann nicht zulassen, dass du ihr wehtust, verstehst du das?« Er bemerkt meinen unglücklichen Gesichtsausdruck und meint: »Sie liebt dich. Sie wird dich nicht verlassen – nicht wirklich. Aber du hast sie enttäuscht.«

»Was kann ich tun, um es wiedergutzumachen?«

»Dich entschuldigen, wenn du so weit bist.«

Die Nacht verbringe ich in meinem Zimmer. Ohne Joe an meiner Seite schlafe ich furchtbar. Die Ereignisse aus Kalifornien holen mich ein. Ich träume von dem Mann und von dem, was er mit mir gemacht hat. Ich erwache schweißgebadet und schreiend. Nachdem mein Atem sich wieder etwas beruhigt hat, gehe ich unter die Dusche. Das warme Wasser, das auf mich niederprasselt und mich reinigt, tut mir unendlich gut, doch erst als sich die Tür öffnet und Joe davorsteht, fällt eine tonnenschwere Last von mir ab. »Darf ich reinkommen?«, fragt sie mich unsicher.

Mein »Ja, unbedingt!« kommt nur als heiseres Keuchen heraus. Ich greife nach ihr und ziehe sie in die Duschkabine und in meine Arme. Ich schluchze laut auf, als ihre Haut meine berührt, und vergrabe mein Gesicht an ihrem Hals. »Es tut mir leid, Joe!«, presse ich hervor, doch da liegen ihre Lippen bereits auf meinen, und sie küsst mich leidenschaftlich.

»Ich liebe dich«, wispert sie an meinem Mund.

»Ich dich auch.«

Später liegen wir zusammen im Bett, und ich verwöhne sie nach Strich und Faden, genau so, wie sie es verdient hat. Sie hat mir ohne viele Worte verziehen, und dafür bin ich ihr unendlich dankbar. Sie ist mein Engel. Joe ist mein Licht in der Dunkelheit und mein Weg aus ihr hinaus.

Epilog

Am nächsten Morgen holt uns der Alltag ein. Rory steht in der Küche und macht Frühstück. Hand in Hand schlendern wir die Treppe hinunter, und ich höre, wie Rus sagt: »Wenn, Mummy und Brad sich jetzt trennen, dann sind wir eine richtige Familie.«

Ich erstarre in der Bewegung, und Joe greift nach meiner Hand. »Niemals!«, flüstert sie mir zu. »Es war nur eine Warnung, Brad.«

Bevor ich etwas erwidern kann, meint sie laut: »Wer behauptet denn, dass ich mich von Brad trenne?«, und trabt gut gelaunt die letzten Stufen hinunter. »Würde ich doch nie tun, das wäre doch so, wie einen von euch zu verlassen.« Sie wuschelt Rus und Ash durch die Haare, dann umarmt sie Ty und küsst meine Tochter auf ihre dunklen Locken. »Und das würde ich doch auch nicht machen. Abgesehen davon sind wir eine Familie.«

»Aber keine richtige«, erwidert Rus.

»Wieso?«, will sie wissen.

»Weil wir zwei Papas haben«, meint er, und es klingt wie »Mensch, Mama! Ist doch ganz offensichtlich!«.

»Ja, aber das ist doch toll. Die meisten Kinder haben nur einen. Ihr seid eben etwas ganze Besonderes, und deshalb habt ihr zwei.«

»Kannst du Robin nicht einen abgeben? Sie hat gar keinen.«

Interessant, wie die Kinder das wahrnehmen. Ja, Tim ist so gut wie nie zu Hause und Gab ist die meiste Zeit mit ihrer Tochter allein. Joe lacht und gibt Rus einen Kuss. »Glaub mir,

Schatz, ich habe versucht, Tante Gab einen deiner Daddys abzugeben, aber sie wollte sie nicht.«

Rory und ich werfen uns einen langen Blick zu. Ich kann sehen, was er denkt. Was für ein Glück! Ich beobachte, wie Joe mit wippendem Pferdeschwanz zum Kühlschrank geht und Milch herausholt, um die Cornflakes der Kinder damit zu begießen. Rory brät Speck an und betrachtet sie ebenfalls. Das Veilchen, das ich ihm verpasst habe, leuchtet bläulich und ist gut sichtbar.

»Ich war nur böse auf Brad, weil er sich mit Rory gestritten hat. Ihr wisst doch ganz genau, was ich davon halte, wenn einer den anderen haut, oder?«

»Ja, das macht man nicht«, sagt Rus kleinlaut.

»Genau. Aber Brad hat das vergessen, und da musste ich mit ihm schimpfen, aber deshalb habe ich ihn nicht weniger lieb als vorher.«

Ich stehe da und höre ihr zu, und ihre Worte berühren mich auf eine Weise, die es mir schwermacht, cool zu bleiben. »Hat Papa geweint?«, will Rus wissen, während Ashley etwas in seinen Mund steckt und daran lutscht.

»Ein bisschen vielleicht«, erwidert Joe und wirft Rory einen neckenden Blick zu. Er schlägt mit dem Küchenhandtuch nach ihr und erwischt ihren Hintern. Sie quietscht auf und saust um den Tisch herum. Rory nimmt die Verfolgung auf. Die Jungs beginnen zu lachen, und selbst Ty stimmt belustigt ein. Unsere Blicke treffen sich, und ich grinse sie an. Ich kann sehen, dass ihr Lächeln nicht echt ist, dass sie bedrückt ist. Sicherlich hat ihr Russels Aussage Angst gemacht. Ich werde später mit ihr darüber reden müssen, denn es ist, wie Joe gesagt hat: Was hier in den letzten Tagen los war, hat nichts zwischen uns geändert.

Während des Essens bemerke ich, dass Joe immer wieder

über ihren Ringfinger streicht. »Rory, sag mal, wo hast du denn Joes Ring?«, frage ich.

»Den habe ich auf ihren Teller gelegt.«

Doch da lag er nicht. Wir beginnen, ihn zu suchen, doch er bleibt verschollen. »Kinder, hat einer von euch Mummys Ring gesehen?«, frage ich in die Runde.

»Ash hatte ihn«, sagt Rus und zeigt mit seinem Finger auf seinen Bruder. Beide sind Rory wie aus dem Gesicht geschnitten. Sie haben seine blonden Locken und sehen abartig niedlich aus. Ash schaut unschuldig drein. Auch das hat er von seinem Vater, doch Joe kennt uns Kerle gut genug. Sie geht vor ihm in die Hocke und fragt: »Ash, wo ist Mummys Ring?«

Die Antwort, die er von sich gibt, will niemand von uns hören. »Bauch!«

Rory zeigt ihm seinen Ring und fragt noch mal zur Sicherheit nach: »Mummys Ring ist in deinem Bauch?« Ash nickt. Keine fünf Minuten später winken Ty, Rus und ich den anderen dreien nach, als sie ins Krankenhaus aufbrechen.

Sie kommen spät zurück. Ty und Rus sind bereits im Bett. »Und?«, meine ich statt einer Begrüßung. Rory trägt den schlafenden Ashley ins Bett. Joe drückt mir ihren Ring in die Hand. Ich knie mich vor ihr nieder. »Willst du, Josephine Hoover, noch immer meine Frau sein?«

»Ja. Ich wollte niemals etwas anders«, erwidert sie, woraufhin ich ihr den Reif über den Finger schiebe.

An diesem Abend sind wir seit langer Zeit wieder zu dritt zusammen. »Ich liebe euch«, stöhnt Joe in meinen Mund, während wir sie nehmen.

»Und wir dich erst«, keucht Rory hinter ihr.

Alles, was ich von mir geben kann, ist ein gepresstes »ja, wie verrückt.«. Ich bin bereits jenseits von Gut und Böse, dennoch gelingt es mir, mich länger zurückzuhalten als Rory. Er entlädt sich in sie und reißt uns beide mit sich. Ich greife in Joes Haare und ziehe sie zu mir runter, um sie verlangend zu küssen und ihr Stöhnen zu schlucken. Sie ist wie immer hemmungslos laut, und ich will nicht, dass die Jungs oder Ty mitbekommen, was wir hier treiben.

Rory zieht sich aus ihr zurück und verschwindet im Badezimmer. Als er zurückkommt und sich zu uns legt, sagt Joe: »Mehr!«

»Mehr?«, frage ich ungläubig.

»Viel mehr!«, erwidert sie.

Rory und ich müssen beide lachen, küssen sie und fallen erneut über sie her. Erst sehr viel später schlafen wir eng umschlungen ein.

Meinen vierzigsten kriegen wir auch irgendwie rum. Die fünfunddreißig war schon extrem doof vom Feeling her, bei der vierzig kotze ich fast. Ich habe beschlossen, meine Therapie bei Dr. Goldmann wieder aufzunehmen, und diesmal erzähle ich ihm alles. Es ist nicht leicht, doch das war es bis zu diesem Punkt auch nicht. Nach und nach baue ich die Scham, die mit dem Missbrauch einhergeht, ab. Ich beginne, die ganze Sache peu à peu zu verarbeiten. Sie hat mich zweiunddreißig Jahre meines Lebens gekostet.

Drei Jahre später kann ich sagen, dass ich darüber hinweg bin. Die Albträume, die mich so viele Jahre lang verfolgt haben, haben endlich aufgehört. Ich habe es geschafft, meine Dämonen hinter mir zu lassen. In einem Interview vor einigen Tagen wurde ich gefragt, was der Schlüssel zum Glück ist. Ich habe gesagt, dass es nicht den einen Schlüssel gibt, sondern dass es ein dicker Schlüsselbund ist. An ihm hängen Schlüssel mit der Aufschrift Liebe, Freundschaft, Dankbarkeit und Vergebung, aber auch einer, auf dem steht Selbstliebe.

»Achte auf deine Gedanken, denn sie werden zu Worten. Achte auf deine Worte, denn sie werden zu Taten. Achte auf deine Taten, denn sie bestimmen deinen Charakter. Achte auf deinen Charakter, denn er bestimmt dein Leben.«

Joe hatte so recht, als sie damals nach meinem Geständnis gesagt hat: »Ja, wir sind nicht geschädigt, Brad.« Und auch Rory, der meinte, »wir sind jetzt vollkommen«, lag damit genau richtig. Ich habe einfach nur Zeit gebraucht, um zu erkennen, dass es wahr ist. Diese Erkenntnis musste erst in mir heranreifen und in mein Unterbewusstsein sickern.

Dass meine Familie mich so liebt, wie ich bin, mit alldem, was mich ausmacht, und alldem, was mich zu dem gemacht hat, der ich bin, bedeutet mir alles und hat letztendlich dazu geführt, dass auch ich mich so akzeptieren kann, wie ich bin. Heute halte ich mich nicht mehr für entstellt oder kaputt. Nein, ich bin, wie ich bin, genau richtig. Ich habe Freunde, die immer für mich da sind, und arbeite daran, glücklich zu sein – ganz bewusst und aktiv.

Ich achte die kleinen Dinge, weiß sie zu schätzen und mich an ihnen zu erfreuen. Dinge wie den Sonnenschein, gute Wellen, ein leckeres Essen oder das Lächeln und die freundlichen Worte eines anderen Menschen. Ich finde das Leben schön – nicht nur manchmal, sondern meistens.

Der Schlüssel, der mein Glück ein Stück vollkommener gemacht hat, war ziemlich rostig. Vergebung stand darauf. Damals auf der Insel hat der Mann mir gesagt, dass es ihm leidtue. Doch das spielt bei der Vergebung keine Rolle. Ich habe ihm letztendlich verziehen.

Hätte mir das jemand vor ein paar Jahren gesagt, ich hätte

ihn beschimpft. Ich wäre völlig ausgerastet und hätte diese Person angebrüllt, was sie sich einbildet. Ich hätte gesagt, dass sie keine Ahnung hat und dass man manche Dinge einfach nicht verzeihen kann – dass sie schlicht und ergreifend unverzeihlich sind und dass das, was mir widerfahren ist, dazugehört. Und doch konnte ich mich erst von den Fesseln der Vergangenheit befreien, als ich diesem Mann vergeben habe.

Rory hatte damals recht, als er mich gefragt hat, ob es zu Ende gewesen wäre, wenn ich diesen Mann ermordet hätte. Nein, es wäre nicht zu Ende gewesen. Heute bin ich Joe unendlich dankbar dafür, dass sie mich vor diesem schrecklichen Fehler bewahrt hat. Dass sie mir ein Leben im Knast erspart hat.

Ich beobachte, wie ihre Fingerspitzen Rorys Tattoo nachzeichnen. Sie hat es bestimmt schon eine Million Mal erkundet, doch sie wird nicht müde, es wieder und wieder zu tun – ebenso wenig, wie ich nicht müde werde, ihr dabei zuzusehen. Ich betrachte die beiden, halte mich jedoch zurück. Meine Gedanken sind an diesem späten Nachmittag überall und nirgends. Die einfallenden Sonnenstrahlen tauchen unser Schlafzimmer in warmes Licht.

Joe beugt sich über Rory und küsst ihn liebevoll, was ihm ein genüssliches Stöhnen entlockt. Seine Hände streicheln ihren nackten Körper, und Joe quietscht leise, als er ihren Hintern packt, um sie auf sich zu ziehen. »Du bist noch immer solch ein Teufel, Joe«, wispert er, was sie zum Lachen bringt. Ich liebe dieses Geräusch, diesen perlenden Laut, der mein Herz erblühen lässt. Ich betrachte sie, wie sie ihre Haare zurückwirft, den Kopf in den Nacken legt und lautstark lacht.

»Ich war so brav in letzter Zeit«, behauptet sie.

Die beiden necken sich eine ganze Weile, ehe es Rory zu

bunt wird. Er dreht Joe auf den Rücken und ist im nächsten Moment auf und in ihr. Ihre Augen sprühen vor Lust und Verlangen, und ich kann nicht länger an mich halten. Ich will dabei sein. Als hätte Joe meinen Sinneswandel erahnt, streckt sie ihre Hand nach mir aus, und ich ergreife sie lächelnd.

Danksagung

Ich danke allen Menschen und Lebewesen in meinem Leben. Meinen Kindern und meinem Mann, meiner Schwester und ihrer Familie, meinen Eltern, Schwiegereltern und Großeltern.

Ich danke den Ladys von Feelings für die großartige Zusammenarbeit, meinen wunderbaren Kollegen und Kolleginnen, die ich mehr als einmal um schriftstellerischen Beistand ersucht habe. Mein Dank gilt diesmal besonders Casey Stone, dem es nach zwei Stunden intensiven Brainstormings weit nach Mitternacht zu verdanken ist, wie die Begegnung auf der Insel verlief.

Auch meinen Betaleserinnen Katja, Anja, Sulla, Heike, Kerstin und Sabrina möchte ich an dieser Stelle meinen Dank aussprechen. Ich freue mich immer über euer Feedback. Ihr seid so toll!

Tausend Dank auch an all meine Leser und Leserinnen. Ohne euch wäre mein Traum vom Schreiben nur ein Traum, und wie immer gedenke ich an dieser Stelle meinem »Russel«. Ich habe keine Ahnung, wer ich ohne dich wäre.

